21世纪经济类管理类专业主干课程系列教材
河海大学重点教材

大数据环境下的管理会计

唐勇军 张 婕 主编

清华大学出版社
北京交通大学出版社
·北京·

内 容 提 要

本书由旧版《管理会计》教材修改而来，汲取管理会计体系建设的理论、基本指引和应用指引等最新文件精神及研究成果，并考虑大数据技术的广泛应用，将 Python 融入管理会计各个环节，结合管理会计实践，编写而成。

全书共 14 章，介绍了总论，大数据与管理会计，变动成本法，营运管理，预测分析，短期经营决策分析，长期投资决策分析，全面预算，存货管理、责任会计与内部转移价格，作业成本管理，绩效评价分析，战略管理会计，环境管理会计。

本书既可作为高等院校经济管理类专业的管理会计课程的教材，也可作为经济管理工作人员的参考书。

本书封面贴有清华大学出版社防伪标签，无标签者不得销售。
版权所有，侵权必究。侵权举报电话：010-62782989　13501256678　13801310933

图书在版编目（CIP）数据

大数据环境下的管理会计 / 唐勇军，张婕主编. --北京：北京交通大学出版社：清华大学出版社，2024.11. --ISBN 978-7-5121-5299-1
Ⅰ.F234.3
中国国家版本馆CIP数据核字第2024GA0551号

大数据环境下的管理会计
DASHUJU HUANJING XIA DE GUANLI KUAIJI

策划编辑：郭东青　　责任编辑：郭东青
出版发行：清 华 大 学 出 版 社　　邮编：100084　　电话：010-62776969
　　　　　北京交通大学出版社　　邮编：100044　　电话：010-51686414
印 刷 者：北京鑫海金澳胶印有限公司
经　　销：全国新华书店
开　　本：185 mm×260 mm　　印张：20.25　　字数：518千字
版 印 次：2024年11月第1版　　2024年11月第1次印刷
印　　数：1—1 500册　　定价：59.00元

本书如有质量问题，请向北京交通大学出版社质监组反映。对您的意见和批评，我们表示欢迎和感谢。
投诉电话：010-51686043，51686008；传真：010-62225406；E-mail：press@bjtu.edu.cn。

前　言

党的二十届三中全会提出，中国式现代化是物质文明和精神文明相协调的现代化，必须加快适应信息技术迅猛发展新形势。随着大数据、物联网、云计算和人工智能等新技术的快速发展，管理会计的知识体系需要进行更新。新技术的运用给管理会计带来重大变革，推动财务活动与业务活动深入融合，对大数据管理会计人才培养提出了新的要求。中国财政部于2014年和2016年分别发布了《财政部关于全面推进管理会计体系建设的指导意见》和《管理会计基本指引》两份纲领性文件，明确了管理会计体系建设的指导思想、基本原则和总目标。从2017年10月9日以来，财政部陆续颁布了34项《管理会计应用指引》，为管理会计体系建设和开展，提出了相应的任务、具体措施和工作要求，提升了企业的管理会计水平，夯实了管理会计工作基础。我们充分汲取最新文件的精神，结合多年管理会计教学的经验，在查阅相关资料的基础上编写了旧版教材。

本书在旧版《管理会计》教材的基础上修订而来，汲取管理会计体系建设的理论、基本指引和应用指引等新文件精神及研究成果，并考虑大数据技术广泛应用，将Python融入管理会计各个环节，并结合管理会计实践及十余年管理会计教学经验编写而成。全书分为14章，主要包括：第1章总论；第2章大数据与管理会计；第3章变动成本法；第4章营运管理；第5章预测分析；第6章短期经营决策分析；第7章长期投资决策分析；第8章全面预算；第9章存货管理；第10章责任会计与内部转移价格；第11章作业成本管理；第12章绩效评价分析；第13章战略管理会计；第14章环境管理会计。

本书是河海大学重点教材立项建设的成果，其特色有：

（1）基于Python的大数据分析与传统管理会计相融合。以新文科理念为指导，以大数据在管理会计中的应用为重点，分析数字化时代下大数据等新技术给管理会计带来的变革，分析Python的基础知识及应用前景；将Python应用于成本性态分析、本量利分析、长期投资决策分析等专题分析中，注重培养学生运用现代信息技术解决管理会计问题的能力。

（2）根据文件精神，完善前沿知识。按照财政部《管理会计基本指引》和《管理会计应用指引》的要求，以业财融合为导向，汲取文件新思想、新理论、新方法，对教材内容补充战略管理会计、价值链管理会计工具等新方法，完善教材的知识体系。

（3）注重思政教育，培养爱国情怀。引入思政元素，将管理会计职业道德教育融入教材，每章均以引例作为起始，加深学生对社会变革与会计信息化发展的理解与感悟；注意思政与管理会计相结合，教学中实现知识传授、能力培养和价值塑造的"三位一体"的课程观。

（4）体系设计合理，体例新颖。体系既包括传统管理会计内容，也囊括了资源消耗会计、环境管理会计等新时代背景下管理会计内容；体例新颖，市场上较少有大数据与管理会计相结合的本科教材。此外，每章课后自带思考题和复习题，为学生巩固知识提供帮助。

  本书既可以作为高等院校经济管理类专业的管理会计课程的教材，也可以作为经济管理工作人员的参考书。

编者

2024.7

目　录

第1章　总论 ·· 1
1.1　管理会计概述 ··· 2
1.2　管理会计的形成与发展 ··· 4
1.3　管理会计的内容与应用原则 ·· 10
1.4　管理会计与财务会计的区别与联系 ·· 12
1.5　管理会计的职业道德 ··· 13

第2章　大数据与管理会计 ··· 18
2.1　大数据概述 ·· 19
2.2　大数据与管理会计 ·· 20
2.3　Python 基础与管理会计 ··· 22
2.4　管理会计报告的编制与应用 ·· 24
2.5　管理会计信息系统 ·· 28
2.6　大数据背景下管理会计的发展策略 ·· 31

第3章　变动成本法 ·· 35
3.1　成本性态及分类 ·· 36
3.2　混合成本分解的方法与运用 ·· 43
3.3　变动成本法 ·· 48
3.4　Python 在成本性态分析中的应用 ··· 58

第4章　营运管理 ·· 65
4.1　营运管理概述 ··· 66
4.2　本量利分析概述 ·· 67
4.3　保本分析 ··· 71
4.4　保利分析和利润的影响分析 ·· 76
4.5　敏感性分析 ·· 84
4.6　Python 在营运管理中的应用 ··· 90

第5章　预测分析 ·· 99
5.1　预测分析概述 ··· 100

5.2 销售预测 102
5.3 成本预测 104
5.4 利润预测 106
5.5 资金需要量预测 108
5.6 Python 在预测分析中的应用 111

第 6 章 短期经营决策分析 120
6.1 经营决策概述 120
6.2 短期经营决策分析的常用方法 126
6.3 生产决策分析 130
6.4 定价决策分析 138

第 7 章 长期投资决策分析 148
7.1 投资决策分析的含义 148
7.2 投资决策分析的基础 149
7.3 投资决策分析的基本方法 158
7.4 投资决策分析的具体应用 163
7.5 Python 在长期投资决策分析中的应用 167

第 8 章 全面预算 174
8.1 预算与预算管理概述 175
8.2 全面预算概述 176
8.3 全面预算管理的组织体系 179
8.4 全面预算编制的流程和方法 180
8.5 全面预算的编制 185
8.6 Python 在全面预算分析中的应用 196

第 9 章 存货管理 204
9.1 存货基本模型及应用 205
9.2 经济订货批量模型的扩展 209
9.3 存货日常管理 216

第 10 章 责任会计与内部转移价格 224
10.1 责任会计概述 225
10.2 责任中心概念与设置 227
10.3 内部转移价格 229
10.4 责任中心的业绩评价与考核 233

第 11 章 作业成本管理 240
11.1 作业成本法 241

11.2	作业成本管理	252
11.3	资源消耗会计	256
11.4	Python 在作业成本法中的应用	258

第 12 章 绩效评价分析 263

12.1	业绩评价概述	264
12.2	业绩评价方法	267
12.3	Python 在绩效评价中的应用	277

第 13 章 战略管理会计 286

13.1	战略管理会计概述	286
13.2	战略管理会计的基本内容	291
13.3	战略管理会计的基本方法	294
13.4	战略管理会计的实践与发展	302

第 14 章 环境管理会计 307

14.1	环境管理会计概述	307
14.2	国外环境管理会计的产生与发展	310
14.3	我国环境管理会计的产生及内容	311

参考文献 314

第 1 章 总论

❀ 学习目标：
1. 了解管理会计的目标，熟悉国外对管理会计所作的定义；
2. 掌握国内管理会计所作的定义；
3. 了解管理会计的形成与发展，理解社会实践及经济理论对管理会计的促进作用，并了解不同环境对管理会计的影响；
4. 了解管理会计的内容，理解管理会计的应用原则；
5. 掌握管理会计与财务会计的区别与联系，理解管理会计与其他学科的关系；
6. 理解管理会计的职业道德，并应用于管理会计实践。

❀ 思政目标：
培育学生加强管理会计职业道德和能力建设，做诚实守信、尽职守责的会计人，践行社会主义核心价值观。

引例：某集团公司对员工管理会计知识的培训

为适应新的发展形势和运营环境的变化，某集团公司对员工的管理会计知识开展了培训。为使培训工作更有针对性，公司财会部就管理会计概念、管理会计目标和管理会计职业道德的内容等问题，分别与会计人员甲、乙、丙、丁4人进行了座谈。现就4人回答的主要观点摘录如下。

（1）关于管理会计的内容。甲认为，我国管理会计刚刚起步，很多应用环境达不到西方国家的要求，只能采取"摸着石头过河"策略，边学、边做、边总结。

（2）关于管理会计适用范围问题。乙认为，管理会计的方法只能用于大中型制造业企业，其他单位和行业无法使用这些方法。而且这些方法晦涩难懂，不容易理解和应用。

（3）关于管理会计职业道德与会计法律制度的关系问题。丙认为，管理会计职业道德与会计法律制度两者在性质、表现形式上都一样。

（4）关于管理会计职业道德规范的内容。丁认为，管理会计职业道德规范的全部内容归纳起来就是两条：一是廉洁自律，二是客观公正。对于"廉洁自律"来说，管理会计与钱、财、物打交道。因此，管理会计人员必须做到"常在河边走，就是不湿鞋"。

提出问题：
（1）管理会计的目标和定义是什么？
（2）管理会计是如何产生和发展的？
（3）我国管理会计实践状况如何？
（4）管理会计人员有哪些职业道德需要遵循？

带着这些问题让我们开始本章的学习。

[资料来源：丁增稳，牛秀粉.管理会计实务[M].北京：高等教育出版社，2019.]

1.1 管理会计概述

1.1.1 管理会计的目标

2016年6月,财政部印发的《管理会计基本指引》总结指出:管理会计的目标是通过运用管理会计工具方法,参与企业规划、决策、控制、评价活动并为之提供有用信息,推动企业实现战略规划。管理会计的直接目标是为企业内部管理者提供有用的决策信息,其根本目标是帮助企业管理层提升企业价值,实现企业长远的战略目标。

具体来说,管理会计应实现以下两个分目标。

1. 为管理和决策活动提供信息

运用会计学、统计学的方法,搜集、整理、分析涉及企业经营的内外部环境数据、资料;提供尽可能多的有效的内外部信息,帮助企业做好战略决策工作。

2. 参与企业的经营管理

强化企业内部经营管理,提高经济效益服务,运用一系列专门的方式方法,收集汇总、分析和报告各种经济信息,借以进行预测和决策,制定计划,对经营业务进行控制,并对业绩进行评价,以保证企业改善经营管理,提高经济效益。

1.1.2 国外对管理会计的定义

国外学者对管理会计的认知经历了从狭义到广义的转变,虽然1952年,国际会计师联合会年会正式通过"管理会计"这个学术用词,但各位学者研究的立场和角度不同,至今都没有形成统一的定义。

1. 狭义的管理会计阶段

20世纪80年代以前,学者们对于管理会计的研究都是立足于狭义的角度,狭义的管理会计又叫微观管理会计,主要是为企业内部各级管理者提供计划与控制所需信息的内部会计。

1958年,美国会计学会(American Accounting Association,AAA)管理会计委员会对管理会计提出如下定义:"管理会计是指在处理企业历史和未来的经济资料时,运用适当的技巧和概念来协助经营管理人员拟订能达到合理经营目的的计划,并作出能达到上述目标的明智的决策。"

1966年,美国会计学会的《基本会计理论》认为:管理会计就是运用适当的技术和概念,处理企业历史的和计划的经济信息,以便帮助管理者制定合理的目标,并为该目标的实现进行合理决策。

很明显,以上给出的定义足以表明狭义的管理会计是围绕企业主体展开管理活动的;管理会计工作的服务对象始终是管理者的既定目标;管理会计是一个信息系统。

2. 广义的管理会计阶段

20世纪80年代以后,由于社会发展的需要,学者们对管理会计进行重新定义,由于研究的外延扩大,便形成了广义的管理会计。

1981年,全美会计师协会(National Accounting Association,NAA)下设的管理实务会计委员会指出,管理会计是向管理当局提供用于企业内部计划、评价、控制,以及确保企业资源的合理使用和经营责任的履行所需财务信息的确认、计量、归集、分析、编报、解释和传递的过程。管理会计还包括为股东、债权人、规章制定机构及税务机关等非管理机构编制财务报表。这个定义充分表明管理会计活动的领域已经扩展到了宏观领域。

1982年，英国成本与管理会计师协会修订后的管理会计定义把管理会计的范围扩展到除审计以外的会计的各个组成部分，管理会计是对管理当局提供所需信息的那一部分会计工作，管理者可以据此：以对外报出的财务报表为基础，内部制定相关的应对方针政策；对企业的各项经营活动进行计划、组织、控制；在争取经营收益最大化的同时，保证财产的安全。

1988年，在国际会计师联合会下设的财务和管理会计委员会发表的《论管理会计概念（征求意见稿）》一文中明确表示："管理会计可以定义为：在一个组织中，管理部门用于计划、评价和控制的（财务和经营）信息的确认、计量、收集、分析、编报、传递的过程，以确保其资源的合理使用并履行相应的经济责任。"

1997年，美国管理会计师协会（Institute of Management Accountants，IMA）承袭过程观将管理会计定义为："管理会计是提供价值增值，为企业规划设计、计量和管理财务与非财务信息系统的持续改进过程，通过此过程指导管理行动、激励行为、支持和创造达到组织战略、战术和经营目标所必需的文化价值。"同年，美国著名管理会计学家罗伯特·卡普兰（Kaplan）等四人合著的《管理会计》（第2版）中定义管理会计是："一个为组织和各级管理者提供财务和非财务信息的过程。这个过程受组织内所有人员对信息需求的驱动，并能引导他们作出各种经营和投资决策。"

综合上述的定义可知，管理会计的核心内容是：企业的利益既是管理工作的出发点也是落脚点；管理会计的服务对象除了企业管理者，还包括股东、债权人、税务机关等；管理会计作为一个信息系统，既提供货币信息也提供非货币信息；管理会计将财务会计、成本会计、财务管理融为一体。

1.1.3 国内对管理会计的定义

我国的管理会计起步较晚，中华人民共和国成立后，我国也陆续制定了具有中国特色的管理会计制度，比如，我国20世纪50年代建立起来的责任会计，20世纪60年代的成本资金归口管理等，到了20世纪70年代末，西方的管理会计学理论才传入我国，随后部分企业也纷纷效仿西方建立现代的管理会计制度体系。然而同时期的学者对管理会计的定义也略有差异。

汪家佑教授认为：管理会计是为了加强企业内部管理、实现利润最大化，灵活使用多种方法收集、加工、解释管理当局合理计划和有效控制经济过程所需信息，以成本、利润、资本为中心，分析过去、控制现在、规划未来的一个会计分支。

李天民教授认为：管理会计是通过一系列专门方法，利用现有的财务会计方面的资料与其他相关的资料进行整理、对比、分析，有助于各级管理者对一切管理活动进行计划与控制，并最终服务于企业领导者经济目标实现的一套信息处理系统。

余绪缨教授认为：管理会计是现代化管理与会计融为一体，为企业的领导者和管理人员提供管理信息的会计，它是企业管理信息系统的一个子系统，是决策支持系统的重要组成部分。

2014年10月27日，发布的《财政部关于全面推进管理会计体系建设的指导意见》

将管理会计定义界定为：管理会计是会计的重要分支，主要服务于单位（包括企业和行政事业单位，下同）内部管理需要，通过利用相关信息，有机融合财务与业务活动，在单位规划、决策、控制和评价等方面发挥重要作用的管理活动。

1.1.4 本书对管理会计的定义

基于上述定义，本书将管理会计界定为：管理会计是现代企业会计的重要分支，以提高企业价值、实现企业战略为目标，以现代企业经营活动及其价值表现为对象，通过强化企业内部经营管理，利用相关信息，将企业的战略、财务和业务融为一体，实现对企业经营活动过程的预测、决策、规划、控制和评价等职能的一种管理活动。

为理解本书关于管理会计的定义，需要把握好"一个目标，两种观点"。一个目标是指管理会计以提高企业经济效益，实现企业战略为目标，具体来讲，提高经济效益是直接目标，也是战术目标，实现战略是长期目标，也是最高目标。两种观点是指该定义融合管理活动论和信息系统论，其中管理活动论认为管理会计是通过对财务和非财务信息的加工和再利用，实现对企业经营活动过程的预测、决策、规划、控制和责任考评等职能的一种管理活动。这意味着管理会计既是在企业的规划、决策、控制和评价等方面发挥重要作用的管理活动，同时其本身又是企业管理活动的重要组成部分，也是现代企业会计的一个分支。信息系统论认为管理会计是现代会计系统中区别于传统会计的，实现会计预测、决策、规划、控制和责任考核评价等会计管理职能的一套信息处理系统。它是决策支持系统的重要组成部分，是企业管理信息系统的一个子系统。只有理解好"一个目标，两种观点"，才能对管理会计定义有完整的把握。

1.2 管理会计的形成与发展

1.2.1 管理会计在西方的产生与发展

在西方，管理会计起源于19世纪中叶初，随着经济社会环境、企业生产经营环境和科学水平的不断发展而逐步演进，至今经历了三个阶段。

1. 管理会计的萌芽阶段（19世纪50年代—20世纪20年代）

英国的第一次工业革命在19世纪中叶已经发展到成熟阶段，以"蒸汽机"为主导的工业革命带动了纺织业和铁路运输业的发展，与之对应的管理制度主要是以成本控制为主。纺织业的生产工序较多，生产过程复杂，而且同一生产线的转换及准备工作的步骤，必然会造成资源的闲置以及人工成本的浪费，当月末考核产品成本时，单位产品的成本始终难以控制。铁路运输提供的物流服务，加快了工业革命的进程，但由于其运输业务具有区域分散性，每个地区的经营收益标准难以做到统一，铁路公司核算部门只是通过简单的现金流入与流出来估算每年的经营业绩。所以在20世纪20年代初之前，企业大多希望通过管理成本来提高经营利润，但是成本的控制方法通常是延长工时、剥削剩余劳动力，长此以往会打压劳动者的生产积极性，虽然管理会计的雏形已出现，但是缺乏一定的科学性。

2. 管理会计的效率效益导向阶段（20世纪20—50年代）

科学管理之父泰勒（Taylor）将管理会计带入了科学管理阶段，同时也标志着管理会计进入效率效益导向阶段。泰勒带着秒表进入车间，对每个生产工序的动作进行具体研究，考量不同工人完成规定步骤所需时间，以此确定了定额时间和标准成本，分解出标准原材料成本、标准人工成本、标准制造费用、标准工时，然后核算出实际的原材料成本、实际人工成本、实际制造费用，并对员工单位产品完工时间、资源耗费与定额比较，分别进行奖励和扣款，这大大提高了员工的生产积极性和企业产出的效率，同时科学合理地压缩了企业的生产成本，标准成本被大多数企业所青睐，这说明管理会计的计划和控制得到发挥，企业的管理秉承"多劳多得"的理念，并且进行预算控制和差异性分析，不断提出整改建议，显得更加合理、科学。这个阶段管理会计的主要特点是将事前计算和事后分析相结合，从而促进资源的使用效率，提高产能。不足之处在于仅考察内部生产车间的执行情况，并没有考虑到企业整体的预测、决策以及内部管理架构等因素。不过，整体来看，这一时期的"管理会计"具有相当的科学性，执行标准是该阶段最为核心的话题。

3. 管理会计的发展与反思阶段（20世纪50年代以后）

执行性管理会计只是管理会计的初级阶段，与现代意义上的管理会计还是有差距的，从20世纪50年代开始，现代管理会计体系才真正形成。

1945年，第二次世界大战结束后，世界经济快速复苏，发展较为迅速。在科学技术的支撑下，生产力水平在不断提高，企业规模不断扩大，跨国公司大量涌现，经营业务也日趋多样化，市场竞争不断加剧，外部环境瞬息万变。泰勒的标准成本在灵动的市场环境中显得不合时宜，日益僵化的管理体系无法发挥企业整体管理的作用，限制了员工主观能动性的发挥，无法应对市场挑战。为了充分发挥员工的生产积极性、创造性，行为科学理论应运而生，其中典型代表有：双因素激励理论、需要层次论、人性论。第三次工业革命带动了数学、信息技术的发展，而电子计算机技术、信息系统和内部控制理论为管理会计的发展注入了新的活力，滋生了一系列先进的组织管理方法，而且技术革命对生产力的影响是空前的。

在吸收了西蒙（Simon）的现代管理思想、运筹学以及同时期其他学科的思想后，管理会计的创新拥有了更多的选择。管理者不再拘泥于传统管理会计方法的局部修正，具有全局性的经营观，在预测的基础上进行预算，在完成生产额度的情况下，给予员工适当的创造性空间。

20世纪80年代以后，第三次科技革命领域不仅涉及计算机信息技术，还涉及生物技术、新材料技术、新能源技术，现今的大数据处理技术的应用也日趋成熟，企业间竞争的实质是科技力的较量，市场环境随着科技的进步日新月异，管理会计也进入反思期，在顺应全球化竞争的基础上，全面预算管理（comprehensive budget management）、作业成本法（activity-based costing）、生命周期法（life cycle model）、平衡计分卡（balanced scorecard）等方法应运而生；同时，管理会计针对管理对象的特征，并结合顾客的个性化需求，进行了职能的转变。20世纪后期，管理会计出现了诸多的新理念，为管理会计在新领域的拓展提供了契机，管理会计的新发展主要体现在以下几个方面。

（1）环境管理会计。在经济和技术的双重推动下，社会的发展对环境产生的负面影响愈演愈烈，有的甚至造成不可逆的影响，绿色GDP概念的提出足以说明保护环境已然成为重中之重。环境管理会计在20世纪90年代应运而生，为环境问题在管理会计领域创造了一个新的发展空间，主要应用于企业，但也可用于其他组织或政府部门，为其内部提供与环境相关的财务信息以及非财务信息。

环境会计工作基于环境成本展开，能更好地识别和预测环境管理活动产生的财务利益和其他商业利益，更好地计量和报告环境业绩及财务业绩，提高企业的社会认同度。环境管理会计同样可用于成本管理、存货管理、业绩评价、产品定价以及采购与供应链管理等方面。

（2）智力资本管理会计。21世纪后的现代市场经济集国家化、金融化和知识化于一身。管理会计也应该转变方法，以知识经济代替传统的工业经济，重视智力成本在价值创造中的应用，打破"会计报表"的僵化使用，向决策型方向进一步拓展。

智力资本管理会计是一个复杂的战略决策支持系统，其目标就是通过量化企业智力资本，考核和评价企业智力资本投资效果，以及利用智力资本创造企业价值的能力和效率。因此，智力资本管理会计的发展对企业内部的计划、决策、控制会产生深远的影响。由于在如何量化知识产权、商誉、应用经验等细分项目上还存在很大争议，所以智力资本管理会计的发展在一定程度上是受限的。

（3）国际管理会计。在全球化趋势影响下，经济发展呈现国际化的特征也愈加明显，管理会计也越来越容易受到外部信息以及非财务信息对决策相关性的冲击。面对空前激烈的国际竞争以及企业内部组织架构的多样化，管理会计在国际经济往来方面要有所突破，从20世纪90年代开始，管理会计不断拓展新方向，逐渐形成了以战略决策和管理控制为目标的国际管理会计。

（4）网络管理会计。近年来，基于战略视角的管理会计研究又通过战略重组、流程再造等理念促使管理会计向内部流程重组及行业价值链、供应链等领域扩展；网络经济的管理会计研究，如管理会计与科技创新渗透及相互驱动的研究等，以及有关不同国家文化背景对管理会计的影响等研究正成为现阶段的重要课题。

（5）智能管理会计。传统管理会计系统由于数据采集、数据整理、数据加工比较缓慢，相关信息也不充分，所以更多地强调用数据支持管理层的决策，对一线业务部门的赋能、对运营端的支持相对较为薄弱。在数字化时代，数据的数量、质量，对数据的治理能力、计算能力和分析能力均大幅提升，管理会计与业务经营的融合更紧密。这使智能管理会计能够更多地应用于销售、生产、供应链和研发创新等价值链环节的具体业务场景中，直接为业务运营赋能。

1.2.2 管理会计在我国的发展

我国是从20世纪70年代末、20世纪80年代初开始向发达国家学习引进有关管理会计的，其过程大致经历以下几个发展阶段。

1. 初步接触阶段

这段时期为期3～5年。在这个阶段，我国会计理论工作者主要根据引进的外文管理会计文献，进行翻译、编译工作。1979年，机械工业部组织翻译出版了国内第一部《管理会计》；1982年，国家有关部门委托专家、教授编写了用作各类财经院校教材的两部《管理会计》；财政部、原国家教委先后在厦门大学、上海财经大学和原大连工学院等校举办全国性的管理会计师资培训班和有关讲座，聘请外国学者来华主讲管理会计课程。

2. 逐步理解阶段

从1983年起，我国会计学界多次掀起学习管理会计、应用管理会计、建立具有中国特色的管理会计体系的热潮。在全国范围内，许多会计工作者积极参与"洋为中用，吸收消化管理会计"的活动,有的单位成功地运用管理会计方法解决了很多现实的难题。但是,由于我国经济体制的改革无法很好地配套管理会计的实施,在管理会计运用的后期阶段,管理会计中国化存在很多当时难以克服的问题,管理会计中国化的推进进程也变得十分缓慢。

3. 改革创新阶段

在我国市场经济发展的进程下,管理会计抓住了1993年财务会计管理体制转轨期,在发展中出现了新的契机。迅速掌握能够适应市场经济发展需要的经济管理知识,借鉴发达国家管理会计的成功经验来指导新形势下的会计工作,不仅是广大会计工作者的迫切要求,而且已经变成他们的自觉行动。我国市场经济为管理会计的发展提供了广阔的环境。当然,很多学者也意识到,我国管理会计的本土化存在不足,有必要从我国实际出发,根据我国企业应用的实际案例,积极探索一条在实践中行之有效的中国式管理会计之路。从此,我国进入管理会计改革创新和良性循环的新发展阶段。

4. 全面推进阶段

随着改革开放的深入,管理会计的贯彻与落实的要求更加具体和全面,其中重点是加强管理会计工作,强化管理会计应用,财政部等相关部门也为此作出了巨大的贡献。2012年2月召开的全国会计管理工作会议提出了建设"会计强国"的宏伟目标。2013年《企业产品成本核算制度(试行)》的发布,拉开了管理会计体系建设的序幕。根据《会计改革与发展"十二五"规划纲要》,在总结我国管理会计理论发展与实践经验的基础上,财政部于2014年1月印发《财政部关于全面推进管理会计体系建设的指导意见(征求意见稿)》,经过广泛征求意见和修订,该指导意见于2014年10月正式印发,在全国范围部署推进。因此,我国会计理论和实践界将2014年称为中国"管理会计元年"。2016年6月,《管理会计基本指引》制定并正式发布。四个月后,财政部接着就发布了《会计改革与发展"十三五"规划纲要》。该文件明确了管理会计应用的三大具体目标:一是加强管理会计指引体系建设;二是推进管理会计广泛应用;三是提升管理会计工作管理效能。因此,确立了"2018年年底前基本形成以管理会计基本指引为统领、以管理会计应用指引为具体指导、以管理会计案例示范为补充的管理会计指引体系"的目标。同年12月14日,财政部发布了《管理会计应用指引第100号——战略管理》等22项管理会计应用指引征求意见稿,向社会广泛征求修改建议,并于2017年9月29日印发首批22项管理会计应用指引。紧接着在2018年下半年分两次又印发了12项管理会计应用指引。至此,我国管理会计应用指引体系框架基本搭建完成,具体参见表1-1。

表1-1 管理会计应用指引表

指引号	项目内容	发布时间
第1批22项		
管理会计应用指引第100—101号	战略管理相关应用指引	2017-09-29
管理会计应用指引第200—201号	预算管理相关应用指引	2017-09-29
管理会计应用指引第300—304号	成本管理相关应用指引	2017-09-29
管理会计应用指引第400—403号	营运管理相关应用指引	2017-09-29

续表

指引号	项目内容	发布时间
管理会计应用指引第500—502号	投融资管理相关应用指引	2017-09-29
管理会计应用指引第600—603号	绩效管理相关应用指引	2017-09-29
管理会计应用指引第801号	企业管理会计报告应用指引	2017-09-29
管理会计应用指引第802号	管理会计信息应用指引	2017-09-29
第2批7项		
管理会计应用指引第202号	零基预算	2018-08-17
管理会计应用指引第203号	弹性预算	2018-08-17
管理会计应用指引第503号	情景分析	2018-08-17
管理会计应用指引第504号	约束资源优化	2018-08-17
管理会计应用指引第604号	绩效棱柱模型	2018-08-17
管理会计应用指引第700号	风险管理	2018-08-17
管理会计应用指引第701号	风险矩阵	2018-08-17
第3批5项		
管理会计应用指引第204号	作业预算	2018-12-27
管理会计应用指引第404号	内部转移定价	2018-12-27
管理会计应用指引第405号	多维度营利能力分析	2018-12-27
管理会计应用指引第702号	风险清单	2018-12-27
管理会计应用指引第803号	行政事业单位	2018-12-27

5. 数字智能化发展趋势

当前，新一轮科技革命和产业变革深入发展，数字化转型已经成为大势所趋。《中华人民共和国国民经济和社会发展第十四个五年规划和2035年远景目标纲要》提出，加快数字化发展，建设数字经济、数字社会、数字政府，营造良好数字生态，打造数字中国。数字时代对会计数字化转型提出了必然要求。加快推进会计数字化转型，一方面是贯彻落实国家信息化发展战略、推动数字经济和实体经济深度融合、建设数字中国的必然选择；另一方面对于推动会计职能拓展、提升我国会计工作水平和会计信息化水平具有重要意义。

"十四五"时期，我国将深入推动企业业财融合和会计职能拓展，加快推进企业会计工作数字化转型。

（1）深入推动企业业财融合建设。通过会计信息的标准化和数字化建设，推动企业深入开展业财融合，充分运用各类信息技术，探索形成可扩展、可聚合、可比对的会计数据要素，提升数据治理水平。

（2）深入推动企业会计职能拓展。积极引导企业借助会计信息化手段夯实应用管理会计的数据基础，推动企业开展个性化、有针对性的管理会计活动，探索数字经济和新技术赋能企业管理会计的可行性，加强绩效管理，增强价值创造能力。完善新技术影响下的内部控制信息化配套建设，推动内部控制制度有效实施。

（3）发挥会计信息化在可持续报告编报中的作用。积极推动企业使用信息化手段开展可持续报告编报工作，提升企业可持续发展能力，加强社会责任管理，同时为可持续发展视角下的企业估值提供支撑，促进资源合理配置。

1.2.3 管理会计在我国的应用

虽然管理会计在我国的起步较晚，但在企业经营过程中已经有了初步的探索和有益的尝试。例如，在新中国成立之初，以成本为核心的内部责任会计，包括班组核算、经济活动分析和资金成本归口分级管理等；随着改革开放和经济体制改革的深入，企业内部形成了以企业内部经济责任制为基础的责任会计体系；20世纪90年代后出现成本性态分析、盈亏平衡点与本量利依存关系、经营决策经济效益的分析评价等；宝钢集团于1993年起推行的标准成本制度，就是管理会计的典型实践。而且，以全面预算管理、平衡计分卡为代表的绩效评价方法，以作业成本法、标准成本法为代表的成本管理方法，都陆续投入到我国企业的管理实践中，应用水平也在不断提高。国家开发银行、中国电信、美的集团等企业都专门设置了管理会计机构和岗位，积极开展管理会计工作，并取得了较好成绩。同时，管理会计在行政事业单位预算编制、执行、决算分析和评价等工作中也得到了很好的应用。一些企业为了满足管理会计体系的应用环境，搭建单位财务和业务部门的信息沟通平台，及时掌握预算执行和项目进度，深入开展决算分析与评价，及时发现预算执行中存在的问题并提出相应的修改意见，财务管理水平和资金使用效益不断提高。

"十三五"期间，我国将管理会计的应用推广到更多环节和领域，通过将管理会计的工具方法、知识理念嵌入企业相关领域、层次、环节，以业务流程为基础，利用管理会计工具方法，将财务和业务有机融合，从而将会计职能从记录价值向创造价值拓展，从后台部门向业务前端拓展，提升企业价值创造能力从而推动经济转型升级，推动会计工作转型升级。

从应用环节上讲，管理会计贯穿于规划、决策、控制、评价等各个管理环节，融合业务活动的全过程，形成完整的循环，贯穿于企业管理水平提升的始终。在战略规划、决策环节，管理会计在业务活动开始就介入其中，进行信息搜集、整理、加工，通过做好相关信息支持，参与战略规划拟定，从支持其定位、目标设定、实施方案选择等方面，为企业合理制定战略规划提供支撑，并融合财务和业务等活动，及时充分提供和利用相关信息，支持企业各层级根据战略规划作出决策；在控制环节，管理会计可以通过设定定量定性标准，强化分析、沟通、协调、反馈等控制机制，支持和引导企业持续高质高效地实施企业战略规划；在评价环节，管理会计可以基于管理会计信息等，合理设计评价体系评价企业战略规划实施情况，并以此为基础进行考核，完善激励机制；同时，对管理会计活动进行评估和完善，以持续改进管理会计应用。

从应用领域上讲，管理会计强调财务与业务活动相融合，涉及战略管理、预算管理、成本管理、营运管理、投融资管理、绩效管理、风险管理等各个领域，辐射企业管理活动的方方面面，推动企业价值创造能力的全面提升。在战略管理领域，管理会计可以通过应用战略地图、价值链管理等工具方法，从战略分析、制定、实施、评价和调整等环节，指导企业加强战略管理的科学性和有效性，促进企业实现战略目标；在预算管理领域，管理会计可以通过应用滚动预算管理、零基预算管理、弹性预算管理、作业预算管理、全面预算管理等工具方法，促进企业提高预算编制、执行、控制、分析、报告、考核的水平，促进企业加强预算管理，提高资源配置的合理性和有效性；在成本管理领域，管理会计可以通过应用目标成本管理、标准成本管理、变动成本管理、作业成本管理、生命周期成本管理等工具方法，促进企业优化成本结构，削减无效成本，拓展成本控制和分析维度，提高成本控制和分析精度，提高成本管理水平；在营运管理领域，管理会计可以通过应用本量利分析、敏感性分析、边际分析、标杆管理等工具方法，强化营运控制，提高营运效率和质量，优化企业营运管理；在投融资管理领域，管理会计可以通过应用贴现现金流法、项目管理、资本成本分析等工具方法，降低投融资风险，健全投融资决策机制，优化融资结构，提高投资效益；在绩效管理领域，管理会计可以通过应用关键指标法、经济增加值（EVA）、平衡计分卡等工具方法，提升绩效管理水平，激发管理活力，促进企业可持续发展；在风险管理领域，管理会计可以通过应用风险管理框架、风险矩阵模型等工具方法，全面梳理企业风险环节，提供有效风险应对方案，提升企业风险管理水平，为企业基业长青保驾护航。

在"十四五"时期，传统产业转型升级、现代产业体系协同发展，新形势、新任务、新要求都需要进一步提高对管理会计重要性的认识。另外，数字化时代对会计工作产生了深远的影响。随着数字化时代的到来，新兴技术的不断涌现也为管理会计信息化建设提供了新的契机和前景，为管理会计的发展壮大创造了良好的基础环境。新技术与管理创新融合，为管理会计注入了新的活力，充实了新的内涵。贯彻新发展理念，推动高质量发展，更好开启现代化新征程，是管理会计应用在"十四五"时期取得突破的重要机遇。在这样的形势下，有必要大力加强管理会计应用和实践，增强企业核心竞争力和价值创造力，推动会计职能对内对外双向拓展，推进会计行业提质增效。

为此，需要全面提升管理会计信息化水平。企业的信息化建设是管理会计工作开展的重要基础。企业应夯实管理会计应用的数据基础，完善业财融合的信息系统架构，拓宽会计信息化服务领域，进一步提升面向管理会计的信息系统建设水平，推进财务信息系统与业务信息系统的深度融合。企业可建立面向管理会计的信息系统，以管理会计理念和技术方法为基础，以信息化和标准化为支撑，有效整合财务和非财务信息，借助互联网、人工智能、大数据等新技术，实现会计与业务活动的有机融合，从源头上防止"烟囱林立、孤岛遍地"，为推动管理会计应用落地和发挥管理会计功效提供技术支撑。此外，具有一定规模的企业可建立并深化运用财务共享服务中心，推动会计职能从核算向管理拓展。会计软件公司和有关中介服务机构可积极拓展管理会计信息化服务领域，为信息化和管理会计深度融合发展提供助力。

1.3 管理会计的内容与应用原则

1.3.1 管理会计工作的主要内容

管理会计内部活动结构图如图1-1所示。

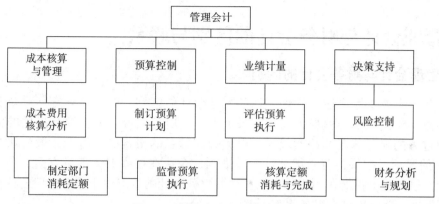

图 1-1 管理会计内部活动结构图

（1）成本核算与管理。管理会计通过进行成本费用预测、控制、核算、分析和考核，全面提高公司员工的成本意识，督促公司有关部门降低消耗、节约费用、提高经济效益。

（2）预算控制。管理会计通过全面预算工作，编制和监督执行企业的业务预算、财务预算以及专项预算，对企业相关的投资活动、经营活动和财务活动的未来情况进行预测及控制。预算控制是推进单位内部管理规范化和科学化的基础。

（3）业绩计量。管理会计通过建立责任会计制度来实现对每个责任中心经营业绩的考核评价，核算定额消耗与完成情况，评估预算执行情况，找出成绩与不足，为奖惩制度的实施和未来工作改进措施的形成提供必要的依据。

（4）决策支持。管理会计可以根据企业决策目标，收集、整理有关决策的财务信息以及非财务信息资料，运用管理会计的方法研究与制定企业生产经营决策方案、长期投资决策方案等各种备选方案，以便企业高层管理者作出科学合理的财务分析与规划，最终作出正确的管理决策。同时，管理会计可以将经济过程的事前控制与事中控制有机结合起来，制定科学可行的财务控制标准，便于财务风险控制。

1.3.2 管理会计的应用原则

企业在应用管理会计方法时，应该遵循以下原则。

（1）战略导向原则。管理会计的应用应以企业战略规划为导向，以持续创造价值为核心，促进企业的持续性发展。

（2）融合性原则。管理会计应嵌入企业相关领域、层次、环节，以业务流程为基础，利用管理会计工具方法，将财务和业务等有机融合。

（3）实用性原则。管理会计的应用应当适应企业经营环境，将自身特征与企业的行业层次、业务环节和业务流程相适应，利用管理会计方法提高企业的业财融合水平。

（4）成本效益原则。管理会计的应用应在实施成本与企业收益间获得平衡，优化管理流程，节省不必要的开支。

1.4　管理会计与财务会计的区别与联系

1.4.1　管理会计与财务会计的区别

表 1-2 简明扼要地描述了管理会计与财务会计的区别。财务会计定期对企业外部公布财务信息,包括股东、债权人、潜在投资者、政府部门等。财务会计提供的信息只是反映企业过去的财务状况和经营成果。财务会计信息的报告必须符合一般公认会计准则(GAAP)的要求,如果违背一般公认会计准则,企业在披露财务信息方面,存在弄虚作假的嫌疑,很可能承担潜在的法律责任。学习财务会计的重点在于按照一般公认会计准则进行科目设置、账务处理和财务报表编制。

表 1-2　管理会计与财务会计的区别

项目	管理会计	财务会计
服务对象	侧重于企业内部的各级管理者	企业外部团体
职能	对未来的预测、决策和规划	反映过去的财务状况
时间跨度	灵活性,从小时到 10~15 年不等	固定性,常为 1 年、1 个季度或 1 个月
会计主体	企业整体或各个部门	企业整体
计量尺度	货币与非货币	货币
约束因素	对管理层有用	公认会计准则
信息属性	相对主观的、估计的、有效的、相关的、相对准确的	客观的、可查的、可信的、一致的、精确的
潜在责任	一般没有	极少法律诉讼

管理会计的目的是为企业内部各级管理人员提供有效经营和最优决策的信息。管理会计为企业提供信息时不必遵循会计准则的要求,所以在计算、获取信息时主要是从企业的经营活动中的组织、计划、控制角度出发,为更好地作出有关企业的物流、资金流、信息流以及消费者、供应者服务的决策安排提供更具实用价值的经济信息。因此,在学习财务会计和管理会计时是各有偏重的,而学习管理会计的重点在于合理决策和满足管理者、员工的信息需要。

1.4.2　管理会计与财务会计的联系

管理会计与财务会计虽然有诸多方面的差异,但两者之间也存在着千丝万缕的联系。

1. 共同的经营目标

虽然管理会计与财务会计的服务对象不同,但是自美国会计原则委员会的第 10 号意见正式把为企业内部服务的财务状况和经营成果的分析表列为必须对外编报的基本财务报表时起,两者服务对象的界限开始模糊化,无论是管理会计还是财务会计,都是为了在满足利益相关者的基本利益时,实现企业价值的最大化。

2. 相似的信息渠道

财务会计报表在被外部信息使用者使用的同时，也是管理会计的重要的信息基础，因为管理者在进行企业管理时不能建立在主观估计上，而财务会计在核算时也需要依附管理过程中的现实情况进行会计信息的重要性判断。

3. 相关的概念理解

因为管理会计和财务会计都是基于企业发展的要求，在传统会计中分离出来并进一步延伸的，所以在成本、利润等概念的定义上两者基本是一致的，但有些概念则是管理会计领域专有的，比如，边际贡献、保本点、安全边际率等。

1.5 管理会计的职业道德

1.5.1 管理会计人员的职业道德和能力培养

管理会计在企业的发展过程中，专业化和趋势化职能愈加明显。管理会计工作者必须对其服务机构、专业团体、公众和其自身履行最高的道德行为准则。为了形成规范化的管理秩序，全美会计师协会于1982年颁布了第10号管理会计公告《管理会计师道德行为准则》（Standards of Ethical Conduct for Management Accountants），该准则是评定管理会计师是否合格的标尺，该准则的组成部分如下。

1. 专业技能（competence）

（1）不断提升自身的专业素养和技能，保持职业能力应有的水准。

（2）依据有关法律、规章制度和技术标准完成职责。

（3）基于相关的、可靠的信息分析，编制完整、清晰的报告与建议书。

2. 保密（confidentiality）

（1）除法律规定外，未经允许，不得泄露工作过程中既得的机密信息。

（2）告知下属工作中所获取信息的机密性，适时地监督其行为，确保其守信。

（3）禁止利用或变相利用在工作中所获取的信息，为己所用，或者作为向第三方牟取私利的砝码。

3. 诚实正直（integrity）

（1）避免实际或明显的利益冲突，并对任何存在潜在冲突的各方提出警告。

（2）拒绝任何影响其作出正确工作行为的贿赂形式。

（3）不得主动或被动破坏企业合法的、符合道德的目标实现。

（4）及时解决有碍于工作顺利展开或工作绩效实现的限定或约束条件。

（5）就有利或不利的信息进行相应的职业判断。

（6）不得蓄意从事有损其职业发展的活动。

4. 客观性（objectivity）

（1）在信息交流时保持公正性、客观性。

（2）充分披露相关信息，以便于使用者作出正确的理解和判断。

5. 道德冲突的解决（resolution of ethical conflict）

（1）遇到道德冲突问题时，应直接向上级主管汇报讨论，除非其牵连其中。若上级主管可能有所嫌疑，则应提交更高一级的主管。若提交的问题未能达成满意的解决方案，则应再提交更高一级的主管。

（2）若上级主管是首席执行官或同级人物，应由审计委员会、执行委员会、董事会或股东大会等集体行使复核权。除法律规定情况外，不宜向未聘用或雇用的机构或个人沟通此问题。

（3）事先与客观公正的顾问秘密讨论，弄清楚有关的道德问题，可以更好地理解可能的行动方案。

（4）及时向律师咨询道德冲突中可能存在的法律权利与义务。

（5）如果在组织内所有级别复核之后仍未解决道德冲突，那么对于重大事项而言，当事方应辞职并提交一份详细的备忘录给组织的一位代表。之后，依据道德冲突的性质，也可告知其他方。

1.5.2 新时代我国管理会计人员的从业基本要求

随着数字经济时代的来临，我国经济社会迎来了新的挑战和机遇，尤其是对会计工作造成了前所未有的冲击。会计人员的职业道德水准是推动我国财会事业发展的必要手段和有效保障，新时代下管理我国会计从业人员应当坚持诚信执业、信誉至上，以高标准、严要求更好地服务于经济建设，助力经济高质量发展。管理会计从业人员要将社会主义核心价值观的内在要求转化为实际工作中的行为准则，将个体的业务能力提升与社会可持续发展的责任意识相联结，增强职业责任感，形成恪守诚信的职业品格与遵纪守法的行为习惯。具体来说，管理会计从业人员应坚持以下原则。

1. 诚实守信

近些年财务造假事件层出不穷，不仅阻碍了资本市场的良性循环和企业的长期发展，还影响了投资者的投资决策。诚信是企业发展的基础，也是个人的立身之本。对于管理会计从业人员，诚信是在从事管理会计相关工作时必须具备的最基本的职业道德操守。企业所提供的财务信息必须是对真实业务的真实反映，因此管理会计从业人员应当不断提升职业素养与道德意识，强化责任意识与风险意识，自觉与财务造假行为作斗争。

2. 爱岗敬业

爱岗敬业是要求管理会计从业人员热爱本职工作，坚守自己的工作岗位，并为做好本职工作作出贡献。管理会计从业人员应当树立职业荣誉感，热爱本职工作，努力钻研业务，使自己的知识和技能适应所从事工作的要求。管理会计从业人员要牢牢树立主人翁责任感和事业心，追求崇高的职业理想和人生价值，认真完成自己的本职工作，力求干一行、爱一行、精一行；在做好本职工作的基础上继续提升专业技能，努力让自己成为本领域、本行业的行家里手。

3. 廉洁自律

清正廉洁是中华民族的优良传统，随着经济的快速发展，党风廉政建设的进一步加强，廉洁自律对管理会计从业人员的重要性日益凸显。出于工作需要，管理会计从业人员需要与财物进行接触，一些从业人员贪图金钱和物质上的享受，利用职务之便挪用公款、监守自盗，其根本原因是忽视了世界观的自我改造，放松了职业道德的自我修养。为此，管理会计从业人员应当树立正确的人生观和价值观，遵纪守法，坚持公私分明，两袖清风。

4. 保守秘密

商业秘密是指对企业生产、经营及发展具有经济价值或者可以带来预期经济效益且不为一般公众特别是同行业其他企业所知悉或掌握的信息。商业秘密关乎企业的竞争力，对企业的发展至关重要，甚至会直接影响企业的生存。管理会计从业人员应当保守本企业的商业秘密，不在工作岗位以外的场所谈论、评价企业的经营状况和财务表现，除法律规定和企业领导人同意外，不能私自向外界提供或者泄露企业的会计信息。

5. 坚持准则

管理会计从业人员办理会计事务应当实事求是、客观公正，在实际工作中，应当以准则作为自己的行动指南，在发生道德冲突时，应坚持准则，维护国家利益、社会公众利益和正常的经济秩序。这里所说的"准则"，不仅指会计准则，而且包括会计法律、国家统一的会计制度以及与会计工作相关的法律制度。会计法律是指《中华人民共和国会计法》《中华人民共和国注册会计师法》；国家管理会计从业人员应当按照会计法规和国家统一会计制度规定的程序和要求进行会计工作，保证所提供的会计信息合法、真实、准确、及时、完整，不为主观或他人意志左右。

值得补充的是，2019 年，中共中央办公厅、国务院办公厅印发了《关于深化新时代学校思想政治理论课改革创新的若干意见》，提出要"深度挖掘高校各学科门类专业课程所蕴含的思想政治教育资源，使各类课程与思政课同向同行，形成协同效应。"《管理会计》是会计学专业的核心专业课程，受到国家教育部门的高度重视和关心。2023 年 4 月 26 日，财政部颁布关于印发《会计人员职业道德规范》的通知，其中规范内容包括三条，一是坚持诚信，守法奉公；二是坚持准则，守责敬业；三是坚持学习，守正创新。该职业道德规范自然也包括对管理会计人员的要求。同时，通知要求将规范精神落实到具体会计工作中，使其成为广大会计人员普遍认同和自觉践行的行为准则；应当推动高校财会类专业加强职业道德教育，将《会计人员职业道德规范》要求有机融入教学内容。可见，管理会计人员如何将文件上的规定，与日常工作时间结合显得尤为重要。作为尚未跨入社会的同学们来讲，除了学好管理会计专业技术方法本领，应严格要求自己，培养政治认同、家国情怀、文化素养；管理会计教育不仅要传授必需的专业技能和知识，而且要培养自己会计诚信信念、诚信文化、诚信制度；基于理工的特色背景，管理会计教学还注重培养具有"诚信守则、业务精湛、能力过硬"工匠精神的优秀专业人才。不仅要学好管理会计基本理论和方法技术，还需要了解《管理会计基本指引》等规定及中华人民共和国会计法、证券法等违反会计职业道德和诚信要求的相关处罚条例，从对不遵守职业道德的会计人员的处罚和刑事责任中吸取经验教训，树立诚实守信的品德。

相关法规

2014 年 10 月 27 日《财政部关于全面推进管理会计体系建设的指导意见》；

2016 年 6 月 24 日《管理会计基本指引》；

2016 年 10 月 8 日《会计改革与发展"十三五"规划纲要》；

2017 年 9 月 29 日《管理会计应用指引第 100 号——战略管理》等 22 项管理会计应用指引；

2018 年 8 月 17 日《管理会计应用指引第 202 号——零基预算》等 7 项管理会计应用指引；

2018 年 12 月 27 日《管理会计应用指引第 204 号——作业预算》等 5 项管理会计应用指引；

2021年11月24日《会计改革与发展"十四五"规划纲要》；
2021年12月23日《会计行业人才发展规划（2021—2025年）》；
2021年12月30日《会计信息化发展规划（2021—2025年）》。

复习思考题

1. 简述管理会计的概念。
2. 管理会计不同发展阶段各自的特点是什么？
3. 简述管理会计与财务会计的区别和联系。
4. 管理会计师应具备哪些方面的职业素养？

练习题

一、单项选择题

1. "管理会计"这个名词被会计界认可于（　　）。
   A. 1949年　　　　B. 1952年　　　　C. 1984年　　　　D. 2008年
2. 管理会计在我国应用的最早领域是（　　）。
   A. 资金管理　　　B. 成本管理　　　C. 预算管理　　　D. 绩效管理
3. 管理会计与财务会计的关系是（　　）。
   A. 起源相同、目标不同　　　　　　B. 目标相同、基本信息同源
   C. 基本信息不同源、服务对象交叉　D. 服务对象交叉、概念相同
4. 管理会计不要求（　　）的信息。
   A. 相对精确　　　B. 及时　　　　　C. 绝对精确　　　D. 相关
5. 管理会计实施的基本条件是（　　）。
   A. 管理会计工具和方法　　　　　　B. 管理会计应用环境
   C. 管理会计信息与报告　　　　　　D. 管理会计活动

二、多项选择题

1. 狭义管理会计的核心内容为（　　）。
   A. 以企业为主体活动
   B. 为企业管理当局的目标服务
   C. 是一个信息系统
   D. 为股东、债权人制度制定机构及税务等非管理机构服务
   E. 以市场为主体活动
2. 广义管理会计的核心内容是（　　）。
   A. 以企业为主体展开活动
   B. 为企业管理当局的目标服务，同时也为股东、债权人制度制定机构及税务等非管理机构服务
   C. 是一个信息系统，包括用来解释实际计划所必需的货币性和非货币性信息
   D. 内容上，既包括财务会计，又包括成本会计和财务管理
   E. 以市场为主体活动

3. 管理会计与财务会计的主要区别（　　）。
　　A. 服务对象不同　　B. 职能作用不同　　C. 信息属性不同　　D. 潜在责任不同
4. 管理会计内部活动有（　　）。
　　A. 成本核算与管理　B. 预算控制　　　　C. 业绩计量　　　　D. 决策支持
5. 管理会计的应用原则是（　　）。
　　A. 战略导向原则　　B. 实践性原则　　　C. 及时性原则　　　D. 成本效益原则

三、思政案例分析

案例资料：经查明，广州智光电气股份有限公司（以下简称公司）及相关当事人存在以下违规行为：

2024年4月30日，公司披露的《2023年年度报告》显示，公司2023年度经审计归属于上市公司股东的净利润（以下简称净利润）为-1.57亿元。公司2023年度净利润为负值且与上一年度相比下降50%以上，未能在会计年度结束之日起一个月内进行预告，直至2024年4月22日才披露《2023年年度业绩预告》。

公司的上述行为违反了深圳证券交易所《股票上市规则（2023年8月修订）》第1.4条、第2.1.1条第一款、第5.1.1条第一款第一项的规定。

公司董事长兼总裁李永喜及财务总监吴文忠未能恪尽职守、履行勤勉尽责义务，违反了深圳证券交易所《股票上市规则（2023年8月修订）》第1.4条、第2.1.2条第一款、第4.3.1条第一款、第4.3.5条和第5.1.9条第一款的规定，对公司上述违规行为负有重要责任。

公司董事会秘书熊坦未能恪尽职守、履行勤勉尽责义务，违反了深圳证券交易所《股票上市规则（2023年8月修订）》第1.4条、第2.1.2条第一款、第4.3.1条第一款、第4.3.5条第三款、第4.4.2条第一项和第5.1.9条第一款的规定，对公司上述违规行为负有重要责任。

鉴于上述违规事实及情节，依据深圳证券交易所《股票上市规则（2023年8月修订）》第13.2.3条的规定，经深圳证券交易所纪律处分委员会审议通过，深圳证券交易所作出如下处分决定：

一、对广州智光电气股份有限公司给予通报批评的处分；

二、对广州智光电气股份有限公司董事长兼总裁李永喜、财务总监吴文忠、董事会秘书熊坦给予通报批评的处分。

对于广州智光电气股份有限公司及相关当事人的上述违规行为及深圳证券交易所给予的处分，深圳证券交易所将记入上市公司诚信档案。

［案例资料来自深圳证券交易所网站改编而来：https://reportdocs.static.szse.cn/UpFiles/zqjghj/sup_jghj_00019172DD67BA3FDB5746682BC3743F.pdf?random=0.44889623078718177］

通过对本案例的分析，你认为：

1. 广州智光电气股份有限公司董事长兼总裁李永喜、财务总监吴文忠、董事会秘书熊坦违反了哪些管理会计职业道德？
2. 通过案例学习，我们应当如何加强管理会计职业道德培养和能力提高？

第 2 章　大数据与管理会计

❀学习目标：
1. 了解大数据的概念与特征；
2. 理解大数据对管理会计的影响；
3. 掌握 Python 基础及在管理会计中的应用；
4. 掌握管理会计报告的编制与应用；
5. 理解管理会计信息系统；
6. 了解大数据背景下管理会计的发展策略。

引例：河南投资集团走上数智化转型之路

2015 年国家"十三五"规划提出大数据战略，大力推进物联网、大数据和人工智能等技术应用。在国家加快数字化发展的战略引领下，2016 年财政部制定了《会计改革与发展"十三五"规划纲要》，要求微观组织关注大数据和"互联网+"发展对管理会计工作的影响。近年来，诸多企业开始进行财务数智化转型，希望通过财务数智化缓解管理会计报告的制约问题并提升管理会计报告的决策有用性。

河南投资集团成立于 1992 年，作为国有资本运营公司，致力于培育战略性新兴产业、升级基础产业和布局新基建。集团投资涵盖综合能源、物流浆纸、科技领域、环保产业、健康生活、信息产业和燃气等领域。截至 2022 年 6 月底，集团总资产 2 820 亿元，参控股上市公司 67 家。在大数据经济的发展背景下，河南投资集团于 2016 年开始财务数智化转型，共历经三个阶段。

（1）第一阶段：财务电算化阶段。

2016 年以前，集团各子公司为了提高财务工作效率和提升会计数据的时效性，按照行业特性各自选择适合的财务核算软件进行会计核算。随着集团并购重组规模扩大，子公司数量迅速增加，集团各子公司的财务基础数据标准和业务流程不统一，导致集团层面难以及时和完整地了解下属企业的财务状况与经营成果，集团开始筹划建设财务共享中心。

（2）第二阶段：财务共享中心阶段。

在第一阶段的基础上，集团成立财务共享中心将基础财务集中于集团层面，统一了数据标准和业务流程并嵌入信息系统，实现了业务和财务全程自动化，汇聚了内部数据资源，但在与外部数据对接以及提供管理决策信息方面还有所欠缺。

（3）第三阶段：智能财务阶段。

2020 年，集团正式进入智能财务阶段。集团建立了数据中台，企业内外部信息统一进入数据湖，实现多源数据自动获取整合清洗以及业财系统基础数据互相转换。财务部门建设了智慧财务系统，涵盖了智慧报表、对标预警、数据管理、智能报告、风险管控、预测模型、管理驾驶舱和其他设置 8 个模块，构建了智慧财务分析和风险监控体系。

通过以上三个阶段的财务数智化转型，该集团管理会计报告质量得到了显著的提升。原因有三。

第一，财务数智化能够改善管理会计报告基础信息质量。首先，数字技术有助于提升数据采集和数据共享能力，数据中台汇聚并动态记录企业财务业务数据以及外部数据，形成丰富的基础数据资源，通过元数据标准化形成口径统一的数据，在集团各部门实现共享。其次，完整和动态的基础数据有助于分析数据的相关性，并形成因果关系链，基础信息共享有助于减少企业内部信息不对称。最后，区块链去中心化数据分布管理和不对称加密底层技术为核心数据的安全管理提供支持，保证了管理会计报告基础数据的可靠性。

第二，财务数智化提升管理会计报告信息加工质量。数据中台的标准化信息为财务部门与业务部门的沟通融合以及业财之间多维度数据建模提供了支撑。财务部门可以依据各业务部门以及决策层需求，运用机器学习进行模型因子筛选，结合经营管理场景实现智能建模，并借助深度学习或机器学习的自动更新和迭代动态优化模型，为相关部门提供预测、预警等相关建议报告，甚至形成经营管理知识图谱。

第三，财务数智化提高管理会计报告信息披露质量。首先，企业能够将信息汇聚于数据中台，各信息使用部门不仅可以被动获取财务部门提供的管理会计报告，也可以主动提取和索取需要的财务信息，财务部门可以依据相关部门的需求提供个性化信息。其次，数字技术和人工智能技术可以适时获取信息和生成管理会计报告，信息披露方式从事后报告转向实时报告。同时，数字技术还可以完成结构化和非结构化数据转换，提供可视化管理会计报告，有助于决策者更好地理解管理会计报告。

根据以上分析可知，河南投资集团借助各类大数据技术实现财务数智化转型，其通过保障底层数据质量提升管理会计报告基础信息质量、提升核心数据集成能力，从而改善信息加工质量并加强数据可视化分析提高管理会计报告信息披露质量，进而全面提升了管理会计报告质量。

[资料来源：陈素云，郭金鹏，耿睿宇，等.财务数智化对管理会计报告的影响：基于河南投资集团的案例分析[J].管理会计研究，2022（5）：46-54.]

2.1 大数据概述

2.1.1 大数据概念界定

2011年6月，美国麦肯锡管理咨询公司发布《大数据：创新、竞争和生产力的下一个新领域》的研究报告，第一次提出了大数据的概念。麦肯锡全球研究所对大数据的定义是：一种规模大到在获取、存储、管理、分析方面大大超出了传统数据库软件工具能力范围的数据集合。在大数据时代下，每个行业及业务职能领域都存在着海量数据，这些数据在体量、速度、复杂性和价值性等方面突破了传统的数据形态，利用现有的技术手段来对数据进行及时有效的获取和处理，有着巨大的难度和机遇。数量与类型的急剧大量化对于我们快速、有效地从海量的数据中挖掘有价值的信息提出了挑战。大数据技术的战略意义不在于掌握庞大的数据信息，而在于对这些富有意义的数据进行专业化处理。换言之，如果把大数据比作一种产业，那么这种产业实现盈利的关键在于提高对数据的"加工能力"，通过"加工"实现数据的"增值"。

2.1.2 大数据的特点

大数据是伴随着云计算的普及、物联网和移动互联网的应用而发展的。大数据时代是数据爆炸式增长的时代，它的到来使得各行各业开启了跨时代的技术变革，其应用逐渐渗透到现代企业经营管理的各个领域，对于企业的发展发挥着重大的影响。大数据时代的到来使得信息处理方式更加便捷，信息处理速度更加高速，同时数据信息的可获取性更高，通过个人计算机、平板电脑、手机等移动设备能够获取更多有价值的数据信息。大数据具有以下特点。

1. 数据规模大（volume）

信息化时代下，数据的传输较传统数据更具有优越性，数据内存容量大，大数据的起始计量单位至少是PB、EB或ZB，这是传统的数据度量所不能衡量的。

2. 种类繁多（variety）

进入大数据时代，数据的种类涉及各个行业各个领域，呈现多样化的趋势，各种社会现象可以通过量化，以数据的形式表现出来，如在信息时代经常使用的视频、音频以及图片等，多种形式的数据以各自独特的优势存在于互联网空间。

3. 处理速度快（velocity）

数据体量的高速增长，对数据处理速度及存储提出了更高要求。海量数据通过互联网和云计算等方式进行交换和传播，其产生和传播速度非常迅速，数据从生成到消耗，时间窗口非常小。比如搜索引擎要求几分钟前的新闻能够被用户查询到，个性化推荐算法尽可能要求实时完成推荐。这是大数据区别于传统数据的显著特征。

4. 价值密度低（value）

大数据时代，数据价值密度降低，这主要表现在数据量的存储上积累较多，数据变化周期较快，产生数据更新时间较短，一些数据使用时间不长，产生的有效价值就不高，在繁多的价值中，不可避免地存在着一些没有价值的数据。

大数据时代特征在很大程度上影响着产业结构的发展，对管理会计的影响不言而喻。在大数据时代下，随着数据资源的集聚，以传统的方式和方法来进行基于管理会计的分析和决策，已经不能适应这个时代的要求。要想更好地实现管理会计信息化，就必须转变传统的管理思维以适应大数据时代潮流，运用现代化的管理技术进行精细管理、智能分析与决策。

2.2 大数据与管理会计

2.2.1 大数据对管理会计的影响

1. 企业管理会计发展的外在推力增强

在大数据时代，信息的传递及共享成本降低，企业的经济利益相关者都能够更及时便捷地收到关于企业财务及运营相关的内容信息，企业面对更加公开和透明的市场环境，管理会计的发展水平所承受的外在推力将会加强，来自市场多方面的监督和制约，将和政府的法律法规一起形成企业发展的压力。

2. 企业管理会计发展的内在动力提升

一方面，管理会计本身能够高效地为管理层提供相关决策信息，协助企业制定更准确的战略目标，创造竞争优势；另一方面，在日益激烈的市场竞争下，管理会计发展水平直接影响到企业竞争优势的形成和内部经营管理水平的高低。在经营实务中，要求企业管理层从上到下地推动管理会计信息化，来促进管理会计对海量数据的挖掘使用，从而进一步放大管理会计的价值。

3. 企业管理会计发展的技术环境改善

管理会计作为传统会计的重要组成部分，吸收了现代行为学、管理学和系统理论，不仅是财会的分支，也是企业管理的组成部分。信息技术的发展使信息不对称的情况大大缓解，这为管理会计获得准确全面的数据，提供完全信息和数据支持奠定了基础。数据来源、数据处理和数据思维等方面的技术发展，使得信息增值，从而促进管理会计的发展。

2.2.2 大数据背景下我国管理会计面临的挑战与机遇

我国对管理会计的应用和研究始于20世纪70年代末，引进了很多西方管理会计理论并制定了针对我国企业的相关条例，但会计理论界和实务界的大多数学者倾向于对财务会计进行理论研究和实务探讨，对管理会计的研究积极性并不高，管理会计的发展相对滞后。到2014年，财政部发布了《关于全面推进管理会计体系建设的指导意见》，再次强调了管理会计应用的重要性和紧迫性，管理会计的发展才步入了一个新的阶段，逐步形成了相对完善的理论体系，在实践中得到广泛的普及和应用。我国正在经历第四次工业革命的科技发展及技术快速迭代时期，大数据、人工智能、移动互联、云计算、物联网、区块链等数字技术呈迅猛发展态势，应用场景也在不断深化。随着大数据、人工智能等新技术创新迭代速度加快，经济社会数字化转型全面开启和深入推进，为新时期会计信息化应用场景全面转向数字化带来新的机遇，同时也带来了前所未有的挑战。

1. 大数据时代管理会计面临的挑战

大数据时代为管理会计带来诸多机遇，但同时也带来诸多挑战，主要体现在管理会计理论框架尚未真正建立，信息分析技术落后导致个性化、安全性问题凸显，大数据意识尚未完全形成，专业人才缺乏，难以保障新技术推广等方面。

（1）企业对大数据时代管理会计的应用认识不足。在实际工作中，管理会计虽然已经建立起一套完善的适合大数据时代的管理会计方法体系，但是由于受到内部核算与管理信息采集方面条件不足的制约，无法更好地发挥其作用达到管理的目的。在实际工作中，很多企业会计的主要工作依旧是进行财务核算，将较多精力用在填制会计凭证、编制报表和应付税务、审计部门的监管上，而对管理会计工作的认知不足，无法将管理会计新的方式方法落实使用，影响企业的经营决策。

（2）管理会计理论框架尚未真正建立，理论与实践相脱离。我国"互联网+"管理会计理论研究起步较晚，框架体系仍未完全建立，尚未形成完善的知识体系，制度规范也存在诸多漏洞，而且目前理论研究与企业实际应用脱节现象严重，影响了管理会计的发展进程。

（3）管理会计的信息安全存在隐患。大数据时代，数据量呈几何级增长，非结构化数据所占比重较大，数据转化过程会削弱信息时效性，降低企业及时作出反应的速度，而且在转化信息过程中，部分非结构化数据丧失现象较为严重，数据结果的准确性无法保障。

（4）管理会计人才缺乏，新技术推广难以保障。数据来源多、信息种类广、信息量较大要求必须借助专业人才深度挖掘与分析，才可以将信息转化为对企业经营管理有价值的信息。但目前，我国企业基层会计人员居多，而具有较高能力的中高端会计人才较少，会计人员的结构比例严重失调，导致现阶段我国管理会计发展受到严重影响。因此，加快大数据时代管理会计专业技术人才的培养对企业的未来发展显得尤为重要。

2. 大数据时代管理会计面临的机遇

大数据时代下，业财融合趋势明显。业务发生时，处理器将业务、财务、管理信息集中于数据库中，不同的"被授权人"需要信息时，可以从数据库中调取；数据处理交由系统后台运行，大大降低了财务成本；云技术使得企业实现了对资金的实时控制，寻找更佳投资机会；实时财务报告生成成为可能；促进了人资管理模式的转变，企业借助大数据和云招聘模式，可以在人才薪资大数据库中找到参考目标，能更准确地识别适合岗位的人才，推进了精细化人才管理。大数据时代管理会计面临的发展机遇有以下几个方面。

（1）大数据增强企业预测能力，提高预测准确性。互联网时代，企业可以更加便捷、高效地获取本行业上游、下游企业大量数据，针对性、系统性、全面性特点更强，预测结果更科学、更合理、更现实，预测功能更加完善，有利于企业实现可持续发展。

（2）非财务指标被广泛应用，信息系统更加完善。在传统会计模式下，非财务指标收集非常困难。在互联网时代，工业制造企业通过网站可以收集到客户对产品质量、设计的满意度等相关信息；商品流通企业可以通过销售平台得到产品市场占有率等相关指标；金融保险业可以通过客户端收集客户对提供服务的满意程度等相关信息。客户对产品、服务的感受，产品在市场上的认可度等数据收集会变得非常容易。

（3）收入成本分析更全面，注重过程管理。财务共享数据平台可以给经营管理者提供不同的成本组合，企业可定制自身所需成本信息，将获取的数据与预算数进行比较可以发现成本控制中存在的问题，进而提出改进措施。

（4）精细管理会计学科形成，拓宽了研究领域。在"互联网+"时代，智能设备和物联网的使用使得过程精准控制成为可能，同时，作业成本核算也非常高效、快捷，生产过程、商品流通的每个步骤、每个细节均可通过仪器传至处理器，精细化管理会计学科由此诞生。

2.3　Python 基础与管理会计

大数据时代下，国内外越来越重视编程教育，并将编程学科化，纳入必修课程。以大数据为代表的信息数据也正成为推动会计行业发展的重要推力，大数据时代的到来，不仅要求会计从业人员要有大数据的思维模式，同时对高校会计人才的培养模式提出了新的要求。为了能够更好地适应大数据背景下会计实验教学的新方向，有必要学习国内外著名大学会计实践教学的成功经验，将其融合到管理会计的学习中来，以适应大数据背景下对会计从业人员智能化要求。

Python 作为目前处理大数据的有效工具之一，是最适宜学习、掌握和应用的计算机编程语言。Python 的支持库持续增多，在各种流行编程语言中一直排名靠前，其适用于后端开发、前端开发、网络爬虫、人工智能、金融量化分析、大数据分析等很多方面。同时，Python 的代码简洁易懂，即使对于没有开发经验的人来说，也不难理解。它在信息搜集、数据分析等方面的应用越来越广泛。为此，有必要将大数据分析穿插于课堂教学中，分析大数据对管理会计决策的影响，同时，在教学操作中穿插于成本性态分析、本量利分析、预测分析、长期投资决策分析、全面预算、作业成本法和绩效评价分析等内容中，使学生能将专业知识与数据处理工具有效结合，以提升学生的综合分析问题和动手操作的能力。

2.3.1 Python 技术运行原理

Python 是一种不受局限、跨平台的开源编程语言，其数据处理速度快、功能强大且简单易学，在数据分析与处理中被广泛应用。Python 采用解释运行的方式，编写后无须进行编译即可直接通过解释器执行，具有典型的动态语言特点，编程效率极高。Python 是完全面向对象的语言，数字、模块、字符串、数据结构都是对象。

Python 的设计目标之一是让代码具备高度的可阅读性。它设计时尽量使用其他语言经常使用的标点符号和英文单词让代码看起来整洁美观。它不像其他的静态语言如 C、Pascal 那样需要重复书写声明语句，也不像它们的语法那样经常有特殊情况和意外。Python 拥有一个强大的标准库。Python 语言的核心只包含数字、字符串、列表、字典、文件等常见类型和函数，而由 Python 标准库提供了系统管理、网络通信、文本处理、数据库接口、图形系统、XML 处理等额外的功能。Python 标准库命名接口清晰、文档良好，很容易学习和使用。

对于 Python 而言，Python 源码不需要编译成二进制代码，它可以直接从源代码中运行程序。在运行 Python 程序的时候，Python 解释器会执行两个步骤。

（1）把源代码编译成字节码。编译后的字节码是特定于 Python 的一种表现形式，它不是二进制的机器码，需要进一步编译才能被机器执行。如果 Python 进程在机器上拥有写入权限，那么它将把程序的字节码保存为一个以 .pyc 为扩展名的文件，如果 Python 无法在机器上写入字节码，那么字节码将会在内存中生成并在程序结束时自动丢弃。在构建程序的时候最好给 Python 赋上在计算机上写的权限，这样只要源代码没有改变，生成的 .pyc 文件就可以重复利用，提高执行效率。

（2）把编译好的字节码转发到 Python 虚拟机（PVM）中执行。PVM 是 Python Virtual Machine 的简称，它是 Python 的运行引擎，是 Python 系统的一部分。在执行 Python 程序时，首先由 Python 解释器将 .py 文件中的源代码翻译成中间码，即扩展名为 .pyc 的文件，然后由 Python 虚拟机（PVM）逐条将中间码翻译成机器指令执行。

2.3.2 Python 技术的优点

（1）Python 语法简单清晰，容易学习掌握。Python 的开源许可证意味着可以免费使用，成本降低，可用性强。

（2）适用范围广，对硬件要求包容性高。与许多数据分析软件不同，Python 可以在低规格的台式计算机上使用，使其适用于大规模应用，而无须在硬件上进行额外投资。且支持多个计算平台和操作系统，例如 Windows、Linux 和 Mac OS。

（3）Python 代码可用于完全自动化整个数据分析过程，并且可以不受限制地进行分发和重复利用。

（4）具有最丰富的功能扩展库，能与高性能的 C 语言程序对接。

（5）应用范围广。Python 被广泛应用在网站开发、软件开发、自动化运营、人工智能与机器学习、网络爬虫、图像处理、文本处理、数据科学与数据可视化、游戏开发等各个领域。

2.4 管理会计报告的编制与应用

2.4.1 管理会计报告的含义

美国著名管理学家安东尼·阿特金森（Anthony）、罗伯特·卡普兰等在其著作《管理会计》中指出，管理会计是一个为企业管理者创造价值的信息管理系统，通过这一系统产生的信息不仅会影响管理者的决策，同时还会通过行为评估和信息传递影响参与者。《管理会计应用指引第801号——企业管理会计报告》规定：企业管理会计报告是指企业运用管理会计方法，根据财务和业务的基础信息加工整理形成的，满足企业价值管理和决策支持需要的内部报告。其目的是为企业各层级进行规划、决策、控制和评价等管理活动提供有用信息。

2.4.2 管理会计报告的特征

管理会计报告是运用管理会计方法，根据财务和业务的基础信息加工整理形成的，满足企业价值管理需要或非营利组织目标管理需要的对内报告。管理会计报告与一般对外财务报告相比较，具有以下四个特征。

1. 管理会计报告没有统一的格式和规范

管理会计报告是根据企业（或组织）内部的管理需要来提供的，没有统一的格式和规范。相对于报告形式，更注重报告实质内容。

2. 管理会计报告遵循问题导向

管理会计报告是根据企业（或组织）内部需要解决的具体管理问题来组织、编制、审批、报送和使用的。

3. 管理会计报告的信息维度丰富

管理会计报告提供的信息不仅仅包括财务信息，也包括非财务信息；不仅仅包括内部信息，也包括外部信息；不仅仅包括结果信息，也包括过程信息，更应该包括剖析原因、提出改进意见和建议的信息。

4. 管理会计报告提供的信息注重决策相关性

管理会计报告如果涉及会计业绩的报告，比如责任中心报告，其主要的报告格式应该是边际贡献格式，不是财务会计准则中规范的对外财务报告格式。管理会计报告的对象是一个组织内部对管理会计信息有需求的各层级、各环节的管理者。

2.4.3 管理会计报告的编制要求

1. 岗位设置要求

企业应建立管理会计报告组织体系，根据需要设置管理会计报告相关岗位，明确岗位职责，企业各部门都应履行提供管理会计报告所需信息的责任。

2. 报告形式要求

企业管理会计报告的形式要件包括报告的名称、报告期间或时间、报告对象、报告内容以及报告人等。

3. 报告对象要求

企业管理会计报告的对象是对管理会计信息有需求的各个层级、各个环节的管理者。

4. 报告期间要求

企业可根据管理的需要和管理会计活动的性质设定报告期间。一般应以日历期间（月度、季度、年度）作为企业管理会计报告期间，也可根据特定需要设定企业管理会计报告期间。

5. 报告内容要求

企业管理会计报告的内容应根据管理需要和报告目标而定，易于理解并具有一定灵活性。

6. 报告程序要求

企业管理会计报告的编制、审批、报送、使用等应与企业组织架构相适应。

7. 报告过程要求

企业管理会计报告体系应根据管理活动的全过程进行设计，在管理活动各环节形成基于因果关系链的结果报告和原因报告。

与财务会计报告相比，管理会计报告在报告使用者、编制目的、编制主体、报告形式与内容、报告时间，以及编审流程等方面存在一定的差异。财务会计报告和管理会计报告的主要区别，见表 2-1。

表 2-1　财务会计报告和管理会计报告的主要区别

项目	财务会计报告	管理会计报告
报告主体	企业	企业各部门
形式要件	名称、时间、主体、编号、内容	名称、时间、对象、主体、内容
格式	统一	不统一
内容	根据法律，仅有财务信息	根据需要，可以既有财务信息，又有非财务信息
时间	受企业会计准则和政府约束	无约束，根据企业战略需要决定报告时间与周期
流程	与法律要求相一致	与企业组织结构相一致
范围	整体数据，关于整个企业的财务报告	分解的数据，关于部门决策和行为的报告

2.4.4　管理会计报告的分类

企业管理会计报告体系可按照多种标准进行分类，包括但不限于以下几类。

1. 按照企业管理会计报告使用者所处的管理层级分类

按照企业管理会计报告使用者所处的管理层级可分为战略层管理会计报告、经营层管理会计报告和业务层管理会计报告，有关内容如表 2-2 所示。

表 2-2 按照企业管理会计报告使用者所处的管理层级分类

分类	基本概念	服务对象
战略层管理会计报告	战略层管理会计报告是为战略层开展战略规划、决策、控制和评价以及其他方面的管理活动提供相关信息的对内报告	企业的战略层,包括股东大会、董事会和监事会等
经营层管理会计报告	经营层管理会计报告是为经营管理层开展与经营管理目标相关的管理活动提供相关信息的对内报告	经营管理层
业务层管理会计报告	业务层管理会计报告是为企业开展日常业务或作业活动提供相关信息的对内报告	企业的业务部门、职能部门以及车间、班组等

2. 企业管理会计报告体系其他分类

(1) 按照企业管理会计报告内容可分为综合企业管理会计报告和专项企业管理会计报告。

(2) 按照管理会计功能可分为管理规划报告、管理决策报告、管理控制报告和管理评价报告。

(3) 按照责任中心可分为投资中心报告、利润中心报告和成本中心报告。

(4) 按照报告主体整体性程度可分为整体报告和分部报告。

2.4.5 管理会计报告体系

1. 战略层管理会计报告

战略层管理会计报告是为战略层开展战略规划、决策、控制和评价以及其他方面的管理活动提供相关信息的对内报告,包括但不仅限于战略管理报告、综合业绩报告、价值创造报告、经营分析报告、风险分析报告、重大事项报告、例外事项报告等。这些报告可独立提交,也可根据不同需要整合后提交。战略层管理会计报告应精练、简洁、易于理解,报告主要结果、主要原因,并提出具体的建议。战略层管理会计报告的类型及基本内容如表 2-3 所示。

表 2-3 战略层管理会计报告的类型及基本内容

分类	基本内容
战略管理报告	包括内外部环境分析、战略选择与目标设定、战略执行及其结果,以及战略评价等
综合业绩报告	包括关键绩效指标预算及其执行结果、差异分析以及其他重大绩效事项等
价值创造报告	包括价值创造目标、价值驱动的财务因素与非财务因素、内部各业务单元的资源占用与价值贡献,以及提升公司价值的措施等
经营分析报告	包括过去经营决策执行情况回顾、本期经营目标执行的差异及其原因、影响未来经营状况的内外部环境与主要风险分析、下一期的经营目标及管理措施等

续表

分类	基本内容
风险分析报告	包括企业全面风险管理工作回顾、内外部风险因素分析、主要风险识别与评估、风险管理工作计划等
重大事项分析报告	针对企业的重大投资项目、重大资本运作事项、重大融资事项、重大担保事项、关联交易等事项进行的报告
例外事项报告	针对企业发生的管理层变更、股权变更、安全事故、自然灾害等偶发性事项进行的报告

2. 经营层管理会计报告

经营层管理会计报告是为经营管理层开展与经营管理目标相关的管理活动提供相关信息的对内报告,主要包括全面预算管理报告、投资分析报告、项目可行性报告、融资分析报告、盈利分析报告、资金管理报告、成本管理报告、绩效评价报告等。经营层管理会计报告应做到内容完整、分析深入。经营层管理会计报告的类型及基本内容如表2-4所示。

表2-4 经营层管理会计报告的类型及基本内容

分类	基本内容
全面预算管理报告	包括预算目标制订与分解、预算执行差异分析以及预算执行考评等
投资分析报告	包括投资对象、投资额度、投资结构、投资进度、投资效益、投资风险和投资管理建议等
项目可行性报告	包括项目概况、市场预测、产品方案与生产规模、厂址选择、工艺与组织方案设计、财务评价、项目风险分析,以及项目可行性研究结论与建议等
融资分析报告	一般包括融资需求测算、融资渠道与融资方式分析及选择、资本成本、融资程序、融资风险及其应对措施和融资管理建议等
盈利分析报告	一般包括盈利目标及其实现程度、利润的构成及其变动趋势、影响利润的主要因素及其变化情况,以及提高盈利能力的具体措施等 盈利分析报告可基于企业集团、单个企业,也可基于责任中心、产品、区域,客户等进行
资金管理报告	包括资金管理目标、主要流动资金项目,如现金、应收票据、应收账款,存货的管理状况、资金管理存在的问题以及解决措施等 企业集团资金管理报告的内容一般还包括资金管理模式(集中管理还是分散管理)、资金集中方式、资金集中程度、内部资金往来等
成本管理报告	成本预算、实际成本及其差异分析,成本差异形成的原因以及改进措施等
绩效评价报告	包括绩效目标、关键绩效指标、实际执行结果、差异分析、考评结果,以及相关建议等

3. 业务层管理会计报告

业务层管理会计报告是为企业开展日常业务或作业活动提供相关信息的对内报告。其报告对象是企业的业务部门、职能部门以及车间、班组等。业务层管理会计报告应根据企业内部各部门、车间或班组的核心职能或经营目标进行设计，主要包括研究开发报告、采购业务报告、生产业务报告、配送业务报告、销售业务报告、售后服务业务报告、人力资源报告等。业务层管理会计报告应做到内容具体、数据充分。业务层管理会计报告的类型及基本内容如表2-5所示。

表2-5 业务层管理会计报告的类型及基本内容

分类	基本内容
研究开发报告	包括研发背景、主要研发内容、技术方案、研发进度、项目预算等
采购业务报告	包括采购业务预算、采购业务执行结果、差异分析及改善建议等。采购业务报告要重点反映采购质量、数量以及时间、价格等方面的内容
生产业务报告	一般包括生产业务预算、生产业务执行结果、差异分析及改善建议等。生产业务报告要重点反映生产成本、生产数量以及产品质量、生产时间等方面的内容
配送业务报告	一般包括配送业务预算、配送业务执行结果、差异分析及改善建议等。配送业务报告要重点反映配送的及时性、准确性以及配送损耗等方面的内容
销售业务报告	一般包括销售业务预算、销售业务执行结果、差异分析及改善建议等。销售业务报告要重点反映销售的数量结构和质量结构等方面的内容
售后服务业务报告	一般包括售后服务业务预算、售后服务业务执行结果、差异分析及改善建议等。售后服务业务报告要重点反映售后服务的客户满意度等方面的内容
人力资源报告	一般包括人力资源预算、人力资源执行结果、差异分析及改善建议等。人力资源报告要重点反映人力资源使用及考核等方面的内容

2.5 管理会计信息系统

2.5.1 管理会计信息系统的概念

管理会计信息系统，是指以财务和业务信息为基础，借助计算机、网络通信等现代信息技术手段，对管理会计信息进行收集、整理、加工、分析和报告等操作处理，为企业有效开展管理会计活动提供全面、及时、准确信息支持的各功能模块的有机集合。

2.5.2 建设和应用管理会计信息系统应遵循的原则

企业建设和应用管理会计信息系统，一般应遵循以下原则。

1. 系统集成原则

管理会计信息系统各功能模块应集成在企业整体信息系统中，与财务和业务信息系统紧密结合，实现信息的集中统一管理，以及财务和业务信息到管理会计信息的自动生成。

2. 数据共享原则

企业建设管理会计信息系统应实现系统间的无缝对接，通过统一的规则和标准，实现数据的一次采集，全程共享，避免产生信息孤岛。

3. 规则可配原则

管理会计信息系统各功能模块应提供规则配置功能，实现其他信息系统与管理会计信息系统相关内容的映射和自定义配置。

4. 灵活扩展原则

管理会计信息系统应具备灵活扩展性，通过及时补充有关参数或功能模块，对环境、业务、产品、组织和流程等的变化及时作出响应，满足企业内部管理需要。

5. 安全可靠原则

应充分保障管理会计信息系统的设备、网络、应用及数据安全，严格权限授权，做好数据灾备建设，具备良好的抵御外部攻击能力，保证系统的正常运行并确保信息的安全、保密、完整。

2.5.3 管理会计信息系统的应用环境

企业建设管理会计信息系统，一般应具备以下条件。

（1）对企业战略、组织结构、业务流程、责任中心等有清晰定义。

（2）设有具备管理会计职能的相关部门或岗位，具有一定的管理会计工具方法的应用基础以及相对清晰的管理会计应用流程。

（3）具备一定的财务和业务应用基础，包括已经实现了相对成熟的财务会计系统的应用，并在一定程度上实现了经营计划管理、采购管理、销售管理、库存管理等基础业务管理职能的信息化。

2.5.4 管理会计信息系统的模块

管理会计信息系统的模块包括成本管理、预算管理、绩效管理、投资管理、管理会计报告模块，如图2-1所示。

图2-1 管理会计信息系统框架图

1. 成本管理模块

成本管理模块应实现成本管理的各项主要功能，包括对成本要素、成本中心、成本对象等参数的设置，以及成本核算方法的配置，从财务会计核算模块、业务处理模块以及人力资源等模块抽取所需数据，进行精细化成本核算，生成分产品、分批次（订单）、分环节、分区域等多维度的成本信息，以及基于成本信息进行成本分析，实现成本的有效控制，为全面成本管理的事前计划、事中控制、事后分析提供有效的支持。

成本管理模块应提供基于指标分摊、基于作业分摊等多种成本分摊方法，利用预定义的规则，按要素、期间、作业等进行分摊。

2. 预算管理模块

预算管理模块应实现的主要功能包括对企业预算参数设置、预算管理模型搭建、预算目标制订、预算编制、预算执行控制、预算调整、预算分析和评价等全过程的信息化管理。预算管理模块应能提供给企业根据业务需要编制多期间、多情景、多版本、多维度预算计划的功能,以满足预算编制的要求。

3. 绩效管理模块

绩效管理模块主要实现业绩评价和激励管理过程中各要素的管理功能,一般包括业绩计划和激励计划的制定、业绩计划和激励计划的执行控制、业绩评价与激励实施管理等,为企业的绩效管理提供支持。

绩效管理模块应提供企业各项关键绩效指标的定义和配置功能,并可从其他模块中自动获取各业务单元或责任中心相应的实际绩效数据,进行计算处理,形成绩效执行情况报告及差异分析报告。

4. 投资管理模块

投资管理模块主要实现对企业投资项目进行计划和控制的系统支持过程,一般包括投资计划的制定和对每个投资项目进行及时管控等。

投资管理模块应与成本管理模块、预算管理模块、绩效管理模块和管理会计报告模块等进行有效集成和数据交换。企业可以根据实际情况,将项目管理功能集成到投资管理模块中去,可以实施单独的项目管理模块来实现项目的管控过程。项目管理模块主要实现对投资项目的系统化管理过程,一般包括项目设置、项目计划与预算、项目执行、项目结算、项目报告以及项目后审计等功能。

5. 管理会计报告模块

管理会计报告模块应实现基于信息系统中的财务数据、业务数据自动生成管理会计报告,支持企业有效实现各项管理会计活动。

2.5.5　大数据环境下的管理会计信息系统

随着大数据在管理会计的应用越来越多,以及区块链、物联网、财务云等信息技术的日益成熟,传统的管理会计信息系统也在不断升级和迭代。大数据环境下的企业管理会计系统,需要对大量的数据信息进行收集、处理和分析,并将分析结果高效地应用于企业成本管理、投资管理和绩效管理等模块,因此,系统的基础建设就显得尤为重要。大数据管理会计系统构建的架构通常采用数据中台三层框架,从底层数据治理到中间数据平台、数据算法工具到前端数据应用,即以数据层为驱动、以算法模型层为重力支撑、以应用层为结构层级搭建而成。总之,大数据环境下的企业管理会计系统架构如图 2-2 所示。

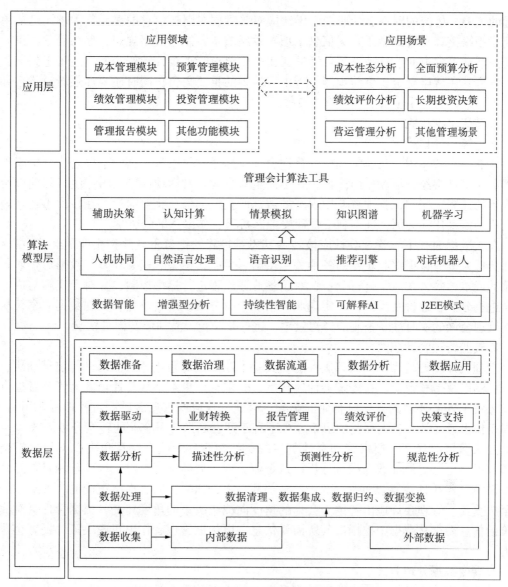

图 2-2 大数据环境下的企业管理会计系统架构

在大数据环境下的管理会计信息系统中，管理会计人员除了参与基础的数据采集、数据输入、数据处理和数据管理等工作，还包括大数据环境下的智能业务（战略管理、成本预测、运营管理）处理系统（RPA、机器人），以及业务流程管理（business process management，BPM）与商业模式变革等。

2.6 大数据背景下管理会计的发展策略

管理会计水平的提升依赖于信息技术的进步。管理会计的发展需要解决信息数据缺乏以及获取途径有限的问题。当今世界，新技术革命方兴未艾，以 5G、人工智能、大数据、物联网为代表的新技术迅速崛起，对传统的会计组织方式、会计职能手段等产生了重大而深远的影响，传统的财务会计职能已无法应对管理层对财务信息的多元化需求，已从单纯的记账报账核算扩展到利用有关信息来预测发展前景、制定战略规划、参与管理决策、评价经济活动等多方面。这种外部环境的变化必然要求管理会计转变职能，逐步走到业务前端，发挥其在战略制定、事前预测、事中管控中的重要角色，同时还要加强新时代会计人才队伍建设，为高质量发展提供有力支撑。

1. 转变思维模式

在传统会计模式下，很多企业往往只关注财务会计，却忽视了管理会计对企业价值创造和效能提升的作用。目前实践中的管理会计仅是通过对财务数据的结果进行分析来支撑管理层对于日常经营活动作出决策，却不注重对企业日常活动如原材料、生产状况以及生产流程的控制。同时，管理者使用现有的数据所获取的信息相对滞后，在目前市场环境迅速变化的信息化社会下，这不利于管理层把握机遇、作出正确的决策。

在大数据时代下，管理会计应该转变其思维模式，把着重点放在企业的经营过程中。管理会计人员应该根据收集到的各种关于供给、生产、销售等相关环节的数据对企业相关产品的成本、收入及风险进行分析，对于各业务流程进行标准控制，并对于实际与成本的差异进行分析、评价及反馈，来实现业务系统与财务系统的集成化，实现数据共享，从而提高管理会计的实时性与企业的经营效率，进一步防范经营风险与财务风险。

2. 转变管理会计职能

管理会计主要是为企业内部服务的，其基本职能是对企业经营活动进行前景预测、决策、控制以及考核评价。在传统会计模式下，管理会计更多是从会计角度为管理者提供信息，忽视了外部环境的变化对企业的影响。因此，获取的信息滞后，对管理者作用有限，不利于作出最高效、最大利益的决策，也不利于迎合新形势下企业的转型升级需求。

在大数据时代下，要求管理会计更多的是站在管理者战略决策角度，不仅分析企业内部数据，也需对外部数据进行分析，从企业长期发展的角度考虑，为管理者日常经营决策提供信息。在日益复杂和瞬息变化的外部环境下，抓住机遇、作出正确的决策对一个企业至关重要。管理会计应由着重于会计的角度向战略决策的角度转变，根据管理者对战略决策的信息需求从数据中挖掘出其所需要信息，以帮助管理者作出正确决策，提高企业竞争力。

3. 转变数据处理方式

企业要想在大数据时代下成功转型升级，就需要管理会计在数据搜集、存储、加工及分析等方面进行一些转变。

在数据搜集方面，企业的管理会计数据来源从财务数据库转变为多平台数据库，数据类型和数据来源均变得更为丰富，管理会计可利用更加多样化的渠道，如电子商务网站、各种数据库、客户端等，来搜集更加多元化的信息。

在数据存储方面，企业应由之前简单的数据库存储转变成模块化的大数据库存储，以实现海量数据的高度集成与数据共享。同时也要注意对不同的模块进行分类，并且关注数据的及时性和有效性，以输出对管理层所需的有价值的信息，实现实时化与智能化。

在数据加工及分析方面，传统模式下存在诸多限制条件，仅能解决单一数据结构的技术方法已不能适应大数据时代的要求。因此，企业需要转变对于数据处理的相关管理会计的技术，采用有效的数据分析工具、数据模型和方法来从大量的数据中挖掘出有价值的信息，以适应多变的市场环境与激烈的竞争。

4. 提升人员技能

大数据时代背景下，会计信息化是必然趋势，这也就要求会计人员熟练掌握管理会计信息技术。信息技术的发展使得会计核算不再是会计人员工作的重点，更多要求的是如何从大量数据中挖掘出有价值的信息，这就需要会计人员懂得信息技术的操作，利用现代化的信息技术从大量数据中提炼出管理者所需的信息，包括分析评价企业的日常经营活动、竞争优势等企业内部发展情况，同时把握宏观环境来帮助企业进行有效的前景预测、预算管理、规划控制以及决策。

5. 加强信息化建设

只有以信息化手段为支撑，建立面向管理会计的信息系统，实现会计与业务活动的有机融合，才能使管理会计功能得到有效发挥。同时需将大数据思维贯穿整个信息化建设过程，根据单位整体战略目标，提出顺应大数据时代商业、管理和组织变革的管理会计信息化建设愿景、战略、具体目标、所需功能等具体需求；以坚实的大数据技术为基础，加快数据资源池、知识资源池、模型资源池、方法资源池等基础设施建设，将大数据知识发现和融合技术、云计算分析平台、大数据决策支持系统融入管理会计信息系统中，将数据化决策框架和精细化管理体系的各种预测模型、分析工具、管控流程和图表等进行固化，将业务数据、客户数据、财务会计数据等与管理会计数据有效结合起来进行综合应用，从而在价值量密度极低的海量数据中筛选出优质有效的决策和管理数据及信息，全面保障预算管理、成本控制和全面支撑战略决策、营销支持、绩效考核，最终达成利用管理会计的基本原理和工具方法对单位活动进行规划、决策、控制和评价的目标。

6. 扩展报告内涵

大数据时代下收集到的数据更多的是非结构化数据，这就使得在进行数据分析时，更多地开始采用非财务指标。相比于财务指标来说，非财务指标能更客观、更准确地从多层次、多角度反映企业的财务状况、经营成果以及经营业绩。借助大数据技术，管理会计从只能进行样本数据的分析转变为进行总体数据的分析，使得管理会计报告中的非财务信息得到了很大扩展，信息更加精确，使得管理会计报告的实时化成了可能。

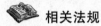 **相关法规**

《管理会计应用指引第 801 号——企业管理会计报告》；

《管理会计应用指引第 802 号——管理会计信息系统》；

《会计改革与发展"十四五"规划纲要》；

《会计信息化发展规划（2021—2025 年）》。

复习思考题

1. 简述大数据的概念。
2. 在大数据时代下管理会计面临哪些机遇与挑战？
3. Python 在管理会计中的应用前景如何？
4. 简述管理会计报告编制的规范性要求。
5. 管理会计信息系统由哪些模块组成？

练习题

一、选择题

1. 第一个提出大数据概念的公司是（　　）。
   A. 脸谱公司　　　　B. 麦肯锡公司　　　　C. 谷歌公司　　　　D. 微软公司
2. 下面（　　）不是大数据系统的必备要素。
   A. 云平台　　　　B. 物联网　　　　C. 数据　　　　D. 数据库
3. 下列各项中 Python 不支持的数据类型是（　　）。
   A. char　　　　B. int　　　　C. float　　　　D. list
4. 下列关于管理会计报告的说法中正确的是（　　）。
   A. 管理会计报告的内容是根据会计准则确定的
   B. 管理会计报告的内容是根据企业需要确定的
   C. 管理会计报告的内容是根据企业管理制度确定的
   D. 管理会计报告的内容是根据外部使用的需要确定的
5. 按企业使用者所处的层级，可以将管理会计报告分为（　　）。
   A. 战略管理报告、战略层报告、分部报告
   B. 战略层报告、经营层报告和业务层报告
   C. 战略层报告、经营层报告和整体报告
   D. 战略层报告、业务层报告和专项报告

二、多项选择题

1. 大数据的特点包括（　　）。
   A. 价值密度低　　　B. 处理速度快　　　C. 数据类型繁多　　　D. 数据体量巨大
2. 关于大数据时代，下列描述正确的是（　　）。
   A. 管理会计水平直接影响内部经营管理水平的高低
   B. 企业信息不对称情况有所缓解，财务人员能获得更准确全面的数据
   C. 财务人员能更精准地制定预算管理，为领导层提供决策依据
   D. 财务人员关注企业内部数据即可，无须关注行业数据
3. 下面属于 Python 特点的是（　　）。
   A. 简单易学　　　B. 开源免费　　　C. 属于低级语言　　　D. 高可移植性
4. 管理会计报告按其功能可分为（　　）。
   A. 管理规划报告　　B. 管理决策报告　　C. 管理控制报告　　D. 管理评价报告
5. 企业建设和应用管理会计信息系统，一般应遵循的原则有（　　）。
   A. 系统集成原则　　B. 数据共享原则　　C. 规则可配原则　　D. 灵活扩展原则

第3章 变动成本法

❋学习目标：
1. 了解成本性态及其分类；
2. 理解混合成本分解的方法与运用；
3. 理解变动成本法的概念与成本构成，掌握变动成本法的计算；
4. 理解 Python 在成本性态分析中的应用。

引例：变动成本法在联想集团中的应用

联想集团成立于1984年，由11名科技人员、中国科学院计算所投资20万元人民币所创办，是一家在信息产业内多元化发展的大型企业集团，富有创新性的国际化的科技公司，主要生产智能电视、主板、手机、台式电脑、服务器、笔记本电脑、一体机电脑等商品。

在计算产品成本时发现，如果采用完全成本法核算，将与产品相关的耗用全部计入产品成本（具体包括直接材料、直接人工以及固定性制造费用和变动性制造费用），那么会不利于公司进行短期决策。首先，固定性制造费用作为产品成本的一部分参与期末成本的分配，已销产品、库存产成品及在产品均"吸收"了一定份额的固定性制造费用，期末库存产成品及在产品被视为"未来可卖出的收益资产"，计入资产负债表中，已销产品作为主营业务成本，成为销售收入的扣减项，这样会导致企业税前利润的虚增。其次，固定性制造费用计入产品成本，在产品生产总成本不变的情况下，产品产量越多，单位产品所负担的固定性制造费用就越低，相应的单位产品的成本也就越低，容易造成产品的利润不随产品销量的变化而变化，而与产品的产量依存度更高的假象，容易使管理者忽略产品的销售环节，长此以往经营下去，公司很可能会面临因为产能过剩而倒闭的风险。

变动成本法是管理会计的核心内容之一，该方法将成本划分为固定成本和变动成本，其中固定成本是不随公司业务量变化的成本，而变动成本与公司的业务量有同向的线性变动关系。

联想集团通过实施变动成本法进行成本管控和短期决策。以明确划分变动成本与固定成本、提高会计人员素质和优化会计制度为前提，一方面，可以通过优化生产方式，提高原材料的利用率等方式降低产品成本，从而达到降低产品定价的目的，积极利用价格和产能等方面的优势，扩大市场；另一方面，管理者将目光更多地转移到产品销售上去，能够增加公司短期决策制定的合理性，调动全体员工参与的积极性。读完案例后要思考以下问题：

（1）管理会计划分成本种类的主要依据是什么？
（2）从成本性态分析在联想集团中的应用，你得到的启示是什么？

[资料来源：张璠，王瑞琪，魏姗姗. 变动成本法在联想公司的应用 [J]. 合作经济与科技，2017（4）：166-167.]

3.1 成本性态及分类

成本性态（cost behavior），也称成本习性，是指成本与业务量之间的依存关系。成本性态是管理会计中最基本，也是最核心的标志之一。

定义中的成本，是指企业为取得营业收入而付出的制造成本（直接材料、直接人工、制造费用）和非制造成本（期间费用），所以除了产品的全部生产资源耗用，还包括企业为维护生产过程所发生的销售费用、管理费用、财务费用。

定义中的业务量，是指企业的产量和销售量的通称，可用多种计量单位表示，包括实物量、价值量、百分比等。业务量可以用产品产量、产品销售量、人工工时、机器运转工时来表示。在进行成本性态分析时，应选择与成本相关性最强的业务量，业务量通常指企业的生产销量。

以成本性态为分类标准，成本可划分为固定成本（fixed cost）、变动成本（variable cost）和混合成本（mixed cost）。

3.1.1 固定成本

1. 固定成本的概念与特点

（1）固定成本是指在一定的业务量范围内，其成本总额不随业务量变动而增减变动，但单位成本随业务量增加而相对减少的成本。

（2）固定成本的特点。固定成本具有总额不变性和单位固定成本的反比例变动性的特点。用 y 表示成本总额，x 代表业务量，a 代表固定成本总额，总额不变性的习性模型：$y=a$；单位固定成本的反比例变动性模型：$y=a/x$。

【例 3-1】某手机生产企业为了扩大生产规模，租入 1 条新的生产线，年租金为 600 000 元，其最大的生产能力是 50 000 部，而这项租金对于企业而言是一项固定成本。表 3-1 为不同生产量下，每部手机所承担的租金费用。

表 3-1 不同产量下的租金成本和单位租金成本

产量 / 部 （业务量 x）	总成本 / 元 （租金 a）	单位产品所负担的租金成本 / 元 （单位固定成本 a/x）
10 000	600 000	60
20 000	600 000	30
30 000	600 000	20
40 000	600 000	15
50 000	600 000	12

解：表 3-1 直观地反映出，业务量的不同，租金的成本总额是固定不变的，相反，单位产品所负担的租金成本是随着业务量的增加而相应地递减的。

将表 3-1 的有关数据在如图 3-1 所示的坐标图上表示，a 表示固定成本总额，y 表示成本总额，x 表示产量，那么固定成本的性态模型便一目了然。图 3-1（a）说明了在一定范围内,固定成本的不变性;图 3-1(b)函数曲线的走势说明了单位固定成本与业务量之间的反向变动关系。

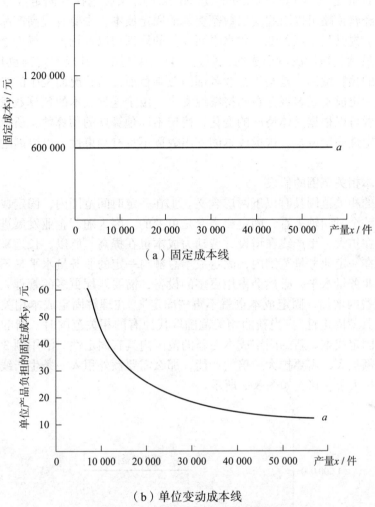

(a)固定成本线

(b)单位变动成本线

图 3-1　固定成本的性态模型图

2. 固定成本的分类

固定成本的"固定性"是相对成立的,只有在一定的经营范围和决策体系内,该成本才是固定不变的。如果企业要扩大生产规模,提高竞争能力,当其超过相关范围的界限,那么固定性投入也会相应增大,所以按照固定成本的可变性,可将其划分为约束性固定成本和酌量性固定成本。

(1)约束性固定成本(committed fixed cost),又称沉默固定成本,是指管理当局无法改变其支出数额的固定成本。比如,厂房和机器设备计提的折旧费、厂房及设备的租金、保险费、不动产税以及行政管理费用中的薪酬支出等。约束性固定成本的形成,是为了维持企业生产正常运行的最低资本需要,管理当局的长期决策和战略定位,影响企业的生产规模,进而决定满足固定产能需求的资本投入量,所以约束性固定成本短期内是难以改变的,而只有经过长期调研得出市场需求生产变动,企业才会相应地削减或增加约束性固定成本。在实际生产中，企业往往通过提高单位固定约束成本的利用率和生产能力，取得约束性固定成本相对降低的效果。

（2）酌量性固定成本（discretionary fixed cost），又称选择性固定成本，是管理当局短期内制定的经营策略可以引起支出数额变动的固定成本，主要有提高产品科技竞争力而发生的科研费、提升员工服务专业化水平而发生的培训费以及抢占市场份额的营销广告费等。这些成本虽然是短期决策形成的，但是一旦决策制定，其成本定额也是不易变动的，因为这些成本的预算编制，是基于企业各部门改善目前经营状况而发生的必要支出核算得到的，酌量性固定成本是客观存在的持续性支出。由于这类成本的预算数只在预算期内有效，企业管理者可以根据具体情况的变化，确定不同预算期的预算数，所以，酌量性固定成本也称为自定性固定成本。这类成本的支出数额不具有约束性，可以斟酌不同的情况加以确定。

3. 固定成本相关范围的假设

固定成本的相关范围具有以下两层含义。①在一定时间范围内，固定成本是有"固定性"的，但从整个时间轴来看，固定成本又是可变的。因为随着企业发展进程的推进，企业的发展规模在扩大，生产线在增设，劳动力成本也在提高，所以，长远来看，固定成本是可变的。②在一定业务量范围内，固定成本总额与一定的业务量水平是不相关的，但如果超过给定的业务量水平，必然会占用更多的设备，需要匹配更多的管理人员，进而导致折旧费、管理费的增加，固定成本也就不再"固定"。在理解固定成本相关范围时，要学会辩证地看待其"固定性"。当新的相关范围取代原有的相关范围时，新的固定成本也就取代了原来的固定成本。新的固定成本在新的范围内具有固定性。沿用例3-1的条件，若该企业市场份额扩大，需要扩大一倍的产能，那么需要额外租入一条生产线，固定成本中的租金费用也扩大了一倍，如图3-2所示。

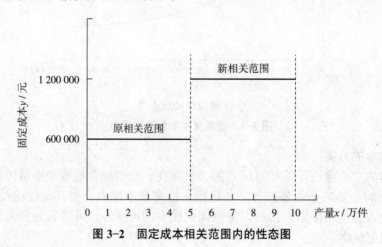

图3-2 固定成本相关范围内的性态图

3.1.2 变动成本

1. 变动成本的概念及特点

（1）变动成本是在一定的业务量范围内，其总额随业务量变动发生相应的正比例变动，而单位成本保持不变的成本。

（2）变动成本的特点。变动成本具有单位变动成本不变和变动成本总额的正比例变动的特性。用 y 表示成本总额，x 代表业务量，b 代表常数，单位变动成本不变性的习性模型为：$y=a$；变动成本的正比例变动的模型为 $y=bx$。

【例3-2】 承例3-1，假定每部手机耗费的人工成本是800元，当产量分别为1 000件、2 000件、3 000件、4 000件时，所耗费的人工总成本和单位产品的人工成本如表3-2所示。

表3-2 不同产量下的人工总成本和单位产品人工成本

产量/件 业务量（x）	人工总成本/元 （人工成本 y）	单位产品人工成本/元 （单位变动成本 b）
1 000	800 000	800
2 000	1 600 000	800
3 000	2 400 000	800
4 000	3 200 000	800

解：从表3-2可看出，业务量虽有不同，但是单位产品人工成本是固定不变的，而发生的人工总成本是随着业务量的增加而同比例增加的。

可以利用坐标图来观察变动成本的性态模型，用 y 表示成本总额，x 表示产量，b 表示单位变动成本，图3-3的函数图像清晰地描述了变动成本的性态模型特点。

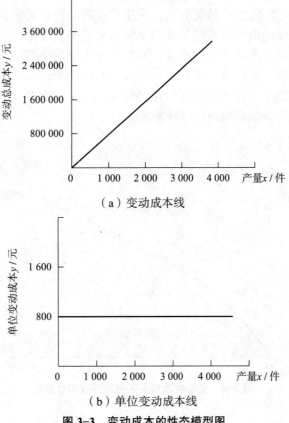

(a) 变动成本线

(b) 单位变动成本线

图3-3 变动成本的性态模型图

2. 变动成本的分类

变动成本的分类和固定成本一样，因其"变动性"的相对性，可以分为技术性变动成本和酌量性变动成本。

（1）技术性变动成本，顾名思义，单位产品所消耗的资源是受现有的技术水平约束的，是不受企业的管理当局所控制的。比如，当生产产品的技术工序确定后，即产品定型后，其所耗费的材料或人工资源也随之确定，不易改变。

（2）酌量性变动成本是指企业管理当局作出的决策会影响变动成本费用的支出。例如，计件工资以及销售经理的销售提成等。这些费用的支出实际上是管理当局根据现有的市场份额和经营情况，来确定工资标准以及提成的比例。

特定产品的技术性变动成本和酌量性变动成本都是相对确定的，所以变动成本的总额的大小也就取决于具体的业务量。

3. 变动成本相关范围的假设

类似于固定成本，变动成本的"变动性"（变动成本与业务量的正比例变动关系）也是在相关范围内才成立的。一旦越过相关范围，两者的正比例变动关系很可能不成立。通常情况下，在生产某产品的初期，由于生产率的低下，单位产品的直接成本相对较高；随着生产率的提高，材料利用和员工安排得到合理运用，单位产品的直接成本也有所降低，当管理当局决定扩产时，某些变动成本项目会大幅上升，从而导致单位产品的变动成本有所上调。

图 3-4 中的变动成本曲线表明，在长期的业务量范围内，变动成本总额是不与产量呈正比例变动的。根据实际生产情况分析，在生产前期，产量的增长幅度是大于变动成本的，表现在图中就是变动成本总额线呈现向下弯曲的趋势；在生产扩张期，变动成本的总额增长较快，甚至超过了产量增长的幅度。而在产量上升的中间阶段，变动成本线的趋势近似线性，逼近产量线，所以这一中间阶段的线指的就是变动成本的相关范围。虽然在实际生产运营中，变动成本与业务量的线性相关性几乎是不存在的，但是为了便于成本性态分析，可以假设一定业务量范围内的线性相关性。

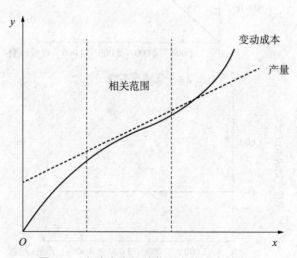

图 3-4 变动成本相关范围内的成本性态图

3.1.3 混合成本

1. 混合成本的概念

混合成本是指总额随业务量变动但不成正比例变动的成本。在实际生活中,由于业务的复杂性,很多成本发生额的高低直接受业务量大小的影响,不存在严格的比例关系,所以不能将其简单地按成本性态划分为固定成本和变动成本。

2. 混合成本的分类

混合成本根据其特点主要可以分为：半变动成本、半固定成本、延伸变动成本和曲线成本。

（1）半变动成本。半变动成本（semi-variable cost）又称标准式混合成本,该成本的特点是当业务量为零时,成本是一固定常数,呈现出固定成本的特点；当业务量大于零时,成本以该常数为起点,随着业务量的变化而线性变化,符合变动成本的特点。企业中的电话费、水电费、维修费等公用事业费都是由固定成本和变动成本组成的。

【例 3-3】 以企业的电话费支出为例,假设企业每月的电话费支出的基数是 2 000 元,超基数费用为 0.2 元/min,当月企业由于办公需要共产生通话时长 10 000 min,其支付的话费总额为 4 000 元。以 y 代表企业支付的话费总额,a 代表每月支付话费基数,b 代表每分钟所需的花费,则可以用 $y=a+bx$ 来表示半变动成本的性态模型,如图3-5所示。

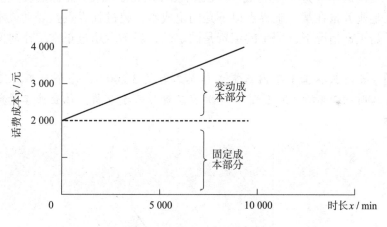

图 3-5 半变动成本的特征图

（2）半固定成本。半固定成本（semi-fixed cost）又称阶梯式混合成本,这类成本在一定业务量范围内的发生额是固定的,但当业务量达到一定限额,其发生额会发生跳跃式的变化,在新的业务量范围内,发生额又保持不变,直到业务量达到新的范围限额,发生额又会跳跃式上升。因为业务量在不同的小范围内,都会对应新的固定成本,所以会呈现阶梯式上升的走势,在实际经济生活中,半固定成本包括质检员工资、按订单批量生产发生的设备折旧费等。

【例 3-4】 以长江食品公司为例,每个食品检验员的月工资是 2 000 元,每个检验员可检验 1 000 份食品,每增加 1 000 份食品,就需要增加 1 名检验员,所以人工成本呈阶梯式上升,如图3-6所示。

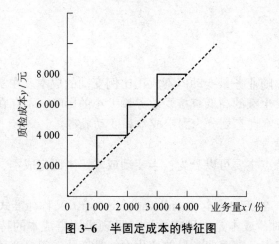

图 3-6　半固定成本的特征图

解：与半变动成本不同的是，半固定成本不宜用单个数学模型来表达。只有在特定的业务量范围内才符合固定成本 $y=a$ 的模式。因而，它常常被表述为分段函数的模式。但在实际生活中，每个业务量范围的区间长度不是相等的，当业务量范围很大时，如图3-6所示，可以用平滑的曲线来逼近阶梯式曲线，此时，可以将半固定成本看成半变动成本（$y=bx$）。

（3）延伸变动成本。延伸变动成本（delayed-variable cost）又称低坡式混合成本，这类成本的特征是业务量在某一临界点以下是固定成本，超过临界点是变动成本。经济生活中典型的例子是正常情况下，职工的工资是固定的，当工时超过正常工作时间，就要计算加班工资。

【例3-5】某企业职工1年内正常工作总工时是3 200 h，每个员工规定的年工资是48 000 元（每工时的工资为15元），职工加班工资应给予双薪。该企业工资额的成本性态如图3-7所示。

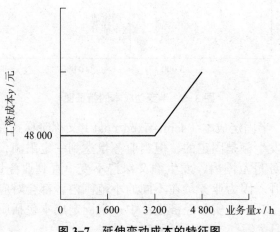

图 3-7　延伸变动成本的特征图

解：图3-7与图3-5既有联系又有区别，两种变动成本都是由固定成本和变动成本构成的，不同的是，延伸变动成本的变动成本是或有的，只有当业务量超过临界点才会存在变动成本，而半变动成本中的固定成本部分与变动成本部分是共存的。

（4）曲线成本。曲线成本是曲线型混合成本的简称，其按照曲线斜率不同进一步可以细分为递减型混合成本和递增型混合成本。

当业务量增长时，递减型混合成本的数额也增长，但成本增长的速度比业务量增长的速度慢，其成本曲线是一条向上凸的曲线，如图3-8所示。

当业务量增长时，递增型混合成本的数额也增长，且成本增长的速度比业务量增长的速度快，其成本曲线是一条向下凸的曲线，如图3-9所示。

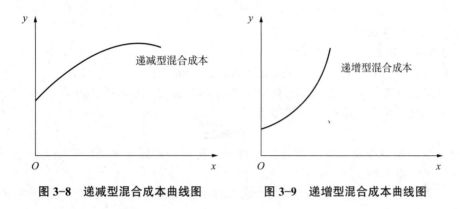

图3-8　递减型混合成本曲线图　　　图3-9　递增型混合成本曲线图

3.2　混合成本分解的方法与运用

在经济生活中多数成本都是以混合成本的形式存在的，为了便于企业内部管理，便于企业管理者对经营活动所需的材料进行合理的控制和预算，我们必须根据成本性态将其分解成固定成本和变动成本。混合成本兼具固定成本和变动成本的特征，所以此类成本与业务量没有简单的依存关系，也就对混合成本的分解方法提出了更高的要求。

混合成本的分解方法有很多，通常有历史成本法、账户分析法和技术测定法。

3.2.1　历史成本法

历史成本法，简而言之，是根据过去的成本习性来推测决策所需的未来成本。是根据以往一段时间内所表现出来的实际成本与业务量的关系描述成本的性态，并依此确定决策所需的未来成本数据。历史成本法的基本原理是在生产条件较为稳定的情况下，在生产工序和流程不变的前提下，根据估计的业务量是可以较为准确地预测企业的未来成本数据的。历史成本法通常又可以分为高低点法、散布图法和回归直线法3种。

1. 高低点法

由于混合成本混合了固定成本和变动成本，所以在一定的业务量范围内，总会满足$y=a+bx$的数学模型。此方法以某一期间最高业务量与最低业务量对应的混合成本的差，除以最高业务量与最低业务量的差，计算出单位变动成本，接着代入总的混合成本公式，算出固定成本。

高低点法分解混合成本的运算过程如下。

设：高点的成本性态为：　　　　　　　$y_1=a+bx_1$　　　　　　　　（3-1）

　　低点的成本性态为：　　　　　　　$y_2=a+bx_2$　　　　　　　　（3-2）

　　式（3-1）-式（3-2）：　　　　　$y_1-y_2=b(x_1-x_2)$

则单位变动成本有
$$b=\frac{y_1-y_2}{x_1-x_2} \qquad (3-3)$$

将式（3-3）代入式（3-1），则有 $a=y_1-bx_1$，将式（3-3）代入式（3-2），则有 $a=y_2-bx_2$。

【例3-6】假定某企业上年12个月的产量与水费支出的有关数据如表3-3所示：上年最高产量在11月，为1 200件，相应的水费为2 900元；最低产量在3月，为600件，相应的水费为1 700元。

解：按上述计算过程如下：

$b=$（2 900－1 700）/（1 200－600）=2（元/件）

$a=$2 900－2×1 200=500（元）或者 $a=$1 700－2×600=500（元）

以上计算结果表明：该企业水费混合成本中属于固定成本的是500元；单位变动成本是每件2元，这项混合成本的数学模型为：

$$y=500+2x$$

高低点法分解混合成本虽简单易行，但为了提高数据的准确性以及相关范围的限定，应该注意以下几个问题。

（1）高点和低点的业务量为该项混合成本相关范围的两个极点，超过这个范围不一定适用现有的数学模型。

（2）高低点法是以高点和低点的数据来计算的，其结果往往会带有一定的偶然性，这种偶然性会造成未来成本数据预测的偏差。

（3）当高点或低点业务量有多个（即有多个相同期间的业务量且同属高点或低点）而成本又相异时，高点应取业务量大者，低点应取业务量小者。

表3-3 各月产量与水费支出表

月份	产量/件	水费/元
1	700	1 890
2	800	1 900
3	600	1 700
4	900	1 820
5	800	2 150
6	1 000	2 460
7	1 100	2 689
8	1 000	2 324
9	900	2 650
10	700	2 700
11	1 200	2 900
12	1 100	2 520

2. 散布图法

散布图法的基本原理与高低点法一样，同样认为混合成本的性态可以近似地描述为 $y=a+bx$ 的数学模型。不同的是固定成本 a 和变动成本率 b 是通过散布图得到，而非解方程组得到。散布图法的基本做法就是在坐标轴图中，业务量用 x 表示，混合成本用 y 表示，将各业务量及对应的成本看成一组坐标在坐标图上标注，然后通过观察，画一条尽可能接近所有坐标点的直线（理论上这条直线距各成本点之间的离差平方和最小），这条直线与纵轴的交点是固定成本，斜率表示单位变动成本。

接着用散布图法研究例 3-6 及表 3-3 中的数据，其分解过程如下。

第 1 步：在平面直角坐标系上标出水费成本的散布图，就例 3-6 而言，也就是标出有关 12 个月对应的不同成本的散布点。

第 2 步：观察散布点的分布，找到一条最能代表水费变动成本趋势的直线（如图 3-10 所示）。

第 3 步：确定固定成本 a，即所画直线与纵轴的交点，本图是 600 元。

第 4 步：计算单位变动成本，即所画直线的斜率。取相关范围内的任一产量，代入模型计算得出单位变动成本。若将（1 100，2 520）代入计算，则单位变动成本为：

$$b=(y-a)/x=(2\,520-600)/1\,100=1.745（元/件）$$

根据散布图法得到 a，b 的值后，水费这项混合成本的数学模型可以表示为：

$$y=600+1.745x$$

散布图法与高低点法原理相同，除了分解步骤的差异，还有两点差别：①高低点法是先有 b 值后有 a 值，而散布图法与之相反；②虽然散布图法在目测时带有主观判断，但是与偶然性较强的高低点法相比，得出的模型还是比较准确的，如图 3-10 所示。

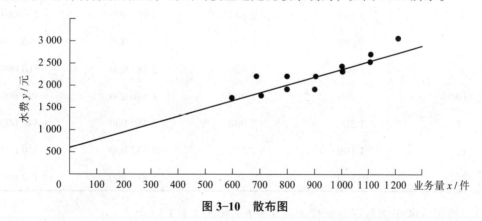

图 3-10　散布图

3. 回归直线法

回归直线法是根据全部期间业务量与成本的历史资料，借助最小平方法原理，推算出混合成本中的固定成本与单位变动成本的方法。由于散布图的分解过程是依靠主观的目测来确定成本趋势的直线的，而这种直线可以确定多条，所以无法判定哪条直线最具代表性，而回归直线法就是找一条距离各成本点之间的离差平方和最小的直线，这条直线叫"回归直线"，求"回归直线"的方程叫回归方程，这种分解方法叫"回归直线法"，又称"最小平方和法"，此时找到的直线是最合理的，也是最精确的。

成本的基本方程式：$y=a+bx$，可以采用一组 n 个观测值来建立回归直线方程式：

$$\sum y = na + b\sum x \quad (3\text{-}4)$$

将式（3-4）两边分别用 x 来加权，得：

$$\sum xy = a\sum x + b\sum x^2 \quad (3\text{-}5)$$

对式（3-4）进行整理得出：

$$a = \left(\sum y - b\sum x\right)/n \quad (3\text{-}6)$$

将式（3-6）代入式（3-5）得：

$$b = \left(n\sum xy - \sum x\sum y\right)/\left[n\sum x^2 - \left(\sum x\right)^2\right] \quad (3\text{-}7)$$

解出 a 值、b 值，得到混合成本的方程式。

【例 3-7】 沿用例 3-6 及表 3-3 中的数据，运算整理后的数据如表 3-4 所示。

表 3-4　回归直线法的案例表

月份 n	产量/件 x_i	水费/元 y_i	$x_i y_i$	x_i^2
1	700	1 890	1 323 000	490 000
2	800	1 900	1 520 000	640 000
3	600	1 700	1 020 000	360 000
4	900	1 820	1 638 000	810 000
5	800	2 150	1 720 000	640 000
6	1 000	2 460	2 460 000	1 000 000
7	1 100	2 689	2 957 900	1 210 000
8	1 000	2 324	2 324 000	1 000 000
9	900	2 650	2 385 000	810 000
10	700	2 700	1 890 000	490 000
11	1 200	2 900	3 480 000	1 440 000
12	1 100	2 520	2 772 000	1 210 000
求和	10 800	27 703	25 489 900	10 100 000

解：将表 3-4 中的数据分别代入式（3-6）和式（3-7），得：

$$b = \left(n\sum xy - \sum x\sum y\right)/\left[n\sum x^2 - \left(\sum x\right)^2\right]$$

$= (12 \times 25\ 489\ 900 - 10\ 800 \times 27\ 703)/(12 \times 10\ 100\ 000 - 10\ 800^2) = 1.47$（元/件）

$a = \left(\sum y - b\sum x\right)/n = (27\ 703 - 1.47 \times 10\ 800)/12 = 985.58$（元）

由此可得出混合成本的直线方程是：

$$y = 985.58 + 1.47x$$

由于回归直线法使用了最小平方和的原理，与高低点法和散布图法相比，有更高的精确度，但是其操作过程比较复杂，为了便于应用，最好使用计算机运算。

3.2.2 账户分析法

账户分析法是根据某个期间各成本费用的内容，判断其与业务量变动之间的依存关系，从而确定其成本性态的混合成本的一种分解方法。

账户分析法的基本做法：根据各个成本项目（明细项目）的账户性质，通过经验判断应归属于固定成本还是变动成本。当涉及不宜简单地划分为固定成本还是变动成本的混合成本时，可利用比例关系进行分解。例如，"管理费用"发生额的大小在正常范围内与产量变动没有较为明显的关系，可将其归为固定成本。"制造费用"比较特别，当发生的制造费用主要是车间管理部门办公费，或按直线法计提的固定设备折旧费时，虽然产量也会影响制造费用，但其基本特征仍属于固定，所以可归为固定成本；但是当发生的制造费用主要是燃料动力费时，其发生额与产量变动有明显的依存关系，虽然不呈现严格的线性关系，但仍可视为变动成本。

【例 3-8】 以某企业某月份的某一车间为例，其相关的成本数据如表 3-5 所示。

表 3-5 生产成本资料表　　　　　　　　　　　　　单位：元

费用项目	总成本
生产成本——材料	360 000
——人工	50 000
制造费用——电费	15 000
——办公费	6 000
——折旧费	26 000
——物料消耗	40 000
生产成本合计	497 000

解：企业在生产过程中有多种产品，每种产品发生的成本与业务量的变动关系也有不同程度的依存关系，所以将发生的成本进行归类或分解显得尤为重要。按照经验，有关成本的分解如表 3-6 所示。

表 3-6 成本分类表　　　　　　　　　　　　　　　单位：元

费用项目	总成本	固定成本	变动成本
生产成本——材料	360 000		360 000
——人工	50 000		50 000
制造费用——电费	15 000		15 000
——办公费	6 000	6 000	
——折旧费	26 000	26 000	
——物料消耗	40 000	30 000	10 000

费用项目	总成本	固定成本	变动成本
生产成本合计	497 000	62 000	435 000

表3-6的分解原理：发生的直接材料和直接人工通常是变动成本；制造费用中的办公费、折旧费与业务量没有明显的变动关系，因而视为固定成本，而发生的电费与业务量有近似的线性变动关系，直接视为变动成本，而物料消耗有固定的成本支出30 000元，而变动成本与超额业务量相关，所以将40 000元的混合成本分解成两部分。

根据表3-6，各车间某月份发生的固定成本a=62 000元，发生的变动成本435 000元，如果当月的产量是2 000件，则单位变动成本

$$b=435\ 000/2\ 000=217.5（元/件）$$

因此该车间发生的生产成本的数学模型为

$$y=62\ 000+217.5x$$

账户分析法是混合成本众多分解方法中最为简便的一种，同时也是应用较为广泛的一种，但是由于其分解结果的准确性在很大程度上取决于分析人员的专业知识以及对资源耗费过程的把握，所以会伴随一定的主观片面性和局限性。

3.2.3 技术测定法

技术测定法又称工程分析法，它是根据生产过程中各材料和人工成本的资源消耗的技术测定来划分为固定成本和变动成本的方法。其分析原理是把材料、工时的投入量和产出量进行对比分析，以确定单位产量的消耗定额，与产量无关的部分成本划分为固定成本，与产量有关的部分划分为变动成本。

【例3-9】 例如电磁炉从开始预热到可加工产品的温度需消耗2 000 kW，加工每个产品需消耗400 kW，每个工作日电磁炉需要预热1次，全月有24个工作日，电费价格是0.5元/kWh。

解：设每月的总成本为y，每月的固定成本为a，单位成本电费为b，加工产品的数量为x，则有：

$$a=24\times 2\ 000\times 0.5=24\ 000（元）$$
$$b=400\times 0.5=200（元）$$

该月加工产品电费的数学模型：$y=24\ 000+200x$

技术测定法是根据生产过程中客观存在的投入与产出的关系来分析混合成本的，结果相对准确。该方法适用于没有可供参考的历史生产数据的新型生产线，也可适用于采用消耗定额的企业。其缺点是应用对象有条件约束，它只能应用于发生的成本与业务量直接相关，且工业过程所消耗的资源能够单独观察的情况。

3.3 变动成本法

3.3.1 变动成本法的概念及适用性

变动成本法又称直接成本法或边际成本法，以成本习性分析为前提，是将生产中所消耗的直接材料、直接人工和变动制造费用计入产品成本，而将固定制造费用和非生产成本

作为期间成本，直接由当期损益进行补偿的一种成本计算方法。它早在19世纪40年代就在英国工厂的损益计量中出现雏形，到了20世纪60年代，变动成本法风靡欧美，并成为管理会计开展工作的重要前提。

变动成本法是相对于传统的完全成本法提出的。完全成本法按照经济职能将成本划分为生产成本和非生产成本。其中生产成本包括变动生产成本和固定制造费用，所以该方法又称吸收成本法，对应的非生产成本包括销售费用、管理费用和财务费用，从当期损益中得到补偿。

《管理会计应用指引》第303号第一章第一条中指出，变动成本法是指企业以成本性态分析为前提条件，仅将生产过程中消耗的变动生产成本作为产品成本的构成内容，而将固定生产成本和非生产成本作为期间成本，直接由当期收益予以补偿的一种成本管理方法。

变动成本法一般适用于同时具备以下特征的企业：①固定成本比重较大，当产品更新换代较快时，分摊计入产品成本中的固定成本比重大，采用变动成本法可以正确反映产品盈利状况；②企业规模大，产品或服务的种类多，固定成本分摊存在较大困难；③企业作业保持相对稳定。

3.3.2 变动成本法与完全成本法的区别

1. 产品成本及期间费用的构成内容不同

在变动成本法下，将制造费用按照性态划分为变动性制造费用和固定性制造费用两类，并将变动性制造费用计入产品成本，而发生的固定性制造费用只与生产经营持续期相关，所以将其计入期间费用。而完全成本法对于固定性制造费用的处理则相反，认为固定性制造费用的发生也是由产品生产造成的，所以也应该计入产品成本。不同成本下的成本费用构成如表3-7所示。

表3-7 不同成本法下的成本费用构成表

项目	变动成本法	完全成本法
产品成本	直接材料	直接材料
	直接人工	直接人工
	变动性制造费用	制造费用
	固定性制造费用	
期间费用	销售费用	销售费用
	管理费用	管理费用
	财务费用	财务费用

【例3-10】 太子家具厂2022年的产品成本资料如表3-8所示，已知当年共生产5 000件，销售4 000件，求两种成本法下的产品成本和期间费用。

表 3-8　太子家具厂产品成本表

成本项目	单位产品项目成本 / 元	项目总成本 / 元
直接材料	1 200	6 000 000
直接人工	600	3 000 000
变动性制造费用	200	1 000 000
固定性制造费用		2 500 000
管理费用		750 000
销售费用		500 000

解：根据表 3-9 和表 3-10 的计算结果，按完全成本法确定的产品总成本和单位成本高于按变动成本法确定的产品总成本和单位成本，但是期间费用却相反，成本的差异主要是两种方法对固定性制造费用的处理不同，完全成本法下将固定性制造费用全部计入产品成本，而变动成本法下将其作为期间费用。

表 3-9　太子家具厂 2022 年按照完全成本法计算的产品成本和期间费用表

项目		完全成本法	
		总成本 / 万元	单位成本 /（元 / 件）
产品成本	直接材料	600	1 200
	直接人工	300	600
	制造费用	350	700
	合计	1 250	2 500
期间费用	销售费用	50	100
	管理费用	75	150
	合计	125	250

表 3-10　太子家具厂 2022 年按照变动成本法计算的产品成本和期间费用表

项目		变动成本法	
		总成本 / 万元	单位成本 /（元 / 件）
产品成本	直接材料	600	1 200
	直接人工	300	600
	变动性制造费用	100	200
	合计	1 000	2 000

续表

项目		变动成本法	
		总成本/万元	单位成本/(元/件)
期间费用	固定性制造费用	250	500
	销售费用	50	100
	管理费用	75	150
	合计	375	750

2. 损益的计算公式不同

完全成本法下计算税前利润的过程：先用销售收入补偿本期已实现销售产品的销售成本，确定销售毛利；再用销售毛利补偿期间费用，确定当前税前利润。其计算公式如下：

税前利润 = 销售毛利 − 期间费用

= （销售收入 − 销售成本）− 期间费用

= [销售量 × 单价 − （期初存货量 × 上期单位产品成本 + 本期产量 × 本期单位产品成本 − 期末存货量 × 本期单位产品成本）] − （销售费用 + 管理费用） （3-8）

= （单价 − 单位产品直接材料 − 单位产品直接人工 − 单位产品制造费用）× 销售量 − （管理费用 + 销售费用） （3-9）

变动成本法下计算税前利润的过程：先用销售收入补偿本期实现销售产品的变动成本，确定边际贡献；再用边际贡献补偿期间费用，确定当前税前利润。
其计算公式如下：

税前利润 = 边际贡献 − 期间费用

= 销售收入 − 销售成本 − 期间费用

= 销售收入 − （直接材料 + 直接人工 + 变动性制造费用）− （管理费用 + 销售费用 + 固定性制造费用） （3-10）

= （单价 − 单位产品直接材料 − 单位产品直接人工 − 单位产品变动性制造费用）× 销售量 − （管理费用 + 销售费用 + 单位产品固定性制造费用 × 产量） （3-11）

式（3-9）和式（3-11）分别是对式（3-8）和式（3-10）的进一步的化简和变形，很明显可以看出，当产量等于销售量时，两种方法计算出来的利润是相同的；当产量与销售量不相等时，两种方法计算出来的利润很可能存在差异。不同方法下税前利润的计算表如表 3-11 所示。

表 3-11 不同方法下税前利润的计算表

完全成本法		变动成本法	
项目	金额	项目	金额
销售收入		销售收入	
销售成本		销售成本	

续表

完全成本法		变动成本法	
项目	金额	项目	金额
期初存货成本		贡献毛益	
当期产品成本		期间费用	
减：期末存货成本		销售费用	
销售成本合计		管理费用	
销售毛利		财务费用	
期间费用		固定性制造费用	
销售费用		期间费用合计	
管理费用		税前利润	
财务费用			
期间费用合计			
税前利润			

3. 存货成本的水平不同

采用变动成本法计算时，由于产品成本只包括变动生产成本，所以不论是库存产品、已销产品还是在产品，其成本均来自产品成本中的变动成本，即只包括变动成本。采用完全成本法计算时，将本期发生的固定性制造费用和产品变动生产成本一起在完工产品和在产品之间进行分配，如果有部分完工产品实现了销售，将两部分的成本总额在已售产品和未售产品间进行分配，所以已售产品、库存产成品、在产品均吸收了除变动成本之外的固定性制造费用。因此，完全成本法下的存货成本必然高于变动成本法下的存货成本，正如例 3-10 中，按完全成本法确定的产品总成本和单位成本高于按变动成本法确定的产品总成本和单位成本，就是因为完全成本下的存货吸收了固定性制造费用。

4. 各期的利润不同

如前所述，变动成本法下的产品只包括变动生产成本，而将固定生产成本（固定性制造费用）直接作为期间费用的一部分，所以当期的销售收入要对其进行补偿。而完全成本法下的产品成本除了包括变动生产成本，还包括固定生产成本，即完全成本法下对固定生产成本的补偿是由当期生产的产品承担的。由于两种方法处理固定成本的不同，进而影响两种方法计算得出的损益，当产销均衡时，两者间差异为零，当产销越不均衡时，差异越大，反之，差异越小。在实际经济生活中，产销不平衡的现象很普遍，研究这类问题还是很有现实意义的。

【例 3-11】 仍以例 3-10 及表 3-8 中的数据资料为条件，假设每件产品的售价是 3 000 元，每件产品的销售费用是 200 元。求两种成本计算方法下各自的税前利润，结果如表 3-12 所示。

表 3-12　不同方法下税前利润计算表

完全成本法		变动成本法	
项目	金额/万元	项目	金额/万元
销售收入	1 200	销售收入	1 200
销售成本		销售成本	800
期初存货成本	0	贡献毛益	400
当期产品成本	1 250	期间费用	
减：期末存货成本	250	销售费用	50
销售成本合计	1 000	管理费用	75
销售毛利	200	固定制造费用	250
期间费用		期间费用合计	375
销售费用	50	税前利润	25
管理费用	75		
期间费用合计	125		
税前利润	75		

解：从表 3-12 可以看出，两种成本计算方法下所计算的税前利润是不同的。采用变动成本法与完全成本法所求得的税前利润分别是 25 万元、75 万元，虽然都盈利，但是变动成本法下的税前利润比完全成本法下低 50 万元，这个较大的差额正好是完全成本法下应由期末存货承担的固定性制造费用部分 [(250/5 000×1 000)]，而在变动成本法下，将这部分内容当成期间费用，从贡献毛益中全部扣除。

为了进一步说明变动成本法与完全成本法对损益计算的影响，以产销不平为切入点，就以下两种情况进行研究分析。

（1）连续各期产量相同而销售量不同。

【**例 3-12**】以海盛家具厂生产的餐桌为例，连续 3 年的产量均为 800 件，3 年内的销售量依次为 800 件、700 件和 900 件。单位产品售价为 200 元。管理费用与销售费用的固定总额之和为 25 000 元。与产品成本有关的数据：单位产品变动成本（直接材料、直接人工和变动性制造费用）为 100 元；固定性制造费用为 16 000 元（完全成本法下每件产品分摊 16 000/800=20 元），根据以上资料，分别采用变动成本法和完全成本法时所计算的税前利润如表 3-13 所示。

表 3-13　三年内两种方法下税前利润的对比表　　　　　　　　　　　　　单位：元

损益计算	第 1 年	第 2 年	第 3 年	合计
变动成本法下				
销售收入	160 000	140 000	180 000	480 000

续表

损益计算	第1年	第2年	第3年	合计
销售成本	80 000	70 000	90 000	240 000
贡献毛益	80 000	70 000	90 000	240 000
期间费用				
固定性制造费用	16 000	16 000	16 000	48 000
管理费用和销售费用	25 000	25 000	25 000	75 000
期间费用合计	41 000	41 000	41 000	123 000
税前利润	39 000	29 000	49 000	117 000
完全成本法下				
销售收入	160 000	140 000	180 000	480 000
销售成本				
期初存货成本	0	0	12 000	
当期产品成本	96 000	96 000	96 000	288 000
可供销售产品成本	96 000	96 000	108 000	
减：期末存货成本	0	12 000	0	
销售成本合计	96 000	84 000	108 000	288 000
销售毛利	64 000	56 000	72 000	192 000
期间费用				
管理费用和销售费用	25 000	25 000	25 000	75 000
税前利润	39 000	31 000	47 000	117 000

解：第1年，当产量等于销售量时，两种成本计算法下的税前利润均为39 000元。因为固定性制造费用无论是作为变动成本法下的固定成本还是作为完全成本法下的产品成本，都计入了当期损益。

第2年，当产量大于销售量时，按变动成本法计算的税前利润比按完全成本法计算的税前利润少2 000元。因为在变动成本法下，全部固定性制造费用（16 000元）均计入当年损益；而在完全成本法下，只有已实现销售的产品所负担的固定性制造费用14 000元 [(16 000/800)×700] 计入当期损益，余下的2 000元固定性制造费用留存在期末存货中。

第3年，当产量小于销售量时，按变动成本法计算的税前利润比按完全成本法计算的税前利润多2 000元，这与第2年情况相反。因为变动成本法下的固定性制造费用仍是16 000元，而完全成本法下，由于第2年期末存货中吸收的固定性制造费用2 000元随着存货的销售计入第3年的销售成本中，所以税前利润相比减少2 000元。

表 3-13 的合计一栏中显示，两种成本法下计算出的税前利润是相同的。从长期来看，由产销不平衡造成各期在两种成本法下的税前利润短期差异是可以相互抵消的；另外说明，变动成本法主要适用于短期的决策。

（2）连续各期销售量相同而产量不同。

【例 3-13】 仍以例 3-12 的条件为前提，改变产销关系：连续 3 年的销售量均为 800 件，而 3 年的产量分别是 800 件、900 件和 700 件。由于每年产量的不同，所以完全成本法下单位产品所承担的固定性制造费用也在变动，单位产品成本也随之变动，变动成本法下单位产品成本不变，如表 3-14 所示；三年内两种方法下税前利润的对比表如表 3-15 所示。

表 3-14 两种方法下的单位成本 单位：元

项目	第 1 年	第 2 年	第 3 年
变动成本法	100	100	100
完全成本法	100+16 000/800 =120	100+16 000/900 =117.78	100+16 000/700 =122.86

解：表 3-14 反映了当销售量不变，产量发生变化时，两种成本计算方法下的单位产品成本的变动情况。

表 3-15 三年内两种方法下税前利润的对比表 单位：元

损益计算	第 1 年	第 2 年	第 3 年	合计
变动成本法下				
销售收入	160 000	160 000	160 000	480 000
销售成本	80 000	80 000	80 000	240 000
贡献毛益	80 000	80 000	80 000	240 000
期间费用				
固定性制造费用	16 000	16 000	16 000	48 000
管理费用和销售费用	25 000	25 000	25 000	75 000
期间费用合计	41 000	41 000	41 000	123 000
税前利润	39 000	39 000	39 000	117 000
完全成本法下				
销售收入	160 000	160 000	160 000	480 000
销售成本				
期初存货成本	0	0	11 778	
当期产品成本	96 000	106 000	86 000	288 000
可供销售产品成本	96 000	106 000	97 778	

续表

损益计算	第1年	第2年	第3年	合计
减：期末存货成本	0	11 778	0	
销售成本合计	96 000	94 222	97 778	288 000
销售毛利	64 000	65 778	62 222	192 000
期间费用				
管理费用和销售费用	25 000	25 000	25 000	75 000
税前利润	39 000	40 778	37 222	117 000

表3-15的计算结果反映了以下几点。

①由于各年的销售量相同，所以变动成本法下计算的税前利润也相等，均为39 000元。因为变动成本法下的单位产品不需要分摊固定性制造费用，固定性制造费用直接计入当期损益，产品的销售成本是由销售量决定的，所以产量的变化不影响销售成本，在其他条件不变时，税前利润也会保持不变。

②由于各年的产量不同，所以完全成本法下计算的税前利润也不同。因为完全成本法下的单位产品要分摊固定性制造费用，所以产品的销售成本是由产量决定的，进而影响每期产品的销售成本。第2年的产量大于销售量，期末存货成本吸收了1 778元的固定性制造费用，直接导致当期的销售成本减少1 778元，税前利润相比产销平衡时增加了1 778元。第3年与第2年的情况相反，产量小于销售量，所以当期销售成本中不仅包括800件的产品成本，也包括年初存货中"递延"到本期的固定性制造费用1 778元，因此，第3年的税前利润比产销平衡时减少了1 778元。

③若将第3年的税前利润与第2年进行比较，两者间的差额3 556元正好是产销平衡情况下的税前利润的2倍。因为产量大于销售量与产量小于销售量对税前利润的影响的数额是互为相反数的。

综上所述，产量与销售量之间的关系直接影响变动成本法与完全成本法计算得出的损益结果，可以归纳为以下三种情况。

（1）当产量等于销售量时，两种成本法下计算的损益完全相同。这是因为固定性制造费用无论是作为固定成本还是产品成本，最终作为减项都计入当期损益，正如表3-13的第1年和表3-15的变动成本法。

（2）当产量大于销售量时，按变动成本法计算的损益小于按完全成本法计算的损益。这是因为完全成本法将变动成本法下全额扣除的固定性制造费用，留存一部分到期末存货成本，减少了当期的销售成本。正如表3-13的第2年和表3-15的第2年。

（3）当产量小于销售量时，按变动成本法计算的损益大于按完全成本法计算的损益，正如表3-13的第3年和表3-15的第3年。

3.3.3 变动成本法的优缺点

1. 变动成本法的优点

（1）能为企业提供有用的管理信息，有利于进行正确的短期决策。在单价、单位变动成本、固定成本不变的前提下，变动成本法能直观地反映成本与业务量、利润与销售量之间的变化规律，也能提供各产品盈利能力的重要信息，从而有助于企业进行决策、控制和业绩评价，有效提高了企业的管理水平。

（2）促进管理当局重视销售，避免盲目生产。企业管理部门的主要职责是实现目标利润，而实现目标利润的关键是实现目标销售量。因此，在固定费用一定的情况下，企业产品销售越多，管理部门的业绩越好。但是完全成本法有时不能正确地反映经营业绩，可能会产生错误的决策判断。而变动成本法将利润的变化与业务量的变化相挂钩，在销售手段、销售单价、单位变动成本不变时，企业的净利润与销售量呈现正相关的关系。这会促使管理当局重视销售环节，优化销售方式，拓宽销售渠道，尽量生产适销的产品，做到以销定产，防止盲目生产。

（3）简化成本计算工作，有助于日常控制。采用变动成本法计算时，将固定性制造费用全额列作期间费用，不计入产品成本，可省略各种固定性制造费用的分摊工作，这不仅大大简化了成本计算中的费用分配，而且避免了主观随意性，有利于将节省出的会计方面的人力资源用于事前预测和事后控制。

（4）便于划分各部门的经济责任，有利于进行成本控制和业绩评价。变动成本法下，生产成本的高低最能反映出供应部门、生产部门、销售部门的工作业绩。事先确定合理的标准成本，在直接材料、直接人工和变动制造费用方面如果节约或超支，就会立刻从成本指标上反映出来，可以通过制定弹性预算来进行日常管理。如果固定制造成本提高的责任不在生产部门，而由管理部门负责，管理部门便会提高管理控制的积极性。如果在供应不变的情况下，销售量严重下滑，则销售部门应制定相应的销售标准，如有不达标的情形，可以有针对性地加强销售。通过各个部门的共同管控，可以在实现经营利润的同时，客观地评价业绩。

2. 变动成本法的缺点

（1）按变动成本法计算出的产品成本不符合企业会计准则与税法的要求。产品成本应包括生产过程中所有的耗费，但是变动成本法只反映其变动部分的成本，由于其存货计价的不规范（不符合企业会计准则），影响资产和收益的计量，从而不便于编制对外财务报告。

（2）不易将成本划分为固定成本与变动成本。变动成本法是在成本性态分析的基础上，研究销售量与利润之间的变化规律。将所有成本划分为变动成本与固定成本，既会给会计人员增添负担，也会使划分工作带有很强的主观色彩。直接材料、直接人工和变动性制造费用可能有多个类型，过于简化的变动成本法也可能导致产品定价过低或过高。

（3）不能适应长期投资的需要。因为长期投资决策解决的是生产能力和生产规模的问题。从长期的角度来看，由于技术进步和通货膨胀等因素的影响，随着企业生产能力和生产规模的变化，单位变动成本和固定制造成本也会随之改变，而变动成本法主要是研究短期内业务量与利润间的关系，因此，很难适应增加或减少生产能力投入、扩大或缩小经营规模等长期投资的需要。

（4）变动成本法的采用可能会影响相关利益者的利益。由于变动成本法与完全成本法计算出的损益往往有差异，如前所述，当产量大于销售量，变动成本法下计算的利润是小于完全成本法的，所以在这种情况下，如果用变动成本法代替完全成本法，会减少企业当期的利润。这会促使管理者当局拖延支付相关税款或采取消极的股利分配政策，从而影响税务机关和投资者的收入，所以企业在采用变动成本法时应权衡利弊。

虽然变动成本法有自身的局限性，但是它能从企业的内部经营实际出发，为管理当局作出短期经营决策提供有用的货币及非货币信息，所以其对企业提高经营业绩的作用是毋庸置疑的，这也是变动成本法日益广泛应用的重要原因。

3.4 Python 在成本性态分析中的应用

通过高低点法、散布图法、回归直线法，能够将混合成本分解为变动成本和固定成本。但散布图法与回归直线法需要进行大量计算，且难以进行可视化呈现。作为简单易学且又功能强大的计算机编程语言，Python 在管理会计中也有着广泛的运用。利用 Python 开展成本性态分析，只需在构建模型的基础上导入数据，即可输出计算结果，极大地简化了计算过程。此外，Python 拥有强大的画图功能，借助 matplotlib.pyplot 库，在设置相关参数后，能够快速美观地进行图示。因此，对于成本构成复杂的企业，利用 Python 开展成本性态分析能够进一步提高企业成本管理的效率。

【例 3–14】 江海电器有限公司生产销售某一种产品，该种产品 2022 年 1—12 月的产量及混合生产成本的有关资料如表 3–16 所示，要求：分别利用高低点法和回归直线法将混合生产成本分解为变动成本和固定成本，画出散点图，并建立回归直线方程式。

表 3–16 混合成本资料

月份	产量 / 万件	混合生产成本 / 万元
1	100	505
2	130	608
3	120	582
4	245	1 050
5	190	780
6	160	620
7	133	542
8	176	728
9	150	679
10	180	762
11	215	978
12	196	850

解：1. 调用 numpy、pandas 和 matplotlib.pyplot 库，代码如下：

```
import numpy as np
import pandas as pd
```

```
from matplotlib import pyplot as plt
```
2. 图片参数设置
- 正常显示中文标签，设置中文字体样式为黑体（SimHei），代码如下：
```
plt.rcParams['font.family']='SimHei'
```
- 正常显示负号，代码如下：
```
plt.rcParams['axes.unicode_minus']=False
```
- 设置输出的数值保留两位小数，代码如下：
```
pd.options.display.float_format='{:,.2f}'.format
```
3. 导入数据

（1）直接输入数据。
- 输入数据，代码如下：
```
data=[[1,100,505],
      [2,130,608],
      [3,120,582],
      [4,245,1050],
      [5,190,780],
      [6,160,620],
      [7,133,542],
      [8,176,728],
      [9,150,679],
      [10,180,762],
      [11,215,978],
      [12,196,850]]
```
- 指定列索引，代码如下：
```
bg=pd.DataFrame(data,columns=['月份','产量','混合生产成本'])
```
- 查看输入的数据。
```
bg
```
（2）导入 excel 中的数据。
- 找到文件所在的绝对位置，代码如下：
```
a="C:\\Users\\lenovo\\Desktop\\python 实验 "
```
- 读取文件，代码如下：
```
bg=pd.read_excel(a+"\\ 成本性态分析 .xlsx")
bg
```
4. 利用高低点法分解混合生产成本

- 利用 def 构建一个函数，语句为 def 函数名（参数），我们定义函数名为 Gen，参数分别为产量最低点及其对应的混合生产成本 x_1，y_1 和产量最高点及其对应的混合生产成本 x_2，y_2。根据高低点法的有关公式，计算单位变动成本 a 和固定成本 b，返回值为 y=ax+b。代码如下：
```
def Gen(x1,y1,x2,y2):
    m=y2-y1
```

```
n=x2-x1
a=m/n
b=y1-a*x1
return ("\ty=%.2f*x+%.2f"%(a,b))
```

- 调用 Gen 函数，输入低点和高点的相关数值，并列示函数的返回值，代码如下：

```
df=Gen(100,505,245,1050)
print(df)
```

- 混合生产成本可以表示为 y = 3.76*x + 129.14。

5. 利用回归直线法分解混合生产成本

在回归之前，进行变量间的相关性分析，检验产量与混合生产成本的变化趋势是否一致，代码如下：

```
xs=bg.corr()
print(xs)
```

根据表 3-17 的相关性分析结果，产量与混合生产成本间的相关系数为 0.97，符合预测结果，可以进行回归操作。

表 3-17　相关性分析结果

	月份	产量	混合生产成本
月份	1.00	0.51	0.47
产量	0.51	1.00	0.97
混合生产成本	0.47	0.97	1.00

为方便描述，将列索引重新定义，x 表示"产量"，y 表示"混合生产成本"，代码如下：

```
x=bg[' 产量 ']
y=bg[' 混合生产成本 ']
```

利用 polyfit 函数进行最小二乘线性拟合，构建回归模型，自变量为 x，因变量为 y，最高阶数为 1，代码如下：

```
poly=np.polyfit(x, y, deg=1)
```

查看返回值，第一个数代表回归直线方程式 y=ax+b 中的 a，第二个数代表 b

poly 结果 a 为 3.91，b 为 74.30

拟合后的回归直线方程式为 y=3.91x+74.30

6. 图示回归直线

计算回归直线的函数值，poly 为回归直线的系数，返回在 x 处回归直线的函数值，代码如下：

```
z=np.polyval(poly,x)
```

画出散点图，代码如下：

```
plt.plot(x, y, 'o')
```

画出回归直线，代码如下：

plt.plot(x, z)

将散点图和回归直线图示结果同时呈现，如图3-11所示，代码如下：

plt. show()

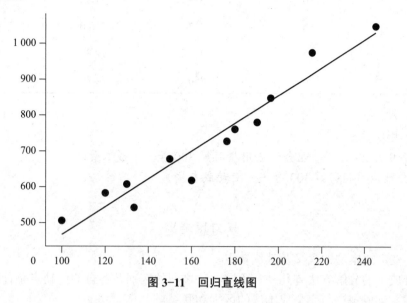

图3-11 回归直线图

7. 分解混合成本，得到变动成本与固定成本

根据第5步得到的回归直线方程式，返回值的第二个数代表固定成本。因此，新增固定成本列，因python索引从0开始，所以应用"1"表示第二个返回值，代码如下：

bg[' 固定生产成本 ']=poly[1]

新增变动成本列，变动成本=混合成本－固定成本，代码如下：

bg[' 变动生产成本 ']=bg[' 混合生产成本 ']-bg[' 固定生产成本 ']

查看最终的混合成本分解结果，如表3-18所示。

bg

表3-18 混合成本分解结果　　　　　　　　　　　　单位：元

月份	产量	混合生产成本	固定生产成本	变动生产成本
1	100	505	74.30	430.70
2	130	608	74.30	533.70
3	120	582	74.30	507.70
4	245	1 050	74.30	975.70
5	190	780	74.30	705.70
6	160	620	74.30	545.70
7	133	542	74.30	467.70
8	176	728	74.30	653.70

续表

月份	产量	混合生产成本	固定生产成本	变动生产成本
9	150	679	74.30	604.70
10	180	762	74.30	687.70
11	215	978	74.30	903.70
12	196	850	74.30	775.70

 相关法规

2017年9月29日《管理会计应用指引第300号——成本管理》；
《管理会计应用指引第303号——变动成本法》。

复习思考题

1. 简述变动成本法的含义及其优缺点。
2. 混合成本的分解方法有几种？不同方法之间的区别及各自的优缺点是什么？
3. 简述变动成本法与完全成本法的区别和联系。

练习题

一、单项选择题

1. 在变动成本法下，不应计入产品成本的是（　　）。
   A. 直接材料　　　　B. 变动性制造费用　　C. 直接人工　　　　D. 固定性制造费用
2. 完全成本法下的利润与变动成本法下的同期利润出现差异的根本原因在于（　　）。
   A. 产销不平衡
   B. 销量大于产量
   C. 产量大于销量
   D. 计入当期利润表的固定性制造费用数额出现差异
3. 造成"某期按变动成本法与按完全成本法确定的营业净利润不相等"的根本原因是（　　）。
   A. 两种方法对固定性制造费用的处理方式不同
   B. 两种方法计入当期损益表的固定生产成本的水平不同
   C. 两种方法计算销售收入的方法不同
   D. 两种方法将营业费用计入当期损益表的方式不同

二、多项选择题

1. 在相关范围内固定不变的是（　　）。
   A. 固定成本　　　　　　　　　　　B. 单位产品固定成本
   C. 变动成本　　　　　　　　　　　D. 单位变动成本

2. 在完全成本法下的利润会出现的现象有（　　）。
   A. 前后各期生产量相等，则利润必然相等
   B. 前后各期销售量相等，则利润必然相等
   C. 在其他条件不变的情况下，销量减少而利润增加
   D. 在其他条件不变的情况下，销量增加而利润减少
3. 下列各项中，属于变动成本法局限性的是（　　）。
   A. 导致企业盲目生产　　　　　　B. 不利于长期决策
   D. 不符合传统的成本观念　　　　D. 有损利益相关者的利益

三、计算题

1. 某汽配公司只产销一种产品，2021 年的期初存货为零，2021 年、2022 年产量均为 600 件，销售分别是 500 件、700 件，售价是 750 元/件，有关的成本资料见表 3-19。

表 3-19　某汽配公司产销产品成本资料　　　　　　　　单位：元

项目	金额
直接材料	55 元/件
直接人工	30 元/件
制造费用	
变动性制造费用	120 元/件
固定性制造费用	8 000 元
销售及管理费用	
变动性销售及管理费用	6 元/件
固定性销售及管理费用	8 600 元

要求：
（1）分别采用变动成本法和完全成本法，计算该汽配公司 2021 年、2022 年的税前利润。
（2）比较两种方法所计算的税前利润第 1 年与第 2 年的差异，并说明差异产生的原因。

2. 某企业产销甲产品，有关资料如表 3-20 所示。
（1）产销存情况。

表 3-20　某企业产销甲产品有关资料

项目	1 月	2 月	3 月	4 月
期初存货/件	—	—	20 000	5 000
当期产量/件	50 000	60 000	40 000	50 000
销售数量/件	50 000	40 000	55 000	55 000
期末存货/件	—	20 000	5 000	—

（2）成本情况。

直接材料	3 元 / 件
直接人工	1.5 元 / 件
变动性制造费用	0.5 元 / 件
单位固定制造费用	2 元 / 件
变动性销售及管理费用	1 元 / 件
固定性销售及管理费用	80 000 元
产品销售价格	15 元 / 件

（3）其他补充资料。

甲产品正常生产能力	60 000 件
固定性制造费用总额	400 000 元

要求：分别采用变动成本法和完全成本法计算甲产品各个月份的利润总额。

四、实验操作题

根据例 3-6 及表 3-3 中的数据，完成混合成本分解的实验操作。

要求：

（1）设计混合成本分解的 Python 模型；

（2）采用高低点法，将水费分解为固定成本和变动成本；

（3）采用回归直线法，将水费分解为固定成本和变动成本；

（4）画出散点图；

（5）建立回归直线方程式。

第 4 章 营运管理

❋ 学习目标：
1. 了解营运管理的概念与一般程序；
2. 掌握本量利分析的概念和基本假设，理解相关公式和应用；
3. 掌握保本分析含义和保本点，理解保本分析的应用；
4. 掌握保利分析和保利点的概念，理解对利润的影响分析；
5. 了解敏感性分析的含义和前提假设，掌握临界值和敏感系数的测定；
6. 了解 Python 在营运管理中的应用。

引例：本量利分析在上海蔚来汽车有限公司中的应用

随着我国市场经济的高速发展，企业生产经营环境越来越复杂，本量利分析法在企业中的运用也越来越广泛。企业为获得更多的利润，谋求强大发展，充分利用好本量利分析法有着很重要的意义。蔚来汽车成立于 2014 年，是一家致力于研发和生产高端新能源汽车的创新型企业。2016 年 11 月，蔚来发布旗下首款产品——纯电动超跑 EP9，这是当时市场上最快的电动汽车。2018 年 9 月，蔚来汽车在美国纽约证券交易所上市。2022 年 3 月，蔚来汽车在香港证券交易所上市。同年 5 月，蔚来汽车在新加坡证券交易所成功上市。蔚来汽车先后推出了多款深受消费者好评的新能源汽车型号，如 ES8、EC6 和 ET7 等。

蔚来不仅拥有杰出的管理团队和技术专家，还坚持以客户为中心的服务理念，积极探索新型服务模式，打造了覆盖车载服务、手机 APP、线下门店等多个场点的服务生态。在汽车技术方面，蔚来一直在深耕研发，推动智能辅助驾驶、数字技术、电动力总成及电池等新一代技术的创新。蔚来也一直在扩展市场，近年来除了在中国市场扎稳脚跟，还向挪威、德国以及荷兰等国际市场提供产品和服务。蔚来在 2022 年入选全球最佳可持续发展企业百强，排名第 79 位，作为国内高端电动汽车的先驱者，蔚来已经在消费者中形成了良好的口碑。

蔚来的成功不仅在于其良好的经营战略，对本量利分析的运用也是关键的一部分。面对前期巨大的投入以及应对市场价格的波动，蔚来也在逐渐调增汽车销售单价，发挥了销售价格对保本点的积极影响。蔚来通过不断地进行技术创新从而降低汽车生产单位成本，获得了更多的利润，反映了单位成本变动对保本点的影响。蔚来不断扩展市场，固定成本增加，企业努力通过更好的服务以及更适合客户的产品来提高销售量，增加利润空间。

思考：请思考销售价格、单位变动成本和固定成本对保本点的作用机理。

［资料来源：改编自上海蔚来汽车有限公司 2022 年年度报告 http://www.cninfo.com.cn/new/disclosure/detail?plate=hke&orgId=9900054871&stockCode=09866&announcementId=1216730817&announcementTime=2023-04-28.］

4.1 营运管理概述

4.1.1 营运管理的概念

营运管理,是指为了实现企业战略和营运目标,各级管理者通过计划、组织、协调、控制、激励等活动,实现对企业生产经营过程中的物料供应、产品生产和销售等环节的价值增值管理。企业进行营运管理,应区分计划(plan)、实施(do)、检查(check)、处置(action)等四个阶段(简称PDCA管理原则),形成闭环管理,使营运管理工作更加条理化、系统化、科学化。

4.1.2 营运管理的程序

营运管理的程序一般包括营运计划的制定、营运计划的执行、营运计划的调整、营运监控分析与报告、营运绩效管理等环节。

1. 制订营运计划

营运计划,是指企业根据战略决策和营运目标的要求,从时间和空间上对营运过程中各种资源所作出的统筹安排,其主要目的在于明确未来一段时间内(如年度、季度或月度)的经营方向、目标和策略,以确保资源的有效配置和各项经营活动的有序进行。企业在制定营运计划时,应以战略目标和年度营运目标为指引,遵循系统性、平衡性、灵活性原则,充分分析宏观经济形势、行业发展规律以及竞争对手情况等内外部环境变化,同时还应评估企业自身研发、生产、供应、销售等环节的营运能力,客观评估自身的优势和劣势以及面临的风险和机会等,形成涵盖各价值链的、不同层次和不同领域的、业务与财务相结合的、短期与长期相结合的目标体系和行动计划。

2. 执行营运计划

企业将经审批的营运计划落实到各所属子公司、部门和员工个人,分解到季度、月度。企业也可以结合自身情况,对不同周期内计划完成的指标建立监控体系。当出现偏差时,对营运计划进行适时的调整。企业应建立配套的监督控制机制,及时记录营运计划执行情况,进行差异分析与纠偏,持续优化业务流程,确保营运计划有效执行。同时,企业应在月度营运计划的基础上,开展月度、季度滚动预测,及时反映滚动营运计划所对应的实际营运状况,为企业资源配置的决策提供有效支持。

3. 调整营运计划

随着宏观经济形势、市场竞争形势的不断变动,企业的营运状况会出现很多不确定因素,会与预期产生较大的偏差,企业在营运计划执行过程中,应关注和识别存在的各种不确定因素,分析和评估其对企业营运的影响,适时启动调整原计划的有关工作,确保企业营运目标更加切合实际,更合理地进行资源配置。企业在作出营运计划调整决策时,应分析和评估营运计划调整方案对企业营运的影响,包括对短期的资源配置、营运成本、营运效益等的影响以及对长期战略的影响。

4. 营运监控分析与报告

企业的营运监控分析,是指以本期财务和管理指标为起点,通过指标分析查找异常,并进一步揭示差异所反映的营运缺陷,追踪缺陷成因,提出并落实改进措施,不断提高企业营运管理水平。为了强化营运监控，确保企业营运目标的顺利完成，企业应结合自身实际情况，按照日、周、月、季、年等频率建立营运监控体系；并按照 PDCA 管理原则，不断优化营运监控体系的各项机制，做好营运监控分析工作。企业应将营运监控分析的对象、目的、程序、评价及改进建议整理成书面分析报告，建立营运监控管理信息系统、营运监控信息报告体系等保证营运监控分析工作的顺利开展。

5. 营运绩效管理

企业可以以营运计划为基础，制定绩效管理指标体系，明确绩效指标的定义、计算口径、统计范围、绩效目标、评价标准、评价周期、评价流程等内容，确保绩效指标具体、可衡量、可实现、相关以及具有明确期限。绩效管理指标应以企业营运管理指标为基础，做到无缝衔接、层层分解，确保企业营运目标的落实。

企业可以建立营运绩效管理委员会、营运绩效管理办公室等不同层级的绩效管理组织，明确绩效管理流程和审批权限，制定绩效管理制度。

4.1.3 营运管理工具方法

营运管理涉及企业物流、资金流和供应链等多个方面，可运用的工具方法自然很多，如全面质量管理、供应链管理、本量利分析、敏感性分析、边际分析、标杆管理等，企业应根据自身业务特点和管理需要等，选择单独或综合运用营运管理工具方法，以更好地实现营运管理目标。在这些工具方法中，本章重点介绍本量利分析、敏感性分析。

4.2 本量利分析概述

4.2.1 本量利分析的产生发展

本量利分析方法起源于 20 世纪初的美国，20 年代哥伦比亚大学教授提出完整的保本分析理论，丰富了本量利分析方法，到了 20 世纪 50 年代已经臻于完善，在西方实践中得到广泛应用，对企业预测、决策、计划和控制等经营活动的有效进行提供了良好的保证。

4.2.2 本量利分析的概念

本量利分析（cost-volume-profit analysis，CVP 分析），是成本－业务量－利润关系分析的简称，是指以成本性态分析和变动成本法为基础，通过数量化的模型或图形揭示企业的变动成本、固定成本、销量及销售单价之间的相互关系，使管理人员清晰地了解企业的获利情况，从而帮助管理者在生产规模、产品结构和成本等方面做出经济合理的决策。

狭义的分析观点是：本量利分析是指盈亏平衡点分析，它是研究一定期间内销售收入等于销售成本（即利润为零）时的销售量或销售额，也叫盈亏平衡点或保本点，三者关系可用下式表示：

$$营业利润 =（销售单价－单位变动成本）\times 销售量 - 固定成本$$

广义的分析观点是：本量利分析是研究产品的销售价格、数量、成本等因素的变动对利润的影响。具体研究要实现一定的目标利润所需达到的销售产品的数量、价格及成本水平。

综上所述，本量利分析既可以用来计算盈亏平衡点，也可以通过调整价格、销售量、成本等因素来实现最大限度的目标利润，因此，本量利分析法为管理当局作出合理的经营预测、决策及目标管理提供了技术分析依据。

4.2.3 本量利分析的基本假设

本量利分析是建立在一定的假设条件之上的，如果忽视了这一点，当假设条件不再成立时，就会造成决策失误。管理会计中的本量利分析方法通常以下述基本假设为前提：

1. 成本性态的假设

此假设也是变动成本法的分析基础，要求将所有成本划分为固定成本和变动成本两类。在现实中，有些成本既不属于固定成本，也不属于变动成本，在使用本量利分析时，要求首先将其进行分解，以确定其单位变动成本与固定成本。

2. 相关范围的假设

在一定范围内固定成本总额、单价、单位变动成本保持不变。成本水平和销售单价由于固定成本总额的不变性和单位变动成本的不变性使成本函数表现为线性函数。同时，由于销售单价不变，销售收入也表现为线性函数。不考虑在一定期间内和一定范围内规模成本的变动、生产效率的提高以及材料成本的波动等。

3. 业务量的假设

假设业务量的变化不会影响成本性态分析，而且所有变动成本和销售收入都是对应业务量的因变量，而业务量是自变量。

4. 品种结构的假设

无论是生产单一产品还是多种产品，生产出的产品都有适销的市场。假设在一个生产或销售多种产品的企业中，以价值形式表现的各种产品的产销量与全部产品的产销量之比不发生变化。在这一假定条件下，多品种本量利分析问题可以很方便地使用单一品种情况下的本量利分析的有关结果。

5. 产销平衡的假设

即当期内生产的产品都能全部销售，不存在期末库存。由于产量的变动会影响到当期发生的总成本，而销量的变动会影响到当期的总收入。这一假设使得在进行本量利分析时将"产量"与"销量"合二为一，简化了决策分析过程。

上述的诸多假设，是揭示成本、业务量和利润等内部关系的基础，缺一不可。上述限定的条件，也透露出本量利分析的局限性，因为其得出的结论是基于各种假设的，而现实经营过程中，很少存在所有前提都满足的情况，因此，在选用本量利分析时要结合企业实际，或者努力缩小差距。

4.2.4 本量利分析的有关方程式

本量利分析的方程式主要有损益类和边际贡献类，为了简化公式和方便描述后面内容，统一设定方程式用到的符号和含义为：

P——利润；

TR——销售收入；

TC——总成本；

b——单位变动成本；

a——固定成本；

p——单价；

x——销售量；

cm——单位边际贡献；

Tcm——边际贡献总额；

cmR——边际贡献率；

t——所得税率；

P_t——税后净利润。

1. 损益类的方程式

（1）本量利分析的基本公式。

$$利润 = 总收入 - 总成本$$
$$= 销售收入 - 变动成本 - 固定成本$$
$$P=TR-TC=p \cdot x-a-bx \tag{4-1}$$

这个方程式反映了利润、单价、销售量、单位变动成本和固定成本五个变量之间的相互关系。只要已知其中四个变量，剩下的变量可求。

（2）对本量利分析的基本公式进行变形，又可得到4个方程式：

①销售量 $x=\dfrac{a+P}{p-b}$。

②单价 $p=\dfrac{a+P}{x}+b$。

③单位变动成本 $b=p-\dfrac{a+P}{x}$。

④固定成本 $=(p-b)\times x-P$。

2. 边际贡献类的方程式

（1）边际贡献又称贡献毛益，是指销售收入减去变动成本后的余额。即

$$边际贡献 = 销售收入 - 变动成本 = p\times x - b\times x \tag{4-2}$$
$$单位边际贡献 = 单价 - 单位变动成本 = p-b \tag{4-3}$$

上述公式说明销售收入首先补偿变动成本，剩下的部分作为贡献毛益，只有当产品销售价格高于单位变动成本（即单位贡献毛益为正）时，产品才能盈利；其次，只有当企业的收入涵盖变动成本时（即贡献毛益为正），企业整体才有可能盈利。最后再用贡献毛益补偿固定成本，若有剩余，则形成利润；若没有剩余或余额小于零，则说明企业没有盈利或发生亏损。

（2）边际贡献率（cmR）。边际贡献率，是指边际贡献占销售收入的比重，其公式如下：

$$边际贡献率 = \dfrac{边际贡献}{销售收入} = \dfrac{Tcm}{TR}$$
$$= \dfrac{单位边际贡献}{单价} = \dfrac{cm}{p} \tag{4-4}$$

【例4-1】 某玩具厂生产一种汽车模型，预计年销量为1 000台，销售单价是100元，单位变动成本是60元，固定成本费用支出是20 000元，求边际贡献和边际贡献率。

解：单位边际贡献 cm=100-60=40（元）

边际贡献 Tcm=40×1 000=40 000（元）

边际贡献率 =40/100=40%

与边际贡献率相对应的概念是变动成本率，是指变动成本在销售收入中的比重，其公式如下：

$$\text{变动成本率} = \frac{\text{变动成本}}{\text{销售收入}} = \frac{\text{单位变动成本}}{\text{单价}} = \frac{b}{p} = 60/100 = 60\%$$

故边际贡献率 + 变动成本率 =1

（3）将本量利分析的基本公式与边际贡献、边际贡献率相结合得到：

① 利润 = 销售收入 − 变动成本 − 固定成本

  = 边际贡献 − 固定成本

  = $p \times x - b \times x - a$

  = $cm \times x - a$ （4-5）

将方程①进行变形，可得到以下的方程式：

② 销售量 $x = \dfrac{a+P}{cm}$； （4-6）

③ 固定成本 $a = cm \times x - P$； （4-7）

④ 利润 $P = Tcm - a = TR \times cmR - a$； （4-8）

⑤ 销售收入 $TR = \dfrac{a+P}{cmR}$； （4-9）

⑥ 边际贡献率 $cmR = \dfrac{a+P}{TR}$； （4-10）

⑦ 固定成本 $a = TR \times cmR - P$。 （4-11）

4.2.5 本量利分析在决策中的应用

本量利分析也可以用于企业的生产经营决策中。应用本量利分析的关键在于确定方案之间的无差别点，无差别点是指使两个备选方案总成本相等的业务量。

在计算无差别点时要考虑每个方案的单位变动成本和固定成本，如果第一个方案的固定成本大于第二个方案的固定成本，则第一个方案的单位变动成本应小于第二个方案的单位变动成本，即方案之间的单位变动成本和固定成本水平恰好相互矛盾，否则无法适用。具体分析过程如下：

设方案1的固定成本和单位变动成本分别是 a_1、b_1，设方案2的固定成本和单位变动成本分别是 a_2、b_2，x 为业务量。

两个方案的总成本相等时：$a_1 + b_1 x = a_2 + b_2 x$

则成本无差别点业务量：$x = \dfrac{a_2 - a_1}{b_1 - b_2}$ 或 $\dfrac{a_1 - a_2}{b_2 - b_1}$ （4-12）

【例4-2】 某企业准备生产加工一种特殊的甲产品，准备购入专用设备，租期一年，现有两种方案。方案1收取租金的条件：年固定租金40 000元，另外再按承租人甲产品销售收入的2%收取变动租金；方案2收取租金的条件：年固定租金10 000元，另外再按承租人甲产品销售收入的6%收取变动租金。

要求：如果两种方案支付的租金相同，甲产品的销售收入应该是多少？当预计甲产品的销售收入是800 000元时，应选择哪个方案？

解：
$$y_1=a_1+b_1x=40\,000+2\%\times x$$
$$y_2=a_2+b_2x=10\,000+6\%\times x$$

由 $y_1=y_2$ 得 $x=\dfrac{40\,000-10\,000}{6\%-2\%}=750\,000$（元）

成本无差别点也可以用图 4-1 表示。

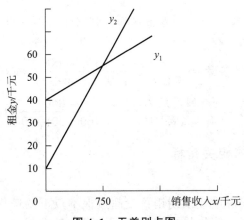

图 4-1　无差别点图

从图 4-1 中可以看出：当甲产品的年销售收入等于 750 000 元时，两种方案的租金成本一致。若销售收入小于 750 000 元，应选择方案 2；若销售收入大于 750 000 元，应选择方案 1。

从图中可以直观地看出当销售收入为 800 000 元时，应选择方案 1。因为此时方案 1 的租金成本为 40 000+2%×800 000=56 000（元），方案 2 的租金成本为 10 000+6%×800 000=58 000（元）。

4.3　保本分析

4.3.1　保本分析的含义及保本点的确定

保本分析（break-even analysis），也称盈亏平衡分析，主要用来研究保本（利润为零）、盈利（利润大于零）、亏损（利润小于零）时的业务量水平，可为生产决策提供有效的信息。

利润的计算可由以下公式表示：

利润 = 销售收入 − 变动成本 − 固定成本

　　 = 销售量 ×（单价 − 单位变动成本）− 固定成本

保本点也称盈亏平衡点，简称"BVP"，是指企业利润为零时的业务量，也是销售收入等于销售成本或贡献毛益正好补偿固定成本时的业务量，这里的业务量既可以指销售量，也可以指对应的销售额。当销售水平低于保本点的情况下，企业处于亏损状态；随着销售水平的提高，企业亏损逐渐得到弥补，最终达到了保本点；当销售水平高于保本点时，企业处于盈利状态，并随着销售水平的不断提高，企业的获利不断增加。保本点可以用以下三个公式表示：

$$保本点销售量 = \frac{固定成本}{单价 - 单位变动成本} = \frac{a}{p-b} \quad (4-13)$$

$$保本点销售量 = \frac{固定成本}{单位边际贡献} = \frac{a}{cm} \quad (4-14)$$

$$保本点销售额 = \frac{固定成本}{单位边际贡献率} = \frac{a}{cmR} \quad (4-15)$$

【例4-3】某皮鞋厂只生产一种男士皮鞋,销售单价为360元,单位变动成本为200元,固定成本为64 000元,则

解: $$保本点销售量 = \frac{固定成本}{单位边际贡献} = \frac{64\,000}{360-200} = 400(件)$$

$$保本点销售额 = \frac{固定成本}{单位边际贡献率} = \frac{64\,000}{(360-200)/360} = 144\,144(元)$$

4.3.2 保本分析计算的相关指标

1. 安全边际

安全边际是指实际销售量或预期销售量超过保本点下的销售量或销售额的差额,它是指在确保盈利的情况下,销售量或销售额可下降的最大限度,是衡量企业经营安全程度的重要指标之一。通常情况下,安全边际越大,企业盈利的空间越大,安全性越高;安全边际越小,则情况相反。同保本点一样,安全边际也有两种表现形式,一种是实物单位表现形式,称为安全边际量;另一种是货币金额表现形式,称为安全边际额,其公式如下:

$$安全边际量 = 实际或预计的销售量 - 保本点销售量 \quad (4-16)$$

$$安全边际额 = 实际或预计的销售额 - 保本点销售额 \quad (4-17)$$

2. 安全边际率

安全边际率(margin of safety ratio,MSR)是指某产品的安全边际同其实际或预期的销售量或销售额之比。安全边际率与安全边际在评价经营安全性上的作用类似。其公式有:

$$安全边际率 = \frac{安全边际}{实际或预期的销售量(额)} \quad (4-18)$$

安全边际率也可以衡量企业生产经营的安全性,安全边际率越大,企业生产经营的安全程度越高,经营风险就越低。企业安全等级的经验值如表4-1所示。

表4-1 企业安全等级的经验值

安全边际率	10%以下	10%~20%	20%~30%	30%~40%	40%以上
安全性	危险	值得注意	较安全	安全	很安全

保本点销售量与安全边际及盈亏之间的关系可以通过图4-2表示。

如图4-2所示,利润是安全边际销售额扣除对应的变动成本后的余额,安全边际越大,企业获得的利润也会越多。相互之间的公式推导如下:

销售利润 = 边际贡献 − 固定成本
      = 销售收入 × 边际贡献率 − 保本点销售收入 × 边际贡献率
      = 安全边际量 × 单位边际贡献
      = 安全边际额 × 边际贡献率   （4-19）

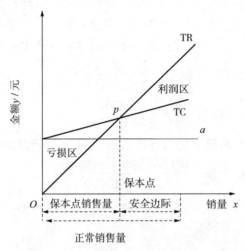

图 4-2 保本点销售量与安全边际分析图

上式两边同除以销售收入，则可以得到：

$$销售利润率 = 安全边际率 × 边际贡献率 \tag{4-20}$$

4.3.3 保本作业率

保本作业率是指保本点销售量或保本点销售额与企业实际或预期的销售量或销售额的比率，这个指标与安全边际率是相对的，保本作业率越大说明企业的安全程度越低，同时也说明企业资源的利用效率越差。其公式如下：

$$保本作业率 = \frac{某产品保本点销售量（额）}{某产品实际或预期的销售量（额）} \tag{4-21}$$

若企业现有的或预期的生产力符合行业正常水平，则容易得到：

$$安全边际率 + 保本作业率 = 1 \tag{4-22}$$

【例 4-4】沿用例 4-3，并且该皮鞋厂正常的生产量是 600 件。求安全边际、安全边际率和保本作业率。

解：安全边际量 = 600−400 = 200（件）
安全边际额 = 200 × 360 = 72 000（元）
安全边际率 = 200/600 = 33.3%
保本作业率 = 400/600 = 66.7%
容易验证：安全边际率 + 保本作业率 = 1，
同时，结合表 4-1，说明该企业在生产经营方面是安全的。

4.3.4 多种产品结构的保本分析

在现实生产活动中企业很少只生产一种产品，为了扩大市场份额，企业往往会推出不同类型或层次的产品，由于产品耗用的资源、单价或单位变动成本不同，基本的本量利分析方法不再适用。用来进行多种产品保本点分析的方法主要有：综合边际贡献率法、分算法、联合单位法。

1. 综合边际贡献率法

综合边际贡献率法是企业借助综合边际贡献率计算出多种产品保本点的方法。

（1）总额法。总额法是指根据一定条件下企业各种产品创造的贡献边际总额与销售收入总额之比来确定综合贡献边际率的一种方法。具体的计算步骤如下：

$$综合边际贡献率 = \frac{\sum 各产品边际贡献}{\sum 各产品销售收入} \times 100\% \quad (4-23)$$

$$综合保本点销售额 = \frac{固定成本总额}{综合边际贡献率} \quad (4-24)$$

$$某产品保本点销售额 = 综合保本点销售额 \times 该产品的销售收入比重 \quad (4-25)$$

$$某产品保本点销售量 = \frac{该产品保本点销售额}{该产品单位售价} \quad (4-26)$$

【例4-5】 假设某饲料加工厂的固定成本支出是46 200元，同时加工A、B、C三种产品，有关资料表如表4-2所示。

表4-2 三种产品资料表

项目	A	B	C	合计
单价/元	100	80	50	
单位变动成本/元	50	45	30	
销售量/件	2 500	2 000	1 800	
单位边际贡献/元	50	35	20	
边际贡献总额/元	125 000	70 000	36 000	231 000
边际贡献率	50.00%	43.75%	40.00%	
销售收入/元	250 000	160 000	90 000	500 000
销售收入比重	50.00%	32.00%	18.00%	

解：将表4-2中已知的数据直接代入公式：

综合边际贡献率=231 000/500 000=46.2%

综合保本点销售额=46 200/46.2%=100 000（元）

A产品保本点销售额=100 000×50.00%=50 000（元）

A产品保本点销售量=50 000/100=500（件）

B产品保本点销售额=100 000×32.00%=32 000（元）

B产品保本点销售量=32 000/80=400（件）

C产品保本点销售额=100 000×18.00%=18 000（元）

C产品保本点销售量=18 000/50=360（件）

（2）加权平均法。加权综合边际贡献率与综合边际贡献率的计算步骤基本相同，除了在求综合保本点销售额时，该方法需要用各产品的边际贡献率和销售收入权重计算出的加权综合边际贡献率进行计算，过程如下：

$$加权综合边际贡献率 = \sum（各产品的边际贡献率 \times 该产品的销售收入权重） \quad (4-27)$$

$$综合保本点销售额 = \frac{固定成本总额}{加权边际贡献率} \quad (4-28)$$

$$某产品保本点销售额 = 综合保本点销售额 \times 该产品的销售比重 \quad (4-29)$$

$$某产品保本点销售量 = \frac{该产品保本点销售额}{该产品单位售价} \quad (4-30)$$

【例 4-6】 仍沿用例 4-5 中的资料。加权综合边际贡献率 =50.00%×50.00%+43.75%×32.00%+40.00%×18.00%=46.2%

解：综合保本点销售额 =46 200/46.2%=100 000（元）
A 产品保本点销售额 =100 000×50.00%=50 000（元）
A 产品保本点销售量 =50 000/100=500（件）
B 产品保本点销售额 =100 000×32.00%=32 000（元）
B 产品保本点销售量 =32 000/80=400（件）
C 产品保本点销售额 =100 000×18.00%=18 000（元）
C 产品保本点销售量 =18 000/50=360（件）

比较两种方法的计算结果，可知两种方法的实质是一样的。加权综合边际贡献率法计算过程相对烦琐一些，因为要计算加权综合边际贡献率，所以对材料的把握程度更高、更详细。可根据已有的资料信息和研究目的，选择适当的方法。

2. 分算法

分算法是指将企业全部的固定成本按一定的标准分配到各产品，分别确定各产品承担的固定成本数额，然后除以各自的单位边际贡献，得到保本点下的销售量，再根据已知的单价，求出保本点下的销售额。需要注意的是，我们只针对共同固定成本进行分配，而某种产品发生的专属成本则由该产品独自承担，共同产品的分配标准主要有：销售额、所耗的材料或工时、边际贡献、重量等。

【例 4-7】 仍以例 4-5 中的资料为基础，采用分算法进行保本点分析，固定成本的分配标准是边际贡献。

解：固定成本分配率 =46 200/231 000=0.2
A 产品应承担的固定成本 =2 500×50×0.2=25 000（元）
B 产品应承担的固定成本 =2 000×35×0.2=14 000（元）
C 产品应承担的固定成本 =1 800×20×0.2=7 200（元）
A 产品保本点销售量 =25 000/50=500（件）
B 产品保本点销售量 =14 000/35=400（件）
C 产品保本点销售量 =7 200/20=360（件）
A 产品保本点销售额 =500×100=50 000（元）
B 产品保本点销售额 =400×80=32 000（元）
C 产品保本点销售额 =360×50=18 000（元）

3. 联合单位法

联合单位法是基于多种产品稳定比例的业务量关系和良好的市场销售渠道的前提，将不同产品组成一个联合单位，按其各自的比例及单价和单位变动成本，确定联合单位的单价和变动成本，利用现有的固定成本确定联合单位产品保本点销售额和销售量，最后根据比例计算出产品各自的保本点。其计算过程如下：

$$联合单价 = \sum (某产品单价 \times 该产品业务量比) \quad (4\text{-}31)$$

$$联合单位变动成本 = \sum (某产品单位变动成本 \times 该产品业务量比) \quad (4\text{-}32)$$

$$联合单位保本点销售量 = \frac{固定成本总额}{联合单价 - 联合单位变动成本} \quad (4\text{-}33)$$

$$某产品保本点销售量 = 联合单位保本点销售量 \times 该产品业务量比 \quad (4\text{-}34)$$

【例4-8】 继续以例4-5为资料基础，用联合单位法进行保本点的计算。

表4-2中A、B、C产品的销售量分别是2 500件、2 000件、1 800件。所以A、B、C产品的销售量之比为2.5∶2.0∶1.8。

解：联合单价 =$100 \times 2.5 + 80 \times 2 + 50 \times 1.8 = 500$（元）

联合单位变动成本 =$50 \times 2.5 + 45 \times 2 + 30 \times 1.8 = 269$（元）

综合保本点销售量 =$\dfrac{46\,200}{500-269}=200$（件）

综合保本点销售额 =$200 \times 500 = 100\,000$（元）

A产品保本点销售量 =$200 \times 2.5 = 500$（件）

B产品保本点销售量 =$200 \times 2.0 = 400$（件）

C产品保本点销售量 =$200 \times 1.8 = 360$（件）

A产品保本点销售额 =$500 \times 100 = 50\,000$（元）

B产品保本点销售额 =$400 \times 80 = 32\,000$（元）

C产品保本点销售额 =$360 \times 50 = 18\,000$（元）

4.4 保利分析和利润的影响分析

4.4.1 保利分析的概述及保利点的确定

保利分析以保本分析为基础，保本分析可以看成是一种特殊状态下的保利分析或者利润为零时进行的保利分析。由于保本分析是指企业的销售收入等于销售成本，即边际贡献等于固定成本的情况，然而保本不是企业发展的目的，只有保利才能真正地发展企业。管理者最想了解的是保持一定盈利水平时企业的销售水平。即保利分析是指在边际贡献已知的情况下，为确定实现目标利润所需的销售量或销售额而采用的一种分析方法。

1. 目标利润下的销售水平

企业要想确保目标利润，应该保证贡献毛益弥补完固定成本后留有余额时的销售量水平及对应的销售额，此时的销售量和销售额也称保利点。此时单价、单位变动成本、固定成本以及目标利润是既定的。根据本量利分析的基本公式：

$$目标利润 = (销售单价 - 单位变动成本) \times 销售量 - 固定成本$$

$$P = (p-b) \times x - a \quad (4\text{-}35)$$

则

$$\text{保利点销售量}(x) = \frac{\text{目标利润}+\text{固定成本}}{\text{单位边际贡献}} = \frac{P+a}{cm} \quad (4-36)$$

上式两边同时乘以销售单价,则有:

$$\text{保利点销售额}(TR) = \frac{\text{目标利润}+\text{固定成本}}{\text{边际贡献率}} = \frac{P+a}{cmR} \quad (4-37)$$

式(4-36)、式(4-37)与保本点销售量与销售额的公式相比,分母相同,分子多了目标利润。对固定成本和目标利润的补偿均来自边际贡献,由于分子是既定的,单位边际贡献的大小直接影响销售量,所以管理者在决策时要在定价与销售量之间找到最佳平衡点。

【例 4-9】 某工艺品厂只加工一种工艺品,销售单价 1 000 元,单位变动成本是 600 元,对应的固定成本是 30 000 元,企业预想的目标利润是 50 000 元,则可以计算得到:

$$\text{保利点销售量}(x) = \frac{P+a}{cm} = \frac{30\,000+50\,000}{1\,000-600} = 200 \text{ (件)}$$

$$\text{保利点销售额}(TR) = \frac{P+a}{cmR} = \frac{30\,000+50\,000}{(1\,000-600)/1\,000} = 200\,000 \text{ (元)}$$

2. 税后净利润下的销售水平

由于税后净利润才能用于分配给股东或债权人,分配后留存的净利润才能用于企业壮大发展,所以企业一般偏向对税后净利润的获取,上述分析中,忽略了所得税的补偿,所以可以先将目标利润转变为成本税后净利润,然后同样放在分子位置,进行保利下销售水平的分析。

由税后净利润 = 税前目标利润 × (1- 所得税税率)
则容易推得:

$$\text{保利点销售量}(x) = \frac{\text{固定成本}+\dfrac{\text{税后净利润}}{1-\text{所得税税率}}}{\text{单位边际贡献}} = \frac{a+\dfrac{P_t}{1-t}}{cm} \quad (4-38)$$

$$\text{保利点销售额}(TR) = \frac{\text{固定成本}+\dfrac{\text{税后净利润}}{1-\text{所得税税率}}}{\text{单位边际贡献率}} = \frac{a+\dfrac{P_t}{1-t}}{cmR} \quad (4-39)$$

【例 4-10】 沿用例 4-9,把其中的"目标利润 50 000 元"改成"税后净利润 60 000 元",所得税税率是 25%,进行保利分析。

解:$$\text{保利点销售量}(x) = \frac{\text{固定成本}+\dfrac{\text{税后净利润}}{1-\text{所得税税率}}}{\text{单位边际贡献}} = \frac{30\,000+\dfrac{60\,000}{1-25\%}}{1\,000-600} = 275 \text{ (件)}$$

$$\text{保利点销售额}(TR) = \frac{\text{固定成本}+\dfrac{\text{税后净利润}}{1-\text{所得税税率}}}{\text{单位边际贡献率}} = \frac{30\,000+\dfrac{60\,000}{1-25\%}}{(1\,000-600)/1\,000} = 275\,000 \text{ (元)}$$

4.4.2 本量利分析图

本量利分析图是用图示的方法将成本、业务量和利润三者间的关系在直角坐标系中表现出来,根据现有的资料和研究的目的不同,可以划分为:基本本量利图、贡献毛益式本量利图和利量式本量利图。图示法在分析时虽然具有直观、易懂的特点,但是目测的结果往往不够准确,最好结合公式法使用。

1. 基本本量利图

以例 4-1 中为绘图时的数据来源,基本本量利图如图 4-3 所示。其绘制的步骤如下。

(1)在直角坐标系中,横轴表示销售量,纵轴表示销售收入或总成本金额。

(2)绘制固定成本线 a。在纵轴上标注固定成本,并以该点为起点,做一条平行于横轴的射线。

(3)绘制总成本曲线 TC。以固定成本直线在纵轴上的截点为起点,以单位变动成本为斜率,作出总成本线。

(4)绘制销售收入曲线 TR。以坐标原点为起点,以单价为斜率。销售收入线 TR 与总成本线 TC 的交点为保本点,保本点之前,两条线间的区域是亏损区,保本点之后,两条线间的区域是利润区。

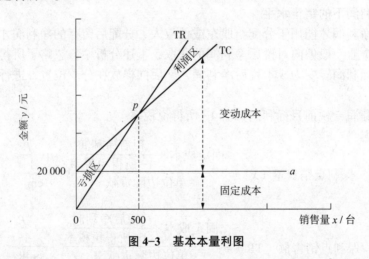

图 4-3 基本本量利图

图 4-3 反映了固定成本、单位变动成本、单价、销售量、保本点之间的内在规律性联系,具体表现在以下几个方面:

①当总成本不变时,单价越大,直线 TR 的斜率越大,点 p 会随之下移,进而使得利润变大,而亏损减小;当单价越小时,情况与之相反。

②当固定成本、单位变动成本、单价不变时,即保本点确定的情况下,销售量越大,实现的利润越多或亏损越少;反之,实现的利润越少或亏损越多。

③当固定成本和单价不变时,单位变动成本越大,直线 TC 的斜率越大,点 p 会随之上移,进而导致亏损变大,利润减小;当单位变动成本越小时,情况与之相反。

④当单位变动成本和单价不变时,固定成本越大,直线 TC 会以平行的方向上移,点 p 也会上移,其他条件不变的情况下,固定成本越大,利润变小,亏损减多;当固定成本越小时,情况与之相反。

基本本量利图虽然体现出固定成本不随业务量的变动而变动的特性，但其无法直观地表现出边际贡献与相关变量之间的变动关系，所以出现了贡献毛益式本量利图。

2. 贡献毛益式本量利图

仍然以例 4-1 的数据作为绘图的数据来源，贡献毛益式本量利图如图 4-4 所示，其绘制的步骤如下。

（1）从坐标原点出发，绘制变动成本直线 b。

（2）绘制平行于变动成本直线 b 的总成本线 TC，两条平行线间的数值距离为固定成本。

（3）销售收入直线 TR 的绘制过程与基本本量利图相同。

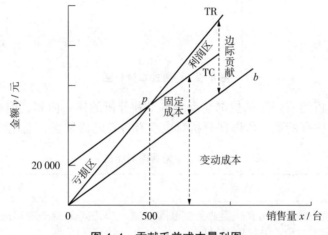

图 4-4 贡献毛益式本量利图

如图 4-4 所示，贡献毛益式本量利图强调的是边际贡献及其形成过程，边际贡献很明显是由销售收入（直线 TR）补偿变动成本（直线 b）后得到的。如果边际贡献补偿固定成本后有剩余，则会形成利润；如果边际贡献不够补偿固定成本，则会形成亏损。贡献毛益式本量利图，能直观地反映边际贡献、固定成本及利润的关系，更符合变动成本法的思路。

3. 利量式本量利图

利量式本量利图不考虑销售收入与成本因素，只反映利润与销售量之间的依存关系。其绘制步骤如下。

（1）在直角坐标系中，以横轴代表销售量，纵轴表示利润或亏损。

（2）销售量为零时，其亏损额度正好等于固定成本，在纵轴上标注出来。

（3）沿用例 4-1 的部分数据，确定某一销售量，并求出对应的利润，并在坐标图中标注。

（4）连接步骤（2）和步骤（3）中标注的两点，得到的直线为利润线。

图 4-5 直观地呈现了利润与销售量之间的关系，利量式本量利图中的利润线表示的是销售收入与变动成本之间的差量关系，即边际贡献，利润线的斜率也就是单位边际贡献。在固定成本既定的情况下，边际贡献率越高，利润线的斜率越大。管理当局可通过此图清楚地知道盈利的销售量区间，但是除销售量外，此图并未揭示利润与固定成本、单价、单

位变动成本之间的关系,分析时容易受限。

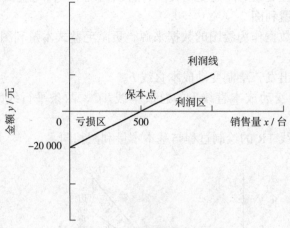

图 4-5 利量式本量利图

基于本量利分析的三张图虽然都能反映本量利分析的核心内容,但是三张图根据管理者的需要在设计时各有侧重,所以在分析时也会有各自的优缺点,总结如表 4-3 所示。

表 4-3 本量利图对比表

项目	优点	缺点
基本本量利图	直观地体现出在一定业务量范围内,固定成本和变动成本的特性	无法直观地表现出边际贡献与业务量之间的变动关系
贡献毛益式本量利图	清晰地反映了不同业务量下的边际贡献,以及变动成本法下利润的形成	无法直观地表现一定业务量范围内,固定成本的特性
利量式本量利图	直接反映了利润与业务量之间的依存关系	未能揭示利润与固定成本、单价、单位变动成本之间的关系,分析时容易受限

4.4.3 不同因素变动对利润的影响

【例 4-11】 某服装厂生产一批定制服装,共 100 件,该服装的市场价 300 元/件,单位变动成本 180 元/件,固定成本是 3 600 元,求生产此批服装的利润和保本点。

解:利润 =100×(300−180)−3 600=8 400(元)
保本点销售量 =3 600/(300−180)=30(件)
保本点销售额 =30×300=9 000(元)
如图 4-6 所示。

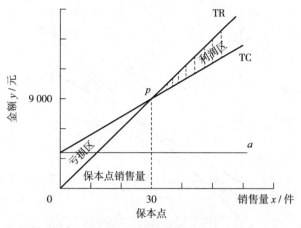

图 4-6 基本本量利式图

(1) 其他因素不变, 当单价变成 330 元时:

$$利润 = 100 \times (330-180) - 3\,600 = 11\,400\,(元)$$
$$保本点销售量 = 3\,600/(330-180) = 24\,(件)$$
$$保本点销售额 = 24 \times 330 = 7\,920\,(元)$$

如图 4-7 所示,此时销售收入直线由 TR 向上倾斜为 TR_1,保本点下滑,利润阴影空间变大。

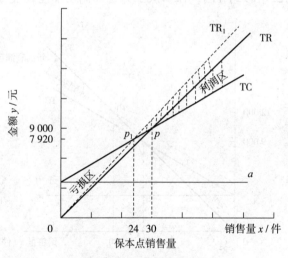

图 4-7 基本本量利式图

(2) 其他因素不变,当单位变动成本变成 120 元时:

$$利润 = 100 \times (300-120) - 3\,600 = 14\,400\,(元)$$
$$保本点销售量 = 3\,600/(300-120) = 20\,(件)$$
$$保本点销售额 = 20 \times 300 = 6\,000\,(元)$$

如图 4-8 所示,在固定成本不变,单位变动成本减小时,总成本线由 TC 向下倾斜为 TC_1,保本点下滑,利润阴影空间变大。

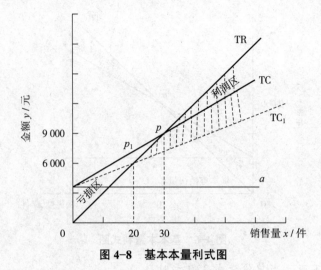

图 4-8 基本本量利式图

（3）其他因素不变，当固定成本变成 4 800 元时：

利润 =100×(300−180)−4 800=7 200（元）

保本点销售量 =4 800/(300−180)=40（件）

保本点销售额 =40×300=12 000（元）

如图 4-9 所示，在其他因素不变时，固定成本变大，则固定成本线由 a 向上平移到 a_1，总成本线由 TC 向上平移到 TC_1，保本点上升，利润阴影空间变小。

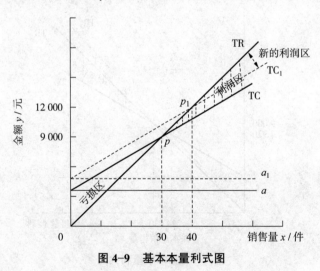

图 4-9 基本本量利式图

（4）其他因素不变，当销售量变成 150 件时：

利润 =150×(300−180)−3 600=14 400（元）

保本点销售量 =3 600/(300−180)=30（件）

保本点销售额 =30×300=9 000（元）

如图 4-10 所示，在其他因素不变时，销售量变大，并不影响保本点，所以销售量越大，安全边际越大，获取的利润也越高。

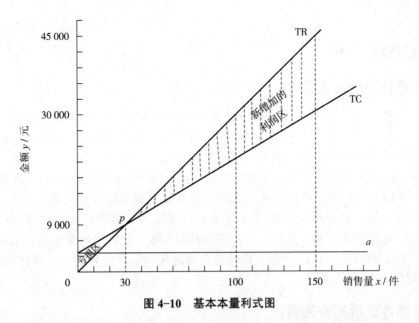

图 4-10　基本本量利式图

（5）在实际经营活动中，单因素变动的情况很少，普遍的是多因素联合变动。

以例 4-11 为数据来源，把固定成本改成 4 800 元，单价改成 420 元，其中固定成本增加 33.33%，单价增加 40%，通过本量利图观察利润的变化。

利润 =100×(420−180)−4 800=19 200（元）

保本点销售量 =4 800/(420−180)=20（件）

保本点销售额 =20×420=8 400（元）

如图 4-11 所示，当固定成本和单价同时增大，其固定成本增加的幅度小于单价，且其他因素不变时，TR_1 与 TC_1 形成的利润区开口明显大于 TR 与 TC 形成的利润区。

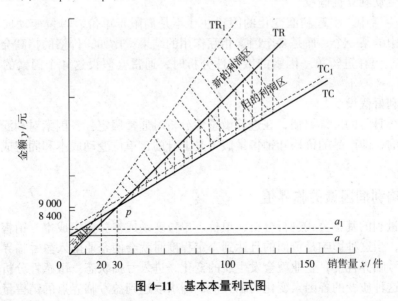

图 4-11　基本本量利式图

在分析多因素同时变动对利润的影响时，要注意不同因素的变动方向和变动幅度，便于进行准确的分析。

4.5 敏感性分析

4.5.1 敏感性分析的含义

敏感性分析（sensitivity analysis），就是指利润对各项影响因素变化的反应程度的分析方法。一般进行"如果－会怎样"的分析，由于销售单价、单位变动成本、销售量、固定成本都是利润的决定性因素，当某一因素发生变化时，利润自然也随之变化，但是利润对每个因素变动的敏感程度不同，所以可将敏感因素划分为强敏感因素和弱敏感因素。

正是由于敏感性不同，所以受重视的程度也不同，通常强敏感因素受关注度较高，反之，受关注度较低。敏感性分析的主要任务是计算有关因素的利润敏感度指标，揭示利润与因素之间的相对数关系，并利用指标进行利润预测。把握这种变化后，采取适当的措施，控制不利影响因素，有利于企业管理者合理地规划生产经营活动，抓住利润增长点，降低经营风险。

4.5.2 敏感性分析的前提假设

利润敏感性分析指企业针对某一产品形成的利润，从产品的销售价格、单位变动成本、固定成本、销售量出发，研究各因素的变化对利润的影响程度，及时调整，保证预期利润的实现。而分析的过程必须基于以下的假设才能得以进行。

1. 影响因素有限性假设

产品销售利润的形成受多种因素的影响，比如，国家出台的财政政策和货币政策、市场的饱和度、消费者的偏好等，但是敏感性分析直接把它们看成次要因素，习惯性地把单价、单位变动成本、固定成本、销售量作为影响利润的四大基本要素。

2. 因素变动独立性假设

在经济生活中，引起利润变化的因素往往不是局限于单价、单位变动成本、固定成本、销售量中的某一个，而是多个因素相互作用的结果。比如，价格的抬高会直接导致销售量的降低。但在进行单一因素的敏感性分析时，通常会假设这4个因素的变动是不相关的。

3. 因素利好假设

为了符合日常的思维习惯，在进行敏感性分析时通常假定：各因素对利润的影响是积极的、有利的，即产品的价格和销售量假定是上升的，单位变动成本和固定成本假定是下降的。

4.5.3 影响利润因素的临界值

借助本量利的基本公式进行分析，单价、单位变动成本、固定成本、销售量都会对利润产生影响，当这种影响是负面的且达到一定程度时就会使企业陷入盈亏临界状态；如果变化超出盈亏临界程度，企业就会发生质的变化，进入亏损状态。敏感性分析的目的之一是确定引起这种质变的各因素变化的临界值，即求取达到盈亏临界点的销售量和价格的最小允许值以及单位变动成本和固定成本的最大允许值。而各影响因素的临界值是指企业实现保本点时各因素的最大值和最小值，当超过临界值时，企业会由盈转亏或由亏转盈。

由：利润 = 销售量 × （单价 – 单位变动成本） – 固定成本
当保本时，利润 = 0，各因素的临界值是：

（1）销售量的最小允许值 = $\dfrac{固定成本}{单价 - 单位变动成本} = \dfrac{a}{p-b}$

（2）单价的最小允许值 = $\dfrac{固定成本}{销售量} + 单位变动成本 = \dfrac{a}{x} + b$

（3）单位变动成本的最大允许值 = 单价 – $\dfrac{固定成本}{销售量} = p - \dfrac{a}{x}$

（4）固定成本的最大允许值 = （单价 – 单位变动成本） × 销售量 = $(p-b) \times x$

【例 4-12】 某产品加工厂加工一种出口食品，单价 10 元，单位变动成本 5 元，固定成本 10 000 元，预期销售量 5 000 件，则可以求得：

预期目标利润 =(10-5)×5 000-10 000=15 000（元）

销售量的最小允许值 =10 000/(10-5)=2 000（件）

即企业销售量的下限是 2 000 件，或者说销售规模最大的缩减幅度是 60% $\left(\dfrac{5\ 000-2\ 000}{5\ 000}\right)$，若下降幅度大于 60%，企业将会亏损。

单价的最小允许值 =10 000/5 000+5=7（元）

即企业的单价最低不能小于 7 元，或下降程度不能超过 30% $\left(\dfrac{10-7}{10}\right)$，否则就会亏损。

单位变动成本的最大允许值 =10-10 000/5 000=8（元）

即企业变动成本的上限是 8 元，若超过，就会面临亏损，或上升程度不能超过 60% $\left(\dfrac{8-5}{6}\right)$。

固定成本的最大允许值 =（10-5）×5 000=25 000（元）

即企业固定成本的最大规模不能超过 25 000 元，或上涨幅度不能超过 150% $\left(\dfrac{25\ 000-10\ 000}{10\ 000}\right)$，超过临界值，企业就会转为亏损。

4.5.4 敏感系数的测定

敏感系数是衡量利润对各因素变动的反应程度的指标，系数越大，因素的敏感度越高，反之，因素的敏感度越小。

$$敏感系数 = \dfrac{利润变动百分比}{各因素变动百分比} \qquad (4-40)$$

仍以例 4-12 的资料作为数据来源。

1. 单价的敏感系数

（1）单价提高 10%。

利润 =(10×1.1-5)×5 000-20 000=20 000（元）

利润变动百分比 = $\dfrac{20\ 000-15\ 000}{15\ 000}$ =33%

单价敏感系数 =33%/10%=3.3

（2）单价提高 20%。

利润 =(10×1.2−5)×5 000−10 000=25 000（元）

利润变动百分比 = $\frac{25\ 000-15\ 000}{15\ 000}$ =67%

单价的敏感系数 =67%/20%=3.3

无论单价提高 10% 还是 20%，单价敏感系数都是 3.3，说明单价对利润的影响很大，单价每提高 1%，利润都会以 3.3 倍的速度增长，涨价是提高利润的有效手段。当单价每降低 1% 时，利润都会以 3.3% 幅度下跌，价格下跌也要引起足够的重视。

2. 销售量的敏感系数

（1）销售量提高 10%。

利润 =(10−5)×5 000×1.1−10 000=17 500（元）

利润变动百分比 = $\frac{17\ 500-15\ 000}{15\ 000}$ =16.7%

销售量的敏感系数 =16.7%/10%=1.67

（2）销售量提高 20%。

利润 =(10−5)×5 000×1.2−10 000=20 000（元）

利润变动百分比 = $\frac{20\ 000-15\ 000}{15\ 000}$ =33.3%

销售量敏感系数 =33.3%/20%=1.67

与单价相比，销售量的敏感系数较低，意味着如果销售量增长 1%，利润将以 1.67 倍的速度增长。销售量敏感系数也称"经营杠杆系数"，是衡量企业经营风险的有效手段。

3. 单位变动成本的敏感系数

（1）单位变动成本提高 10%。

利润 =(10−5×1.1)×5 000−10 000=12 500（元）

利润变动百分比 = $\frac{12\ 500-15\ 000}{15\ 000}$ =−16.7%

单位变动成本敏感系数 =−16.7%/10%=−1.67

（2）单位变动成本提高 20%

利润 =(10−5×1.2)×5 000−10 000=10 000（元）

利润变动百分比 = $\frac{10\ 000-15\ 000}{15\ 000}$ =−33.3%

单位变动成本的敏感系数 =−33.3%/20%=−1.67

单位变动成本敏感系数的绝对值大于 1，说明也属于强敏感系数，如果单位变动成本发生变化，利润将会以 1.67 倍的速度反向变动。

4. 固定成本的敏感系数

（1）固定成本提高 10%。

利润 =(10−5)×5 000−10 000×1.1=14 000（元）

利润变动百分比 = $\frac{14\ 000-15\ 000}{15\ 000}$ =−6.7%

固定成本敏感系数 =−6.67%/10%=−0.67

（2）固定成本提高 20%。

利润 =(10-5) × 5 000-10 000 × 1.2=13 000（元）

利润变动百分比 = $\dfrac{13\,000-15\,000}{15\,000}$ =-13.3%

固定成本的敏感系数 =-13.3%/20%=-0.67

固定成本的敏感系数在四个基本影响因素中绝对值最小，属于弱敏感因素。当固定成本降低 1% 时，利润会提高 0.67%。

在依次分析了单价、销售量、单位变动成本和固定成本后，得出以下结论：在同一生产力水平下，影响因素的变动幅度，不影响敏感系数；敏感系数的正负反映了影响方向，单价和销售量的敏感系数为正，说明利润与之同方向变动，单位变动成本和固定成本为负，说明利润与之反方向变动；敏感系数绝对值的大小反映了敏感度，4 个因素的敏感度由强到弱的排序为单价（3.3）、单位变动成本（-1.67）、销售量（1.67）和固定成本（-0.67）。对不同因素的影响程度有了量的理解后，管理者在经营决策时，可以分清主次，集中实施有效的调整措施，确保目标利润的实现。

另外，敏感系数也可以根据初始的相关因素变动百分比公式化简后的简便的计算公式得到：

$$\text{固定成本的敏感系数} = -\frac{\text{基期固定成本}}{\text{基期利润}} = -\frac{a}{P} \quad (4\text{-}41)$$

$$\text{单位变动成本的敏感系数} = -\frac{\text{基期销售量} \times \text{基期变动成本}}{\text{基期利润}} = -\frac{x \times b}{P} \quad (4\text{-}42)$$

$$\text{单价的敏感系数} = \frac{\text{基期销售量} \times \text{基期单价}}{\text{基期利润}} = \frac{x \times p}{P} \quad (4\text{-}43)$$

$$\text{销售量的敏感系数} = \frac{\text{基期销售量} \times (\text{基期单价} - \text{基期单位变动成本})}{\text{基期利润}} = \frac{x \times (p-b)}{P} \quad (4\text{-}44)$$

通过上述各因素的敏感系数的简化计算，可以证明之前的结论是正确的：

当某一因素的敏感系数为负，表明利润的变动与该因素的变动有反向依存关系；当某一因素的敏感系数为正，表明利润的变动与该因素的变动有正向依存关系。

观察上式发现，公式的分母都是基期利润 P，所以各因素对利润变动的影响程度直接取决于分子数值的大小。以单价的敏感性分析为例，过程如下。

（1）由于 $x \times p > x \times (p-b)$，所以单价的敏感系数肯定大于销售量的敏感系数。

（2）一般情况下，$x \times p$ 应该大于 a，同时大于 $x \times b$，即销售额要大于固定成本和变动成本之和，否则企业是亏损的。所以，单价的敏感系数应该最大，提价是盈利的最有效手段，同时，降价的负面影响也是最大的。

4.5.5 敏感系数的应用

研究敏感系数的根本目的是达到企业预期的利润，为管理者当局提供决策的信息，敏感系数的应用有利于管理者及时从单价、销售量、单位变动成本和固定成本 4 个方面作出调节。

【例 4-13】某企业专门生产一种工业产品，年产销售量是 10 000 件，每件产品的单价是 100 元，单位变动成本是 60 元，期间固定费用是 100 000 元，要求在现有利润的基础上增加20%，即360 000元，已知企业最大的产能是30 000件，单价、销售量、单位变动成本、固定成本的敏感系数分别为5、2、-4、-1，为确保利润的实现，企业可采取哪些措施？

解：由敏感系数 = $\dfrac{\text{利润变动百分比}}{\text{各因素变动百分比}}$

则可得：

$$\text{各因素变动百分比} = \dfrac{\text{利润变动百分比}}{\text{敏感系数}}$$

各因素变动量 = 各因素变动百分比 × 该因素基期数量

（1）当其他因素不变时，单价的变动。

单价变动百分比 = $\dfrac{\text{利润变动百分比}}{\text{敏感系数}}$ = 20%/5 = 4%

单价增加额 = 4% × 100 = 4（元）

即在其他因素不变时，要想目标利润提高20%，则售价要抬高4元。

（2）当其他因素不变时，销售量的变动。

销售量变动百分比 = $\dfrac{\text{利润变动百分比}}{\text{敏感系数}}$ 20%/2 = 10%

销售量增加额 = 10% × 10 000 = 1 000（件）

从计算结果来看，在其他因素不变时，要想实现目标利润，企业必须再扩大1 000件的销售量，从企业目前的产能来看，这是完全可以实现的。

（3）当其他因素不变时，单位变动成本的变动。

单位变动成本变动百分比 = $\dfrac{\text{利润变动百分比}}{\text{敏感系数}}$ = 20%/(-4) = -5%

单位变动成本增加额 = -5% × 60 = -3（元）

也就是说，在其他因素不变时，企业要想实现目标利润，单位变动成本要降低3元。

（4）当其他因素不变时，固定成本的变动。

固定成本变动百分比 = $\dfrac{\text{利润变动百分比}}{\text{敏感系数}}$ = 20%/(-1) = -20%

固定成本增加额 = -20% × 100 000 = -20 000（元）

因为固定成本是弱敏感因素，当其他因素不变时，要想达到预期利润，必须大幅度地降低固定成本，降低额是20 000元。

4.5.6 经营杠杆系数

经营杠杆系数（degree of operating leverage）也称销售量敏感系数，简称"DOL"，是指由于经营中固定成本的存在而导致息税前利润变动率大于产销售量变动率的规律，是税前利润变动率与产销售量变动率之比，是衡量经营风险的重要指标。通常情况下，经营杠杆系数越大，经营杠杆效应越强，企业经营风险也越大。其公式如下：

$$\text{经营杠杆系数(DOL)} = \frac{\dfrac{\text{营业利润变动额}}{\text{基期营业利润}} \times 100\%}{\dfrac{\text{产销变动量}}{\text{基期产销售量}} \times 100\%} = \frac{\dfrac{\Delta P}{P}}{\dfrac{\Delta X}{X}} \qquad (4\text{-}45)$$

$$= \frac{\dfrac{\text{营业利润变动额}}{\text{基期营业利润}} \times 100\%}{\dfrac{\text{销售收入变动量}}{\text{基期销售收入}} \times 100\%} = \frac{\dfrac{\Delta P}{P}}{\dfrac{\Delta TR}{TR}} \qquad (4\text{-}46)$$

通过化简变换，其简化的公式如下：

$$\text{经营杠杆系数(DOL)} = \frac{\text{基期边际贡献}}{\text{基期边际贡献} - \text{固定成本}} = \frac{(p-b)x}{(p-b)x-a} \qquad (4\text{-}47)$$

对式（4-47）进行转换，可以得到：

计划期利润 = 当期利润 ×（1+ 产销售量变动百分比 × DOL）

达到目标利润的产销售量 = 基期产销售量 ×（1+ 达到目标利润的产销售量变动百分比）

联系财务管理学的知识，也可以化简为：

$$\text{经营杠杆系数(DOL)} = \frac{\text{息税前利润} + \text{固定成本}}{\text{息税前利润}} = \frac{EBIT + a}{EBIT} \qquad (4\text{-}48)$$

式（4-46）和式（4-47）在使用上没有本质区别，唯一的区别是式（4-46）必须基于两期的数据比较，而如果两期的产销售量或销售收入未发生变动，式（4-46）不适用，这时只能选择式（4-47）。

【例 4-14】 通过例题检验化简前后公式的准确性，例题的资料如表 4-4 所示，计算出经营杠杆系数及固定成本的变化对经营杠杆的影响。

表 4-4 经营杠杆相关的计算

项目	销售量变动前	销售量变动后	固定成本变动前	固定成本变动后
销售量/件	10 000	12 000	10 000	10 000
单价/元	10	10	10	10
单位变动成本/元	7	7	7	7
固定成本/元	10 000	10 000	10 000	20 000
经营利润 EBIT/元	20 000	26 000	20 000	10 000

销售量变动前后：

$$\text{经营杠杆系数(DOL)} = \frac{\dfrac{\text{营业利润变动额}}{\text{基期营业利润}} \times 100\%}{\dfrac{\text{产销变动量}}{\text{基期产销售量}} \times 100\%} = \frac{\dfrac{26\,000 - 20\,000}{20\,000} \times 100\%}{\dfrac{12\,000 - 10\,000}{10\,000} \times 100\%} = 1.5$$

经营杠杆系数（DOL）= $\dfrac{基期边际贡献}{基期边际贡献-固定成本}$ = $\dfrac{(10-7)\times 10\,000}{(10-7)\times 10\,000-10\,000}$ =1.5

经检验两种计算方法得出的经营杠杆系数都是1.5，说明两种方法都适用。

固定成本变动后：

经营杠杆系数（DOL）= $\dfrac{基期边际贡献}{基期边际贡献-固定成本}$ = $\dfrac{(10-7)\times 10\,000}{(10-7)\times 10\,000-20\,000}$ =3

从以上的计算结果可以看出：在固定成本不为零的前提下，DOL是恒大于1的；在单价、单位变动成本和固定成本不变时，产销售量变动越大，DOL越小，即DOL与产销售量是反向变动的关系；在单价、单位变动成本和销售量不变时，固定成本越大，DOL也越大，收入较低的增长就会促进利润较大的增长，但由于较大的固定成本负担，也会促使企业面临更大的经营风险。所以企业在利用DOL时，要权衡好其带来的收益与风险。

4.6 Python在营运管理中的应用

企业营运管理包括本量利分析、保本分析、保利分析、敏感性分析等内容，在面对大量产品及经营数据时，传统的分析方法就显得费时费力。在成本、业务量、利润之间呈线性关系的条件下，利用Python开展营运管理分析，需要根据营运管理相关公式，在定义函数的基础上，构建分析模型，之后输入核心参数的值即可得到计算结果。因此，对于产品众多、经营状况复杂的企业，运用Python开展营运管理，能够提高分析效率，实时监控成本、业务量、利润的变动状况，从而对营运计划进行适时的调整。

【例4-15】当代有限公司生产和销售某种产品，预计2022年度该产品的有关数据如下，该产品的正常单位售价为320元，单位变动成本为210元。固定成本为110 000元，预计正常销售量为1 500件。

要求：（1）根据案例资料，计算该产品的盈亏临界点销售量、安全边际与利润总额。（2）计算当目标利润为100 000元时，该产品的销售量。（3）计算单价、变动成本、销售量、固定成本的敏感系数。

解：1.盈亏平衡分析

（1）调用pandas和matplotlib.pyplot库，代码如下：

```
import pandas as pd
from matplotlib import pyplot as plt
```

（2）图片参数设置。正常显示中文标签，设置中文字体样式为黑体（SimHei），代码如下：

```
plt.rcParams['font.family'] = 'SimHei'
```

- 正常显示负号，代码如下：

```
plt.rcParams['axes.unicode_minus'] = False
```

- 设置输出的数值保留两位小数，代码如下：

```
pd.options.display.float_format = '{:,.2f}'.format
```

（3）定义变量。根据本量利分析的有关公式：

$$边际贡献 = 销售收入 - 变动成本$$

$$单位边际贡献 = 单价 - 单位变动成本$$

利润＝销售收入－变动成本－固定成本
＝边际贡献－固定成本
＝（单价－单位变动成本）× 销售量－固定成本

将核心指标在 Python 分析中的变量名称进行定义，如表 4-5 所示。

表 4-5 变量对应表

核心指标	变量名
单价	unit_price
单位变动成本	unit_variable_costs
单位边际贡献	unit_marginal_contribution
销售量	sales_volume
销售收入	sales
变动成本	variable_costs
边际贡献/贡献毛益	marginal_contribution
固定成本	fixed_costs
利润	profit

（4）构建本量利分析（cost-volume-profit analysis）模型。

利用 def 构建一个函数，语句为 def 函数名（参数），我们定义函数名为 CVP，参数为单价、单位变动成本、销售量、固定成本，根据本量利分析的有关公式，利用表 4-5 中的变量名称表示需要计算的核心指标。核心指标及其计算公式如下：

单位边际贡献＝单价－单位变动成本
销售收入＝单价 × 销售量
变动成本＝单位变动成本 × 销售量
边际贡献＝单位边际贡献 × 销售量
利润＝（单价－单位变动成本）× 销售量－固定成本

代码如下：

```
def CVP(unit_price,unit_variable_costs, sales_volume,fixed_costs):
    sales=unit_price*sales_volume
    unit_marginal_contribution=unit_price-unit_variable_costs
    marginal_contribution=unit_marginal_contribution*sales_volume
    variable_costs=unit_variable_costs*sales_volume
    profit=(unit_price-unit_variable_costs)*sales_volume-fixed_costs
```

输出返回值，在输入参数后，得到单价、单位变动成本、单位边际贡献、销售量、销售收入、变动成本、边际贡献、固定成本、营业利润的计算结果，代码如下：

```
    return[unit_price,unit_variable_costs,unit_marginal_contribution,sales_volume,sales,\
variable_costs,marginal_contribution,fixed_costs,profit]
```

（5）根据例 4-15 提供的某个产品某个月的实际经营数据，输入单价、单位变动成本、销售量和固定成本，建立本量利分析模型。

输入参数的具体数值，代码如下：

```
unit_price=320
unit_variable_costs=210
sales_volume=1500
fixed_costs=110000
```

根据输入参数的具体数值，新建"案例数"列，计算本量利分析中核心指标的数值，代码如下：

```
bg=pd.DataFrame(CVP(unit_price,unit_variable_costs,volumn,fixed_costs),columns=['案例数'], index=['单价','单位变动成本','单位边际贡献','销售量','销售收入','变动成本','边际贡献','固定成本','利润'])
```

查看计算结果，利润总额为 55 000 元。

（6）根据构建的本量利分析模型开展盈亏平衡分析（break even point）。

根据公式：盈亏临界点的销售量＝固定成本/(单价－单位变动成本)，通过相关参数表示盈亏临界点的销售量 BEP，代码如下：

```
BEP = fixed_costs/(unit_price-unit_variable_costs)
```

将盈亏临界点的销售量代入 CVP 函数中的销售量参数，新增"盈亏平衡分析列"，计算在盈亏临界点下，该产品的销售收入、变动成本、边际贡献、营业利润等情况，代码如下：

```
bg['盈亏平衡分析'] = CVP(unit_price,unit_variable_costs,BEP,fixed_costs)
```

查看盈亏平衡分析的计算结果，盈亏临界点销售量为 1 000 件。

（7）绘制盈亏平衡分析图。

定义 x 的范围，在 [0, 2000] 的范围内均匀取 400 个点。定义 y1 成本总额＝单位变动成本×销售量＋固定成本，y2 销售收入＝单价×销售量，代码如下：

```
x=np.linspace(0, 2000, 400)
y1=unit_variable_costs*x+fixed_costs
y2=unit_price*x
```

定义一个图像窗口，根据上一步的函数 y1、y2 的定义和盈亏平衡分析结果 BEP，分别画出成本线、收入线、保本点指示线，代码如下：

```
plt.figure()
plt.plot(x, y1, label='成本线')
plt.plot(x, y2, label='收入线')
plt.axvline(BEP,color='red', label='保本点指示线')
```

• 显示图例，设置横轴标签为"业务量"，纵轴标签为"成本"，代码如下：

```
plt.legend()
plt.xlabel('业务量')
plt.ylabel('成本')
```

• 呈现盈亏平衡分析的绘图结果，如图 4-12 所示。

```
plt.show()
```

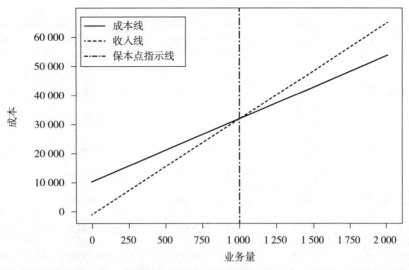

图 4-12 盈亏平衡分析图

2. 安全边际分析

根据安全边际分析的有关公式：

安全边际量 = 实际或预计的销售量 - 保本点销售量

安全边际额 = 实际或预计的销售额 - 保本点销售额

新增"安全边际分析"，此列的数值通过"案例数"列 - "盈亏平衡分析"列得到，代码如下：

`bg[' 安全边际分析 '] = bg[' 案例数 ']-bg[' 盈亏平衡分析 ']`

- 查看安全边际分析的计算结果，安全边际销售量为 500 件。

3. 目标利润分析

根据目标利润分析的有关公式：

目标利润 = （销售单价 - 单位变动成本）× 销售量 - 固定成本

$$保利点销售量 = \frac{目标利润 + 固定成本}{单位边际贡献}$$

当目标利润为 100 000 元时，通过相关参数表示保利点销售量 TAR，代码如下：

`TAR=(100000+fixed_costs)/(unit_price-unit_variable_costs)`

将目标利润为 100 000 元时的销售量代入 CVP 函数中的销售量参数，新增"目标利润分析列"，计算目标利润为 100 000 元时，该产品的销售收入、变动成本、边际贡献、营业利润等情况，代码如下：

`bg[' 目标利润分析 ']=CVP(unit_price,unit_variable_costs,TAR,fixed_costs)`

查看目标利润分析的计算结果，如表 4-6 所示最后一列，当目标利润为 100 000 元时，销售量为 1 909.09，约为 1 910 件。

表 4-6 本量利分析计算结果

	案例数	盈亏平衡分析	安全边际分析	目标利润分析
单价	320	320.00	0.00	320.00

续表

	案例数	盈亏平衡分析	安全边际分析	目标利润分析
单位变动成本	210	210.00	0.00	210.00
单位边际贡献	110	110.00	0.00	110.00
销售量	1 500	1 000.00	500.00	1 909.09
销售额	480 000	320 000.00	160 000.00	610 909.09
变动成本	315 000	210 000.00	105 000.00	400 909.09
边际贡献	165 000	110 000.00	55 000.00	210 000.00
固定成本	110 000	110 000.00	0.00	110 000.00
利润	55 000	0.00	55 000.00	100 000.00

4. 敏感性分析

（1）构建敏感性分析模型。

根据敏感性分析的有关公式：

$$敏感系数 = \frac{利润变动百分比}{各因素变动百分比} \quad (4\text{-}49)$$

利用 def 构建一个函数，输入各因素值变动的百分比，输出利润变动的百分比。语句为 def 函数名（参数），这里定义函数名为 SA，参数为单价变动的百分比（ratio_p）、单位变动成本变动的百分比（ratio_vc）、销售量变动的百分比（ratio_vol）、固定成本变动的百分比（ratio_fc）。函数 SA 各核心变量的计算代码如下：

```
def SA(ratio_p,ratio_vc,ratio_vol,ratio_fc):
    unit_price2=unit_price*(1+ratio_p/100)
    unit_variable_costs2=unit_variable_costs*(1+ratio_vc/100)
    sales_volume2=sales_volume*(1+ratio_vol/100)
    fixed_costs2=fixed_costs*(1+ratio_fc/100)
    profit=(unit_price-unit_variable_costs)*sales_volume-fixed_costs
profit2=(unit_price2-unit_variable_costs2)*sales_volume2-fixed_costs2
```

输出返回值，在输入参数后，得到利润变动的百分比，代码如下：

```
return profit2/profit-1
```

（2）分别计算单价、变动成本、销售量、固定成本变化时，利润变动的百分比。

利用 range 函数，构建一个从 -100 到 100、间隔为 10 的等差序列，将该列命名为"变动百分比"，代码如下：

```
bg_sa=pd.DataFrame(range(-100,110,10),columns=[' 变动百分比 '])
```

查看已构建的"变动百分比"列

```
bg_sa
```

当单价变化 -100% 到 100%，其他因素不变时，计算利润变动的百分比。map 函数能够根据提供的函数对指定序列做映射，因此可以解决将指定列数值代入函数计算的问题。

lambda 是匿名函数，在不需要提前对函数进行定义的情况下，就可以使用函数定义规则，冒号的左边是原函数的参数，右边是原函数的返回值。因此，我们新建"利润−单价"列，利用 map 函数，将"变动百分比"列的数值代入 SA 函数计算，具体代码如下：

bg_sa[' 利润变动−单价 ']=bg_sa[' 变动百分比 '].map(lambda x:SA(x,0,0,0))
查看单价变化时，利润变动的百分比
bg_sa
计算变动成本变化时，利润变动的百分比
bg_sa[' 利润变动−变动成本 ']=bg_sa[' 变动百分比 '].map(lambda x:SA(0,x,0,0))
计算销售量变化时，利润变动的百分比
bg_sa[' 利润变动−销售量 ']=bg_sa[' 变动百分比 '].map(lambda x:SA(0,0,x,0))
计算固定成本变化时，利润变动的百分比
bg_sa[' 利润变动−固定成本 ']=bg_sa[' 变动百分比 '].map(lambda x:SA(0,0,0,x))

当单价、变动成本、销售量、固定成本呈现变化时，它们影响的利润变动的百分比分别如表 4-7 后四列所示。根据敏感系数的计算式（4-49）可得到：单价的敏感系数为 −8.73，变动成本的敏感系数为 5.73，销售量的敏感系数为 −3.00，固定成本的敏感系数为 2.00。

表 4-7 敏感性分析结果

变动百分比	利润变动−单价	利润变动−变动成本	利润变动−销售量	利润变动−固定成本
−100	−8.73	5.73	−3.00	2.00
−90	−7.85	5.15	−2.70	1.80
−80	−6.98	4.58	−2.40	1.60
−70	−6.11	4.01	−2.10	1.40
−60	−5.24	3.44	−1.80	1.20
−50	−4.36	2.86	−1.50	1.00
−40	−3.49	2.29	−1.20	0.80
−30	−2.62	1.72	−0.90	0.60
−20	−1.75	1.15	−0.60	0.40
−10	−0.87	0.57	−0.30	0.20
0	0.00	0.00	0.00	0.00
10	0.87	−0.57	0.30	−0.20
20	1.75	−1.15	0.60	−0.40
30	2.62	−1.72	0.90	−0.60
40	3.49	−2.29	1.20	−0.80
50	4.36	−2.86	1.50	−1.00

续表

变动百分比	利润变动-单价	利润变动-变动成本	利润变动-销售量	利润变动-固定成本
60	5.24	−3.44	1.80	−1.20
70	6.11	−4.01	2.10	−1.40
80	6.98	−4.58	2.40	−1.60
90	7.85	−5.15	2.70	−1.80
100	8.73	−5.73	3.00	−2.00

（3）图示敏感性分析结果。构建函数，自变量 x 表示因素变动的百分比（从 −100 到 100），因变量 y 为利润变动的百分比，分别呈现单价、变动成本、销售量、固定成本变化时，利润变动的百分比，代码如下。图中直线的斜率分别表示单价、变动成本、销售量、固定成本的敏感系数，结果如图 4-13 所示。

bg_sa.plot(x=' 变动百分比 ',y=[' 利润变动 - 单价 ',' 利润变动 - 变动成本 ',' 利润变动 - 销售量 ',' 利润变动 - 固定成本 '])

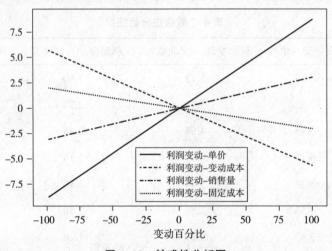

图 4-13 敏感性分析图

相关法规

2017 年 9 月 29 日《管理会计应用指引第 400 号——营运管理》；
《管理会计应用指引第 401 号——本量利分析》；
《管理会计应用指引第 402 号——敏感性分析》；
《管理会计应用指引第 403 号——边际分析》。

复习思考题

1. 简述本量利分析的含义及进行本量利分析的用途。

2. 简述安全边际的含义，安全边际与保本点的区别与联系。
3. 多种产品结构下的保本点分析的方法和过程的各自特点是什么？
4. 结合图形分析单价、销售量、单位变动成本和固定成本的变动对保本点的影响。
5. 敏感性分析的含义及计算各因素敏感系数的意义是什么？
6. 学会用本量利分析进行企业的经营决策。

练习题

一、单项选择题

1. 某企业专门加工一种产品，且符合本量利分析的前提假设，当年的年销售收入总额为 180 000 元，其边际贡献率为 40%，所获得的利润为 12 000 元，则其变动成本总额、固定成本总额分别是（　　）。

   A. 96 000 元、72 000 元　　　　　　B. 60 000 元、108 000 元
   C. 72 000 元、196 000 元　　　　　　D. 108 000 元、60 000 元

2. 下列各格式中，可以计算边际贡献率的表达式是（　　）。

   A. 边际贡献 / 销售收入　　　　　　　B. 单位边际贡献 / 单价
   C. 1- 变动成本率　　　　　　　　　　D. 1- 安全边际率

3. 某企业只产销一种产品，已知单价为 15 元，单位变动成本为 7 元，期间固定成本为 10 000 元，预期目标利润为 5 000 元，则销量为（　　）。

   A. 2 000 件　　　B. 1 800 件　　　C. 1 875 件　　　D. 2 200 件

4. 某企业仅仅生产 A 产品，2022 年发生的固定制造费用、固定销售费用和固定管理费用的总额为 50 万元，该产品的边际贡献率为 40%，则 A 产品的（　　）。

   A. 保本点销售额为 125 元　　　　　　B. 保本点销售量为 125 件
   C. 保本点销售额为 100 元　　　　　　D. 保本点销售量为 100 件

二、多项选择题

1. 下列两个指标之和为 1 的有（　　）。

   A. 安全边际率 + 保本作业率　　　　　B. 变动成本率 + 保本作业率
   C. 变动成本率 + 边际贡献率　　　　　D. 安全边际率 + 边际贡献率

2. 下列指标中受销售量影响的是（　　）。

   A. 安全边际　　　B. 利润　　　C. 单位边际贡献　　　D. 边际贡献总额

3. 盈亏平衡点销售额的计算公式正确的是（　　）。

   A. 固定成本 / 单位边际贡献　　　　　B. 固定成本 / 单位边际贡献率
   C. 固定成本 / 边际贡献率　　　　　　D. 固定成本 × 边际贡献率

4. 某企业经营甲产品，已知其销售单价为 250 元，单位变动成本为 170 元，固定成本总额为 200 000 元，目标利润为 100 000 元，现在要求目标利润增加 20%，则以下适合的方式有（　　）。

   A. 单价提高 8%　　　　　　　　　　B. 销售量提高 6.67%
   C. 固定成本降低 20%　　　　　　　　D. 单位变动成本降低 3.14%

5. 甲是一家加工企业，正常的经营利润是 150 000 元，今年拟提高 30%，已知单价、销量、单位变动成本、固定成本的敏感系数分别是 8、5、-6、-2，可采取的措施有（　　）。

A. 单价提高 3.75% B. 销售量提高 6%
C. 固定成本降低 15% D. 单位变动成本降低 5%

三、计算题

1. 某企业生产 A、B、C 三种产品，已知固定成本为 8 800 元，其他资料如表 4-8 所示。

表 4-8 其他资料

项目	A	B	C
单价/元	15	12	8
单位变动成本/元	12	10	6
销售量/件	2 000	1 500	1 000

要求：分别采用联合单位法、分算法、加权边际贡献率法计算出各产品的保本点。

2. 利用经营杠杆系数对某家具厂的业务进行分析，该家具厂的月销售量为 1 000 件，单价为 1 000 元，为了提高销售利润，现在准备增加 20% 的销售量，单价不发生变动。其他有关资料如表 4-9 所示。

表 4-9 其他有关资料　　　　　　　　　　　　　　　　　　　单位：元

项目	销售量变动前	销售量变动后
销售量/件	1 000	1 200
单价	2 000	2 000
单位变动成本	1 200	1 200
固定成本	400 000	400 000
息税前利润	400 000	560 000

要求：（1）根据已知的材料，求出经营杠杆系数。
（2）通过已求得的经营杠杆系数，分析一下它在决策中如何发挥作用？

四、实验操作题

假设某电器有限公司生产销售甲产品，2022 年该产品的单位售价为 200 元，单位变动成本为 130 元，固定成本总额为 95 200 元，销售量为 2 200 个。
要求：根据以上资料，完成本量利分析的实验操作。
（1）设计本量利分析的 Python 模型；
（2）计算该产品的利润总额、盈亏临界点销售量与安全边际；
（3）当固定成本总额上升到 110 000 元时，计算该产品的利润总额、盈亏临界点销售量与安全边际；
（4）当单位变动成本下降到 110 元时，计算该产品的利润总额、盈亏临界点销售量与安全边际；
（5）当目标利润为 150 000 元时，计算该产品的销售量；
（6）计算单价、变动成本、销售量、固定成本的敏感系数。

第 5 章 预测分析

❈学习目标：
1. 了解预测分析的特征、内容及步骤，熟悉定性分析及定量分析两类预测分析方法；
2. 了解销售预测的意义，掌握并应用销售预测的定性及定量分析方法；
3. 了解利润预测的意义，掌握并应用利润预测的定量分析方法；
4. 了解成本预测的意义，掌握并应用成本预测的定性及定量分析方法；
5. 掌握和应用资金需要量预测分析方法；
6. 掌握 Python 在预测分析中的方法，并应用于管理会计实践。

引例：预测分析在大生集团中的应用

重庆长安汽车股份有限公司（后文称"长安汽车"）是中国四大汽车集团阵营企业，拥有 162 年历史底蕴、40 年造车经验，全球有 14 个生产基地，33 个整车、发动机及变速器工厂。在新能源领域，2017 年发布"香格里拉计划"，2022 年发布数字纯电品牌"深蓝汽车"，目前已掌握新能源"大三电"等核心技术。在智能化领域，2018 年发布"北斗天枢计划"，2022 年发布智能品牌"诸葛智能"，目前已掌握视觉感知、多模融合等核心技术。

在实践中，长安汽车在企业目标计划管理上进行了创新，创建了"大数据+业务计划"的目标制定模型以提升预算目标准确性。构建能够较为准确地判断或预测未来市场变化趋势的目标预测模型一直是长安汽车追求解决的重点问题。长期以来，长安汽车目标制定模型采用的是基于市场、竞争要求及实际运营能力进行企业年度零售目标评估的方法，选取产品市占率作为基础预测，并综合考虑新品上市、换代、产品生命周期、竞品和新品等多元因素进行评估。

随着大数据技术的不断成熟，长安汽车逐渐将其运用于企业市场趋势预判，预测结果相较之前更合理准确，具体做法：一是基于近二十年的行业历史大数据，结合季节性指数，考虑宏观等多因子影响，通过德尔菲法提升行业预判精准度，明确目标制定的基准；二是通过精准用户画像，贴近市场、竞争和用户，锁定客户群体，考虑产品动作、渠道发展等业务计划，通过资源匹配等业财融合手段修正目标，预算目标与业务活动深度融合，并来源于可支撑的可量化的业务活动。为满足竞争、发展和公司运营管理的需求，未来长安汽车的经济运行将构建产业联动、高效协同的大数据平台管理，向基于全产业链发展的智能经济运行管理转型，以实现经营现状可见、问题可查、风险可辨、未来可测的数字化管理。

[资料来源：张德勇.布局业财一体化优化经营管控体系：长安汽车经济运行管理体系的案例实践[J].管理会计研究，2022（1）：42-49.]

5.1 预测分析概述

5.1.1 预测分析的特征

预测是指用科学的方法预计、推断事物发展的必然性或可能性的行为,即根据过去和现在预计未来,是决策的基础和前提。预测分析的主要特征有以下几个方面。

1. 依据的客观性

预测分析是以客观准确的历史资料和合乎实际的经验为依据所进行的分析,而不是毫无根据的、纯主观的臆测。

2. 时间的相对性

预测分析应明确规定某项预测对象的时间期限范围。预测分析的时间越短,受不确定因素的影响越小,预测结果越准确。反之,预测分析的时间越长,受不确定因素的影响越大,预测结果的精确性就相对差一点。

3. 结论的可检验性

预测分析应考虑到可能产生的误差,且能够通过对误差的检验进行反馈,调整预测程序的方法,尽量减少误差。

4. 方法的灵活性

预测分析可灵活采用多种方法,在选择预测方法时,应事先进行(测试)试点,选择那些简便易行、成本低、效率高的一种或几种方法配套使用,以达到事半功倍的效果。

5.1.2 预测分析的内容

1. 销售预测

销售预测是其他各项预测的基础,即根据市场调查收集有关资料,并对有关因素进行分析与研究,从而预测和计算特定产品在一定时期内的市场销售量及变化趋势,进而预测本企业产品未来销售量的过程。

2. 利润预测

利润预测是建立在销售预测基础之上的,依据企业未来发展目标及其他相关资料,对未来期望实现的利润水平及其变化趋势进行预估和推测的过程。

3. 成本预测

成本预测是指根据企业未来发展目标和有关资料,运用专门方法推测与估算未来成本水平及发展趋势的过程。

4. 资金预测

资金预测是指在销售预测、利润预测和成本预测的基础上,根据企业未来发展目标,并综合考虑影响资金的各种因素,运用特定方法估算企业在未来一定时期内或特定项目所需资金数额、来源渠道、运用方向及其变动趋势的过程。

5.1.3 预测分析的步骤

1. 明确预测目的和要求

预测的目的各不相同,因此所需的资料、内容和方法也会有差异。为满足经营活动的需求，首先需要明确预测的具体要求，然后根据这些要求制订相应的预测项目和计划，以确保预测顺利进行。

2. 确定预测对象

在进行预测时，首先需要明确预测的对象，包括确定预测分析的内容、范围，进而有针对性地开展各阶段的工作。

3. 收集整理资料

在明确预测目标和对象之后，应该开始收集与经济、技术和市场相关的计划资料和实际资料。这是进行经营预测的基础条件。在资料收集过程中，应尽量确保信息的全面性和完整性。在掌握大量资料的基础上，对其进行加工、整理、归集、鉴别、去伪存真、去粗取精，从而揭示各因素的相互依存与制约关系，以此为依据发现事物发展的规律，作为预测的依据。

4. 选择预测方法

针对不同的预测对象和内容，应当采用相应的预测方法。对于资料充分且能够建立数学模型的预测对象，应在定量预测方法中挑选最合适的方法；而针对缺乏定量数据的预测对象，则应结合以往的经验，选择最优的定性预测方法。

5. 分析预测误差并修正预测值

任何方法的预测都不可能做到完全准确，在中、长期预测中更是如此。特别是通过数学模型计算出的预测值，往往未能考虑到非计量因素。因此，有必要对这些预测结果进行修正，使预测值能为决策提供可靠的科学依据。

5.1.4　预测分析的方法

1. 定性分析法

定性分析法亦称"非数量分析法"。它是一种直观性的预测方法，主要是指依靠预测人员的丰富实践经验以及主观的判断和分析能力（它们必须建立在预测者的智慧和广博的科学知识的基础上），在不用或少量应用计算的情况下，就能推断事物的性质和发展趋势的分析方法。当然这种方法在量的方面不易准确，一般是在企业缺乏完备、准确的历史资料的情况下，首先邀请熟悉该行业经济业务和市场情况的专家，根据他们过去所积累的经验进行分析判断，提出预测的初步意见；然后再通过召开调查会或座谈会的方式，对上述初步意见进行修正和补充，并作为提出预测结论的依据。

（1）判断分析法。判断分析法主要是依靠销售专家的实践经验和综合判断能力，对市场动态进行深入的综合分析研究，从而对产品销售量和销售趋势作出预测判断。参与预测的专家应是对市场熟悉和有一定研究经验的人员，如企业内部销售部门经理和销售人员、企业外部推销商和经济分析专家等。该方法得出的预测数据比较接近实际情况，并且有利于确定各销售人员的销售任务量，发挥其销售积极性。但是，受各种因素的影响，销售人员的预测可能存在偏差，因此销售预测往往需要及时修正。

（2）调查分析法。调查分析法是指通过对某种产品在市场上的供需情况变动的详细调查，了解各因素对该产品市场销售的影响状况，并据此推测该种产品市场的销售量。由于公司的销售取决于顾客的购买，因此企业通常会调查顾客明年的购买量，顾客的财务状况和经营成果，顾客的爱好、习惯和购买力的变化等，在一定程度上提高销售预测的合理性和准确性。

在调查时应当注意以下几点。首先,选择的调查对象要具有普遍性和代表性,调查对象能反映市场中不同阶层或行业的需要及购买需要;其次,调查的方法必须简便易行,使调查对象乐于接受调查;最后,对调查所取得的数据与资料要进行科学的分析,特别要注意去伪存真。只有这样,所获得的资料才具有真实性、代表性,才能作为预测的依据。

凡是顾客数量有限,调查费用不高,每个顾客既意向明确又不会轻易改变的,均可以采用调查分析法进行预测。

2. 定量分析法

定量分析法亦称"数量分析法",指根据有关历史资料,运用现代数学方法(包括运筹学、概率论和微积分等)对历史数据进行分析加工处理,并通过建立数学模型来对产品的市场变动趋势进行研究并作出推算。主要包括趋势预测分析法和因果预测分析法两种类型。

(1)趋势预测分析法。趋势预测分析法,亦称"时间序列分析法"或"外推分析法",指利用变量与时间存在的相关关系,根据预测对象过去的、按时间顺序排列的一系列数据,应用一定的数学方法进行加工、计算,借以预测其未来发展趋势的分析方法。具体包括算术平均法、移动加权平均法、指数平滑法、二次曲线法等类型。该方法的优点是收集信息方便、迅速,缺点是对市场供需情况的变动因素未加考虑。

(2)因果预测分析法。因果预测分析法是根据预测对象与其他相关指标之间相互依存、相互制约的规律性联系,来建立相应的因果数学模型所进行的预测分析方法。如在销售预测中,通过对影响产品销售的因素的变化来预测目标产品销售量和销售额的变化情况。具体包括回归分析法、本量利分析法、投入产出分析法、经济计量法等不同类型。

其中,最常用的方法是回归分析法。影响预测值的因素很多,既有企业外部因素,也有企业内部因素,既有客观因素,又有主观因素。在这些因素中,有些因素对预测值起着决定性的作用。因此,回归预测法的原理就是找到与预测值相关的主要因素,建立回归方程描述它们之间的变化规律,利用这种变化规律进行预测。

定性分析法和定量分析法在实际应用中并非相互排斥,而是相互补充、相辅相成的。定量分析法虽然较精确,但许多非计量因素无法考虑,这就需要通过定性分析法将一些非计量因素考虑进去,但定性分析法要受主观因素的影响,因此,在实际工作中常常将两种方法结合应用,相互取长补短,以提高实用性。

5.2 销售预测

销售预测又称作需求量预测,是指根据有关资料,通过对相关因素的分析研究,预计和测算特定产品在未来一定时期内的市场销售量水平及变化趋势,进而预测本企业产品未来销售量的过程。销售预测的基本方法可以分为定性分析和定量分析两大类。

5.2.1 销售预测的意义

(1)销售预测是企业经营预测的起点和基础。企业的各项经营活动与商品的销售密切相关,因此,销售预测是经营预测的起点和基础。无论是利润预测、成本预测,还是资金需求量预测,都不可避免地与销售预测的内容和结果紧密相连。销售预测的正确与否,直接或间接地关系到其他各项经营预测的质量。

（2）销售预测为企业经营决策提供最重要的依据。搞好销售预测，不仅有利于科学指导后续的工作运行、资源配置、资源优化等，而且企业可以根据预测结果重点布局企业生产和经营活动，以小成本撬动大流量，提高生产或经营效率，直接关系企业的经济效益。

5.2.2 销售的定性预测分析

定性销售预测是指依靠预测人员丰富的实践经验和知识以及主观的分析判断能力，在考虑政治经济形势、市场变化、经济政策、消费倾向等各项因素对经营影响的前提下，对事物的性质和发展趋势进行预测和推测的分析方法。具体包括判断分析法和调查分析法两类。

5.2.3 销售的定量预测分析

在实际工作中，企业预测销售量或销售额，可采用的定量预测方法主要有算术平均法、移动平均数法、指数平滑法等方法。

1. 算术平均法

算术平均法又称简单平均法，是求出一定观察期内预测目标的时间数列的算术平均数作为下期预测值的一种最简单的时序预测法。该方法的优点是计算简便，但由于其将不同时期的销售量（额）平均计算，未考虑远近期实际销售量（额）对预测期销售量的不同影响，导致结果往往误差较大，因而一般只适用于常年销售情况比较稳定的产品。其计算公式为：

$$销售量预测数 = \sum 各期销售量（额）/ 期数$$

【例 5-1】 某公司 2023 年 1—9 月产品销量见表 5-1，用算术平均法预测 10 月的销售量。

表 5-1　某公司 2023 年 1—9 月产品销量　　　　　　　　单位：kg

月份	1	2	3	4	5	6	7	8	9
销售量	800	810	840	830	820	800	810	810	830

解：销售量预测数 =(800+810+840+830+820+800+810+810+830)/9=816.67（kg）

这种方法的优点是计算简便。但由于它是将不同时期的销售量（额）平均计算，没有考虑远近期实际销售量（额）对预测期销售量的不同影响，其结果往往误差较大，因而一般只适用于常年销售情况比较稳定的产品。

2. 移动平均数法

移动平均数法指用一组最近的实际数据值来预测未来一期或几期内公司产品的需求量、公司产能等的一种常用方法。具体做法是：企业从过去若干时期（n 期）的实际销售资料中选取一组 m 期（$m<n/2$）的数据作为观察值，求其算术平均数，并逐期推移，连续计算观测值平均数，以最后移动期观察值的平均数作为未来销售预测数的方法。其公式为：

$$预测销售量 = 最后 m 期算术平均销售量$$
$$= \sum 最后 m 期销售量 / m$$

该方法强调了近期的实际销售量（额）对计划期预测数的影响，计算也比较简便。但由于选用了历史资料中的部分数据作为计算依据，因而代表性较差。该法适用于销售情况略有波动的产品。

3. 指数平滑法

指数平滑法指以某种指标的本期实际数和本期预测数为基础，引入一个简化的加权因子，即平滑系数，以求得平均数的一种时间序列预测法。具体做法是：企业在前期销售量的实际数和预测数的基础上，利用平滑指数预测未来销售量。指数平滑法也是加权平均法的一种，是一个以指标本身过去变化的趋势作为预测未来的依据，同时考虑实际值和预测值影响的方法。其计算公式如下：

$$S_t = \alpha X_{t-1} + (1-\alpha) S_{t-1}$$

式中：　S_t ——t 期销售预测值；

　　　　S_{t-1} ——t 期上一期的销售预测值；

　　　　X_{t-1} ——t 期上一期的销售实际值；

　　　　α ——平滑系数，$0<\alpha<1$。

平滑系数 α 的取值越大，则近期实际销售量对预测结果的影响越大；取值越小，则近期实际销售量对预测结果的影响越小。一般情况下，如果销售量波动较大或要求进行短期预测，则应选择较大的平滑指数；如果销售量波动较小或要求进行长期预测，则应选择较小的平滑指数。

与其他方法相比，指数平滑法具有系数设定更加灵活，且在不同程度上考虑了以往所有各期的观察值，避免前后各个时期被同等看待的缺点。

5.3　成本预测

成本预测是以现有条件为前提，在历史成本资料的基础上，根据未来可能发生的变化，利用科学的方法，对未来的成本水平及其发展趋势进行描述和判断的成本管理活动。

5.3.1　成本预测的意义

搞好成本预测对提高企业成本管理水平具有重要意义：

（1）成本预测是进行成本决策和编制成本计划的基础。预测是为决策服务的。成本预测是成本决策的前提，成本计划是成本决策的具体化。通过成本预测，可以为成本决策和计划提供科学的依据，使其建立在客观实际的基础上。

（2）搞好成本预测有利于加强成本管理和提高经济效益。搞好成本预测，不仅可以帮助企业选择成本最低、经济效益最好的方案，充分发挥企业的优势，而且便于加强对成本的事前控制，克服盲目性，增强预见性，尽可能消除生产活动中可能发生的损失和浪费，达到提高经济效益的目的。

5.3.2　成本预测的方法

1. 定量预测法

定量预测法是指根据历史资料以及成本与影响因素之间的数量关系，通过建立数学模型来预计或推断未来成本的各种预测方法的统称。主要有以下两种方法。

（1）趋势预测法。趋势预测法是指按时间顺序排列有关的历史成本资料，运用一定的数学模型和方法进行加工计算并预测的各类方法。趋势预测法包括简单平均法、加权平均法和指数平滑法等。

（2）因果预测法。因果预测法是根据成本与其相关指标之间的内在联系，建立数学模型并进行分析预测的各种方法。因果预测法包括本量利分析法、投入产出分析法、回归分析法等。

2. 定性预测法

定性预测法，是指预测者根据掌握的专业知识和丰富的实践经验，运用逻辑思维方法对未来成本进行预计推断的方法的统称。主要有以下几种方法。

（1）成本预测的高低点法。成本预测的高低点法是指根据企业一定期间产品成本的历史资料，按照成本习性原理和 $y=a+bx$ 直线方程式，选用最高业务量和最低业务量的总成本之差（Δy），同两种业务量之差（$\Delta x-y$）进行对比，先求 b 的值，然后再代入原直线方程，求出 a 的值，从而估计推测成本发展趋势。

（2）目标成本预测法。目标成本预测法是指企业以市场为导向，以目标售价和目标利润为基础确定产品的目标成本，从产品设计阶段开始，通过各部门、各环节乃至与供应商的通力合作，共同实现目标成本的成本管理方法。目标成本法一般适用于制造企业成本管理，也可以应用于物流、建筑、服务等行业。

【例 5-2】 受市场扩张巨大影响，某公司 A 产品成本按可比产品 B 产品上一年的平均单位成本开展预测，B 产品总成本为 550 800 元，经初步预测 A 产品成本可比上一年的实际成本下降 22%。A 产品成本的各项动因经测算在预测期可能有的变化如表 5-2 所示。B 产品的各成本项目比重如表 5-3 所示。

表 5-2 各项动因预测变化表

因素	百分比
B 产品产量增长	25%
原材料消耗定额降低	15%
原材料价格平均上涨	10%
劳动生产率提高	20%
生产工人小时工资率增加	5%

表 5-3 成本项目比重表

项目	比重
原材料	85%
生产工人工资	15%
合计	100%

解：根据上述资料可以分项测算产品成本的降低率和降低额。

(1)原材料消耗定额降低及材料价格上升形成的节约。

$$\text{预计产品成本降低率} = 85\% \times [1-(1-15\%)(1-10\%)] = 19.975\%$$

$$\text{预计产品成本降低额} = 550\ 800 \times 19.975\% = 110\ 022.3（元）$$

(2)劳动生产率提高超过平均工资增长形成的节约。

$$\text{成本降低率} = 15\% \times [1-(1+5\%)/(1+20\%)] = 1.875\%$$

$$\text{成本降低额} = 550\ 800 \times 1.875\% = 10\ 327.5（元）$$

综合以上计算结果,预测期产品成本总降低率为21.85%(19.975%+1.875%),总降低额为120 349.8(110 022.3+10 327.5),接近初步预测的成本降低率(22%)。因此,可以把22%的预测产品成本总降低率作为产品正式的成本目标,据以编制成本计划。

5.4 利润预测

利润预测是按照企业经营目标的要求,根据企业未来发展目标和其他相关资料,通过对影响利润变化的成本、产销量等因素的综合分析,预计、推测或估算未来应当达到或可望实现的利润水平及其变动趋势的过程。它主要是对企业目标利润的预测。

5.4.1 利润预测的意义

(1)有助于规划企业的目标利润。利润预测的主要目的是预测目标利润。目标利润预测是根据企业经营目标的要求,在销售预测基础上,根据企业的具体情况,采用一定的预测方法合理地预测目标利润的过程。科学的利润预测,有利于规划好企业的目标利润。

(2)有利于企业寻求增加盈利的途径。通过预测未来利润情况,企业可以判断未来发展前景,制定相应的战略规划和投资方案。同时,预测未来利润水平有助于加强企业对成本和费用进行合理控制和配置,确保实现盈利目标。

5.4.2 利润预测的方法

1. 比例预测法

比例预测法是指根据各种利润率指标来预测计划期产品销售利润的一种方法。

(1)根据销售利润率预测。

$$\text{预计产品销售利润} = \text{预计产品销售收入} \times \text{销售利润率}$$

销售利润率说明了每一元销售收入可以获得多少的利润,可以根据以前年度的销售利润占产品销售收入的比重求得。

(2)根据销售成本利润率预测。

$$\text{预计产品销售利润} = \text{预计产品销售成本} \times \text{成本利润率}$$

成本利润率说明了每耗费一元的成本取得的利润,能反映出成本升降的经济效果。

(3)根据产值利润率预测。

$$\text{预计产品销售利润} = \text{预计产品总产值} \times \text{产值利润率}$$

产值利润率说明了每一元工业总产值提供利润的情况,产值利润率可根据以前年度的产品销售利润占产品总产值的比重求得。

(4)根据资金利润率预测。

$$\text{预计产品销售利润率} = \text{预计资金平均占用额} \times \text{资金利润率}$$

资金利润率可根据以前年度的产品销售利润率与资金平均占用额的比例求得。

2. 直接预测法

直接预测法是指根据本期的有关数据,直接推算出预测期的利润数额。预测时可根据利润的构成方式,先分别预测营业利润、投资净收益、营业外收支净额,然后将各分部预测数相加,得出利润预测数额。用公式可以表示为:

利润总额 = 营业利润 + 投资净收益 + 营业外收支净额

营业利润是由产品销售利润和其他业务利润组成的,这两部分预测利润的公式分别为

预测产品销售利润 = 预计产品销售收入 − 预计产品销售成本 − 预计产品销售税金
= 预计产品销售数量 ×(预计产品销售单价 − 预计单位产品成本 − 预计单位产品销售税金)

预测其他业务利润 = 预计其他业务收入 − 预计其他业务成本 − 预计其他业务税金

预测企业的投资净收益是根据预计企业向外投资的收入减去预计投资损失后的数额得出的。预测营业外收支净额是用预计营业外收入减去预计营业外支出后的差额。

最后,将所求出的各项预测数额加总,便可计算出下一期间的预测利润总额。

【例 5-3】 某公司生产 A,B,C 三种产品,本期有关销售价格、单位成本及下期产品预计销售量如表 5-4 所示,预测下期其他业务利润的资料为:其他业务收入为 35 000 元,其他业务成本为 20 000 元,其他业务税金为 5 500 元。

表 5-4 公司产品明细表　　　　　单位:元

产品	销售单价	单位产品销售成本	单位产品销售税金	预计下期产品销售量
A	220	100	40	6 000
B	300	150	45	3 500
C	150	75	25	9 000

解:根据资料,预测下一会计期间的营业利润。

预测各产品销售利润额为:

A 产品:6 000×(220−100−40)=480 000(元)

B 产品:3 500×(300−150−45)=367 500(元)

C 产品:9 000×(150−75−25)=450 000(元)

A 产品、B 产品和 C 产品的合计金额为 1 297 500 元

预测其他业务利润为

35 000−20 000−5 500=9 500(元)

所以,预测下一会计期间的营业利润为

预测营业利润 = 预测产品销售利润 + 预测其他业务利润

= 1 297 500 + 9 500 = 1 307 000(元)

3. 因素分析法

因素分析法是在本期已实现的利润水平基础上,充分估计预测期影响产品销售利润的各因素增减变动的可能,来预测企业下期产品销售利润的数额。影响产品销售利润的主要因素有产品销售数量、产品品种结构、产品销售成本、产品销售价格及产品销售税金等。

$$本期成本利润率 = \frac{本期产品销售利润额}{本期产品销售成本} \times 100\%$$

（1）预测产品销售量变动对利润的影响。在其他因素不变的情况下，预测期产品销售数量增加，利润额也会随之增加；反之，预测期产品销售数量减少，利润额也会随之下降。其公式为：

因销售量变动而增减的利润 =（预测下期产品销售成本 - 本期产品销售成本）× 本期成本利润率

（2）预测产品品种结构变动对利润的影响。产品品种结构变化对利润的影响是由于各个不同品种的产品利润率是不同的，而预测下期利润时，是以本期各种产品的平均利润率为依据的。如果预测期不同利润率产品在全部产品中所占的销售比重发生变化，就会引起全部产品平均利润率发生变动，从而影响到利润额的增加或减少。所以，应根据预测的下期产品品种结构变动情况确定下期平均利润率，然后通过比较本期和下期利润率的差异，计算预测期由于品种结构变动而增加或减少的利润数额。其影响可按以下公式计算：

由于产品品种结构变动而增减的利润 = 按本期成本计算的下期成本总额 ×（预测期平均利润率 - 本期平均利润率）

预测期平均利润率 = $\sum$（各产品本期利润率 × 该产品下期销售比重）

（3）预测产品成本降低对利润的影响。在产品价格不变的情况下，降低产品成本会使利润相应增加。由于成本降低而增加的利润，可根据经预测确定的产品成本降低率求得。其公式为：

由于成本降低而增加的利润 = 按本期成本计算的预测期成本总额 × 产品成本降低率

（4）预测产品价格变动对利润的影响。如果在预测期产品销售价格比上期提高，则销售收入也会增多，从而使利润额增加；反之，如果产品销售价格降低，也会导致利润额减少。销售价格增加或减少同样会使销售税金相应地随之增减，这一因素同样要予以考虑。其计算公式为：

由于产品销售价格变动而增减的利润 = 预测期产品销售数量 × 变动前售价 × 价格变动率 ×（1 - 税率）

（5）预测税率变动对利润的影响。增值税属于价外税，其缴纳不影响企业的营业利润。因而税率调整不会直接影响企业的营业利润。然而，企业所得税税率则直接影响到企业的应纳税额，进而影响企业的营业利润。所以，企业所得税率变动会直接影响利润额的增减。如果税率提高，则使利润额减少；如果税率降低，则使利润额增加。其计算公式为：

由于产品销售税率变动而增减的利润 = 预测期产品销售收入 ×（1 ± 价格变动率）×（原税率 - 变动后税率）

5.5 资金需要量预测

资金需要量预测是指以预测期企业生产经营规模的发展和资金利用效果的提高等为依据，在分析有关历史资料、技术经济条件和发展规划的基础上，运用数学方法，对预测期资金需要量进行的科学预计和推测。

5.5.1 资金需要量预测的意义

企业持续生产经营活动所需资金一部分来自企业内部融资，另一部分通过外部融资取得。因此，企业需要预先知道自身的财务需求，进行资金需要量预测，提前安排融资计划，以免影响资金周转。可以说，资金需要量预测既是企业制定融资计划的基础，又是企业投资决策改善的助手。

5.5.2 资金需要量预测分析的方法

1. 销售百分比法

销售百分比法是一种在分析报告年度资产负债表有关项目与销售额关系的基础上，根据市场调查和销售预测取得的资料，确定资产、负债和所有者权益的有关项目占销售额的百分比，然后依据计划期销售额及假定不变的百分比关系预测计划期资金需要量的一种方法。

采用这种方法，就是根据各个资金项目与销售额之间的依存关系，按照预测期销售额的增长情况来预测需要相应追加多少资金。具体的计算方法有两种：一种是根据销售总额预计资产、负债和所有者权益的总额，然后确定追加资金需要量；另一种是根据销售增加额预计资产、负债和所有者权益的增加额，然后确定追加资金需要量。

【例5-4】 某企业2023年销售收入2.4亿元，净利润900万元，股利发放率40%，厂房设备利用已呈饱和状态。该企业2023年度简化的资产负债表见表5-5。

表5-5 资产负债表 2023年12月31日 单位：万元

资产		负债和所有者权益	
货币资金	400	应付账款	1 500
应收账款	1 000	应交税费	600
存货	4 000	长期负债	2 200
固定资产净额	4 600	股本	5 600
无形资产	500	留存收益	600
资产总计	10 500	负债和所有者权益总计	10 500

解：若该企业2018年销售收入将增至1.5亿元，销售净利率与上年相同，该企业仍按2017年股利发放率支付股利。要求：预测该企业2018年需要追加的资金数额。

解：（1）根据销售总额确定资金追加量。

第一步，确定销售百分比。

资产项目的销售百分比 =(400+1 000+4 000+4 600)/25 000=10 000/25 000=40%

负债项目的销售百分比 =(1500+600)/25 000=2 100/25 000=8.4%

这一步骤的关键是将资产负债表中预计随销售额变动而变动的项目分离出来，即区分直接随销售额变动的资产、负债项目与不随销售额变动的资产、负债项目。不同企业销售额的变动引起资产、负债变化的项目及比率是不同的，需要根据历史数据逐项研究决定。

就本例而言，资产项目除无形资产外，负债项目除长期负债外，其余都随销售额变动而变动。

第二步，计算预计销售额下的资产和负债。

预计资产＝预计销售额×资产项目的销售百分比＋不随销售额变动的资产项目的金额

预计资产＝30 000×40%+500=12 500（万元）

预计不增加借款情况下的负债＝30 000×8.4%+2 200=4 720（万元）

第三步，预计留存收益增加额。

留存收益是企业内部融资来源。只要企业有盈利，并且不是全部支付股利，留存收益会使所有者权益自然增长。留存收益可以满足或部分满足企业的资金需求。这部分资金的多少，取决于收益的多少和股利支付率的高低。

留存收益增加额＝预计销售额×计划期销售净利率×（1－股利支付率）

＝30 000×(900/25 000)×(1－40%)=648（万元）

第四步，计算追加资金需要量。

追加资金需要量＝预计资产－预计负债－预计所有者权益

＝12 500－4 720－(5 600+600+648)

＝932（万元）

（2）根据销售增加额确定追加资金需要量。

追加资金需要量＝资产增加－负债自然增加－留存收益增加

＝（新增销售额×资产项目的销售百分比）－（新增销售额×负债项目的销售百分比）－[预计销售额×计划销售净利率×（1－股利支付率）]

＝(30 000－25 000)×40%－(30 000－25 000)×8.4%－

30 000×(900/25 000)×(1－40%)

＝932（万元）

在实际工作中，运用销售百分比法进行资金需要量预测时，应充分重视市场价格因素以及资产实际运营状况的影响，有必要根据企业内外各种因素的影响对预测结果作出修正，以提高预测的准确性。

2. 资金习性法

所谓资金习性是指资金占用量与产品产销量之间的依存关系。按照这种关系，可将占用资金区分为不变资金、变动资金和半变动资金。

不变资金是指在一定的产销规模内不随产量（或销量）变动的资金，主要包括为维持经营活动展开而占用的最低数额的现金、原材料的保险储备、必要的成品、储备和厂房、机器设备等固定资产占用的资金。

变动资金是指随产销量变动而同比例变动的资金，一般包括在最低储备以外的现金、存货、应收账款等所占用资金。

半变动资金是指虽受产销量变动的影响，但不成同比例变动的资金，如一些辅助材料占用的资金等，半变动资金可采用一定的方法划分为不变资金和变动资金两部分。

5.6 Python 在预测分析中的应用

企业相关的战略或决策，都需要精准预测，决策以预测为前提。大数据时代，管理会计可以充分利用 Python 等大数据工具进行深入分析和研究，得出相关结论，进而帮助管理者客观地掌握情况，以提高预测与决策的质量和水平。例如，对项目建设投入产出的预测，项目建设的前期成果直接影响到后期的运营成本。以往很多的项目因为没有大数据支撑，导致亏损情况频出，造成资源投入的浪费。而现在，利用 Python 等大数据工具，就可以很准确地知道人流情况、收入水平、经济发展、天气变化等。此外，Python 等大数据工具还可以预测市场变化，更好地进行资源配置；预测机器的运行状态，避免损失；分析客户个性需求，预测产品的流行趋势，从而及时应变；进行客户信用评级，预测和规避企业风险；预测宏观经营环境的变化，特别是关注社会事件、环境数据、政策指数，推出相关产品，创造消费需求等。这就为企业在大数据时代复杂多变的市场竞争中占据主动提供了充分保障。

5.6.1 移动平均数法

【例 5-5】 胜利电器有限公司生产销售某一种产品，该种产品 2022 年 1—12 月销售量的有关资料如表 5-6 所示，要求：采用 3 期移动平均数法预测 2023 年 1 月该种产品的销售量。

表 5-6 企业销售量

月份	1	2	3	4	5	6	7	8	9	10	11	12
销售量/吨	260	229	251	239	263	255	247	259	242	253	249	254

解：（1）调用 numpy、pandas、matplotlib.pyplot、itertools 和 collections.deque 库，代码如下：

```
import numpy as np
import pandas as pd
from matplotlib import pyplot as plt
import itertools
from collections import deque
```

（2）参数设置。正常显示中文标签，设置中文字体样式为黑体（SimHei），代码如下：
plt.rcParams['font.family']='SimHei'
正常显示负号，代码如下所示。
plt.rcParams['axes.unicode_minus']=False
设置输出的数值保留两位小数，代码如下：
pd.options.display.float_format='{:,.2f}'.format
（3）构建移动平均数法分析模型。
总体思路为：①截取前 step-1 条数据初始化队列 data=[260,229]，剩余数组为

array=[251,239,263,255,247,259,242,253,249,254]；②遍历数组，每次遍历，在 data 中加上当前遍历的数据，同时去掉队列中第一个数值。

定义函数 moving，origin 为输入的数据，step 为移动平均期数，代码如下：

```
def moving(origin, step):
# 将数据变成一个可迭代对象
it=iter(origin)
# 截取初始化队列 data，当移动平均期数为 3 时，返回前两个数值
data=deque(itertools.islice(it, step-1))
# 求和
s=sum(data)
# 在队列左侧添加数值 0
data.appendleft(0)
# 构建循环语句，遍历剩余的数组 array
for elem in it:
# 当前遍历的数据＋队列中的后 step-1 个数值－队列中第一个数值
    s+=elem-data.popleft()
    data.append(elem)
    # 得到移动平均值，保留两位小数
    yield round (s/step,2)
```

（4）输入数据，计算得到移动平均值。输入 2022 年 1—12 月的实际销售量 origin_data，令期数 step_value 为 3，运行（3）构建的 moving 函数。

```
if __name__=='__main__':
step_value=3
origin_data=[260,229,251,239,263,255,247,259,242,253,249,254]
forecast=list(moving(origin_data, step_value))
```

显示移动平均值的计算结果，如表 5-7 所示。

```
print(" 预测值：", forecast)
```

表 5-7 移动平均法预测结果

月份	1	2	3	4	5	6	7	8	9	10	11	12	2023.01
销售量	260	229	251	239	263	255	247	259	242	253	249	254	
预测值				246.67	239.67	251	252.33	255	253.67	249.33	251.33	248	252

（5）图示移动平均数法的预测结果。由于 2023 年 1 月的实际销售量、2022 年 1—3 月的销售量预测值为缺漏值，需要分别利用 2023 年 1 月销售量预测值、2022 年 1—3 月的实际销售量进行补充，代码如下：

```
forecast=origin_data[:step_value]+forecast
origin_data=origin_data+origin_data[-1:]
```

构建函数 plt_show，设置图片有关参数，代码如下：

```
def plt_show(origin_data, forecast_data):
# 设置横坐标的值
x_axis_data=[1,2,3,4,5,6,7,8,9,10,11,12,"2021.01"]
# 画出预测值和实际值的散点（分别用蓝色圆点及红色星型点表示）及折线图
plt.plot(x_axis_data, forecast_data, 'bo-', label=' 预测值 ')
plt.plot(x_axis_data, origin_data, 'r*-', label=' 实际值 ')
# 显示图例，添加网格，设置横轴标签为"月份"，纵轴标签为"销售量"
plt.legend()
plt.grid()
plt.xlabel(" 月份 ")
plt.ylabel(" 销售量 ")
plt.show()
```
呈现绘图结果，如图 5-1 所示。
`plt_show(origin_data, forecast)`

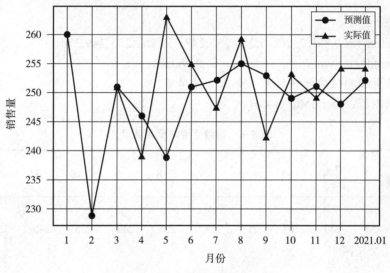

图 5-1 移动平均法预测销售量

5.6.2 指数平滑法

【例 5-6】 根据例 5-5 及表 5-6 中的数据，假设指数平滑系数 α 的取值为 0.3，2022 年 1 月销售量预测值为 257，要求：采用指数平滑法预测 2023 年 1 月该种产品的销售量。

解：（1）构建指数平滑法分析模型。定义 moving 函数计算指数平滑法下的预测值，参数分别是：实际值 actual_data，α 的值 coeff_a，1 月销售量预测值 first_forecast，代码如下：

```
def moving(actual_data, coeff_a, first_forecast=None):
    forecast_data=[]
# 若未给出 1 月销售量预测值，则令 1 月销售量预测值为 1 月实际销售量，否则取 first_forecast 的值
```

```
if not first_forecast:
    forecast_data.append(actual_data[0])
else:
    forecast_data.append(first_forecast)
# 构建循环语句，预测值=α * 上一期销售量 +(1-α) * 上一期销售量的预测值，并将
得到的预测值，保留两位小数
for data in actual_data:
    forecast_value=coeff_a*data+(1-coeff_a)*forecast_data[-1]
    forecast_data.append(round(forecast_value, 2))
return forecast_data
```

（2）输入数据，计算得到移动平均值。输入 a 的值 0.3，2022 年 1 月的预测值 first_value，2022 年 1—12 月的实际销售量 origin_value，运行第一步构建的 moving 函数，代码如下：

```
if __name__=='__main__':
    a=0.3
    first_value=257
    origin_value=[260,229,251,239,263,255,247,259,242,253,249,254]
    smooth_value=moving(origin_value,a,first_value)
```

显示销售量预测值的计算结果，如表 5-8 所示。

```
    print(" 预测值：",smooth_value)
```

表 5-8 指数平滑法预测结果

月份	1	2	3	4	5	6	7	8	9	10	11	12	2023.01
销售量	260	229	251	239	263	255	247	259	242	253	249	254	
预测值	257	257.9	249.23	249.76	246.53	251.47	252.53	250.87	253.31	249.92	250.84	250.29	251.4

（3）图示指数平滑法的预测结果。定义实际值 X 轴数值和预测值 X 轴数值，代码如下：

```
origin_x_data=["1","2","3","4","5","6","7","8","9","10","11","12"]
forecast_x_data=["1","2","3","4","5","6","7","8","9","10","11","12","2023.01"]
```

构建函数 plt_show2，设置图片有关参数，代码如下：

```
def plot_show2(origin_axis,origin_data,forecast_axis,forecast_data):
    # 设置绘图风格
    with plt.style.context('seaborn-white'):
        # 正常显示中文标签，设置中文字体样式为黑体
```

```
plt.rcParams['font.sans-serif']=['SimHei']
# 画出预测值和实际值的散点（分别用蓝色圆点及红色星形点表示）及折线图
plt.plot(origin_axis,origin_data,'r*-',label=' 实际值 ')
plt.plot(forecast_axis,forecast_data,'bo-',label=' 预测值 ')
# 显示图例，添加网格，设置横轴标签为"月份"，纵轴标签为"销售量"
plt.legend(loc="best")
plt.grid(True)
plt.xlabel(" 月份 ")
plt.ylabel(" 销售量 ")
plt.show()
```

呈现绘图结果，如图5-2所示。

```
plot_show2(origin_x_data,origin_value,forecast_x_data,smooth_value)
```

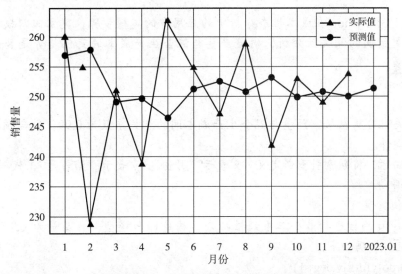

图 5-2　指数平滑法预测销售量

5.6.3　回归直线法

【例 5-7】 江海电器有限公司生产销售某一种产品，该种产品2022年1—9月销售量的有关资料如表5-9所示，假设该种产品的销售量是有发展趋势的时间序列，要求：采用回归直线法预测2022年10—12月该种产品的销售量。

表 5-9　销售量统计　　　　　　　　　　　　　　　　　　　　　单位：个

月份	1	2	3	4	5	6	7	8	9
销售量	501	513	540	546	577	588	614	630	639

解：（1）导入数据。输入数据，代码如下：

```
data2=[[1,501],
       [2,513],
       [3,540],
       [4,546],
       [5,577],
       [6,588],
       [7,614],
       [8,630],
       [9,639]]
```

指定列索引，代码如下：

```
mg=pd.DataFrame(data2,columns=[' 月份 ',' 销售量 '])
```

查看输入的数据。

```
mg
```

（2）参考 3.5Python 在成本性态分析中的应用中的建模步骤，建立回归模型。在回归之间，进行变量间的相关性分析，检验产量与混合生产成本的变化趋势是否一致，代码如下：

```
xs=mg.corr()
print(xs)
```

根据相关性分析结果，产量与混合生产成本间的相关系数为 0.99，符合预测结果，可以进行回归操作。

为方便描述，将列索引重新定义，x 表示"月份"，y 表示"销售量"，代码如下：

```
x=mg[' 月份 ']
y=mg[' 销售量 ']
```

利用 polyfit 函数进行最小二乘线性拟合，构建回归模型，自变量为 x，因变量为 y，最高阶数为 1，代码如下：

```
poly=np.polyfit(x,y,deg=1)
```

查看返回值，第一个数代表回归直线方程式 y=ax+b 中的 a，第二个数代表 b，代码如下：

```
poly
```

结果 a 为 18.22，b 为 480.92。

拟合后的回归直线方程式为 y=18.22x+480.92。

（3）图示回归直线。计算回归直线的函数值，poly 为回归直线的系数，返回在 x 处回归直线的函数值，代码如下：

```
z=np.polyval(poly,x)
```

画出散点图，代码如下：

```
plt.plot(x,y,'o')
```

画出回归直线，代码如下：

```
plt.plot(x, z)
```

将散点图和回归直线图示结果同时呈现，如图 5-3 所示，代码如下：

```
plt. show()
```

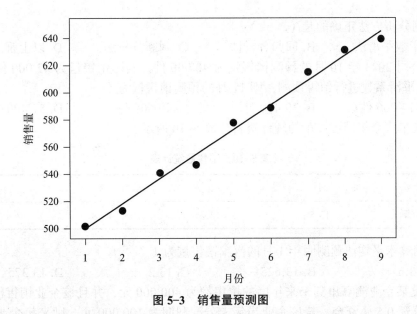

图5-3 销售量预测图

（4）计算10—12月销售量的预测值。根据第六步polyfit函数的拟合结果，令x分别为10,11,12进行计算，代码如下：

```
z10=np.polyval(poly,10)
z11=np.polyval(poly,11)
z12=np.polyval(poly,12)
print (z10,z11,z12)
```

得到销售量预测结果：10月预测值为663.08个，11月预测值为681.3个，12月预测值为699.52个。

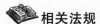相关法规

2017年10月19日《管理会计应用指引第300号——成本管理》。

复习思考题

1. 定性销售预测和定量销售预测的优缺点是什么？其适用范围是什么？
2. 某日化企业采用调查分析法进行销售预测时应如何做？
3. 预测目标利润时，需要考虑哪些因素？需要经过哪几个步骤？
4. 简要说明开展成本预测分析的一般步骤。
5. 资金预测的具体内容包括什么？资金预测的常用方法有哪些？

练习题

一、单项选择题

1. 下列不属于预测分析特点的是（　　）。

   A. 客观性　　　　B. 相对性　　　　C. 不可检验性　　　　D. 灵活性

2. 预测分析方法正确的是（　　）。
   A. 指数平滑法　　B. 回归分析法　　C. 判断分析法　　D. 以上都正确
3. 某公司 2023 年 10 月的预测销售量为 40 000 件，实际销售量为 42 000 件，若公司选用 0.7 的平滑系数进行销售预测，则 11 月的预测销售量为（　　）。
   A. 414 000 件　　B. 39 400 件　　C. 40 600 件　　D. 57 400 件
4. 某汽车厂今年销售汽车的统计资料如表 5-10 所示。

表 5-10　销售量统计表

季度	1	2	3	4
销量 / 万辆	13.5	13.2	13.8	14

则利用算术平均法预测明年 1 月的汽车销售量为（　　）。
   A. 13.6　　B. 13.625　　C. 13.2　　D. 13.375
5. 假设某企业测算出其未来年度的销售额为 400 000 元，并且该企业销售额每增加 1 元就需要筹资 0.5 元资金，若该企业当年未分配利润为 100 000 元，则来年企业预测需要增加的筹资额为（　　）。
   A. 100 000　　B. 150 000　　C. 110 000　　D. 200 000
6. 下面适用于销售业务略有波动的产品的预测方法是（　　）。
   A. 加权平均法　　B. 移动平均数法　　C. 趋势平均法　　D. 指数平滑法
7. 下面适用于预测追加资金需用量的方法是（　　）。
   A. 平均法　　B. 回归分析法　　C. 指数平滑法　　D. 销售百分比法
8. 编制全面预算的起点是（　　）。
   A. 直接材料预算　　B. 直接人工预算　　C. 生产预算　　D. 销售预算

二、多项选择题

1. 企业的销售预测主要内容包括（　　）。
   A. 销售量　　B. 销售税金　　C. 单价
   D. 销售收入　　E. 销售成本
2. 下列各项中，可用于成本预测的方法包括（　　）。
   A. 指数平滑法　　B. 加权平均法　　C. 回归直观分析法
   D. 高低点法　　E. 趋势平均法

三、计算题

1. 某企业专注于生产一种产品，2023 年销售量为 15 000 件，固定成本为 30 000 元，利润为 8 000 元，预计 2024 年销售量为 18 000 件（假设成本、单价水平不变）。要求：预测 2024 年的利润总额。
2. 某企业生产一种产品，2023 年 1—12 月的销售量资料见表 5-11。

表 5-11　销售量统计表

月份	1	2	3	4	5	6	7	8	9	10	11	12
销售量 / 吨	10	12	13	11	14	16	17	15	12	16	18	19

要求采用指数平滑法预测 2024 年 1 月份销售量，假设 2023 年 12 月份销售量预测数为 16 吨，平滑指数为 0.3。

3. 鑫盛公司 2023 年产品销售收入为 1 772 500 元，销售成本为 1 350 000 元，销售利润为 422 500 元。通过市场调查和内部强化控制，预计 2024 年公司经营将出现两大变化，一是由于销售量增加，销售成本按上年水平计算将增加 15%；二是由于产品质量提高，产品的销售价格将由每件 100 元（2023 年销售量为 6 000 件）升至每件 120 元。要求：采用因素分析法预测 2024 年鑫盛公司的销售利润。

四、实验操作题

（1）某公司 2023 年 1—12 月甲产品的销售量有关资料如表 5-12 所示。

表 5-12　销售量统计表

月份	1	2	3	4	5	6	7	8	9	10	11	12
销售量/件	2 970	2 383.5	3 267	3 585	4 267	3 225	2 805	3 384	3 870	3 051	3 690	4 185

要求：

①根据以上资料，设计移动平均法的 Python 模型（间隔为 3），并用移动平均法预测 2023 年 1 月的销售量。

②根据以上资料，设计指数平滑法的 Python 模型，并用指数平滑法预测 2023 年 1 月的销售量（指数平滑系数 α 的取值范围分别为 0.1、0.4 和 0.7）。

（2）某公司生产乙产品，2022 年 1—11 月产量与产品生产成本的有关资料如表 5-13 所示。如果 2022 年 12 月乙产品的计划产量为 810 件，运用回归分析法预测乙产品的生产成本。

表 5-13　销售量统计表

月份	1	2	3	4	5	6	7	8	9	10	11
产量/件	580	456	698	610	510	488	643	530	680	715	756
生产成本/元	5 991	5 189	7 345	6 670	5 270	5 410	6 960	5 880	7 170	7 660	7 980

第6章 短期经营决策分析

❀学习目标：
1. 了解经营决策分析的含义、意义及种类，理解决策分析的一般程序及有关的成本概念；
2. 掌握经营决策分析的常用方法及其应用；
3. 掌握经营决策中的生产决策分析，理解使用不同方法分析的区别；
4. 理解影响价格的基本因素，掌握并应用不同定价决策分析方法。

❀思政目标：
了解《中华人民共和国会计法》对执业人员保持充分专业胜任能力及良好道德素质的要求，探讨生产经营决策中会计职业道德的重要性及实际应用。

引例：美的集团的经营决策实例

美的集团于1968年成立于顺德，现总部位于广东省佛山市顺德区北滘镇。美的集团是一家集智能家居、楼宇科技、工业技术、机器人与自动化和数字化创新业务五大业务板块于一身的全球化科技集团。迄今，美的在全球拥有约200家子公司、35个研发中心和35个主要生产基地，业务覆盖200多个国家和地区。美的集团的主营业务为各类家电，主要家电产品有空调、冰箱、吸尘器、取暖器、电水壶、烤箱、抽油烟机、净水设备、空气清新机等。作为全球家电行业龙头企业，美的集团通过数字化升级，紧密结合大数据技术，大力发展智能家居生活服务平台，力求为用户打造一个智能化和个性化的家。

美的集团十分重视短期经营决策。在生产决策方面，美的集团通过网络渠道和线下的智能家居体验馆广泛收集消费者数据，以消费者反馈的信息为数据基础开展新产品开发和进行生产决策。在定价决策方面，美的集团通过大数据平台了解客户反馈，掌握合理定价区间；通过合理准确的定价决策，有助于依托大数据分析进行生产决策，并实现精准营销，最终推动美的集团实现制造企业向"智造"企业的变革。

［资料来源：改编闫淑荣，谢玲.大数据时代制造企业短期决策研究：以美的集团为例[J].中国市场，2022（22）：78-80.］

6.1 经营决策概述

企业在日常的生产经营活动中，无时无刻不在进行着与生产经营活动有关的决策。在市场竞争异常激烈的今天，一个企业决策的对错直接关系到企业经营的成败，因此企业管理人员对决策工作十分重视，西方企业家存在"管理的重心在经营，经营的关键在决策"的共识。

6.1.1 决策的含义及意义

1. 决策分析的含义

决策就是在充分考虑各种可能的前提下，人们基于对客观规律的认识，对未来实践的方向、目标、原则和方法作出决定的过程。简单说，决策就是选择的过程，是对未来各种可能的行动方案进行选择或作出决定的过程。

管理会计中的经营决策分析是指为实现企业的预定目标，在科学预测的基础上，结合企业内部条件和外部环境，对与企业未来经营战略、方针或措施有关的各种备选方案进行成本效益分析的过程。决策不是依靠个人经验和主观判断制定出来的，而是根据多方信息，采取科学的决策分析方法，通过周密的计算与分析，全面衡量得失后作出的最佳选择，因而具有较高的科学性和可靠性。其基本特征可以总结为决策总是面向未来的、有明确的目标及考虑全面三个特征。

2. 决策分析的意义

决策是现代企业管理的关键和核心。能否制定正确的经营决策，关系到企业经济效益的好坏甚至成败盛衰，更严重的会影响整个国民经济建设的顺利进行。企业的管理层在生产经营过程中每天都在作出或正或误的决策，正确的决策能引导企业走向良性发展，而错误的决策往往会给企业造成浪费和损失，使企业财务状况不断恶化甚至危及企业的生存。所以，对企业经营过程中的问题进行分析并作出正确的决策，有助于帮助企业明确经营目标、实现资源优化配置、管控内外部风险，并促进企业顺利有效地进行生产经营活动。

从管理会计的角度分析，决策在管理会计的预测、决策、控制、考核中占有极其重要的地位。由于管理会计的工作重点是面向未来，而决策是事先作出的抉择，因此决策理论和方法是管理会计的核心内容。

6.1.2 决策的种类

决策分析贯穿于生产经营的始终，涉及的内容比较多，按照不同的标准可将其分为若干不同的种类。

1. 按决策规划时期的长短分类

按决策规划时期的长短分类，决策可分为短期决策与长期决策。

（1）短期决策。短期决策一般是指在一个运营年度或运营周期内能够实现其目标的决策，主要包括生产决策和定价决策等涉及企业日常营销、物资储备以及生产中资源配置等方面的决策。具体而言，如产品零部件自制或外购的决策，产品品种最优组合的决策，亏损产品的停产或转产的决策等。

其特点是一般不涉及大量资金的投入，且见效快时间短，一般不考虑货币的时间价值，因而又称为战术性决策。

（2）长期决策。长期决策是指在较长时期内（超过一年）才能实现的决策，是有关组织今后发展方向的长远性、全局性重大决策，又称长期战略决策。主要包括投资方向的选择、人力资源的开发和组织规模的确定等方面的决策。具体而言，如固定资产的购置决策，更新改造固定资产决策，新产品开发方案决策，生产规模决策等。

长期决策涉及企业未来的发展方向，其特点是一般需投入大量资金，且见效慢时间长,往往依靠企业外部的资金来源,须考虑货币的时间价值,因而又称为战略性决策。

2. 按决策条件的肯定程度划分

按决策条件的肯定程度或称环境因素的可控程度分类,决策可分为确定型决策、风险型决策和不确定型决策。

(1) 确定型决策。确定型决策是指在稳定(可控)条件下进行的决策。在确定型决策中,所涉及的各种备选方案的各项条件都是已知的,且一个方案只有一个确定的结果,决策者最终选择哪个方案取决于对各个方案结果的直接比较,决策较简单。例如,企业手头的一笔钱不论是存入银行还是投资国债,其结果都会取得收益,这时只需比较收益大小即可作出决策。通常对这类决策的选择标准是最大限度地满足预期目的,如利润最大、成本最低、质量最好等。实际中这类决策并不常见。

(2) 风险型决策。风险型决策也称随机决策,尽管这类决策所涉及的备选方案的各项条件也是已知的,但每个方案的执行都会出现两种或两种以上的不同结果,决策者无法确切知道哪种结果会发生,但能知道有多少种结果以及依据有关数据预测每种结果发生的概率。这类决策由于结果的不唯一性,存在一定的风险。例如,企业下年度的单位变动成本可能是10元,也可能是9.5元,或者是11.2元,其概率分别是0.7、0.1、0.2,这时需要运用一定的数学方法按照事先确定的决策标准求得最佳方案。由于结果的不唯一性,这类决策方案实施的结果通常不可能完全符合实际情况。实际中这类决策比较常见。

(3) 不确定型决策。不确定型决策是指在不稳定条件下进行的决策。与风险型决策不同,在不确定型决策中,决策所涉及的各种备选方案的各项条件只能以决策者的经验判断确定的主观概率作为依据,决策者不知道有多少种结果,即便知道,也不可能知道每种结果发生的概率。做出这类决策难度较大,需要决策人员具有较高的理论知识水平和丰富的实践经验,并根据大量调查研究的资料,经过分析来确定采用的决策标准,然后才能根据经验作出决策。实际中这类决策较少见。

3. 按决策解决的问题内容分类

按决策解决的问题分类,可将决策分为生产决策、定价决策、建设项目决策、新增固定资产决策和更新改造决策等。

决策除按上述标准分类外,还可按其他标准进行分类,如按决策者所处的管理层次分类,可分为高层决策、中层决策和基层决策;按决策的侧重点不同分类,可分为计划决策与控制决策;按相同决策出现的重复程度分类,可分为程序性决策和非程序性决策;按决策项目本身的从属关系分类,可分为独立方案决策、互斥方案决策和最优组合决策。

研究决策的分类,是为了从各个不同的侧面认识决策。不同类别的决策常常相互联系,并非彼此独立无关,如短期决策通常属于战术决策,它往往是由中层管理者作出的决策,但有时这类决策也涉及战略问题,并且由高级管理者亲自主持决策。

6.1.3 决策的一般程序

决策是一个提出问题、分析问题并解决问题的复杂过程,在这个过程中怎样利用相关信息资料,依据正确的决策标准确定最优方案,是决策者最关心的事情。通常,短期决策和长期决策,都按以下程序进行。

1. 确定经营目标

确定经营目标应以发现并明确经营问题为前提，企业处于不停地运转之中，需要决策的经营问题是很多的。经营目标的制定应尽量做到定量化、具体化，这样有利于进行具体的定量分析。例如，企业扩大生产应采取哪种途径，扩大销售的数额为多少，单位变动成本要降低多少，盈亏临界点是多少。这些最好有明确的量化目标，使许多模糊不清的整体目标变为详细、具体并便于分析的目标。

2. 提出备选方案

确定经营目标后，要有针对性地提出解决问题的各种可供选择的方案，以便从中优选。备选方案的提出，一般要经过形成基本设想，作出初步方案，最后形成备选方案的反复修改的过程。在这个过程中，应充分体现解放思想、鼓励创新和集思广益的精神。备选方案提出后，要深入分析，淘汰不可行的方案，选出可行方案。

3. 收集相关的信息资料

备选方案确定后，要收集诸如成本、收入、利润、产量、价格等多种与之相关的信息资料。与企业经营、投资决策相关的资料是非常广泛的，可以广泛收集，比如人力资源、技术、资金、人口、市场等方面，只要相关的资料均可集中起来运用。同时对这些资料有针对性地使用，避免不相关的信息阻碍决策者对目标的透视。

4. 对备选方案进行评价

利用收集到的信息资料，对其进行整理、分析、计算，逐个对备选方案进行评价。例如，产品的零部件是自制还是外购，可以利用收集到的自制与外购的成本费用资料，与其相关的收入相比较，考察各方案的得失，以便决策者据以作出最佳选择。通常，评价时可结合构造的模型，采用科学、系统的方法对各方案从技术上的先进性、经济上的合理性和客观条件的可行性出发，进行正确可靠的评价。

5. 考虑非计量因素的影响

对于备选方案的评价，首先按照可计量因素进行优劣排序，但许多非计量因素对方案的影响不容忽视，这些非计量因素的范围相当广泛，而且在不同时期表现无规律，如国际国内经济政治形势的变化，消费者心理和消费结构改变，企业信誉状况，时效和季节等。所以决策者应将定量分析与定性分析结合起来，综合考虑有关因素，除了科学的计算分析，还要凭借一定的经验和判断能力，权衡得失利弊，最终作出合理而正确的决策。

6. 选择最优方案

这个步骤是决策的最终目的。在考虑上述计量因素和非计量因素的基础上，将各种备选方案进行比较，权衡得失，从中选出最理想的方案。这种理想是相对而言的，只要选择的方案是所有备选方案中相对最好的，那么作出的决策就是最优决策。

7. 组织决策方案实施，跟踪反馈

选择最优方案并不是决策的终点。从控制的角度来讲，决策是一个循环往复的过程，在实施方案时，要不断地发现问题，并反馈到原来的方案上，不断改进，反复决策。实施方案时，现实中的条件并不会与评价方案时的条件完全一致，常常会发生一些未预测到的情况，加之人为判断也可能出错，所以在执行过程中会有许多方面不尽如人意。这些信息反馈回来，就可使决策者审时度势，重新建立模型进入下一轮的决策循环，从而不断完善决策机制，力争获得最佳经济效益。

6.1.4 与决策有关的成本概念

成本作为评价经营决策方案优劣程度的一个重要依据,根据与决策方案的相关性,可以分为相关成本和无关成本。

1. 相关成本

相关成本是指与特定决策方案相联系的、能对决策产生重大影响的、在短期经营决策中必须予以充分考虑的成本,又称有关成本。如果某项成本只属于某个经营决策方案,即若有这个方案存在,就会发生这种成本,若该方案不存在,就不会发生这项成本,那么,这项成本就是相关成本。相关成本包括增量成本、边际成本、机会成本、估算成本、重置成本、付现成本、专属成本、加工成本、可分成本、可延缓成本和可避免成本等。

(1)增量成本。增量成本又称狭义的差量成本,是指单一决策方案由于生产能力利用程度的不同而表现在成本方面的差额,简单来说,是为建设某一项目而增加的耗费。在一定条件下,某个决策方案的增量成本就是该方案的相关变动成本,即等于该方案的单位变动成本与相关业务量的乘积。

在短期经营决策的生产决策中,增量成本是较为常见的相关成本。如在亏损产品的决策、是否转产或增产某种产品的决策和是否接受特殊价格追加订货的决策中,最基本的相关成本就是增量成本。

(2)边际成本。经济学家所说的边际成本,是指每新增一单位生产的产品(或者购买的产品)带来的总成本的增量,即成本对业务量无限小变化的变动部分,在数学上可用成本函数的一阶导数来表现。但在实际经济生活中业务量无限小的变化是相对的,只能小到一个经济单位(如一批、一只、一件等)。因此,在管理会计中,边际成本是指当业务量以一个最小经济单位变动时所引起的成本差量。显然,在相关范围内,增量成本、单位变动成本和边际成本取得了一致。

(3)机会成本。机会成本是指企业为从事某项经营活动而放弃另一项经营活动的机会,或利用一定资源获得某种收入时所放弃的另一种收入。决策时,因为企业一定的经济资源在一定时空条件下又总是相对有限的,用在某一方面时就不能用在另一方面。因此,从多种可供选择的方案中选取一种最优方案,必须有一些次优以至更差的方案被放弃。基于这种情况,应把已放弃的次优方案可能取得的利益看作是被选取的最优方案的机会成本。只有把已失去的"机会"可能产生的效果也考虑进去,才能对最"优"方案的最终效果进行全面的评价。但由于机会成本并非构成企业的实际支出,所以在财务会计实务中,对机会成本并不在任何会计账户中予以登记。

(4)估算成本。估算成本又叫作假计成本,是机会成本的特殊形式,是指并不实际发生但同某项生产经营活动有着一定关联、需要经过假定推断才能确定的机会成本。估算成本的典型形式就是利息。如在货币资金使用的决策中,不论该项资金是借入的还是自有的,也不管其是否真的存入银行,均可将可能取得的存款利息视为该项资金的机会成本,这种假设存在的利息就属于估算成本。

(5)重置成本。重置成本是指目前从市场上重新取得某项现有资产所需支付的成本,表示当时取得同一资产或其等价物需要的交换价格。在短期经营决策的定价决策以及长期投资决策的以新设备替换旧设备的决策中,需要考虑以重置成本作为相关成本。

(6)付现成本。付现成本又称现金支出成本。在进行短期经营决策时,付现成本就是动用现金支付的有关成本。当资金紧张时，特别要把现金支出成本作为考虑的重点。在某些情况下，管理部门宁可用现金支出成本最少的方案来取代总成本最低的方案。

（7）专属成本。专属成本是指那些能够明确归属于特定决策方案的固定成本或混合成本，是与特定的产品或部门相联系的特定的成本。它往往是为了弥补生产能力不足的缺陷，增加有关装置、设备、工具等长期资产而发生的。专属成本的确认与取得上述装置、设备、工具的方式有关。若采用租入的方式，则专属成本就是与此相关联的租金成本；若采用购买方式，则专属成本的确认还必须考虑有关装置、设备、工具本身的性质；如果取得的装备等是专用的，即只能用于特定方案，则专属成本就是这些装备的全部取得成本；如果取得的装备等是通用的，则专属成本就是与使用这些装备有关的主要使用成本（如折旧费、摊销费等）。

（8）加工成本。经营决策中的加工成本是指在半成品是否深加工决策中必须考虑的、由于对半成品进行深加工而追加发生的变动成本。它的计算通常要考虑单位加工成本与相关的深加工业务量两大因素。至于深加工所需要的固定成本，在经营决策中应当列作专属成本。

（9）可分成本。可分成本是指在联产品或半成品的生产决策中，对于已经分离的联产品或已产出的半成品进行深加工而追加发生的成本。联产品在分离点之后或半成品在产出后，有些需要进一步加工后才能出售，有些则既可以直接对外销售，也可以进一步加工后出售。可分成本就是进一步加工方案必须考虑的相关成本。

（10）可延缓成本。可延缓成本也称可递延成本。管理部门已决定要实施某方案，但若这一方案推迟实施，对目前的经营活动并不会发生较大的不利影响，那么与该方案有关的成本即称为可延缓成本。即在短期经营决策中对其暂缓开支不会对企业未来的生产经营产生重大不利影响的那部分成本。如广告费、培训费、职工培训费、管理人员奖金、研究开发费等。可延缓成本是决策中必须考虑的相关成本。

（11）可避免成本。可避免成本是指如果选择某个特定方案就可以消除的成本。例如酌量性成本属于可避免成本。可避免成本通常用于决定是否停止某产品的生产或终止某部门的经营业务等的决策。如果采纳该方案，有些成本就不会再继续发生，因而可以消除；如果不采纳该方案，则这些成本还会继续发生，这类成本也称为可避免成本。

2. 无关成本

与相关成本相对立的概念是无关成本。凡不对决策结果产生影响，与决策关系不大，已经发生或注定要发生的成本就是无关成本。如果无论是否存在某决策方案，均会发生某项成本，那么就可以断定该项成本是上述方案的无关成本。在短期经营决策中，不能考虑无关成本，否则，可能会导致决策失误。因此，了解和区分哪些成本是无关成本是十分必要的。

无关成本主要包括沉没成本、共同成本、联合成本、不可延缓成本和不可避免成本等。

（1）沉没成本。沉没成本又叫沉入成本或旁置成本，是指由于过去决策结果而引起并已经实际支付过款项的成本。企业大多数固定成本（尤其是其中的固定资产折旧费、无形资产摊销费）均属于沉没成本，但并不是说所有的固定成本或折旧费都属于沉没成本，如与决策方案有关的新增固定资产的折旧费就属于相关成本。另外，某些变动成本也属于沉没成本，如半成品是否深加工的决策中，半成品本身的成本不仅是其固定成本而且其变动成本均为沉没成本。

（2）共同成本。共同成本是与专属成本相对立的成本，是指应当由多个方案共同负担的注定要发生的固定成本或混合成本。由于它的发生与特定方案的选择无关，因此，在决策中可以不予以考虑，也属于比较典型的无关成本。

（3）联合成本。联合成本是与可分成本相对立的成本，是指在未分离前的联产品生产过程中发生的、应由所有联产品共同负担的成本。

（4）不可延缓成本。不可延缓成本是与可延缓成本相对立的成本，是指在短期经营决策中，若对其暂缓开支就会对企业未来的生产经营产生重大不利影响的那部分成本。由于不可延缓成本具有较强的刚性，马上就要发生，所以必须保证对它的支付，没有什么选择的余地。

（5）不可避免成本。不可避免成本是与可避免成本相对立的成本，是指在短期经营决策中，若削减其开支就会对企业未来的生产经营产生重大不利影响的那部分成本。约束性成本属于不可避免成本。

6.2 短期经营决策分析的常用方法

短期经营决策是指对企业一年以内或者维持当前经营规模的条件下所进行的决策，侧重于从资金、成本、利润等方面对如何充分利用企业现有资源和经营环境的决策。其特点是在既定的规模条件下决定如何有效地进行资源的配置，以获得最大的经济效益。通常不涉及固定资产投资和经营规模的改变。因而，短期经营决策的分析评价不考虑货币的时间价值，总是直接或间接地计算不同方案的差量收入和成本，确认差量收益，即提出现金流量问题的成本效益分析，从而做出理想的决策。从实际工作来看，常用的决策方法有差量分析法、边际贡献分析法、成本无差别点分析法。

6.2.1 差量分析法

差量分析法又称差别损益法，是指在决策过程中分析两个备选方案的相关收入和相关成本，确定差量收入和差量成本的基础上，计算两个方案的差量损益，据以选出最优方案的一种方法。

差量收入是一个备选方案的预期收入与另一个备选方案的预期收入的差额。

差量成本是一个备选方案的预期成本与另一个备选方案的预期成本的差额。

差量损益是指差量收入与差量成本之间的差额。

如果差量收入大于差量成本，即差量损益为正数，则前一个方案是较优的；反之，如果差量收入小于差量成本，即差量损益为负数，则后一个方案是较优的。

【例6-1】某公司现有生产设备可加工A产品和B产品，这两种产品的预期销售量、销售单价和单位变动成本如表6-1所示。

表6-1 预期销售量、销售单价和单位变动成本

项目	加工A产品	加工B产品
预期销售数量/件	3 000	1 800

续表

项目	加工 A 产品	加工 B 产品
预期销售单价 / 元	18	20
预期单位变动成本 / 件	10	16

试根据上述资料作出选择生产 A 产品还是 B 产品的有利决策。

解：利用差量分析法进行计算。

（1）计算差量收入。

加工 A 产品与加工 B 产品的差量收入 =3 000×18-1 800×20=18 000（元）

（2）计算差量成本。

加工 A 产品与加工 B 产品的差量成本 =3 000×10-1 800×16=1 200（元）

（3）计算差量损益。

加工 A 产品与加工 B 产品的差量损益 =18 000-1 200=16 800（元）

（4）评价。根据上述结果，发现生产 A 产品比生产 B 产品多获利 16 800 元，应该选择生产 A 产品。

差异分析法广泛应用于各种经营决策，如企业选择出售半成品还是出售产成品、产品零件是自制还是外购等。对于这种只有两个备选方案的决策，运用差量分析法比较简单。如果有两个以上的方案，分析评价的过程就比较麻烦，工作量较大，因此对于多个备选方案的决策可结合运用其他分析方法。此外，由于此种方法需要以各个有关方案的相关收入和相关成本作为基本数据，因此一旦相关收入和相关成本的内容界定得不准确、不完整，就会直接影响决策质量，甚至得出错误结论。

6.2.2 边际贡献分析法

在短期经营决策中，由于一般不改变生产能力，固定成本则保持不变，因而只要对产品所创造的边际贡献进行分析，就可确定哪个备选方案最优，即所谓边际贡献法。

边际贡献法又分为单位资源边际贡献分析法、边际贡献总额分析法、相关损益分析法及相关成本分析法。

1. 单位资源边际贡献分析法

单位资源边际贡献分析法是指以有关方案的单位资源边际贡献指标作为决策评价指标的一种方法。当企业生产只受到某一项资源（如某种原材料、人工工时或机器台时等）的约束，并已知备选方案中各种产品的单位边际贡献和单位产品资源消耗额（如材料消耗定额、工时定额）的条件下，可按下式计算单位资源所能创造的边际贡献指标，并以此作为决策评价指标。

单位资源边际贡献 = 单位边际贡献 / 单位产品的资源消耗定额

单位资源边际贡献是个正指标，根据它作出决策的判断标准是：哪个方案的该项指标大，哪个方案为优。单位资源边际贡献法经常被应用于生产经营决策中的互斥方案决策，如新产品开发的品种决策。

2. 边际贡献总额分析法

边际贡献总额分析法是指以有关方案的边际贡献总额指标作为决策评价指标的一种方

法。当有关决策方案的相关收入不为零,相关成本全部为变动成本时,可以将边际贡献总额作为决策评价指标。

边际贡献总额是个正指标,根据它作出决策的判断标准是:哪个方案的该项指标大,哪个方案为优。边际贡献总额法经常被应用于生产经营决策中不涉及专属成本和机会成本的单一方案决策或多方案决策中的互斥方案决策,如亏损产品决策。

3. 相关损益分析法

相关损益分析法是指在进行短期经营决策时,以相关损益指标作为决策评价指标的一种方法。某方案的相关损益是指该方案相关收入与相关成本之差。其中,此处常见的相关成本包括机会成本、边际成本、重置成本、专属成本、加工成本、可分成本等。

相关损益分析法是边际贡献法的一种特例,当决策方案中设计追加专属成本时,就无法继续使用单位资源边际贡献或边际贡献总额指标,而应该使用相关损益指标,相关损益也是一种增量的边际贡献。

相关损益分析法通常也需要编制相关损益分析表,其格式如表6-2所示。

表6–2 相关损益分析表

项目	A方案	B方案
相关收入	R_A	R_B
相关成本	C_A	C_B
相关损益	P_A	P_B

相关损益指标是个正指标,可用于两个以上方案的决策。根据哪个方案的相关损益最大,哪个方案最优的判断标准进行决策。此种方法比较科学、简单、实用,但一旦各有关方案的相关收入、相关成本的内容确定得不合适,便会影响决策质量,甚至会得出错误结论。因此,必须细致地进行相关分析。另外,对于两个以上互斥方案只能逐次应用此法,筛选择优,故比较麻烦。

4. 相关成本分析法

相关成本分析法是指在短期经营决策中,当各备选方案的相关收入均为零时,通过比较各方案的相关成本指标,作出方案选择的一种方法。该方法实质上是相关损益分析法的特殊形式。

相关成本是一个负指标,根据哪个方案的相关成本最低,哪个方案最优的判断标准进行决策。

相关成本分析法也可以通过编制相关成本分析表进行决策,其格式如表6-3所示。

表6–3 相关成本分析表

项目	A方案	B方案
增量成本	C_{A1}	C_{B1}
机会成本	C_{A2}	C_{B2}
专属成本	C_{A3}	C_{B3}

项目	A方案	B方案
⋮	⋮	⋮
相关成本合计	C_A	C_B

6.2.3 成本无差别点分析法

成本无差别点分析法又称盈亏平衡分析,是指在各备选方案的相关收入均为零,相关的业务量为不确定因素时,通过判断不同水平上的业务量与无差别业务量之间的关系,来作出互斥方案决策的一种方法。所谓成本无差别点是指在该业务量水平上两个不同方案的预期总成本相等,但当高于或低于该业务量水平时,不同方案就具有不同的业务量成本区间。通常应用于业务量不确定的零部件取得方式的决策和生产工艺技术方案的决策,选取成本最低的方案。此外,成本无差别点分析法在产品定价、生产决策、销售策略等多种场景也可以通过调整相关参数,灵活地进行成本分析和决策。

成本无差别点分析法要求各方案的业务量单位必须相同,方案之间的相关固定成本水平与单位变动成本恰好相互矛盾(如第一个方案的相关固定成本大于第二个方案的相关固定成本,而第一个方案的单位变动成本又恰恰小于第二个方案的单位变动成本),否则无法应用该法,如图6-1所示。

成本无差别点分析法的业务量是指能使两方案总成本相等的业务量,记作 x_0。

设 A 方案的成本为:$y_1=a_1+b_1x$

B 方案的成本为:$y_2=a_2+b_2x$

令 $y_1=y_2$

即 $a_1+b_1x=a_2+b_2x$

解得成本平衡点:$x_0=\dfrac{a_1-a_2}{b_2-b_1}$

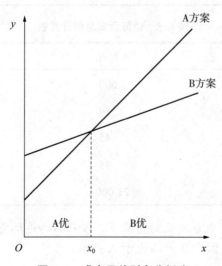

图 6-1 成本无差别点分析法

当业务量 $x>x_0$ 时，则固定成本较高的 B 方案优于 A 方案；
当业务量 $x<x_0$ 时，则固定成本较低的 A 方案优于 B 方案；
当业务量 $x=x_0$ 时，则两方案的成本相等，效益无差别。

成本无差别点分析法具有简洁明了、操作性强、实用性强等特点，有助于财务人员和非专业财务人员直观地看出成本和收益之间的关系、明确地理解盈亏平衡点，从而更加精确地规划生产与销售，提高企业的经济效益和市场竞争力。

6.3 生产决策分析

生产决策是经营决策的一项重要内容，是在生产领域中，围绕是否生产、生产什么、怎么生产以及生产多少等方面的问题而展开的决策。

品种决策旨在解决生产什么的问题。例如，新产品投产的决策分析，亏损产品是否停产或转产，零部件自制还是外购，联产品是否需要进一步加工，是否接受特殊价格追加订货等。

6.3.1 新产品是否投产的决策分析

如果企业有剩余的生产能力可供使用，在有几种新产品可供选择而每种新产品都不需要增加专属固定成本时，应选择提供边际贡献总额最多的方案。

【例 6-2】某公司现有 A，B 两种新产品可投入生产，但剩余生产能力有限，只能生产一种新产品，两种产品的相关资料如表 6-4 和表 6-5 所示。

表 6-4　A，B 两种产品的相关资料

	销售量 / 件	售价 / 元	单位变动成本 / 元	固定成本总额 / 元
A 产品	600	80	45	9 000
B 产品	550	65	30	

表 6-5　边际贡献总额计算表

	A 产品	B 产品
销售量 / 件	600	550
售价 / 元	80	65
单位变动成本 / 元	45	30
单位边际贡献 / 元	35	35
边际贡献总额 / 元	21 000	19 250

以上计算表明，在固定成本不变的情况下，B 产品的边际贡献总额比 A 产品的边际贡献总额高 1 750 元，因此，生产 B 产品优于 A 产品。

6.3.2 亏损产品是否停产或转产的决策

当企业的一个部门或一种产品处于亏损经营时，管理者就应当考虑是否按照原有规模继续生产、是否按照扩大的规模生产该亏损产品、或是否停产等问题。对于亏损产品，不能仅仅简单地予以停产，一旦停产，短时间内企业既不能将闲置设备对外出租，也不能转产。闲置下来的生产能力无法被用于其他方面，导致亏损产品原来提供的边际贡献所弥补的固定成本，需要由其他产品来负担，这样不仅不能使企业增加利润，反而会使企业的损失相当于该亏损产品所能提供的边际贡献总额的收益。因此，企业应该综合考虑企业各种产品的经营状况、生产能力的利用以及变动成本减少对固定成本是否影响等有关因素。在此基础上，做出停产、继续生产、转产等最优决策。

【例 6-3】 某公司本年度生产销售 A，B，C 三种产品，相关资料如表 6-6 所示。

表 6-6　A，B，C 三种产品的相关资料

项目	A 产品	B 产品	C 产品
产品销量/件	3 000	1 500	4 000
销售单价/元	150	120	100
单位变动成本/元	80	90	70
单位产品生产工时/时	20	40	15
固定成本/元		180 000（按各产品生产工时分配）	

年终按完全成本法计算三种产品的损益后，公司经理认为 B 产品为亏损产品，应当停产以增加公司的盈利水平。但这样的决定太过于简单，以下运用边际贡献分析法作出有关亏损产品是否停产或转产的决定。根据上述资料编制边际贡献和营业利润计算表，如表 6-7 所示。

表 6-7　边际贡献和营业利润计算表　　　　　　　　　　　　　单位：元

项目	A 产品	B 产品	C 产品	合计
销售收入	450 000	180 000	400 000	1 030 000
变动成本	240 000	135 000	280 000	655 000
边际贡献	210 000	45 000	120 000	375 000
固定成本	60 000	60 000	60 000	180 000
营业利润	150 000	−15 000	60 000	195 000

其中：
A 产品生产工时 =3 000×20=60 000（小时）
B 产品生产工时 =1 500×40=60 000（小时）
C 产品生产工时 =4 000×15=60 000（小时）

$$\text{固定成本分配率} = \frac{180\,000}{60\,000 + 60\,000 + 60\,000} = 1$$

A 产品负担固定成本 =60 000×1=60 000（元）
B 产品负担固定成本 =60 000×1=60 000（元）
C 产品负担固定成本 =60 000×1=60 000（元）

从表 6-7 可以看出，B 产品全年亏损 15 000 元，为了增加企业盈利，似乎应该停产 B 产品。但是应用边际贡献分析法可以看出，B 产品本身有边际贡献 45 000 元，之所以亏损是因为它分担的固定成本 60 000 元大于其所创造的边际贡献。如果盲目将 B 产品停产，不但不能使企业增加利润反而会使其损失更多利润，损失额相当于该亏损产品所能提供的边际贡献，其结果如表 6-8 所示。

表 6-8　边际贡献和营业利润计算表　　　　　　　　　　单位：元

项目	A 产品	C 产品	合计
销售收入	450 000	400 000	850 000
变动成本	240 000	280 000	520 000
边际贡献	210 000	120 000	330 000
固定成本	90 000	90 000	180 000
营业利润	120 000	30 000	150 000

由此可见，停止生产 B 产品，企业不但没有增加利润，反而使整个企业的利润减少了 45 000 元，正好是 B 产品所创造的边际贡献。

由此得出结论：

（1）当亏损产品的生产能力无法转移时，只要亏损产品能提供边际贡献就不应当停产。本例中 B 产品能提供边际贡献 45 000 元，故不应停产。

（2）如果亏损产品的生产能力可以转移，即亏损产品停产后其闲置下来的生产能力可以转向生产其他产品，只要转产产品所创造的边际贡献大于亏损产品所创造的边际贡献，那么这项转产方案就是可行的。相反，如果转产产品所创造的边际贡献小于亏损产品所创造的边际贡献，就不应当转产而应继续生产亏损产品。

在实际工作中，对于亏损产品是否应该停产的决策需要考虑许多因素。除了上述重点阐述的成本因素，还应考虑其他因素。如亏损产品停产是否对客户关系造成损害，是否对企业产品配套问题造成不利影响，如由于钢材涨价，自行车制造厂生产车轮无利可图，但车轮是自行车必不可少的配件，因此必须照样生产。除此之外，还得考虑企业的产品结构和社会效益的需要等因素。

6.3.3　零配件自制还是外购的决策

对于那些具有机械加工能力的企业而言，产品一般都是由多种零配件组成的，由于在一定的需要量范围内，不同的零配件自制和外购的经济程度不同，因此企业常常面临所需零配件是自制还是外购的决策问题。由于所需零配件的数量对自制方案或外购方案都是一样的，因而这类决策通常只需考虑自制方案和外购方案的成本高低，在相同质量并保证及时供货的情况下，就低不就高。

影响自制或外购的因素很多，因而所采用的决策分析方法也不尽相同，但一般都采用增量成本分析法。

1. 外购不减少固定成本的决策

如果企业可以从市场上买到现在由企业自己生产的某种零配件，而且质量相当，这时一般都会考虑是否停产外购。在由自制转为外购，而且其剩余生产能力不能利用（固定成本并不因停产外购而减少）的情况下：当自制单位变动成本大于购买价格时，应该外购；自制单位变动成本小于购买价格时，应该自制。

【例6-4】 某公司生产甲产品每年需要A零件75 000件，由车间自制时每件成本为105元，其中单位变动成本为90元，单位固定成本为15元。现市场上销售的A零件价格为每件100元，而且质量更好、保证按时送货上门。该公司应该自制还是外购？

由于自制单位变动成本90元<外购单位价格100元，所以应选择自制。这时每件A零件的成本将降低10元，总共降低750 000元。但如果停产外购，则自制时所负担的一部分固定成本（外购价格与自制单位成本的差额）将由其他产品负担，此时企业将减少利润

$$(75\,000 \times 15) - (105 - 100) \times 75\,000 = 750\,000（元）$$

2. 自制增加固定成本的决策

在企业所需零配件由外购转为自制时需要增加一定的专属固定成本（如购置专用设备而增加的固定成本），或由自制转为外购时可以减少一定的专属固定成本的情况下，自制方案的单位增量成本不仅包括单位变动成本，而且包括单位专属固定成本。因此，当外购增量成本大于自制增量成本，应该自制；反之，应该外购。

【例6-5】 某公司每年需要用甲零件1 000件，以前一直外购，购买价格每件10元。现该公司有无法移作他用的多余生产能力可以用来生产甲零件，但将增加专属固定成本3 000元，自制变动成本8元。

设外购增量成本为y_1，自制增量成本为y_2，甲零件的年需求量为x，则

外购增量成本 $y_1 = 10x$

自制增量成本 $y_2 = 3\,000 + 8x$

外购增量成本与自制增量成本相等时的年需求量，即成本分界点为

$$10x = 3\,000 + 8x$$

$$x = 1\,500（件）$$

所以，成本分界点的公式为

$$成本分界点 = \frac{自制增加的专属固定成本}{购买价格 - 自制单位变动成本}$$

当年需求量>800件时，外购增量成本>自制增量成本，应该自制；
当年需求量<800件时，外购增量成本<自制增量成本，应该外购。

3. 外购时有租金收入的决策

在零配件外购时，如果出租剩余生产能力能获得租金收入，将自制方案与外购方案对比时，就必须将租金收入作为自制方案的一项机会成本。当自制方案的变动成本与租金收入之和大于外购成本时，应该外购；反之，应该自制。

【例6-6】 某公司每年需要C零件8 000件,若要自制,则自制单位变动成本为18元;若要外购,则外购单位价格为25元。如果外购C零件,则腾出来的生产能力可以出租,每年租金收入为7 400元。

在计算、比较外购和自制这两个方案的增量成本时,应将租金收入7 400元作为自制方案的机会成本,如表6-9所示。

表6-9 增量成本对比表　　　　　　　　　　　　　　　　　　　　单位:元

项目	自制增量成本	外购增量成本
外购成本		25×8 000=200 000
自制变动成本	18×8 000=144 000	
外购时租金收入	7 400	
合计	151 400	200 000
自制收益	200 000−151 400=48 600	

计算结果表明,选择自制方案是有利的,比外购方案减少成本48 600元。

6.3.4 联产品是否需要进一步加工的决策

联产品是指用同一种原料,经过同一个生产过程,生产出两种或两种以上的不同性质和用途的产品。有的联产品可在分离后直接销售,有的则需要在分离后进一步加工后再销售。分离点前发生的成本称为联合成本或共同成本。联产品是否进一步加工不会引起联合成本的变化,因此联合成本属于决策的无关成本。联产品在分离后进一步加工而支付的成本称为可分成本。可分成本是与决策相关的成本,决策时应予以考虑。

联产品是否进一步加工,可按下列公式计算。

1. 应进一步加工

$$进一步加工后的销售收入-分离后的销售收入>可分成本$$

2. 分离后即出售

$$进一步加工后的销售收入-分离后的销售收入<可分成本$$

【例6-7】 某企业生产的甲产品在继续加工的过程中,可分离出A,B两种联产品。甲产品售价400元,单位变动成本250元。A产品分离后即予以销售,单位售价300元;B产品单位售价360元,可进一步加工成子产品销售,子产品售价450元,需追加单位变动成本75元。

解:(1)分离前的联合成本按A,B两种产品的售价分配。

$$A产品分离后的变动成本 = \frac{250}{300+360} \times 300 = 113.6(元)$$

$$B产品分离后的变动成本 = \frac{250}{300+360} \times 360 = 136.4(元)$$

(2)由于A产品分离后的售价(300元)大于分离后的单位变动成本186.4元(300−113.6),故分离后销售是有利的。

（3）B 产品进一步加工成子产品的可分成本为 75 元，进一步加工后的销售收入为 450 元，而分离后 B 产品的销售收入为 360 元，则

$$差异收入 =450-360=90（元）$$

差异收入（90 元）大于可分成本 75 元，可见，B 产品进一步加工成子产品出售是有利的。

6.3.5 是否接受特殊价格追加订货的决策

所谓特殊价格追加订货，是指在企业尚有一定剩余生产能力可以利用的情况下，如果外单位要求以低于正常价格甚至低于计划产量的平均单位成本的特殊价格追加订货，企业是否可考虑接受这种条件苛刻的追加订单，主要应该分以下几种情况考虑。

1. 只利用剩余生产能力且剩余生产能力无法转移，也不影响正常销售

当追加订货不冲击正常订货，又不要求追加专属成本而且剩余能力无法转移时，只要特殊订货单大于该产品的单位变动成本，就可以接受该追加订货。此时企业的固定成本已由正常销售的产品负担，则特殊订货带来的边际贡献将全部形成额外利润。

【例 6-8】 某企业生产甲产品，最大生产能力 1 500 台，正常销售 1 350 台，剩余生产能力 150 台，正常价格为 1 200 元/台，固定成本总额为 300 000 元，单位变动成本为 760 元/台。现有客户追加订货 150 台，最高只能出价 1 000 元/台，请问是否接受此订货。

解：该订货只是利用剩余生产能力，只要特殊订货价格高于单位变动成本，就会为企业提供边际贡献。该例中，特殊订货价格 1 000 元高于单位变动成本 760 元，因此可以接受此追加订货，由此可多获利润：$(1\,000-760)\times 150=36\,000$（元）。

2. 利用剩余生产能力且剩余生产能力无法转移，但会减少部分正常销售

若特殊订货会妨碍企业原有计划任务的完成，因而减少部分正常销售。应将因减少正常销售而损失的边际贡献作为追加订货方案的机会成本。当追加订货的边际贡献额足以补偿这部分机会成本且有剩余时，则可以接受订货，即：

（特殊订货价格 – 单位变动成本）× 特殊订货数量 > 因减少正常销售而损失的边际贡献

特殊订货价格 > 单位变动成本 + 因减少正常销售而损失的边际贡献 / 特殊订货数量

【例 6-9】 假设例 6-8 中，企业接到的特别订单是 300 台，这时必须减少正常销售 150 台，才能接受这批订货，那么企业的特别订货价格为多少，才能为企业增加利润呢？

解：特殊订货价格 > 单位变动成本 + 因减少正常销售而损失的边际贡献 / 特殊订货数量

特殊订货价格 $=760+(1\,200-760)\times 150/300$

$=980$（元/台）

企业的特殊订货价格必须在 980 元/台以上，接受特殊订货才能增加企业利润。此时特殊订货的价格为 900 元/台，相关损益分析表如表 6-10 所示。

表 6-10 相关损益分析表　　　　　　　　　　　　　　　　　　单位：元

项目	接受特殊订货	拒绝特殊订货
相关收入	900×300=270 000	0
相关成本	294 000	0

续表

项目	接受特殊订货	拒绝特殊订货
其中：变动成本	760×300=228 000	0
机会成本	(1 200−760)×150=66 000	0
相关损益	−24 000	0

在此情况下，接受特殊订货的相关损益为−24 000元，所以不接受此追加订货。

3. 利用剩余生产能力且剩余生产能力无法转移，但要追加专属成本

若特殊订货要求追加专属成本，如需要增添部分设备、工具等。则接受此追加订货方案的可行条件是：该特殊价格追加订货的边际贡献大于专属成本。

【例6-10】 承例6-9，假设特殊订货量为150台，接受特殊订货需要从企业外部租入一台设备，年租金为12 000元，企业是否该接受此特殊订货？

编制相关损益分析表，如表6-11所示。

表6-11 相关损益分析表 单位：元

项目	接受特殊订货	拒绝特殊订货
相关收入	900×150=135 000	0
相关成本	126 000	0
其中：变动成本	760×150=114 000	0
专属成本	12 000	0
相关损益	9 000	0

由上表可见，接受特殊订货的相关损益为9 000元，因此应该接受此追加订货。

4. 企业有关的剩余生产能力可以转移

当企业有关的剩余生产能力可以转移时，则应将与此有关的可能收益作为追加订货方案的机会成本综合考虑，当特殊价格追加订货的边际贡献大于机会成本时，则可接受订货。

【例6-11】 承例6-10，假设特殊订货量为150台，接受特殊订货需要从企业外部租入一台设备，年租金为12 000元，但不接受特殊订货，剩余生产能力可以对外出租，获取年租金10 000元，是否应该接受追加订货？

解：剩余生产能力对外出租获取的租金收入20 000元，是追加订货方案的机会成本，也是接受特殊订货的相关成本。编制相关损益分析表，如表6-12所示。

表6-12 相关损益分析表 单位：元

项目	接受特殊订货	拒绝特殊订货
相关收入	900×150=135 000	0

续表

项目	接受特殊订货	拒绝特殊订货
相关成本	136 000	0
其中：变动成本	760×150=114 000	0
专属成本	12 000	0
机会成本	10 000	0
相关损益	-1 000	0

由上表可知，不应该接受特殊订货。接受特殊订货的相关损益比拒绝特殊订货的相关损益少 1 000 元。

6.3.6 采用何种产品生产工艺的决策

生产工艺是指加工制造产品或零件所使用的机器、设备及加工方法的总称。同一种产品或零件，往往可以按不同的生产工艺进行加工。当采用某一种生产工艺时，可能固定成本较高，但单位变动成本却较低；而采用另一种生产工艺时，则可能固定成本较低，但单位变动成本却较高。于是，采用何种工艺能使该产品或零件的总成本最低，就成为实际工作中必须解决的问题。

通常，生产产量较大时最好选择单位变动成本较低的工艺方案，但其固定成本一般较高；生产产量较小时最好选择固定成本较低的工艺方案，但其单位变动成本一般较高。这时，只要确定不同生产工艺的成本分界点（不同生产工艺总成本相等时的产量点），就可以根据产量确定选择何种生产工艺最为有利。

【例 6-12】 某公司生产甲产品，有 A，B，C 三种方案可供选择，其成本资料如表 6-13 所示。

表 6-13 某公司成本资料　　　　　　　　　　　　单位：元

项目	专属固定成本	单位变动成本
A	1 000	4
B	600	6
C	500	10

根据表 6-13 的资料，绘制产量与成本关系图，如图 6-2 所示。

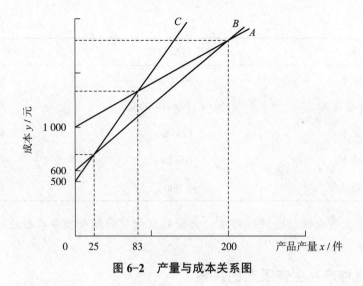

图 6-2 产量与成本关系图

解：设 X_{ac}，X_{bc}，X_{ab} 三个成本分界点的产量分别为 x_1，x_2，x_3，则三个成本分界点可计算如下。

$1\,000+4x_1=500+10x_1$ $\qquad x_1\approx83.3$（件）

$600+6x_2=500+10x_2$ $\qquad x_2=25$（件）

$1\,000+4x_3=600+6x_3$ $\qquad x_3=200$（件）

于是，整个产量区域被划分为 0～25 件、25～83 件、83～200 件、200 件以上四个区域。从图 6-2 可以看出，当产品预计产量不足 25 件时，C 方案成本最低，为最优方案；当产品预计产量在 25～200 件时，B 方案成本最低，为最优方案；当产品预计产量超过 200 件时，A 方案成本最低，为最优方案。

6.4 定价决策分析

6.4.1 影响价格的基本因素

一种产品价格制定得适当与否，往往决定了该产品能否被市场接受，并且直接影响该产品的市场竞争地位和市场占有率。一般来讲，影响价格制定的基本因素包括以下几个方面。

1. 价值因素

价值决定价格，价格是价值的货币表现。在其他条件不变的情况下，商品的价值量越大，价格越高；商品的价值量越小，价格越低。其中，价值量大小不是由商品的生产者所耗费的个别劳动时间决定，而是由生产产品社会必要劳动时间决定的。

2. 成本因素

成本是影响定价的最基本因素。从长期来看，产品价格应等于总成本加上合理的利润，否则企业无利可图，将会停止生产；从短期来看，企业应根据成本结构确定产品价格，即产品价格必须高于平均变动成本，以便掌握盈亏情况，减少经营风险。

3. 需求因素

市场需求与价格的关系可以简单地用市场需求潜力与需求价格弹性来反映。市场需求潜力是指在一定的价格水平下，市场需求可能达到的最高水平。需求价格弹性是指在其他条件不变的情况下，某种商品的需求量随其价格的升降而变动的程度，它用需求变化率与价格变化率之比来表示。需求价格弹性大的商品，其价格的制定和调整对市场需求影响很大；需求价格弹性小的商品，其价格的制定和调整对市场需求的影响小。例如，对消费品中的日常生活必需品，如粮食、食用油等，日常需求量大，价格弹性较小，可采用较低的定价和薄利多销的策略。

4. 商品的市场生命周期因素

商品的市场生命周期包括四个阶段，即投入期、成长期、成熟期、衰退期。在不同的阶段，定价策略应有所不同。投入期的价格，既要补偿高成本，又要为市场所接受；成长期和成熟期正是产品大量销售、扩大市场占有率的时机，要求稳定价格以利于开拓市场；进入衰退期后，一般应采取降价措施，以便充分发掘老产品的经济效益。

5. 竞争因素

产品竞争的激烈程度不同，对定价的影响也不同。竞争越激烈，对价格的影响也越大。完全竞争的市场，企业几乎没有定价的主动权；在不完全竞争的市场中，竞争的强度主要取决于产品制造的难易程度和供求形势。由于竞争会影响定价，企业要做好定价工作，必须充分了解竞争者的情况：主要竞争对手来自何方，主要竞争对手的实力如何，以及主要竞争者的定价策略如何。

6. 科学技术因素

科学发展和技术进步在生产中的推广和应用必将导致新产品、新工艺的产生。新材料代替老产品、老工艺、旧材料，从而形成新的产业结构、消费结构和竞争结构。例如，化纤工业的兴起和发展形成对传统棉纺织工业和丝绸工业的巨大竞争压力。这种科学技术因素对销售价格的影响必须予以考虑。

7. 相关工业产品的销售量

某些产品的销售量往往取决于相关工业产品的销售，如纺织业与服装业、轮胎业与汽车业、玻璃业与建筑业等，基本上是后者的销售决定前者的销售，因此，前者的销售价格的制定可以根据后者的预测资料进行。

8. 国家的价格政策

价格政策是国家管理价格的有关措施和法规，它是国家经济政策的组成部分。企业应在国家规定的定价范围之内自由决定产品的价格。比如，国家一般都对农产品实行补贴，而对某些行业（烟、酒行业等）征税。一般来说，政府对产品实行补贴就可以使产品的价格维持在一定的水平。政府对产品征税，生产者就会将部分税收转嫁给消费者，从而提高价格。因此，企业应很好地了解本国及所在国关于物价方面的政策和法规，并以其作为定价策略的依据。

除上述几方面外，产品的质量、产品的比价、差价与价格体系、消费者的支付能力与心理状态等，也是影响产品价格的重要因素。

6.4.2 产品定价决策

1. 以成本为基础的定价决策

成本是企业生产和销售产品所发生的各项费用的总和，是构成产品价格的基本因素，也是价格的最低经济界限。以成本为基础制定产品的价格，不仅能保证生产中的耗费得到补偿，而且能保证企业必要的利润。凡是新产品的价格制定，都可以采用以成本为基础的定价决策方法。

（1）完全成本加成定价法。完全成本加成定价法是指在产品的全部成本基础上，加上一定百分比的销售利润，以此确定产品的销售价格。其定价模型为：

$$产品单价 = 预计单位全部成本 \times (1 + 利润加成率)$$

【例6-13】 假定某企业正在研究制定甲产品的售价，有关的估计成本资料如下：

甲产品的单位成本（元）：

直接材料	25
直接人工	12
变动性制造费用	8
固定性制造费用	16
变动性销售和管理费用	5
固定性销售和管理费用	3

解：假定该企业经过研究在制造成本的基础上加成40%作为甲产品的目标销售价格。

甲产品的单位制造成本 = 25+12+8+16+5+3 = 69（元）

甲产品的目标售价 = 69×(1+40%) = 96.6（元）

完全成本法是大多数公司所采用的方法。一方面，产品的完全成本在企业对外报告的现成资料中，收集信息的成本较低；另一方面，从长期来看，产品或劳务的价格必须补偿全部成本并应获得正常利润。但是，由于完全成本不是以成本特性分类为基础，所以不便于进行本量利分析，很难预测价格和销售量的变动对利润的影响。

（2）变动成本加成定价法。变动成本加成定价法是以单位产品的变动成本为成本基数，加上一定利润加成率，来确定产品的销售价格。虽然全部固定成本不包括在成本基数之内，但是它们却是考虑加成的基础。因此，"加成"必须充分弥补这些成本，并为企业提供满意的利润，即"加成"内容包括全部的固定成本及目标利润。该变动成本不仅包括变动生产成本，还包括变动销售及管理费用，在此基础上考虑一定的边际贡献，作为产品的销售价格。

【例6-14】 承例6-13，假定该企业经过研究确定在变动成本的基础上加成120%作为甲产品的销售价格。

解：

直接材料	25
直接人工	12
变动性制造费用	8
变动性销售和管理费用	5

甲产品的单位变动成本 = 25+12+8+5 = 50（元）

目标销售价格 = 50×(1+120%) = 110（元）

2. 以需求为基础的定价决策

以成本为基础的价格决策方法着重考虑企业的成本情况，而基本不考虑需求情况，因而产品价格的制定从企业取得最大产销收入或利润的角度上，不一定是最优价格。最优价格应是企业取得最大利润或产销收入时的价格。为此，必须考虑市场需求状况与价格弹性，分析销售收入、成本利润与价格之间的关系，从中寻找最优价格点。

（1）弹性定价法。市场供求关系的变化是影响企业产品价格的一个重要因素，因此，企业制定价格最需要考虑的因素是价格弹性。价格弹性，又称需求价格弹性，是指需求数量变动率与价格变动率之比，反映价格变动引起需求变动的方向和程度。市场上的各种产品都存在价格对需求的影响，但不同的产品影响程度不同，即需求价格弹性不同。需求价格弹性的大小取决于产品的需求程度、可替代性和费用占消费者收入的比重等。一般来说，必需品的弹性小于奢侈品，低档产品的弹性小于高档产品。

需求价格弹性的大小可用下列公式计算：

$$E_P = \frac{\Delta Q/Q}{\Delta P/P}$$

式中：E_P——需求价格弹性系数；
　　　Q——基期需求量；
　　　ΔQ——需求变动量；
　　　P——基期单位产品价格；
　　　ΔP——价格变动数。

当企业掌握了某种产品的需求价格弹性后，就可以利用弹性来预测价格变动的最优方向和幅度。在经济学上，价格弹性的绝对值可以反映出需求与价格变动水平的关系。

①价格弹性的绝对值大于1，弹性大，表明价格以较小幅度变动时，可以使需求量产生较大幅度的变动。

②价格弹性的绝对值小于1，弹性小，表明即使价格变动幅度很大，需求量的变动幅度也不会太大。

③价格弹性的绝对值等于1，表明需求量受价格变动影响的幅度完全与价格本身变动幅度一致。

因此，就某一种产品的不同时期及不同销量基础而言，弹性变化程度都会有所不同。弹性大，则价格下降会促使商品需求量大大提高，因此对于弹性大的商品应采取适量调低价格的方法，薄利多销。弹性小的商品，当价格变动时，需求量的相应增减幅度很小，这类商品可以考虑在适当范围内调高价格。

【例 6-15】 某公司计划年度预计生产并销售 A 产品 36 000 件，上年每件销售价格是 400 元，销售量是 22 000 件，该产品的需求价格弹性大约为 −4.2，请问，计划单位产品价格掌握在什么水平对公司最为有利？计算结果保留一位小数。

解：设 P_1 为计划年度销售价格，Q_1 为计划年度销售量，

则：
$$\Delta P = \frac{\Delta Q \times P}{Q \times E_P} = \frac{(Q_1 - Q) \times P}{Q \times E_P}$$

$$P_1 - P = \frac{(Q_1 - Q) \times P}{Q \times E_P}$$

移项得：

$$P_1 = \frac{(Q_1 - Q) \times P}{Q \times E_P} + P$$

$$= \frac{(36\,000 - 22\,000) \times 400}{22\,000 \times (-4.2)} + 400$$

$$= 339.4\,(元/件)$$

（2）反向定价法。反向定价法是指企业根据产品的市场需求状况，通过价格预测和试销、评估，首先确定消费者可以接受的最终零售价格，然后倒推批发价格和出厂价格的定价方法。这种定价方法的依据不是产品的成本，而是市场的需求定价，力求使价格为消费者所接受。其计算公式如下：

$$单位批发价格 = 市场可销零售价 - 批零差价$$

$$= \frac{市场可销零售价}{1+批零差价率}$$

$$单位出厂价格 = 批发价格 - 进销差价$$

$$= \frac{批发价格}{1+进销差价率}$$

$$单位生产成本 = 出厂价格 - 利润 - 税金$$

$$= \frac{出厂价格 \times (1-税率)}{1+利润率}$$

反向定价的实质是在价格确定上贯彻以销定产的要求，其优点是既能适应市场需求，促进销售，又能促进企业降低成本，提高产品竞争力；其缺点是市场可销零售价格难以预测。该方法适用于需求弹性大、品种更新快的商品价格制定。

【例6-16】 某公司计划生产甲产品，经市场调查，甲产品的市场单位零售价格为450元，批发环节的批零差价率一般为20%，进销差价率为15%，甲产品的销售税率为9%，利润率要求达到25%。

解：

$$单位批发价格 = \frac{450}{1+20\%} = 375 \text{ 元}$$

$$单位出厂价格 = \frac{375}{1+15\%} = 326.1 \text{（元）}$$

$$单位生产成本 = \frac{326.1 \times (1-9\%)}{1+25\%} = 237.4 \text{（元）}$$

3. 其他定价策略

（1）心理定价策略。心理定价策略是指企业在制定产品价格时，根据不同类型消费者的消费心理来制定价格，兼具定价的科学性与艺术性。每一件产品都能满足消费者某一方面的需求，其价值与消费者的心理感受有着很大的关系，尤其是在企业采用成本导向、需求导向或者竞争导向定价法制定出基础价格且消费者不满意该价格时，心理定价策略有助于增强消费者对价格的接受程度。常用的方法有尾数定价、声望定价和习惯定价策略三种。

尾数定价，也称零头定价或缺额定价，即给产品定一个零头数结尾的非整数价格，使消费者购买时在心理上产生商品特别便宜的感觉。大多数消费者在购买产品时，尤其是购买一般的日用消费品时，乐于接受尾数价格，如0.99元、9.98元等。消费者会认为这种价格经过精确计算，购买不会吃亏，从而产生信任感。同时，价格虽离整数仅相差几分或几角钱，但给人一种低个位数的感觉，符合消费者求廉的心理愿望。这种策略通常适用于基本生活用品。

声望定价针对消费者"便宜无好货、价高质必优"的心理，对在消费者心目中享有一定声望，具有较高信誉的产品制定高价。与尾数定价策略迎合消费者的求廉心理相反，声望定价策略迎合了消费者的高价显示心理。不少高级名牌产品和稀缺产品，如豪华轿车、高档手表、名牌时装、名人字画、珠宝古董等，在消费者心目中享有极高的声望价值。购买这些产品的人，往往不在乎产品价格，而最关心的是产品能否显示其身份和地位，价格越高，心理满足的程度也就越大。

习惯定价指有些产品在长期的市场交换过程中已经形成了为消费者所适应的价格。企业对这类产品定价时要充分考虑消费者的习惯倾向，采用"习惯成自然"的定价策略。对消费者已经习惯了的价格，不宜轻易变动。降低价格会使消费者怀疑产品质量是否有问题。提高价格会使消费者产生不满情绪，导致购买的转移。在不得不需要提价时，应采取改换包装或品牌等措施，减少抵触心理，并引导消费者逐步形成新的习惯价格。

（2）折扣定价策略。折扣定价是指对基本价格作出一定的让步，直接或间接降低价格，以争取顾客，扩大销量。其中，折扣的形式有数量折扣、现金折扣、季节性折扣等。

数量折扣是一种按照购买者购买数量的多少给予的价格折扣。购买数量越多，折扣越大；反之，则越小。它鼓励购买者大量或集中地向本企业购买。数量折扣又分为累计数量折扣和一次性数量折扣两种类型。累计数量折扣是对一定时期内累计购买超过规定数量或金额给予的价格优惠，目的在鼓励顾客与超市建立长期固定的关系，减少超市卖场的经营风险。一次性数量折扣又称"非累计性数量折扣"，是对一次购买超过规定数量或金额给予的价格优惠，目的在于鼓励顾客增大每份订单购买量，便于超市卖场组织大批量进货而获得进价优势。数量折扣的促销作用非常明显，但也存在如何确定合适的折扣标准和折扣比例问题。

现金折扣，又称销售折扣，是为督促顾客尽早付清货款而提供的一种价格优惠。现金折扣的表示方式为"2/10，1/20，n/30"（即10天内付款，货款折扣2%；20天内付款，货款折扣1%，30天内全额付款）。现金折扣发生在销货之后，是一种融资性质的理财费用，因此销售折扣不得从销售额中减除。该方式有利于鼓励顾客尽早付款，加速企业资金周转、减少财务风险，但企业在运用这种手段时也要酌情考虑商品是否有足够的需求弹性，保证通过需求量的增加使企业获得足够利润。

季节性折扣指生产季节性商品的公司企业，对销售淡季来采购的买主所给予的一种折扣优待。这种价格折扣是企业给那些过季商品或服务的顾客的一种减价，使企业的生产和销售在一年四季保持相对稳定。季节折扣有利于减轻企业库存，增加资金回流，保证企业生产经营的稳定，避免因季节需求变化所带来的市场风险。

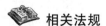 **相关法规**

2017年10月19日《管理会计应用指引第502号——项目管理》。

复习思考题

1. 决策分析包括哪些类型？
2. 相关成本包括哪些内容？无关成本包括哪些内容？
3. 不同的决策方法各自适用于哪些类型的决策？
4. 是否接受特殊价格追加订货的决策分析中应考虑哪些因素？

练习题

一、单项选择题

1. 将决策分析区分为短期决策与长期决策所依据的分类标志是（   ）。
   A. 决策的重要程度　　　　　　　　B. 决策条件的肯定程度
   C. 决策规划时期的长短　　　　　　D. 决策解决的问题

2. 在半成品是否深加工决策中必须考虑的由于对半成品进行深加工而追加的变动成本，称为（   ）。
   A. 联合成本　　　B. 共同成本　　　C. 机会成本　　　D. 加工成本

3. 在半成品立即出售或继续加工决策中，下列情况（   ）出现时应立即出售。
   A. 进一步加工增加的收入超过进一步加工所追加的成本
   B. 进一步加工增加的收入等于进一步加工所追加的成本
   C. 进一步加工增加的收入小于进一步加工所追加的成本
   D. 以上均错

4. 对联产品作出是否进一步加工的决策要运用差量分析法，这一方法比较的对象是（   ）。
   A. 预期增加的收入与可分摊成本　　B. 联产品的收入与联产品成本
   C. 预期增加的收入与联产品成本　　D. 联产品收入与可分摊成本

二、多项选择题

1. 企业短期经营决策包括（   ）。
   A. 生产、销售决策　　　B. 定价决策　　　C. 存货决策
   D. 生产设备最优利用的决策　　　E. 固定资产投资决策

2. 下列项目中，属于相关成本的有（   ）。
   A. 机会成本　　　　　B. 付现成本　　　　C. 沉没成本
   D. 可避免成本　　　　E. 共同成本

3. 下列各项决策中，属于"是否生产决策"内容的有（   ）。
   A. 是否增产亏损产品的决策　　　　B. 是否接受低价追加订货的决策
   C. 是否转产某种产品的决策　　　　D. 半成品是否深加工的决策
   E. 零部件自制或外购的决策

4. 下列各项决策中，属于"生产什么决策"内容的有（   ）。
   A. 是否增产亏损产品的决策　　　　B. 是否接受低价追加订货的决策
   C. 是否转产某种产品的决策　　　　D. 半成品是否深加工的决策
   E. 零部件自制或外购的决策

5. 在是否接受低价追加订货的决策中，如果发生了追加订货冲击正常任务的现象，就意味着（   ）。
   A. 会因此而带来机会成本
   B. 追加订货量大于正常订货量
   C. 追加订货量大于绝对剩余生产能力
   D. 因追加订货有特殊要求必须追加专属成本
   E. 不可能完全利用其绝对剩余生产能力来组织追加订货的生产

三、计算题

1. 某企业每年需要零件 2 000 件,由金工车间组织生产的年总成本为 19 000 元,其中固定生产成本为 7 000 元,如果改从市场采购,单价为 8 元,同时将剩余生产能力用于加工 B 零件,可节约外购成本 2 000 元。要求:为企业做出外购或自制 A 零件的决策,并说明理由。

2. 某企业只生产一种产品,全年最大生产能力为 1 200 件。年初已按 100 元/件的价格接受正常任务 1 000 件,该产品的单位完全生产成本为 80 元/件(其中,单位固定生产成本为 25 元),现有一客户要求以 70 元/件的价格追加订货。

要求:请考虑以下不相关情况,用相关损益分析法为企业作出是否接受低价追加订货的决策,并说明理由。

(1)剩余能力无法转移,追加订货量为 200 件,不追加专属成本;

(2)剩余能力无法转移,追加订货量为 200 件,但因有特殊要求,企业需追加 1 000 元的专属成本;

(3)同(1),但剩余能力可用于对外出租,可获租金收入 5 000 元;

(4)剩余能力无法转移,追加订货量为 300 件;因有特殊要求,企业需追加 900 元专属成本。

3. 某企业经营甲、乙、丙三种产品,资料如表 6-14 所示。

表 6-14 甲、乙、丙三种产品资料汇总表 单位:元

产品名称	甲	乙	丙	合计
销售收入	20 000	30 000	10 000	60 000
变动成本	9 000	23 000	6 000	38 000
固定成本	6 000	9 000	3 000	18 000
盈 亏	5 000	-2 000	1 000	4 000

要求计算:

(1)决策乙产品是否停产?

(2)如果乙产品停产后可转产丁产品,丁产品单价 50 元,单位变动成本 30 元,可销售 600 件,不需追加任何成本,是否转产?

(3)如果停产乙产品后可减少 10 000 元固定成本,是否停产?

4. 某厂现有剩余生产能力 10 000 h,生产 A 产品每件需 1/3 h,生产 B 产品每件需 1 h,A、B 产品资料分别如下:单价为 20 元、30 元;单位变动成本为 16 元、21 元;单位边际贡献为 4 元、9 元;边际贡献率为 20%、30%。

要求计算:

(1)决策剩余能力生产 A 产品还是 B 产品?

(2)若剩余生产能力可出租,每年获租金 100 000 元,决策剩余生产能力是出租,还是生产 A 产品或 B 产品。

5. 五福纺织装饰公司(简称五福公司)是一家专注于床上用品生产的企业,已有 20 多年历史。其产品包括浴巾、毛巾、床单、被套等,广泛用于家庭、宾馆和医院。近年

来，来自马来西亚、印度尼西亚、越南、印度等国的低价纺织品大量进入中国市场，竞争加剧，价格战导致许多厂商破产。五福公司采用订单生产方式，客户可定制产品尺寸、面料、花色等，尽管目前依然保持盈利，但因失去几个大客户，即将面临亏损风险。

上年，五福公司被宏源投资公司收购（简称宏源公司），该公司专注于投资管理，旨在收购经营困难的企业并提升其盈利能力。宏源公司获得五福公司65%的股权，成为其母公司。

目前，五福公司的赵董事长兼总经理负责全面管理，孙副经理负责营销。赵总经理的薪酬由固定工资和1%的销售奖金组成，孙副经理则获得4%的销售奖金。因原财务总监退休，宏源公司派赵女士暂时担任财务总监，她的薪酬实际由五福公司支付。

孙副经理与新客户洽谈大宗夹棉床罩订单，但客户报价较低。根据公司规定，大订单需财务总监审核。赵女士为了解订单情况，参观生产流程，获悉生产夹棉床罩的直接成本，并据此编制了盈利分析表，见表6-15。通过分析，赵女士提出该低价订单无法盈利（售价88元，成本94元），若是提升售价，将会面临亏损。然而，赵总经理和孙副经理认为低价竞争是行业常态，并坚持接受该订单。

表6-15 盈利分析表　　　　　　　　　　　　　　　　　　　　　　单位：元

项目	金额
单位产品售价	88
直接材料	70
直接人工	12
变动制造费用	8
固定制造费用	4
单位产品成本	94
单位产品毛利	-6

赵女士无法说服赵总经理和孙副经理，决定换用计算贡献边际的方法来证明她的分析的正确性，以此说服两位经理放弃这个低价订单，并将计算结果报告给宏源公司。然而，五福公司的两位经理认为赵女士虽然对于大型制造企业有着丰富的财务经验，但缺乏对纺织行业的深入认识，也缺乏对五福公司运作的细致了解，最终否定了赵女士的意见，还是按原来的价格接受了该低价订单。虽然宏源公司和赵女士尽了最大的努力，但五福公司的高管却依旧坚持己见，不愿对经营管理活动做出重大调整，致使五福公司在一年后破产倒闭。

要求：

（1）已知销售佣金为售价的5%，请采用贡献边际分析法分析该低价订单的盈利状况，并分析该结果是否支持赵女士的意见。

（2）在采用贡献边际分析法深入分析该订单的过程中是否还需要财务信息？若需要，需提供哪些财务信息？

（3）如果赵女士和两位经理都需要遵守会计职业道德，他们的行为是否违背了职业道德？如果违背，又该如何解决？

［资料来源：改编自苏力.采用案例教学提高管理会计职业道德应用能力[J].绿色财会，2019（5）：52-56.］

 思政启示

《中华人民共和国会计法（2024年）》第三十条提出，财政部门应对各单位"从事会计工作的人员是否具备专业能力、遵守职业道德"的情况进行监督；第三十七条提出"会计人员应当遵守职业道德，提高业务素质，严格遵守国家有关保密规定。"这对会计人员的能力素质和道德品质提出了要求，企业会计人员既需要具备从事会计工作所需的专业能力，如会计核算能力、财务分析和判断能力等，运用会计知识解决现实问题，也要具备良好的职业操守和道德修养，以避免隐瞒事实、从事欺骗管理当局和股东等不道德行为的发生。

第7章 长期投资决策分析

✤ 学习目标：
1. 了解投资决策分析；
2. 掌握投资决策分析的基本方法；
3. 理解投资决策分析的具体应用；
4. 了解 Python 在长期投资决策分析中的应用。

引例：利君制药公司新药研发项目投资决策案例

西安利君制药有限责任公司（简称利君制药公司）在原西安制药厂基础上改制设立。其前身是 1938 年创建于陕甘宁边区的"八路军卫生材料厂"，作为我党我军的首家制药企业，毛泽东和江泽民两代领袖曾为企业亲笔题词。利君公司既经历了抗日战争和解放战争的光荣岁月，也经受过计划经济转轨市场经济的亏损阵痛，更依靠科技兴药、名牌兴企、总成本领先等战略，取得了近年来扭亏为盈并超常发展的瞩目业绩。目前利君制药公司拥有各类制剂近 300 种，形成了以中国驰名商标、中国公众最喜爱的十大商标"利君沙"为核心的大制剂格局。为了保持创新能力和行业领先地位，利君制药公司将持续加大研发投入，不断优化其产品组合。

2021 年，受国家"4+7"带量采购和医保改革的影响，公司所开发的几款创新药物整体销量下滑，收益情况欠佳，入不敷出。为了帮公司挽回损失，研发部决定在接下来的一年投资一些新的风险小、具有市场潜力的化学仿制药物。丁总组织了各部门的相关人员进行商讨，大家一致认为药物研发资金投入大，而公司的资金又有限，想要在预算范围内获得最大的利润，就要选择出那些最优的项目。然而，药物的研发周期通常很长，每款药物的成本和收益各不相同，到底哪些项目是更优的项目？另外，药物在实际研发过程中面临着很多变化因素，如何在这种不确定的环境中做出最佳的项目组合选择决策？

新药研究院是利君公司的下属分支部门，主要负责为公司提供可供研发的药物备选方案。新药院提交的供管理层决策的 4 种具有市场潜力的药物研发备选项目，具体包括达比加群酯胶囊、替格瑞洛片、盐酸伊伐布雷定片和磷酸奥司他韦胶囊。但是因为公司此次预计最多投入 6 000 万元作为研发专项资金，所以如何做出最优的项目选择决策是关键的问题。公司根据各项目的研发成本、各项目预期中标价、原材料成本与销售量和各项目预期利润，以及项目间的相互影响以及项目的不确定性等因素来进行综合的优化决策，最终选择了最优的投资策略。

[资料来源：改编自房超，刘汕，丁倩，等.利君公司新药研发项目组合选择与投资决策 [EB]. 中国管理案例共享中心案例库，2023-03.]

7.1 投资决策分析的含义

投资决策主要涉及的是企业长期投资决策的内容。长期投资决策对企业来说具有长远的战略意义，它会在比较长的时间内对企业的经营产生影响，是企业实现健康发展的关键，所以企业在作出长期投资的决策时要充分考虑各方面影响因素。

《管理会计应用指引第 500 号——投融资管理》中对投资管理的定义为：投资管理是指企业根据自身战略发展规划，以企业价值最大化为目标，对将资金投入营运进行管理的活动。本章所讲的投资决策是指运用一定的科学理论、方法和手段以及程序，对企业面临的多个投资方案进行分析、评价和选择，最终确定出最佳的投资方案的过程。长期投资是指企业需要投入大量资金，以增加企业的生产经营能力并期望在未来获取收益的经济活动。长期投资一般投资期间涵盖的时间跨度大，要长于一年，一般投资所需要的资金量大，所面临的风险也大，投资的回收期较长，比如厂房和设备购建、更新等。广义上的长期投资，既包括固定资产的投资，也包括无形资产、长期流动资产或者长期有价证券的投资；狭义上的长期投资通常只涉及固定资产的投资，因为在长期资产中，固定资产往往占有很大的比重。

总而言之，企业的长期投资决策是对企业各种长期投资方案的投资支出和投资收入进行比较、分析、判断和评价，以做出投资决定和投资选择，即从备选方案中选择出最优方案的过程。

由于长期投资资本性支出的特性，它对企业未来的可持续发展具有重大的影响，长期投资的决策正确与否，与企业的长期获利能力也有着紧密的联系。企业应建立健全投资管理的制度体系，根据组织架构特点，设置能够满足投资管理活动所需的制度内容，由业务、财务、法律及审计等相关人员组成的投资委员会或类似决策机构，对重大投资事项和投资制度建设等进行审核，有条件的企业可以设置投资管理机构，组织开展投资管理工作。企业一般按照制定投资计划、进行可行性分析、实施过程控制和投资后评价等程序进行投资管理。本章投资决策分析主要是针对一项长期投资项目的可行性分析（即项目是否值得投资），企业在做决策时通常会采用一些具体的分析方法，下面对两个主要内容分别加以阐述。

7.2 投资决策分析的基础

长期投资决策的投资风险大，对企业的现阶段状况以及未来的发展具有重大的影响。因此，企业在进行长期投资决策时，要对影响长期投资项目经济效益的一些因素进行慎重考虑，这些因素包括风险与报酬、货币的时间价值、资本成本和现金流量。

7.2.1 风险与报酬

企业进行投资就是为了获得一定的报酬，但进行投资就一定伴随着一定程度的风险，因为企业处在一个极其复杂的市场环境中，面临着各种不确定因素的干扰和威胁。企业无法获得预期报酬的可能性称为风险。企业承受着投资的风险而想要获得的超过货币的时间价值的额外的报酬，称为风险报酬。一般来说，投资项目的风险与报酬存在着一定程度上的正比关系，一般风险越大，所要求的报酬就越高，报酬低的项目其风险也会较低，否则没有人愿意进行投资。

7.2.2 货币的时间价值

进行长期投资决策时，货币的时间价值是必须要考虑的重要因素，它揭示了一定时空条件下运动中的货币具有增值性的规律。

货币的时间价值是指货币经过一段时间的投资和再投资所增加的价值,是在不考虑风险报酬和通货膨胀因素情况下的真实报酬。它是指资金会随着时间的推移而增加的价值,即一定量的资金在不同的时点上具有不同的价值,其实质是资金周转使用后的增加额。

货币时间价值有绝对数和相对数两种表现形式,一般用利息、利率或者折现率的形式来体现。货币时间价值的绝对数表示的是使用货币的机会成本,也就是我们所说的利息。货币时间价值的相对数形式表示的是货币的时间价值率,即增值额与投入的本金之比,是在排除风险因素和通货膨胀因素之后的社会平均资本利润率或者是平均报酬率,在一定条件下可视为存款利率。在实际生活中,货币的时间价值通常用相对数来表示。

货币资金之所以具有时间价值,是因为它的循环使用和周转,这是货币在作为资本使用的过程中才存在的现象,而且只有在生产经营的周转使用过程中才能产生。对于企业来说,它的资金循环和周转使用的起点是投入货币资金,企业用它来购买生产经营需要的资源,然后利用所购买的资源进行生产活动,生产出可以出售的产品,将这些产品销售出去,销售产品所得到的资金量会大于起始时点投入的资金量。因此,在商品经济中,货币必然具有时间价值。

要进行与货币的时间价值相关的计算,首先要弄明白一些基础的概念和计算的方法。

现值,也称为本金,是指在以后某期收到或者付出的资金在当前时点的价值,可以将其看作是未来的现金流在零期的价值,可以简单地理解为,现值就是在当前时点收到的款项或者付出的款项的价值。

终值,也就是我们通常所说的本利和,又称为将来值,是指现在一定量的资金在将来某个时点上的价值。

年金是指等期、等额的系列收支款项。它的特征有以下几点:每笔款项发生的时间间隔相同,每笔款项发生的数额相同,流入、流出的方向一致。生活中常见的年金有消费时的分期付款、领取养老金、分期偿还借款等。

货币时间价值的计算还需要区分单利和复利两种计息情况。

单利是指计算利息的基础只包括本金,不对利息计算利息。

复利是指在计算本期的利息时以上期的本利和为基础。

在计算时,通常使用符号来代替有关的概念,其含义如下:

P 为现值;F 为终值;A 为年金;i 为利率;n 为期数。

1. 单利的相关计算

(1)以单利方式计息,其终值的计算公式为:

$$F = P \times (1 + n \times i) \qquad (7-1)$$

【例7-1】甲企业将1 000元存入银行,定期三年,假定银行的年利率为10%,那么,这些资金三年后的终值是多少?

解:这些资金三年后的终值为:

$$F = 1\,000 \times (1 + 3 \times 10\%) = 1\,300\,(元)$$

(2)在单利计息方式下,根据其终值计算公式,变形后可以得到其现值计算公式为:

$$P = F / (1 + n \times i) \qquad (7-2)$$

【例7-2】假定银行利率为10%,甲企业现在想存入一笔款项到银行,三年后想得到1 000元,那么甲企业现在需要存入多少元?

解：$P=1\,000/(1+3\times10\%)=769.23$（元）

在实际生活中，货币时间价值不采用单利的方式来表示，而一般都用复利来表示，因为企业获得了收益之后往往会重新投资到生产经营中的资金使用和周转中去，而不是让收益闲置下来，这与复利的原理相似。

2. 复利的相关计算

（1）复利终值是指当前时点一定数额的本金（现值）按照复利计算方法计算出来的、将来某一时点的本利和（终值）。复利终值的计算公式如下：

$$F=P\times(1+i)^n$$

在上面公式中，$(1+i)^n$ 通常用 $(F/P, i, n)$ 的形式来表示，公式可写成：

$$F=P\times(F/P, i, n) \quad (7-3)$$

$(F/P, i, n)$ 为复利终值系数，其数值可以通过查找复利终值系数表得到。

从复利终值的计算公式可以看出，复利计算方法下的利息是以指数的形式增长的，增长的速度会越来越快。

【例7-3】 甲企业用 1 000 元进行一项投资，该投资项目的投资报酬率为 10%，那么，三年后，甲企业可以得到的终值为多少？

解：三年后终值为：

$$F=P\times(F/P, i, n)$$
$$=1\,000\times(F/P, 10\%, 3)$$
$$=1\,000\times1.331$$
$$=1\,331（元）$$

$(F/P, 10\%, 3)$ 数值可以通过 $i=10\%$，$n=3$ 查复利终值系数表得到，也可以通过计算 $(1+10\%)^3$ 得到。

（2）根据复利终值的计算公式，经过变形可以得出复利现值的计算公式：

$$P=F/(1+i)^n$$

同样地，上式中的 $1/(1+i)^n$ 可以用 $(P/F, i, n)$ 来表示：

$$P=F\times(P/F, i, n) \quad (7-4)$$

$(P/F, i, n)$ 称为复利现值系数，它的值可以通过查复利现值系数表得到。

【例7-4】 假定甲企业计划现在投资一个项目，该项目的投资报酬率为 10%，投资期为 3 年，如果甲企业在 3 年期满时可以收回 1 000 元，那么，该投资项目的价值是多少？

解：投资项目的价值等于其未来带来的现金净流量的现值：

$$P=F\times(P/F, i, n)$$
$$=F\times(P/F, 10\%, 3)$$
$$=1\,000\times0.751\,3$$
$$=751.3（元）$$

3. 年金的相关计算

年金根据形式的不同可以分为普通年金、预付年金、递延年金和永续年金这四种形式。

（1）普通年金的终值和现值的计算。普通年金，也叫作后付年金，是指在各期的期末等额收付的款项，这是年金最典型的形式。普通年金终值是指一定期间每期期末等额的系列收付款项的终值之和。

普通年金终值的计算公式如下：

$$F = A \times \frac{(1+i)^n - 1}{i}$$

$$= A \times (F/A, i, n) \quad (7-5)$$

其中 F 为普通年金终值，$(F/A, i, n)$ 叫作普通年金终值系数，可以通过查普通年金终值系数表得到。

【例 7-5】 甲企业连续三年每年年末向银行中存入 1 000 元，假定利率为 10%，那么三年后其本利和为多少？

解：三年期满本利和为：

$$F = A \times (F/A, i, n)$$
$$= 1\,000 \times (F/A, 10\%, 3)$$
$$= 1\,000 \times 3.310$$
$$= 3\,310（元）$$

【例 7-6】 甲企业三年后要还借款 1 000 元，假定银行存款利率为 10%，那么从现在开始，甲企业每年年末要存入银行多少元？

解：根据式（7-5）$F = A \times (F/A, i, n)$ 可得：

$$A = F/(F/A, i, n)$$
$$= 1\,000/(F/A, 10\%, 3)$$
$$= 1\,000/3.310$$
$$= 302.11（元）$$

$1/(F/A, i, n)$ 是普通年金终值系数的倒数，又叫作偿债基金数，例 7-5 的逆计算为偿债基金的计算，它表示为了将来可以偿还借款每年年末要等额存入的款项金额。

普通年金现值为一定时期内每期期末等额系列收付款项的现值之和。其计算公式如下：

$$P = A \times \frac{1 - (1+i)^{-n}}{i}$$

$$= A \times (P/A, i, n) \quad (7-6)$$

P 为普通年金现值，$(P/A, i, n)$ 为普通年金现值系数，其数值可以通过普通年金现值系数表查到。

【例 7-7】 甲企业在以后的 5 年中每年年末在银行等额存入 1 000 元，假定银行存款利率为 10%，那么甲企业现在相当于能取出多少钱？

解：甲企业现在要存入的金额为：

$$P/A = A \times (P/A, i, n)$$
$$= 1\,000 \times (P/A, 10\%, 5)$$
$$= 1\,000 \times 3.791$$
$$= 3\,791（元）$$

【例 7-8】 甲企业从银行借入 1 000 元，定期 5 年，假定银行贷款利率为 10%，银行要求甲企业在 5 年内每年年末等额偿还，那么，甲企业每年年末的还款金额为多少元？

解：根据式（7-6）$P = A \times (P/A, i, n)$ 变形可得：

$$A = P/(P/A, i, n)$$

$$=1\,000/(P/A, 10\%, 5)$$
$$=1\,000/3.791$$
$$=263.78（元）$$

$1/(P/A, i, n)$ 为普通年金现值系数的倒数，又称为投资回收系数，例 7-8 为资本回收额的计算，它表示收回一笔现在进行的投资以后期间必须等额收回的款项金额。

（2）预付年金的终值和现值的计算。预付年金又叫先付年金，它是指每期期初进行等额收付的年金。预付年金的终值是指在复利计息的方式下，一定时期内每期期初等额收付的款项的终值之和。其计算公式如下：

$$F = A \times \frac{(1+i)^n - 1}{i} \times (1+i)$$
$$= A \times [\frac{(1+i)^{n+1} - 1}{i} - 1]$$
$$= A \times [(F/A, i, n+1) - 1] \qquad (7-7)$$

式中：F——预付年金终值；

A——预付年金；

$[(F/A, i, n+1) - 1]$——预付年金终值系数。

对比式（7-5）与式（7-7）可以发现，预付年金终值系数与普通年金终值系数之间有一定的关系。普通年金终值系数中的期数加 1、系数减 1 得到的结果就是预付年金终值系数。因此，预付年金终值系数在查年金终值系数表时，要查 $n+1$ 期的数值，然后将查到的系数值减去 1，这样得到预付年金终值系数值。

【例 7-9】 甲企业在未来的第三年中于每年年初在银行存入 10 000 元存款，假定银行存款利率为 10%，那么，三年后甲企业可以得到多少款项？

解：三年后甲企业可以得到的款项金额为：

$$F = A \times [(F/A, i, n+1) - 1]$$
$$= 10\,000 \times [(F/A, 10\%, 3+1) - 1]$$
$$= 10\,000 \times (4.641 - 1)$$
$$= 36\,410（元）$$

预付年金现值是指在复利计息的方式下，一定时期内每年年初等额收付的款项的现值之和。其计算公式如下：

$$P = A \times \frac{1 - (1+i)^{-n}}{i} \times (1+i)$$
$$= A \times [\frac{1 - (1+i)^{-(n-1)}}{i} + 1]$$
$$= A \times [(P/A, i, n-1) + 1] \qquad (7-8)$$

式中：P——预付年金现值；

A——预付年金；

$[(P/A, i, n-1) + 1]$——预付年金现值系数。

对比式（7-6）与式（7-8）可以看出，预付年金现值系数与普通年金现值系数存在一定的关系。将普通年金现值系数的期数减去 1、系数加上 1 即可得到预付年金现值系数。因此，预付年金现值系数可以通过查年金现值系数表得 $n-1$ 期的系数值再加上 1 得到。

【例7-10】 甲企业想要未来三年内每年年初都能从银行取出 1 000 元现金，假定银行存款利率为 10%，那么甲企业应该在第一年年初存入多少资金？

解：甲企业应该在第一年年初存入银行的资金金额为：

$$P=A\times[(P/A, i, n-1)+1]$$
$$=1\,000\times[(P/A, 10\%, 3-1)+1]$$
$$=1\,000\times(1.736+1)$$
$$=2\,736（元）$$

（3）递延年金终值与现值的计算。递延年金是指第一次收付款项发生在第二期或者第二期以后的年金。其计算终值的方法与普通年金的计算方法相类似，递延年金在有收付款项活动的期限内可以将其看作普通年金，递延年金的终值就是收付期的普通年金的终值，与递延的期数无关。但对于递延年金现值的计算，确定递延的期数则十分重要。

递延期数用 m 表示。计算递延年金现值一般有以下三种方法。

方法一：将递延年金看作收付期内（n 期）的普通年金，利用普通年金现值的计算方法计算出递延期期末的现值，然后将递延期期末的现值折现到第一期期初。计算公式为：

$$P=A\times(P/A, i, n)\times(P/F, i, m) \qquad (7-9)$$

方法二：其原理与方法一类似，都是将递延年金看作收付期内（n 期）的普通年金，利用普通年金终值的计算方法计算出期末的终值，然后将期末的终值折现到第一期期初。计算公式为：

$$P=A\times(F/A, i, n)\times(P/F, i, n+m) \qquad (7-10)$$

方法三：假定包括递延期在内的整个期间都进行年金的收付，首先根据普通年金现值的计算方法求出年金现值，然后将实际不进行收付的递延期扣除。计算公式为：

$$P=A\times[(P/A, i, n+m)-(P/A, i, m)] \qquad (7-11)$$

【例7-11】 甲企业从银行取得一笔借款，定期5年，假定银行贷款利率为10%，前两年不用还款，从第三年年末开始分三期等额偿还 1 000 元，那么，甲企业还款额的现值是多少？

解：甲企业还款额的现值为：

方法一：$P=A\times(P/A, i, n)\times(P/F, i, m)$
$$=1\,000\times(P/A, 10\%, 3)\times(P/F, 10\%, 2)$$
$$=1\,000\times2.487\times0.826$$
$$=2\,054.26（元）$$

方法二：$P=A\times(F/A, i, n)\times(P/F, i, n+m)$
$$=1\,000\times(F/A, 10\%, 3)\times(P/F, 10\%, 3+2)$$
$$=1\,000\times3.310\times0.621$$
$$=2\,055.51（元）$$

方法三：$P=A\times[(P/A, i, n+m)-(P/A, i, m)]$
$$=1\,000\times[(P/A, 10\%, 3+2)-(P/A, 10\%, 2)]$$
$$=1\,000\times[3.791-1.736]$$
$$=2\,055（元）$$

（4）永续年金现值的计算。永续年金是指无限期等额收付的年金。由于永续年金不存在终止的时间，因此永续年金不存在终值的计算，只能计算现值。永续年金现值的计算公式可以参照普通年金现值的计算公式：

$$P = A \times \frac{1-(1+i)^{-n}}{i}$$

因为永续年金无限期，因此当 $n \to \infty$ 时，$(1+i)^{-n} \to 0$，公式变成以下形式：

$$P = A/i \tag{7-12}$$

【例 7-12】甲企业想要建立一项永久的奖金发放制度，希望在未来每年年末都可以从银行取出 10 万元来奖励业绩最好的工作人员，假设银行存款利率为 10%，那么企业想要一直维持该制度，现在需要一次性存入银行多少款项？

解：甲企业现在需要一次性存入的款项金额为：

$$P = A/i = 10/10\% = 100（万元）$$

一般地，企业在进行长期投资决策分析时，必须把货币的时间价值考虑进来，因为将货币换算到相同的时间点上，是货币量比较的基础。考虑货币的时间价值之后，对投资所作出的分析才能更合理，作出的投资决策才能更趋于准确。如果处于通货膨胀期，还要将通货膨胀的影响考虑进来，因为它也会对货币的价值产生影响。

7.2.3 资本成本

资本成本是指企业筹集或者使用资本所要付出的代价。资本的来源不同，所要付出的资本成本也会不同。

1. 个别资本成本

个别资本成本是指通过各种融资方式筹得资金付出的成本，主要有借款资本成本、债券资本成本、普通股资本成本、优先股资本成本以及留存收益资本成本。

（1）借款资本成本。借款资本成本的计算公式为：

$$K = \frac{I(1-t)}{P(1-f)} = \frac{i(1-t)}{1-f} \tag{7-13}$$

式中：K——借款资本成本；
　　　I——借款利息；
　　　P——借款总额；
　　　t——为所得税税率；
　　　f——借款筹资费率；
　　　i——为借款利息率。

【例 7-13】甲企业从银行取得 5 年期借款 50 万元，年利率为 10%，筹资费率为 0.1%，每年年末付息，到期一次偿还本金。甲企业适用的所得税税率为 25%，现要求计算甲企业该笔长期借款的资本成本。

解：甲企业借款的资本成本率为：

$$K = [10\% \times (1-25\%)]/(1-0.1\%) = 7.51\%$$

（2）债券资本成本。债券资本成本的计算公式为：

$$K = \frac{I(1-t)}{P(1-f)} = \frac{B \cdot i(1-t)}{P(1-f)} \tag{7-14}$$

式中：K——债券资本成本；
　　　I——债券年利息；
　　　P——债券筹资总额；

t——所得税税率；
f——债券筹资费率；
B——债券面值总额；
i——债券年利率。

【例7-14】 甲企业通过发行债券筹集110万元资金，面值100元，发行价格110元，债券的票面利率为10%，发行筹资费率为1%，所得税税率为25%，计算甲企业的债券资本成本。

解：甲企业的债券资本成本率为：
$$K=[100×10%×(1-25%)]/[110×(1-1%)]=6.89%$$

（3）普通股资本成本。普通股资本成本的计算公式如下：
$$K=\frac{D}{P(1-f)}+G \qquad (7-15)$$

式中：K——普通股资本成本；
D——预计第一年普通股股利；
P——普通股筹资总额；
f——普通股筹资费率；
G——普通股股利增长率。

【例7-15】 甲企业通过发行普通股筹集资金，每股面值1元，发行价格每股5元，筹资费率3%，第一年年末预计股利0.5元/股，预计以后每年的股利增长率为2%，现要求计算甲企业普通股资本成本。

解：甲企业普通股资本成本率为：
$$K=0.5/[5×(1-3%)]+2%=12.31%$$

（4）优先股资本成本。优先股资本成本的计算公式如下：
$$K=\frac{D}{P(1-f)} \qquad (7-16)$$

式中：K——普通股资本成本；
D——优先股股利；
P——优先股筹资总额；
f——优先股筹资费率。

【例7-16】 甲企业通过发行优先股股票进行筹集资金活动，每股发行价格10元，每年支付优先股利1元，发行费率为2%，计算甲企业的优先股资本成本。

解：甲企业的优先股资本成本率为：
$$K=1/[10×(1-2%)]=10.20%$$

（5）留存收益资本成本。留存收益资本成本计算公式如下：
$$K=\frac{D}{P}+G \qquad (7-17)$$

式中：K——留存收益资本成本；
D——预计第一年年末普通股股利；
P——普通股筹资总额；
G——预计普通股股利增长率。

【例7-17】 承例7-15，假定甲企业留存收益100万元，计算甲企业的留存收益资本成本。

解：甲企业的留存收益资本成本率为：
$$K=0.5/5+2\%=12\%$$

2. 综合资本成本

综合资本成本，又叫作加权平均资本成本，它是以各种资本占全部资本的比重为权数，对个别资本成本进行加权平均计算得出的，其计算公式为：

$$K_W=\sum W_j K_j \tag{7-18}$$

式中：K_W——加权平均资本成本；

W_j——某种方式筹资总额占全部资本总额的比重；

K_j——该种方式筹资的资本成本。

【例7-18】 假定甲企业的全部资本中，银行借款占20%，债券占20%，普通股占30%，优先股占10%，留存收益占20%，它们的资本成本分别为6%、7%、13%、10%、12%，计算甲企业的综合资本成本。

解：甲企业的综合资本成本率为：
$$K_W=20\%\times 6\%+20\%\times 7\%+30\%\times 13\%+10\%\times 10\%+20\%\times 12\%=9.9\%$$

资本成本在进行项目投资决策时也是一个必须考虑的重要因素。如果一个投资项目预计可以获得投资报酬大于进行该项投资所要付出的资本成本，那么该项目有利可图，可以进行投资；如果一个投资项目预计可以获得的投资报酬小于所要付出的资本成本，也就是说，投资项目的收益弥补不了所付出的资本成本，那么投资该项目的方案就不可行。

7.2.4 现金流量

投资项目的现金流量是指在其计算期内的现金和现金等价物的流入和流出的数量。投资项目所引起的现金流入量和现金流出量是在进行投资决策时要考虑的一个重要因素，因为投资项目的支出和收回一般都是以现金的支出和收入为基础的。从项目投资开始到收回投资的整个投资过程中，投资项目的现金流量通常由三个部分组成。

（1）初始投资现金流量。初始投资现金流量是指从项目开始投资到开始投入使用（即建设期）发生的现金流量，一般包括固定资产的投资、流动资产的投资以及相关的各项费用等。

（2）营业现金流量。营业现金流量是指在项目投入使用后，在其生产经营期内由于生产经营活动带来的现金流入量减去现金流出量，计算公式为：

$$营业现金流量 = 营业收入 - 付现成本 - 所得税 \tag{7-19}$$

或者，

$$营业现金流量 = 税后利润 + 折旧 \tag{7-20}$$

（3）终结现金流量。终结现金流量是指投资项目寿命完结时发生的现金流量，主要包括原来垫支的流动资金的收回以及固定资产的残值收入或变价收入。

【例7-19】 甲企业计划投资一个项目，该项目购买固定资产需要花费100万元，可以使用5年，预计净残值为0，采用直线法折旧，另外需要垫支流动资金20万元。购买到的设备不需要安装，可以立即投入使用。该项目每年可以带来100万元的收入，第一年的付现成本为40万元，因维修费用的存在，以后每年的付现成本都会比前一年增加2万元。企业适用的所得税税率为25%。要求：计算甲企业该投资项目现金流量。

解：①初始投资现金流量为：

$$-100-20=-120（万元）$$

②营业现金流量为：

$$年折旧额 =100/5=20（万元）$$

各年营业现金流量计算如表 7-1 所示。

表 7-1 各年营业现金流量表 单位：万元

项目	第一年	第二年	第三年	第四年	第五年
营业收入	100	100	100	100	100
付现成本	40	42	44	46	48
税前现金流量	60	58	56	54	52
折旧	20	20	20	20	20
应税所得	40	38	36	34	32
所得税	10	9.5	9	8.5	8
税后现金流量	50	48.5	47	45.5	44

③终结现金流量为 20 万元。

该投资项目计算期内的现金流量情况如表 7-2 所示。

表 7-2 投资项目计算期内的现金流量表 单位：万元

	第一年年初	第一年年末	第二年年末	第三年年末	第四年年末	第五年年末
初始投资现金流量	−120					
营业现金流量		50	48.5	47	45.5	44
终结现金流量						20
项目现金流量	−120	50	48.5	47	45.5	64

7.3 投资决策分析的基本方法

企业在进行长期投资决策时，评价和分析一个投资项目是否值得投资的方法有好多种，根据这些方法是否考虑货币的时间价值可以分为两类：一类是不考虑货币的时间价值的静态分析法，另一类是考虑货币的时间价值的动态分析法。本章只介绍几种较常用的分析方法。

7.3.1 静态分析法

静态分析法是指不考虑货币的时间价值，直接计算投资项目带来的现金流量来分析、评价投资项目是否具有可行性的分析方法。常用的投资决策静态分析法主要有投资回收期法和投资报酬率法两种。

1. 投资回收期法

投资回收期是指以投资项目带来的现金流量来回收初始投资额所需要的时间，一般用年来表示。一般来说，投资回收期越短，收回投资用时越短，投资项目所承担的风险就越小；反之，投资回收期越长，收回投资用的时间也就越长，所面临的不确定性因素就越多，投资项目所承担的风险也越大。在考虑投资回收期时，一般还要考虑投资项目涉及的固定资产的可使用寿命，投资回收期不能长于固定资产的使用寿命，否则投资具有较大的风险。

关于投资回收期的计算问题，首先讲述简单化的处理方式。如果一个投资项目每年带来的现金净流量数额都相等，那么投资回收期的计算可以使用公式：

$$投资回收期 = 投资总额 / 年现金净流量 \qquad (7-21)$$

但一般来说，投资项目每年带来的现金净流量不会巧合地每年都相等，大多数是年现金净流量不相等的情况，其投资回收期的计算利用下面例题来进行相关说明。

【例 7-20】 甲企业面临一项五年期的投资项目，所需要的投资总额为 100 万元，资金投入立即可以得到回报，各年预计可带来的现金净流量分别为 22 万元、24 万元、29 万元、32 万元、35 万元。要求：计算甲企业该投资项目的投资回收期。

要计算甲企业该投资项目的投资回收期，首先要计算该投资项目的现金流量，如表 7-3 所示。

表 7-3　投资项目现金流量计算表　　　　　　　　　　单位：万元

年份	年现金净流量	累计现金净流量
0	-100	-100
1	22	-78
2	24	-54
3	29	-25
4	32	7
5	35	42

解：从表中数据可以看出，该投资项目的累计现金净流量在第 4 年由负值变为正值，因此，投资回收期是在第 3 年到第 4 年之间。第 3 年累计现金净流量为 -25 万元，第 4 年的年现金净流量为 32 万元，因此，该项目的投资回收期为 3+25/32=3.78（年）。

进行投资回收期的计算，很容易将一个投资项目收回投资总额所需要的期限计算出来，将其与行业投资项目的投资回收期作比较，可以简要判断该投资项目是否可以考虑进行投资。

2. 投资报酬率法

投资报酬率是指投资项目投产后，正常生产经营期的年息税前利润与投资总额的比值。在投资项目的经营期内，各年的年息税前利润的变化可能较大，这时的投资报酬率指的是经营期内年平均息税前利润占投资总额的比率。

投资报酬率的计算公式为：

$$投资报酬率 = 年（平均）息税前利润 / 投资总额 \qquad (7-22)$$

【例 7-21】 假定甲企业某投资项目投资总额为 100 万元,预计 5 年经营期内的年息税前利润分别为 15 万元、20 万元、18 万元、22 万元、19 万元,要求计算甲企业该投资项目的投资报酬率。

解:年平均息税前利润 =(15+20+18+22+19)/5=18.8(万元)

甲企业该投资项目的投资报酬率 =18.8/100=18.8%

投资报酬率可以更加直观地反映出投资 1 元所能带来的年息税前利润,易于比较不同投资项目所带来的经济效益。

投资回收期法与投资报酬率法这两种静态分析方法,在计算指标时都没有把货币的时间价值考虑进来,因此它们只能作为分析投资方案的辅助工具,与其他分析方法结合起来使用会取得更好的效果。

7.3.2 动态分析法

管理会计应用指引将长期投资决策的动态分析方法称为贴现现金流法,包括净现值法、现值指数法和内含报酬率法三种基本方法。《管理会计应用指引第 501 号——贴现现金流法》将贴现现金流法定义为一种以明确的假设为基础,选择恰当的贴现率对预期的各期现金流入、流出进行贴现,通过贴现值的计算和比较,为财务合理性提供判断依据的价值评估方法。它是投融资管理领域常用的管理会计工具方法,适用于在企业日常经营过程中,与投融资管理相关的资产价值评估、企业价值评估和项目投资决策等。

企业应用贴现现金流法,一般按以下程序进行。

(1)估计贴现现金流法的三个要素,即贴现期、现金流、贴现率;

(2)在贴现期内,采用合理的贴现率对现金流进行贴现;

(3)进行合理性判断;

(4)形成分析报告。

应用贴现现金流法最重要的一个方面是贴现期、现金流、贴现率的确定。企业应充分考虑标的特点、所处市场因素波动的影响以及有关法律法规的规定等,合理确定贴现期、现金流和贴现率。贴现期可采用项目已有限期,尤其要注意标的资产的技术寿命期限对合同约定期限或者法定使用期限的影响;现金流需要充分考虑并分析项目的资本结构、经营状况、发展前景、影响项目运行的市场行业因素和宏观经济因素后作出合理预测;贴现率应根据市场回报率和标的项目本身的预期风险来确定,要与贴现期、现金流相匹配。

1. 净现值法

净现值(NPV)是指将投资方案在未来期间所获得的净现金流量,按照一定的折现率折算成总现值,然后减去初始投资额折成的现值之后的差额。用净现值的大小来分析评价一个投资项目的方法叫作净现值法。净现值法的关键问题是如何确定计算时使用的折现率,一般采用以下几种方式来确定折现率:①根据企业进行项目投资时所要求的最低的投资报酬率来确定;②根据投资的资本成本来确定;③以行业平均资金收益率作为折现率。

如果一个投资项目的净现值大于 0,那么说明该投资项目可以获得的投资报酬率大于选定的折现率,投资于该项目的方案是可行的;如果净现值小于 0,则表明该投资项目可得到的投资报酬率小于选定的折现率,投资于该项目的方案则是不可行的。

【例 7-22】 甲企业拟进行一个投资项目,5 年期,需要原始投资 100 万元购买设备,于初始投资时点一次性投入,无须安装,投入后即可使用。设备可使用年限为 5 年,无残值，采用直线法计提折旧。该投资项目每年可带来净利润 25 万元。甲企业采用的折现率为 10%。要求：

（1）计算甲企业投资期内每年的净现金流量。
（2）计算甲企业该投资项目的净现值，并判断该投资方案是否可行。

解：（1）甲企业投资期内每年的净现金流量为：
第 0 年净现金流量 =-100（万元）
第 1~5 年的净现金流量 =25+100/5=45（万元）
（2）甲企业该投资项目的净现值为：

$$NPV=-100+45\times(P/A, 10\%, 5)=-100+45\times 3.790\ 8=70.59（万元）$$

从上面计算结果来看，甲企业该投资项目的净现值为 70.59 万元，大于 0，因此该投资项目可行。

在利用净现值法进行投资决策时，企业面临多个相同投资额的投资项目时，应该选择几个投资项目中净现值较大的进行投资。但各个投资项目的初始投资额不相同时，净现值法则不能将其进行比较。

2. 现值指数法

现值指数是指投资方案的未来净现金流量的现值与初始投资总额现值之间的比值，也叫作获利指数（PI）。其计算公式为：

$$现值指数 = 未来净现金流量现值 / 初始投资额现值$$

它反映的是每 1 元的初始投资所带来的按照预定的折现率折现后的净收益。利用该指标进行投资项目分析来评价投资方案的优劣，这种方法就叫作现值指数法。

利用现值指数进行投资决策时，要将现值指数与 1 进行比较。如果一个投资项目的现值指数大于 1，那么说明该投资项目的投资报酬率大于所选定的折现率，该投资项目方案是可行的；如果一个投资项目的现值指数小于 1，那么说明该投资项目的投资报酬率小于所选定的折现率，该投资项目方案不可行。

【例 7-23】 甲企业面临着 A、B 两项投资项目的决策问题，它们带来的现金流量情况如表 7-4 所示。甲企业使用行业的平均资金收益率 10% 作为投资项目的折现率。

表 7-4 A、B 项目有关现金流量情况表   单位：万元

年份	0	1	2	3	4	5
A 项目现金流量	-200	42	50	56	50	48
B 项目现金流量	-250	76	80	72	70	60

要求：运用现值指数法分析 A、B 两个项目的可行性。

解：A、B 两个项目的现值指数计算如下：
A 项目的现值指数 = (42×0.909 1+50×0.826 4+56×0.751 3+50×0.683 0+48×0.620 9)/200
=185.53/200=0.93
B 项目的现值指数 = (76×0.909 1+80×0.826 4+72×0.751 3+70×0.638 0+60×0.620 9)/250
=271.21/250=1.08

根据对 A、B 两个项目的现值指数的计算可以看出，A 项目的现值指数小于 1，A 项

目不可行；B 项目的现值指数大于 1，B 项目可行。

从现值指数的定义和公式可以看出，现值指数是一个相对指标，其优点是可以在具有不同投资额的多个投资项目之间进行比较。当多个投资项目的现值指数均大于 1 时，企业要选择现值指数大的项目进行投资。

观察净现值法和现值指数法可以发现，它们反映的是投资项目的效果和效率，而对于投资项目带来的报酬率的高低，均不能作出反映，因此，需要另一种方法——内含报酬率法，来反映投资获得的报酬率。

3. 内含报酬率法

内含报酬率（IRR）是指使未来现金流入量现值等于未来现金流出量现值的折现率，也就是说，内含报酬率是净现值等于 0 时的贴现率。根据内含报酬率对投资项目进行分析的方法就是内含报酬率法。

对于一个投资项目来说，如果其内含报酬率大于预定的贴现率，说明该投资项目可行；如果其内含报酬率小于预定的贴现率，那么该投资项目就不可行。

通常，计算一个投资项目的内含报酬率时采用插值法。首先，估计一个贴现率以此来计算项目的贴现值，如果得到的结果大于 0，那么说明估计的贴现率比项目实际的内含报酬率小，此时要选一个更大的贴现率，再一次计算项目的贴现值；如果开始使用估计的贴现率计算出的贴现值小于 0，那么说明估计的贴现率大于项目实际的内含报酬率，此时要减小贴现率并重新计算贴现值。经过多次计算贴现值，找到使贴现值由正变为负（或者由负变为正）的两个相邻的贴现率，根据两对贴现率和贴现值，采用插值法，求出使贴现值为 0 的贴现率，该贴现率即为所求的投资项目的内含报酬率。

【例 7-24】 承例 7-22，求甲企业 A、B 两个项目的内含报酬率。

解：（1）当选定 7% 的贴现率进行计算时，

A 项目的贴现值 =42×0.934 6+50×0.873 4+56×0.816 3+50×0.762 9+48×0.713 0−200
=201.01−200=1.01（万元）>0

然后提高贴现率，用贴现率 8% 进行计算，

A 项目的贴现值 =42×0.925 9+50×0.857 3+56×0.793 8+50×0.735 0+48×0.680 6−200
=195.62−200=−4.38（万元）<0

使用插值法计算 A 项目的内含报酬率：

$$\frac{7\%-8\%}{IRR-8\%}=\frac{1.01+4.38}{4.38}$$

解得，IRR=7.19%。

（2）当预计贴现率选为 14% 进行计算时，

B 项目的贴现值 =76×0.877 2+80×0.769 5+72×0.675 0+70×0.592 1+60×0.519 4−250
=249.44−250=−0.56（万元）<0

然后降低贴现率，选择 13% 进行计算，

B 项目的贴现值 =76×0.885 0+80×0.783 1+72×0.693 1+70×0.613 3+60×0.542 8−250
=255.31−250=5.31（万元）>0

使用插值法计算 B 项目的内含报酬率：

$$\frac{13\%-14\%}{IRR-14\%}=\frac{5.31+0.56}{0.56}$$

解得，IRR=13.90%。

从计算结果可以看出，A 项目的内含报酬率低于行业平均资金收益率，A 项目不可行；B 项目的内含报酬率高于行业的平均资金收益率，B 项目可行。

使用内含报酬率分析投资项目，可以正确反映出投资项目所能带来的投资报酬率，因此，它是评价投资项目时非常重要的指标。它不仅可以在相同投资额的几个项目之间进行比较，也可以在投资额不同的多个投资项目之间进行比较，当多个投资项目方案都可行时，企业应该选择其中内含报酬率较高的项目进行投资。

从动态分析法的几个指标可以看出，与静态分析法相比，其优势是将货币的时间价值考虑进来，其指标的结果比静态分析法下的指标值更可靠，更具有决策的参考性。但是，并不是说根据动态分析法计算的指标进行投资决策就一定正确，因为在进行投资决策时，除了上面所讲的内容要考虑，还有其他的诸多要素需要进行考虑，比如投资面临的宏观市场环境、发展前景、相关资源的利用等，要综合多方面因素，进行全面分析，正确衡量投资的风险和报酬，合理地进行投资活动。企业也可以建立相关的投资决策机制，严格执行，防范投资失误。

7.4 投资决策分析的具体应用

7.4.1 固定资产购买或租赁决策

企业在生产经营过程中往往会遇到生产能力不足的问题，通常要扩大生产规模以提升生产能力，这就涉及新增生产机器设备的问题。添加机器设备的方法通常有租赁和购置两种方式，当企业面临需要新增机器设备的情况时，需要作出租赁还是购置设备的决策。科技飞速发展，设备更新换代速度快，购买新设备不仅需要占用企业的资金，而且可能会在短时间内过时，设备使用时的磨损也会造成企业资源的损耗；租赁设备也可以满足企业的生产需要，但又要付出一定的租金，所以企业要通过科学的决策方式作出购买还是租赁设备的决策。

【例 7-25】甲企业为了占领市场，需扩大生产力，现需新加入一台固定资产设备，以满足生产需要。甲企业面临两种选择，一种是选择购买固定资产设备，需要花费 200 万元，设备使用寿命 10 年，净残值为 10 万元；另一种选择是租赁设备，每年的租赁费用为 32 万元，租赁期为 10 年。企业使用的所得税税率为 25%，最低投资报酬率为 10%。现要求：帮助甲企业作出决策，是选择购买设备还是租赁设备。

解：假定甲企业选择购买设备：
（1）购买设备支付价款 =200（万元）
（2）每年折旧抵税 =(200−10)/10×25%=4.75（万元）
（3）设备残值变现收入 =10（万元）
购买设备现金流出现值 =200−4.75×(P/A, 10%, 10)−10×(P/F, 10%, 10)
=200−4.75×6.144 6−10×0.385 5=166.96（万元）

假定甲企业选择租赁设备：
（1）每年支付租赁费用 =32（万元）
（2）每年租赁费用抵税 =32×25%=8（万元）

租赁设备现金流出现值 $=32\times(P/A,10\%,10)-8\times(P/A,10\%,10)$
$=32\times6.1446-8\times6.1446=147.47$（万元）

计算结果表明，甲企业选择租赁设备的现金流出量现值为147.47万元，小于购买设备的现金流出量166.96万元，所以甲企业应该选择租赁设备。

7.4.2 固定资产更新或修理决策

当前科技飞速发展，机器设备更新频率加快，先进生产设备不仅可以提高生产效率，还可以提升产品的质量，增强企业竞争能力，但更新设备需要投入一定的资金，企业作出这种投资在经济上是否合理，要通过科学的决策方法加以判断。

【例7-26】 甲企业的一台固定资产生产设备已经使用1年，现在甲企业正在考虑是否要更新此设备，新的生产设备与现有旧设备的生产能力相同。新旧设备的相关数据见表7-5。甲企业适用的所得税税率为25%，最低投资报酬率为10%。要求：甲企业应该继续使用旧设备还是应该购买新设备。

表7-5 甲企业新旧设备的相关数据　　　　　　　　　　　　　　单位：元

项目	旧设备	新设备
原价	600 000	600 000
税法规定的残值	60 000	60 000
税法规定使用年限	5	4
已使用年限	1	0
尚可使用年限	4	4
每年营运成本（付现成本）	200 000	150 000
两年后大修费用	200 000	0
实际报废残值	50 000	100 000
目前变现价值	400 000	
每年折旧额（直线法）	108 000	135 000

解：新旧设备的现金流量现值计算如表7-6所示。

表7-6 新旧设备的现金流量现值计算　　　　　　　　　　　　　单位：元

项目	现金流量计算	年次	折现系数	现值
继续使用旧设备：				
每年营运成本（付现）	$-200\,000\times(1-25\%)=-150\,000$	1～4	3.169 9	-475 485
每年折旧抵税	$108\,000\times25\%=27\,000$	1～4	3.169 9	85 587.3
两年后大修费用	$-200\,000\times(1-25\%)=-150\,000$	2	0.826 4	-123 960

续表

项目	现金流量计算	年次	折现系数	现值
残值变现收入	50 000	4	0.683 0	34 150
残值变现收入少纳税	(60 000−50 000)×25%=2 500	4	0.683 0	1 707.5
合计				−478 000.2
购买新设备：				
旧设备变现价值	400 000	0	1	400 000
旧设备变现损失减税	(600 000−108 000−40 000)×25%=113 000	0	1	113 000
设备投资	−600 000	0	1	−600 000
每年营运成本（付现）	−150 000×(1−25%)=−112 500	1～4	3.169 9	−356 613.75
每年折旧抵税	135 000×25%=33 750	1～4	3.169 9	106 984.13
残值变现收入	100 000	4	0.683 0	68 300
残值变现收入多纳税	(60 000−100 000)×25%=−10 000	4	0.683 0	−6 830
合计				−275 159.62

注：表中数据正数为现金流入量，负数为流出量。

计算结果表明，继续使用旧设备的现金流出现值为 478 000.2 元，购买新设备的现金流出现值为 275 159.62 元，继续使用旧设备的现金流出现值大于购买新设备的现金流出现值，因此，甲企业应该选择购买新设备。

在例 7−25 中，新旧设备的生产能力和未来可使用的年限都是相同的，两个方案的优劣可以通过计算其现金流出量的现值进行比较判断。当新旧设备的未来可使用年限不相同时，就要通过计算并比较固定资产的平均年成本来判断两个方案的优劣，企业应考虑选择固定资产平均年成本较低的方案。所谓固定资产平均年成本是指未来使用年限内现金流出量现值与年金现值系数的比值，也就是在考虑货币时间价值的情况下平均每年的现金流出。

【例 7−27】 甲企业目前面临着一项固定资产的更新决策，新旧设备的相关情况见表 7−7。甲企业适用的所得税税率为 25%，最低投资报酬率为 10%。要求：甲企业应该继续使用旧设备还是应该购买新设备。

表 7−7 新旧设备情况表 单位：元

项目	旧设备	新设备
重置成本	80 000	
设备投资		200 000
残值	0	20 000

续表

项目	旧设备	新设备
使用年限	5	8
已使用年限	1	0
尚可使用年限	4	8
每年营运成本（付现）	60 000	50 000
两年后大修成本	40 000	0
每年折旧额（直线法）	20 000	22 500

解：从表中数据可以看出，新旧设备的未来可使用年限不同，因此需要计算比较新旧设备的平均年成本，以作出决策。

继续使用旧设备：

（1）重置成本 =80 000（元）

（2）两年后大修成本现值 =40 000×(1−25%)×(P/F, 10%, 2)

$\qquad$ =40 000×(1−25%)×0.826 4=24 792（元）

（3）折旧抵税现值 =20 000×25%×(P/A, 10%, 4)

$\qquad$ =20 000×25%×3.169 9=15 849.5（元）

（4）营运成本现值 =60 000×(1−25%)×(P/A, 10%, 4)

$\qquad$ =60 000×(1−25%)×3.169 9=142 645.5（元）

旧设备平均年成本 = 现金流出总现值 / 年金现值系数

$\qquad$ =(80 000+24 792−15 849.5+142 645.5)/(P/A, 10%, 4)

$\qquad$ =231 588/3.169 9=73 058.46（元）

购买新设备：

（1）购买新设备支付价款 =200 000（元）

（2）折旧抵税现值 =22 500×25%×(P/A, 10%, 8)

$\qquad$ =22 500×25%×5.334 9=30 008.81（元）

（3）营运成本现值 =50 000×(1−25%)×(P/A, 10%, 8)

$\qquad$ =50 000×(1−25%)×5.334 9=200 058.75（元）

（4）残值变现现值 =20 000×(P/F, 10%, 8)=20 000×0.466 5=9 330（元）

新设备平均年成本 = 现金流出总现值 / 年金现值系数

$\qquad$ =(200 000−30 008.81+200 058.75+9 330)/(P/A, 10%, 8)

$\qquad$ =379 379.94/5.334 9=71 112.85（元）

从计算结果可以看出，继续使用旧设备的平均年成本为 73 058.46 元，购买新设备的平均年成本为 71 112.85 元，购买新设备的平均年成本小于继续使用旧设备的平均年成本。因此，甲企业应该考虑购买新设备。

7.4.3　固定资产购置是分期付款还是一次性付款的决策

企业购置固定资产时往往可以自由选择分期付款或者一次性付款，只需要比较分期付款时付出的现金总现值与一次性付款的金额就可以作出决策。

【例 7-28】 甲企业需要购置固定资产，分期付款每年年末支付 100 万元，需要 6 年付清，假设资本成本率为 12%；现在一次性付款需要 420 万元。要求：选择一种对甲企业更为有利的购买方式。

解：分期付款额现值 $=100 \times (P/A, 12\%, 6)=411.14$（万元）

一次性付款现值 $=420$（万元）

可以看出，对于甲企业来说，选择分期付款的方式更为有利。

7.5　Python 在长期投资决策分析中的应用

如今大数据技术作为一种不可替代的信息技术，给各行各业创造了非常大的优势，为市场的开拓提供了有力的保障，改变了传统的商业运营模式，提高了企业的经济效益。在大数据背景下，大数据分析技术为各行各业的长期决策投资策略的制定提供了有效的数据帮助。

（1）简化计算步骤。利用 Python 等大数据工具进行投资分析决策的计算时，能将繁杂的公式编入一套模型之中，从而简化操作步骤的同时减小人为计算的失误。这帮助企业节约了人工成本和时间成本。

（2）加强企业风险管理能力。企业的长期投资决策，是指企业对各种长期投资方案的投资支出和投资收入进行比较、分析、判断和评价，以作出投资决定和投资选择，即从备选方案中选择最优方案的过程。这与大数据强大的数据处理和预测功能相匹配。利用大数据技术，企业可以更好地获取和筛选相关数据，从而更准确地判断企业投资的收益情况，帮助企业的管理者进行比较、分析、判断以及评价工作。由此，企业在做长期投资决策时能够选择更可靠的数据，从而使得公司战略更准确。

在利用 Python 解决货币时间价值问题时，可将具体的财务公式和专业名词抽象理解为一个统一的模型，并用计算机代码储存下来。

【例 7-29】 某项投资在 2012 年 1 月 1 日起，每年年末支付年金 100 万元，共支付 10 年，年利率是 6.5%，在复利模式下，利用 Python 计算 2022 年 12 月 31 日的终值。

解：利用 for 循环对每年年金进行相加。

```
result=0
for i in range(10):
    result+=100*(1+6.5/100)**i
print(result)
```

终值计算结果为 1 349.44 万元。

利用 Python 构建计算货币时间价值的函数，输入参数为投资额、投资时间、利率、目标时间，输出为投资在目标时间的价值（可能是终值，可能是现值）。货币时间价值计算思路图如图 7-1 所示。

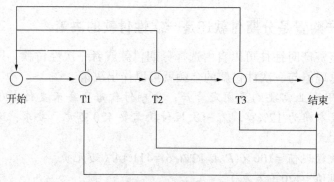

图 7-1 货币时间价值计算思路图

在构建利用 Python 构建货币时间价值函数的时候,应当按照以下几个步骤进行,如图 7-2 所示。

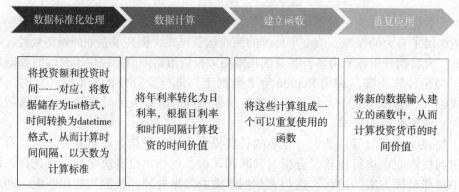

图 7-2 构建货币时间价值函数思路图

【例 7-30】 某公司在 2020 年 5 月 1 日进行某项投资 100 万元,在 2021 年 1 月 1 日追加投资 150 万元,在 2021 年 8 月 1 日再次追加投资 180 万元,年利率为 12%。利用 Python 建立计算 2022 年 12 月 31 日的终值,并基于该案例,构建投资额时间价值函数。

解:(1)数据标准化处理。

```
import pandas as pd
import datetime as dt
# 投资额与投资时间应该是一一对应的,因为有可能有多次投资,所以将其存储为 tuple of list
invest=([100,'2020-5-1'],
        [150,'2021-1-1'],
        [180,'2021-8-1'])
rate_year=0.12
target_time='2022-12-31'
df=pd.DataFrame(invest,columns=['投资额','投资时间'])
# 时间文本转化为 datetime 格式
df['投资时间']=pd.to_datetime(df['投资时间'])
```

```
target=dt.datetime.strptime(target_time,'%Y-%m-%d')
# 计算投资时间到目标时间的时间间隔，结果见表 7-8
df[' 时间间隔 ']=(target-df[' 投资时间 ']).dt.days
df
```

表 7-8 时间价值计算结果

	投资额	投资时间	时间间隔	系数	时间价值
0	100	2020-05-01	974	1.35 312 5	135.312 512
1	150	2021-01-01	729	1.254 011	188.101 587
2	180	2021-08-01	517	1.174 125	211.342 480

（2）数据计算。

```
# 年利率转化为日利率
rate=(1+rate_year)**(1/365)-1
# 计算投资额增长系数
df[' 系数 ']=(1+rate)**df[' 时间间隔 ']
# 计算投资额的时间价值
df[' 时间价值 ']=df[' 投资额 ']*df[' 系数 ']
df
```

（3）构建一个可以重复使用的函数。

```
# 建立一个可以重复使用的函数
def TVM(rate_year,target_time,*invest):
    rate=(1+rate_year)**(1/365)-1 # 转化为日利率
    target=dt.datetime.strptime(target_time,'%Y-%m-%d')
    # 转化为 datetime 格式
    df=pd.DataFrame(invest,columns=[' 投资额 ',' 投资时间 '])
    df[' 投资时间 ']=pd.to_datetime(df[' 投资时间 '])
    df[' 间隔时间 ']=(target-df[' 投资时间 ']).dt.days
    df[' 系数 ']=(1+rate)**df[' 间隔时间 ']
    df[' 时间价值 ']=df[' 投资额 ']*df[' 系数 ']
    return df,df[' 时间价值 '].sum()
    # 输出结果为每笔的投资时间价值与时间价值总额
```

（4）将例题的数据代入该模型中。

```
df1,result1=TVM(0.12,'2022-12-31',[100,'2020-5-1'],[150,'2021-1-1'],[180,'2021-8-1'])
df1
result1
```

价值总额计算结果为 534.76。

【例 7-31】 某公司投资某固定资产需要 2 年建成，每年年初投资 100 万元，共投资 200 万元，该固定资产预计使用 5 年，估计每年税后收入 200 万元，付现成本为每年 120

万元（每年增加 3 万元），所得税税率为 25%，采用直线折旧法，期满无残值。该公司的期望投资回报率为 10%。根据上述材料，该项投资能否满足公司的期望？

解：（1）数据标准化处理。

```
import pandas as pd
pd.options.display.float_format='{:,.2f}'.format
#将数据按 list 的格式存放
data={' 投资成本 ':[1000000,1000000,0,0,0,0,0],
      ' 销售收入 ':[0,0,2000000,2000000,2000000,2000000,2000000],
      ' 付现成本 ':[0,0,1200000,1230000,1260000,1290000,1320000],
      ' 折旧 ':[0,0,400000,400000,400000,400000,400000],}
df=pd.DataFrame(data)
df
```

（2）数据计算。

```
# 计算营业利润＝销售收入－付现成本－折旧
df[' 营业利润 ']=df[' 销售收入 ']-df[' 付现成本 ']-df[' 折旧 ']
# 计算所得税＝营业利润 *25%
df[' 所得税 ']=df[' 营业利润 ']*0.25
# 计算税后营业利润＝营业利润－所得税
df[' 税后营业利润 ']=df[' 营业利润 ']-df[' 所得税 ']
# 计算现金净流量＝税后营业利润＋折旧－投资成本（现金流不包含非付现成本）
df[' 现金净流量 ']=df[' 税后营业利润 ']+df[' 折旧 ']-df[' 投资成本 ']
# 计算折现系数，距离 0 时间点越近，折现的次数越少，折现系数越小
df[' 折现系数 ']=(1+0.1)**df.index#index 代表年数
df[' 现金流折现 ']=df[' 现金净流量 ']/df[' 折现系数 ']
df
```

现金流折现计算结果如表 7-9 所示。

表 7-9　现金流折现计算结果

	投资成本	销售收入	付现成本	折旧	营业利润	所得税	税后营业利润	现金净流量	折现系数	现金流折现
0	1 000 000	0	0	0	0	0.00	0.00	−1 000 000.00	1.00	−1 000 000.00
1	1 000 000	0	0	0	0	0.00	0.00	−1 000 000.00	1.10	−909 090.91
2	0	2 000 000	1 200 000	400 000	400 000	100 000.00	300 000.00	700 000.00	1.21	578 512.40
3	0	2 000 000	1 230 000	400 000	370 000	92 500.00	277 500.00	677 500.00	1.33	509 015.78
4	0	2 000 000	1 260 000	400 000	340 000	85 000.00	255 000.00	655 000.00	1.46	447 373.81
5	0	2 000 000	1 290 000	400 000	310 000	77 500.00	232 500.00	632 500.00	1.61	392 732.74
6	0	2 000 000	1 320 000	400 000	280 000	70 000.00	210 000.00	610 000.00	1.77	344 329.10

```
NPV=df['现金流折现'].sum()
NPV
#计算每年的累计值
df[['现金净流量','现金流折现']].cumsum()
```
累计现金流计算结果如表7-10所示。

表7-10 累计现金流计算结果

	现金净流量	现金流折现
0	−1 000 000.00	−1 000 000.00
1	−2 000 000.00	−1 909 090.91
2	−1 300 000.00	−1 330 578.51
3	−622 500.00	−821 562.73
4	32 500.00	−374 188.92
5	665 000.00	18 543.82
6	1 275 000.00	362 872.91

（3）泛化到一般公式。

```
#定义方程式
from sympy import *
y=0 #初始化y
for i, cf in df['现金净流量'].items():
    x=Symbol("x")
    y=cf/(1+x)**i+y
print(y)
y
#用牛顿迭代法求多次方程的解
def newton(y,x0=0.001,e=1e-6):
    x_n=x0-(y.subs(x,x0)/diff(y).subs(x,x0))
    #diff(y).subs(x,x0) 即y的导数的解
    while abs(x_n-x0)>e:
        x0=x_n
        x_n=x0-(y.subs(x,x0)/diff(y).subs(x,x0))
    return x_n
newton(y)
```

 相关法规

2017年9月29日《管理会计应用指引第500号——投融资管理》；
《管理会计应用指引第501号——贴现现金流法》；

《管理会计应用指引第 502 号——项目管理》。

复习思考题

1. 投资决策分析需要考虑哪些因素？
2. 如何计算单利和复利？
3. 投资项目的现金流量由哪几个部分组成，其计算方法是什么？
4. 投资决策分析常用的静态分析法有哪几种，其指标计算方法是什么？
5. 投资决策分析常用的动态分析法有哪几种，其指标计算方法是什么？
6. 与静态分析法相比，动态分析法具有哪些优点？

练习题

一、单项选择题

1. 一项 100 万元的借款，借款期为 5 年，年利率为 8%；若半年复利一次，年实际利率会比名义利率高出（　　）。
   A. 0.16%　　　　B. 0.2%　　　　C. 0　　　　D. 0.22%
2. 现值指数（　　）就表明该项目具有正的净现值，对企业有利。
   A. 大于 0　　　B. 小于 0　　　C. 大于 1　　　D. 小于 1
3. 下列说法中不正确的有（　　）。
   A. 净现值大于 0，方案可取
   B. 内含报酬率大于资金成本率，方案可行
   C. 使用净现值获利指数与内部报酬率，在评价投资项目可行性时，会得出相同的结论
   D. 内含报酬率是投资项目本身的收益能力，反映其内在获利能力
4. 旧设备的变现价值，应作为继续使用旧设备的（　　）。
   A. 付现成本　　B. 无关成本　　C. 相关成本　　D. 机会成本

二、多项选择题

1. 投资决策分析使用的静态投资指标主要有（　　）。
   A. 投资回收期　　　　B. 投资报酬率　　　　C. 净现值
   D. 内部报酬率　　　　E. 现值指数
2. 投资决策分析使用的贴现指标主要有（　　）。
   A. 会计收益率　　　　B. 内部报酬率　　　　C. 偿还期
   D. 净现值　　　　　　E. 现值指数
3. 关于营业现金，表述正确的有（　　）。
   A. 税后净利润 + 折旧　　　　　　B. 利润 + 折旧 − 所得税
   C. 收入 − 付现成本 + 折旧　　　　D. 收入 − 付现成本 − 所得税
   E. 税后净利润

三、计算题

1. 甲企业将 10 万元存入银行 2 年，年利率为 10%。

（1）如果按单利计息，两年后甲企业可得到的本利和为多少？

（2）如果按复利计息，两年后甲企业可得到的本利和为多少？

2. 甲企业5年后需要10 000元用于投资，打算在5年内每年年末存入等额的款项获得。假定银行存款的年利率为10%，甲企业每年年末应存入多少资金？

3. 甲企业进行一项项目投资，建设期为两年，每年年初需投资50万元，从第3年开始到第5年每年年末可以带来30万元的净现金流量，从第6年开始到第12年每年年末可以带来50万元的净现金流量。

现要求：计算甲企业该投资项目的静态投资回收期。

4. 甲企业的生产经营需要一套固定资产设备，若选择租用，每年的租金费用为6.5万元，租赁期为10年；如果甲企业自行购买，需要支付价款40万元，该设备使用寿命为10年，预计净残值为2万元。假定甲企业使用的贴现率为10%，适用的所得税税率为25%。

现要求：帮助甲企业作出决策，是选择租赁设备还是购买设备。

第8章 全面预算

学习目标：
1. 了解全面预算管理的概念与内涵，理解全面预算管理的本质；
2. 了解全面预算管理组织体系的构成；
3. 掌握全面预算编制的流程和方法；
4. 了解全面预算编制案例，理解全面预算编制过程；
5. 了解 Python 在全面预算分析中的应用，并应用于实践。

引例：中石化的全面预算管理实例

中国石油化工集团有限公司后文（简称"中石化"）是 1998 年 7 月国家在原中国石油化工总公司基础上重组成立的特大型石油石化企业集团，是国务院国资委直属的副部级中央企业。2022 年，中国石化以 401313.5 百万美元的营业收入，在世界五百强中排名第五。

基于企业总体战略目标，中石化重点关注提高预算质量、全面发挥预算效用这一具体目标，借助财务共享中心服务平台，根据其产业基础，打造了支撑集团有效预算管控与反馈的数据中心，以及人才中心和企业的卓越运营中心；同时，以市场化为发展方向，中石化立足于财务共享的服务职能，建立了高效稳定、能为企业创造价值的管理机制，为企业提供专业服务、分析，保障企业预算目标的实现。

然而，财务共享下中石化预算管理中仍存在一些问题，其中较为突出的两个问题为：①预算执行的控制不够严谨。中石化在全面预算管理中，对于事中和事后的预算控制相对重视，而对事前阶段的控制相对忽视，虽然中石化在集团层面上设置了预算管理委员会和预算职能部门，但是在预算执行中相关部门参与性不强；②财务共享中心非数据功能有待加强。预算部门需要利用共享中心的数据和非数据信息来进行分析与决策。目前，中石化的预算分析工作主要是预算管理委员会和预算职能部门开展的，而其他部门只是简单地提供相关的数据信息，这使得许多部门工作人员认为全面预算管理仅是预算管理相关委员会和职能部门的工作职责。

对此，中石化管理人员进行了讨论，目前决定从优化预算执行控制流程和结合财务与非财务数据进行预算分析两个方面入手优化现行预算管理。在优化预算执行控制流程方面，可以借助财务机器人帮助企业对预算进行控制，企业提前对财务机器人设定好相应的处理程序，对预算进行统筹协调以及后续的调整；在财务共享中心，财务机器人可以对各单位预算执行的数据情况进行机器审核与填制，帮助企业预算自动化，减少人为失误造成的负面影响；此外，可以根据不同部门的情况设定一个预警范围，加强预算控制。在结合财务与非财务数据进行预算分析方面，管理层首先要对预算分析程序给予足够的重视，在进行预算分析时，财务共享中心除了提供必要的数据以外，还要提供相关的非数据资料；预算管理部门和预算委员会也要多与各业务部门进行沟通交流，告知各部门有义务、有责任参与全面预算管理，通过与业务部门的接触，寻找是否有资料遗漏，确保预算管理工作中数据资料和非数据资料的真实性、充分性。

［改编自王宇帆. 中石化全面预算管理思考 [J]. 合作经济与科技，2024（17）：94-95.］

8.1 预算与预算管理概述

8.1.1 预算的概念及特征

预算是经法定程序审核批准的国家年度集中性财政收支计划。它规定了国家财政收入的来源和数量、财政支出的各项用途和数量，反映着整个国家政策、政府活动的范围和方向。预算包含的内容不仅仅是预测，还涉及有计划地巧妙处理所有变量，这些变量决定着公司未来努力达到某一有利地位的绩效。

预算具有如下特征：一是必须与企业的战略或目标保持一致；二是作为一种数量化的详细计划，预算是对未来活动的细致、周密安排，是未来经营活动的依据，数量化和可执行性是预算最主要的特征。因此，预算是一种可以据以执行和控制经济活动的、最为具体的计划，是对目标的具体化，是将企业活动导向预定目标的有力工具。

8.1.2 预算管理的内涵

企业的预算管理是以发展目标为指引，以经营预算管理过程和权责划分为纽带，事先制定资源配置规划、事中开展全过程监控、事后进行考评的综合管理手段。具体而言，预算管理的起点通常是预算编制，事前，通过预算编制将对市场环境的预测与公司发展目标相衔接；事中，企业需对编制好的预算的执行情况进行监控，按照一年或一定经营周期对预算执行进行汇总和考核评价；事后，预算管理主要履行评价管理职能。预算管理通过事前计划，事中和事后控制、评价等多种管理职能，为企业价值创造提供重要管理支持。

8.1.3 预算管理与其他管理手段的关系

预算管理作为企业管理体系的重要组成部分，与战略规划和经营计划等管理手段关系密切。

从预算管理与战略规划关系来看，企业战略规划是指依据企业外部环境和自身条件的状况及其变化来制定和实施战略，并根据对实施过程与结果的评价和反馈来调整，制定新战略的过程。预算则是对战略规划的分解，在战略规划被分解为各项详细的计划后，通过预算制定各项详细预算，以指导合理资源分配。

从预算管理与经营计划关系来看，企业经营计划是指根据经营战略决策方案有关目标的要求，对方案实施所需的各种人力、物力和财力资源，从时间和空间上作出统筹规划，具体包括生产计划、材料采购计划、库存计划、薪酬计划、资金计划等。预算的目标与经营计划的目标相一致，都是为了实现企业的战略目标。具体而言，预算是在企业经营计划的基础上，预计为实现这些计划需要的财务投入和支出。两者相互影响，预算的制定需要依据企业经营计划，而经营计划的实现则需要通过预算来提供财务支持；如果预算不合理，将影响预先制定的经营计划的实施效果。

8.2 全面预算概述

预算最早出现于20世纪早期，是西方杜邦、通用汽车、西门子等大型企业用于管理成本和控制现金流的一种工具。到20世纪中后期，预算越来越流行，并逐渐演变成绩效考评的一种手段与企业的激励措施结合发挥着作用。我国在20世纪末才把预算作为一种有效的管控方式引进国内企业。1999年，国家经贸委首次提出了在企业中推行全面预算管理的要求；2006年，财政部在《企业财务通则》中明确了全面预算管理的总体目标；2008年，财政部、证监局、审计署、保监会和银监会联合颁布的《企业内部控制基本规范》中明确要求企业实施全面预算管理制度；2010年，《企业内部控制应用指引》专门针对预算管理制定了第15号指引在上市公司施行；财政部《管理会计应用指引》中也对预算管理的应用进行了指导。一系列行政规章的实施代表着全面预算管理作为一种现代化管理控制方式在国内企业中得到广泛应用。

8.2.1 全面预算的含义

根据《管理会计应用指引第200号——预算管理》定义的全面预算管理，是对企业内部进行管理控制的一种方法，是指企业以战略目标为导向，通过对未来一定期间内的经营活动和相应的财务结果进行全面预测和筹划，科学、合理地配置企业各项财务和非财务资源，并对执行过程进行监督和分析，对执行结果进行评价和反馈，指导经营活动的改善和调整，进而推动实现企业战略目标的管理活动，对现代企业的发展与进步起着巨大的推动作用。

从全面预算管理的方法开始运用以来，它就成为一种标准的作业方法为很多大型企业所运用。最初，全面预算管理在企业中发挥着计划和协调的作用，随着全面预算的发展，它已经成为企业内部管理控制中的核心内容，成为同时兼顾控制、激励、评价等多重作用的综合贯彻企业经营发展战略的管理工具，是一种能把企业所有关键问题纳入一个体系的管理控制方法。

全面预算是指在企业的内部管理控制中，对企业一定时期内与经营相关的各项经营活动、财务表现以及投资活动等方面作出的总体预测。预算是企业计划、协调以及控制等职能得以实现的有效手段，为企业编制全面预算并为其设定完成预算的方式，可以把涉及企业整体目标的所有内部单位和经济活动连接起来，以保证企业战略目标更好地实现。例如，企业内部销售部门根据预测作出预算销售数量，在保证产品质量的同时节约产品成本，保证销售部门预算利润的实现；生产部门根据销售部门的预算销售量进行本期生产计划；采购部门根据生产部门的产品生产数量制定并实施材料采购计划以满足产品生产的需要；财务部门根据预算安排合理的足够数目的资金以满足各部门对资金的需求。

8.2.2 全面预算的作用

全面预算的作用主要有以下几个方面。

（1）全面预算将企业的战略目标具体化，明确了各部门的工作。它把企业的战略目标转化成能够量化的具体目标，并经过分解落实为企业内部各部门单位的目标。它把宏观上的企业战略与微观上的具体企业经济活动联系起来，可以促使企业内部各部门单位明确自己应该达到的经营水平,并根据目标安排具体的经营活动,确保企业整体目标的完成,以保证企业战略目标的实现。

(2)通过实行全面预算,可以使得企业内部的管理更加规范和科学,全面预算也是企业进行管理控制的标准。全面预算一旦制定就要在企业的经营中实施,企业可以通过采取一定的管理控制措施保证经济活动按照预算进行。在按照预算计划执行的过程中,企业内部各部门单位要将实际执行情况的计量和记录与预算进行对比分析,寻找执行与计划的差异及其原因,必要时采取适当的措施加以纠正,以将经济活动控制在预算计划范围内。

(3)全面预算是协调各部门工作的重要方式。企业内部各部门的经济活动都存在着各自的最优化方案,但是每一个局部的最优化并不一定能达到企业整体经营活动的最优化。这时,就需要全面预算在各部门之间的协调作用。企业整体预算并不是局部预算的简单相加,而是要协调各部门各方面的工作以寻求最佳组合,实现企业整体利益的最大化。

(4)实行全面预算便于企业合理进行业绩考核。全面预算将针对企业的经济活动制定的计划以数量和货币的形式表现出来,它是针对企业经济活动所设定的要完成的目标,因此它还可以作为企业内部考核业绩的重要依据,便于企业制定量化的考核标准和奖惩制度。

(5)全面预算可以帮助企业进行自我控制。预算是企业为进行自我控制而制定的一根"标杆",它使得企业内每个预算执行的主体清楚地知道自己的目标是什么、如何去完成预算目标、预算目标的完成与自身利益间的联系等,能够对预算执行的主体起到自我约束和自我激励的作用。

8.2.3 全面预算的内容

全面预算是企业未来一定时期内各项经济活动实施计划与目标的数量说明,它以货币作为主要的计量单位,对企业未来相关的销售、生产、成本、现金收支等经济活动进行规划和反映。它是由一系列的预算按照其经济内容和相互关系有序排列组成的有机体,一个完整的全面预算应该包括经营预算、财务预算和专项预算三大类。

1. 经营预算

经营预算是指与企业日常业务直接相关的、具有实质性的基本业务活动的一系列预算,也叫作业务预算,通常与企业利润表的计算相关。它主要包括销售预算、生产预算、直接材料预算、直接人工预算、制造费用预算、产品成本预算、期末存货预算、销售及管理费用预算,反映的都是收入和费用的构成情况。

2. 财务预算

财务预算是指企业在计划期内反映有关现金收支、经营成果和财务状况的预算。财务预算实际上就是对企业整体的预算,即总预算,各种业务预算和专门预算就称为分预算。财务预算主要包括现金预算表、预计利润表、预计资产负债表三种。

3. 专项预算

专项预算是指企业重大的或不经常发生、需要根据特定决策编制的预算,包括与企业投资活动或者筹资活动等相关的各种预算。

在企业的全面预算体系中,各种预算相互对应、前后衔接,构成了一个完整的预算体系,它们之间的关系如图8-1所示。各项预算的编制详见后文8.5节。

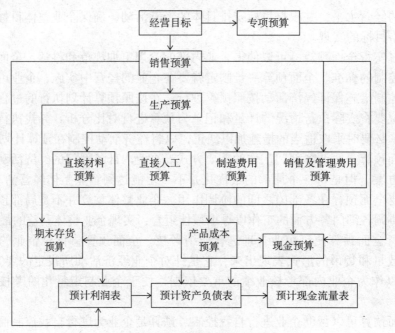

图 8-1 全面预算内容结构图

8.2.4 全面预算的本质

1. 预算不是通常意义上的预测

预测只是进行预算的基础,预算是根据预测的结果提出的应对方案,它针对预测结果预先作出风险防御措施。换句话说,预测是预算的前提,没有预测就没有预算。有效的预算是企业防范风险的重要措施。

2. 预算也不等同于财务计划

从内容来看,企业内部作出的财务计划不是企业全面预算的全部,只是全面预算的一部分,全面预算是包含各个方面的计划,是全方位的。

从预算的形式来看,预算既可以使用货币的形式加以表现,又可以通过实物的形式表现出来,而财务计划则是通过价值形态将其表现出来。

从涉及范围来看,预算是一个综合性的管理系统,它涉及企业的每个部门,涵盖了企业运营的每个方面,而财务计划只涉及企业的财务,主要是由企业的相关财务部门进行计划、执行和控制。

3. 预算管理是一种全面管理机制

预算管理,其根本点就在于通过预算来进行自动管理,它不仅仅是一种单纯的管理方法。作为一种管理机制,预算管理既与市场机制相结合,将市场作为管理的起点,又结合了企业内部管理组织和运行机制。

预算管理适应于公司治理结构,它是一种战略管理,体现着企业的战略目标。

8.3 全面预算管理的组织体系

全面预算管理组织体系是承担预算编制、控制、调整、考核等一系列预算管理活动的责任主体，是企业可以有效开展预算管理的组织基础。在实际的预算管理工作中，要根据企业的组织结构，结合企业的具体管理制度来设置企业的预算管理机构。总体来说，企业设置的预算管理组织体系包括预算管理决策机构、预算管理工作机构、预算管理执行机构三个主要部分，具体构成示意图如图 8-2 所示。

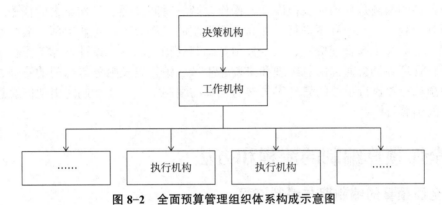

图 8-2　全面预算管理组织体系构成示意图

8.3.1　预算管理决策机构

预算决策机构是对企业全面预算管理具有领导决策权、对全面预算管理重大事项作出决定的组织机构，主要由股东会、董事会、预算管理委员会和公司经理班子构成。该机构在企业预算管理中处于最高层的地位，拥有企业的预算管理的领导权和决策权，主导企业的预算管理工作，对企业的重大预算事项作出决策。企业可以根据自身情况决定是否设立预算管理委员会。一般来说，上市公司要设立专门的预算管理委员会，负责企业的预算管理决策工作；非上市的企业也可设置预算管理委员会，中小企业也可不设预算管理决策机构而直接由企业的负责人或者有相关权限的高层作出决策。预算管理决策机构的主要职责为：审批预算管理制度、审议年度预算草案或者预算调整草案、监控与考核预算执行情况、决定预算管理过程中的重大问题等。

8.3.2　预算管理工作机构

预算管理工作机构是企业内负责预算编制、审核、协调、调整、分析、考评等具体预算管理工作的部门，主要包括预算管理办公室和预算归口管理部门。预算管理办公室负责编制全面预算、过程控制、预算分析及反馈落实等工作，常常需要与企业的财务部门联合办公。因此，企业可以设置单独的预算管理办公室，也可以直接由财务部门或者在财务部门成立专门的团队负责预算管理办公室的工作。但需要注意的是，预算管理办公室的职能不仅包括企业的财务，还应包含经营和投资等方面，因此预算管理办公室的人员组成要包括各方面的专业人员。预算归口管理部门则是因具体项目所需的专业技能不同而分别设置的、负责预算工作的部门，包括预算核算机构、预算监控机构和预算考评机构。这种设置不仅有利于各部门专业能力的发挥,也有利于各个部门预算控制责任的明确。

8.3.3 预算管理执行机构

预算执行机构是指在预算目标实现过程中承担预算执行责任,并享有相应权力和利益的企业内部各个预算责任主体,属于企业内预算执行情况的第一责任人,直接承担本组织的预算编制、预算执行和预算报告的工作,一般为企业内分层级、权责利相结合设置的各预算责任中心,比如车间、部门、班组等,可以具体划分为成本中心、利润中心、投资中心。

全面预算的编制是一项涉及范围广、操作复杂、时间性强、工作量大的任务,为了保证企业预算编制时的工作有序进行,提高预算编制的工作效率,企业内部一般要专门设立预算管理委员会等预算管理机构,赋予其预算编制的相关职责,设计预算工作程序并监督实施。预算管理委员会通常由总经理和采购、生产、销售以及财务等部门的管理人员共同组成。由预算相关执行单位的管理人员参与预算的编制工作,才能制定出他们愿意执行并努力完成的预算目标。

8.4 全面预算编制的流程和方法

8.4.1 全面预算的编制期与编制流程

1. 全面预算的编制期

一般地,为了便于将执行结果与预算进行比较分析,经营预算和财务预算的预算期间与会计期间保持一致,通常为 1 年期。年度预算通常又可以按照季度分解为每个季度的预算,季度预算在相应的季度到来之前又可分解,作出月份的预算。为了预算执行方便,月度预算还可以进一步按照旬或者周分解。专门决策预算则要根据相关决策的具体要求制定。

生产经营的全面预算通常在预算期开始前 3 个月根据预算编制程序开始编制工作,预算期开始前完成编制工程,以便于下个年度生产经营工作的顺利开展。

2. 全面预算的编制流程

全面预算的编制流程与编制方法的选择应与企业现有管理模式相适应。企业一般按照分级编制、逐级汇总的方式,采用自上而下、自下而上、上下结合或多维度相协调的流程编制预算,经过反复修正和完善,最后由相关部门综合平衡之后,以书面形式自上而下传达,将制定完善的预算落实到企业内部各预算执行单位实施。一般来讲,企业的全面预算由上级单位根据以前年度预算的制定和完成情况下达初步的预算指标,然后各预算执行单位根据上级单位下达的指标,结合自身的实际情况,向预算管理委员会申报反映计划的预算指标,预算管理委员会就各预算执行单位申报的预算与各预算执行单位进行反复沟通协调,最后由预算管理委员会制定出一个确定的预算方案,报董事会批准后下达。

企业全面预算编制的基本程序如下。

(1)启动预算编制,检视更新战略规划。预算管理委员会总结上年预算执行情况,结合预算期的经济形势和企业未来发展的战略进行初步评估预测,在此基础上提出企业在预算期的预算目标,同时确定编制预算的政策和方法,将预算目标和政策下达至企业内部各个执行预算的主体。

（2）业务计划与预算编制。企业内部各个预算执行单位根据下达的预算目标和政策，综合考虑自身特点，结合对未来发展的预测，进一步制定出本预算执行单位在预算期内的预算执行方案。

（3）对上报的预算方案进行衡量和审查。企业的预算管理办公室根据各预算执行单位上报的预算方案进行审查、汇总、考虑分析，在综合各个方案的基础上进行平衡，确定最终各预算执行单位的预算方案建议。

（4）审议批准。企业的预算管理办公室督促各预算执行单位对预算方案进行进一步调整和修改，经过不断的修订和完善，企业的预算管理办公室最终确定并编制正式的企业年度预算草案，并将其提交预算管理委员会进行审议批准。

（5）下达预算并执行。企业预算管理委员会审议批准的企业年度预算方案由财务部门对其进行分解，一般在次年3月底前完成分解，形成一系列执行的指标，由预算管理委员会将其逐级下达至各预算执行单位。

8.4.2 全面预算的编制方法

1. 固定预算与弹性预算

按照预算的状态进行划分，预算可以分为固定预算和弹性预算。

（1）固定预算。固定预算也称作静态预算，是以预算期内正常的、可能完成的某一业务量（比如生产量、销售量）水平为固定基础，不考虑可能发生的变动因素而编制预算的方法。固定预算是最传统、最基本的编制预算的方法，它是按照预算期内企业可能实现的经营活动水平确定相应的固定预算数，并以此为依据来编制企业的全面预算的方法。它适用于经营活动水平比较稳定的企业或者是非营利性的企业/组织编制全面预算。

（2）弹性预算。弹性预算又称为变动预算、滑动预算，它与固定预算法相对应，是在变动成本法的基础上，即在分析业务量（业务量是指企业销售量、产量等与预算项目相关的弹性变量）与预算项目之间数量依存关系的基础上，分别确定不同业务量及相对应的预算项目所耗资源，进而形成企业整体预算的预算编制方法。由于使用此方法编制的预算可以随着经营活动水平的不同而变化，具有一定的伸缩性，因此被称为弹性预算。弹性预算法编制预算适用于随着经营活动水平的变化而变化的项目支出，比如企业的原材料的采购数量，主要被市场、产能等存在较大不确定性的企业所采用。通常，弹性预算主要用来编制成本预算和利润预算。根据以上介绍可知，固定预算与弹性预算具有各自的编制方法以及适用企业，两者也具有不同的优缺点，详见表8-1。

表8-1 固定预算与弹性预算的优缺点

	固定预算	弹性预算
优点	编制时需要考虑的因素较少，简便易行	（1）能够适用于不同经营活动水平的变化，使得预算更具有适用性，避免了因实际情况发生变化而需要不断修改预算的情况。 （2）具有可比性

固定预算	弹性预算
缺点　（1）机械呆板。由于采用固定预算方法制定企业的全面预算时要先假定一个经营活动水平，无论预算期内企业的经营活动发生什么变化，都将假定的经营活动水平作为编制预算的基础。 （2）可比性差。如果实际达到的经营活动水平与预算编制时假定的经营活动水平差距较大，有关预算指标的实际数和预算数会因为实际业务量基础的不同而失去可比性。因此，使用固定预算法编制全面预算不利于正确控制、考核和评价企业预算的执行情况	使用该方法编制预算在考核评价实际成本时，往往需要用插补法来计算"实际业务量的预算成本"，比较麻烦

2. 增量预算与零基预算

按照预算编制基础来划分，可以将预算分为增量预算和零基预算。

（1）增量预算。增量预算又称为调整预算，是指以历史期实际经济活动及其预算为基础、结合预算期经济活动及相关影响因素的变动情况，通过调整历史期经济活动项目及金额形成预算的预算编制方法，这是一种传统的预算编制方法。

增量预算法的使用是有前提条件的。

①现有的经营活动是合理且必需的，由于未来是现在的发展和继续，考虑企业的未来时必须以现在为依据；

②现有的经营活动在未来还会继续下去；

③现有的各种费用在未来发展中依然会存在和发生；

④在未来增加或者减少预算是根据实际需要并且值得的。

有了历史时期的预算作为参考，预算的编制可能会变得更加简单，更加符合实际需要。增量预算法存在着一些不足：本期预算受到基期费用项目和数额的限制，可能会造成一些不合理，因为增量预算往往会不加分析就使用基期项目和数据，可能会使得基期存在的一些不合理的项目和数额继续得到沿用，产生一些不合理的费用开支，造成资源的不合理配置甚至是浪费，滋养预算制定人员工作简单化的恶习。另外，此预算编制方法不利于调动企业内部各部门单位相关负责人员降低费用开支的积极性，不利于企业整体的发展。使用增量预算的方法编制预算，可能会使得在预算期出现新情况时一些费用项目的预算不足，从而影响企业正常的运营。

（2）零基预算。零基预算是指企业不以历史期经济活动及其预算为基础，以零为起点，从实际需要出发分析预算期经济活动的合理性，经综合平衡，形成预算的预算编制方法。零基预算是相对于增量预算的一种预算编制方法。

与传统意义上的预算编制方法相比，零基预算具有以下几个优点。

①零基预算法有利于将有限的资金量在各项经济业务活动之间进行合理分配。由于零基预算的编制需要分析每项经济业务活动的成本效益，以判断该项经济业务活动是否应该继续保持及其支出金额应该为多少合理，经过衡量分析，可以把企业有限的资金投入合理有效地进行分配，使得所有经营项目取得的综合效果达到最好。

②零基预算法编制预算可以提高企业工作人员的"投入—产出"意识。传统的预算编

制方法编制预算的工作主要由专业人员完成，而零基预算法编制预算的基础是零，不考虑以前预算期间的预算数额，从零开始分析研究所有经济业务活动，这就需要动员企业的全体员工参与预算的编制工作，尽可能减少预算中的不合理，在投入中减少浪费，使用成本效益分析的方法，争取更大的产出，以此增强企业各级工作人员的投入产出意识。

③零基预算法编制预算能够激发企业内部基层单位的创造性。使用零基预算法编制预算需要企业全体员工的参与，在编制预算的过程中更容易就企业内部情况进行沟通和协调，使得企业的整体发展目标更加清晰明确，多业务项目的轻重缓急容易得到共识，有助于调动基层单位参与预算编制工作的创造性、积极性和主动性。

④零基预算法编制预算可以提高企业的预算管理水平。它使得编制出的预算的透明性大大增加，预算支出中的人头经费和专项经费一目了然，缓解了各级内部单位之间的矛盾冲突，预算更加切合实际，能够更好地起到调控作用，使得整个预算的编制和执行更加规范化，因此企业的整体预算管理水平会得到提高。

虽然与传统的预算编制方法相比较，零基预算具有较多的优越性，但不可否认，在实际应用过程中它也存在着一些缺陷。

由于零基预算法编制预算的一切工作都是从零开始的，所以使用零基预算法编制预算时的工作量非常大，所需要的编制时间也相对较长，耗费的费用也会相对较高。

在进行分层、排序和资金分配工作时可能受到主观因素的影响，也会受到工作人员能力的影响，容易引起企业内部各部门之间的矛盾冲突；任何单位经营项目轻重缓急的划分都是相对考虑的，过于强调依据项目的轻重缓急来安排工作，可能会造成相关人员只注重短期利益而忽视企业整体长远利益的后果。

综合以上内容，增量预算与零基预算主要有以下不同编制特点，如表8-2所示。

表8-2 增量预算和零基预算的不同编制特点

	增量预算	零基预算
编制基础	编制基础是前一个预算期的执行结果，本预算期的预算数额是根据前一个预算期实际取得的业绩调整得到的	编制基础是零，不参考前期预算结果，本期预算数额根据本预算期经营活动的重要性和可供分配的资金量确定
分析对象	重点进行成本效益分析的对象是本预算期内新增加的经济业务活动，对那些与以前预算期内性质相同的经济业务活动不再进行研究	对本预算期内所有的经济业务活动进行成本效益分析研究，而不能只分析研究本期新增的业务活动
着眼点	主要将金额大小作为重点，着重从货币的角度去控制预算金额的增减变化	不仅要将金额大小作为编制重点，还要着重根据业务活动的重要程度与其必需性将有限的资金投入进行分配

3. 定期预算与滚动预算

根据预算的时间属性划分，预算可以分为定期预算和滚动预算。定期预算与滚动预算的优缺点如表8-3所示。

表 8-3 定期预算与滚动预算的优缺点

	定期预算	滚动预算
优点	能够使预算期间与会计年度相配合,便于对预算执行结果进行考核和评价	(1)能保持预算的完整性、继续性,从动态预算中把握企业的未来; (2)能使各级管理人员始终保持对未来一定时期的生产经营活动做周详的考虑和全盘规划; (3)预算能随时间的推进不断加以调整和修订,能使预算与实际情况更相适应,有利于充分发挥预算的指导和控制作用; (4)有利于管理人员对预算资料作经常性的分析研究,并根据当前的执行情况及时加以修订,保证企业的经营管理工作稳定而有秩序地进行
缺点	(1)往往提前编制完成,难以对预算期作出准确的预测,预算数据缺乏可靠性,不利于预算的执行、考核与评价; (2)不能随情况的变化进行及时恰当的调整,当生产经营实际情况严重偏离预期时,将会失去作为预算的作用; (3)受预算期间的限制,致使管理者决策视野局限于本期的规划,通常不考虑下期,不能适应连续不断的经营过程,从而不利于企业的长远发展	预算工作量大

(1)定期预算。定期预算也称为阶段性预算,是指在编制预算时以不变的会计期间(如日历年度)作为预算期的一种编制预算的方法。

(2)滚动预算。滚动预算是指在编制一定期间预算的基础上,在该预算执行一段时间后,根据预算的实际执行情况,再立即补充一个相应期间的预算,并如此向后滚动,从而使得预算始终都有一个事先约定的期间并持续不断地产生影响的预算。由于这种预算方法是在预算执行的过程中随着执行期间的推移连续不断滚动地编制,因此又被称为连续预算或永续预算。按照其滚动时间单位的不同,可以分为逐月滚动、逐季滚动和混合滚动。滚动预算并非不断地修改目标,而是不断地修改预测的结果,以指导最新的决策。该方法适用于规模较大、时间较长的工程类或大型设备采购项目。

4. 概率预算

概率预算是指对在预算期内不确定的各预算构成变量,根据客观条件,作出近似的估计:估计它们可能变动的范围及出现在各个变动范围的概率,再通过加权平均计算有关变量在预期内的期望值的一种预算编制方法。概率预算属于不确定预算,但是弹性预算则属于确定预算。概率预算一般适用于难以准确预测变动趋势的预算项目,如开拓新业务等。

概率预算的基本特征如下。

(1)影响预算的因素具有不确定性,因而预算可能的结果不止一种,并且能够对这些可能的结果进行计量。

（2）作出预算时对所有方面作出了全面的考量，扩大了变量的范围，使得作出的预算更加准确。

在企业的实际运营过程中，可能有很多不确定的因素发生，当市场上的供需波动较大时，企业往往难以确定需要的业务量、价格和成本。这时就需要对客观条件进行全面的考虑，分析相关变量可能出现的各种结果和发生的概率，然后计算期望值，以此来编制预算。

由于制作概率预算时将预算期内可能的各种情况比较全面地考虑进去，所以适用于处于多变市场的企业。在实际运用时，对未来的各种可能的情况及其发生的概率难以做到无一遗漏地全面考虑，尤其是确定概率时会不可避免地受到主观因素的影响。

8.5 全面预算的编制

全面预算管理是指企业在战略目标的指导下，对未来的经营活动和相应财务结果进行充分、全面的预测和筹划，并通过对执行过程的监控，将实际完成情况与预算目标不断对照和分析，从而及时指导经营活动的改善和调整，以帮助管理者更加有效地管理企业和最大程度地实现战略目标。全面预算一般包括经营预算、专门决策预算和财务预算三类。

8.5.1 经营预算的编制

经营预算又称业务预算，主要包括销售预算、生产预算、直接材料预算、直接人工预算、制造费用预算、产品成本预算、期末存货预算、销售及管理费用预算，反映的都是收入和费用的构成情况。

1. 销售预算

销售预算是为企业的销售活动编制的预算，是预算的编制起点，生产、材料采购、存货费用等方面的预算，都以销售预算作为编制依据。销售预算以销售预测为基础，预测的主要依据是预算期的销售量、销售价格以及货款的回收情况。预计销售收入的计算公式为：

$$预计销售收入 = 预计销售量 \times 预计销售单价 \qquad (8-1)$$

【例 8-1】销售预算案例。

A 企业是一家商品制造企业，只生产和销售甲产品，销售单价为 20 元，A 企业采用一定的方法进行 2024 年度（预算期）的销售预测，分季度的预测销售量、销售价格如表 8-4 所示，根据以往销售经验可知，每季度销售收入会在本季度收到 70%，剩下的 30% 将于下一个季度收到。

要求：根据所给资料编制 A 企业 2024 年度的销售预算表。

表 8-4　A 企业 2024 年度的销售预算表

	第一季度	第二季度	第三季度	第四季度	全年
预计销售数量 / 件	50 000	150 000	200 000	100 000	500 000
预计销售单价 /（元 / 件）	20	20	20	20	20

解：根据资料所编制的 A 企业 2024 年度销售预算表如表 8-5 所示。

表 8-5　A 企业 2024 年度销售预算表

		第一季度	第二季度	第三季度	第四季度	全年
预计销售量 / 件		50 000	150 000	200 000	100 000	500 000
预计销售单价 /（元 / 件）		20	20	20	20	20
预计销售收入 / 元		1 000 000	3 000 000	4 000 000	2 000 000	10 000 000
预计现金流入	本期确认上面第四季度销售收入 / 元	400 000				400 000
	第一季度 / 元	700 000	300 000			1 000 000
	第二季度 / 元		2 100 000	900 000		3 000 000
	第三季度 / 元			2 800 000	1 200 000	4 000 000
	第四季度 / 元				1 400 000	1 400 000
	销售收入 / 元	1 100 000	2 400 000	3 700 000	2 600 000	9 800 000

由于在实际销售活动中销售收入是分期收到的，销售预算表中预计现金流入的计算方法如下：

本季度现金流入 = 本季度销售收入 × 本期收款比 + 上季度销售收入 × 上期收款比　　　（8-2）

在企业的实际经营中，要生产和销售的商品可能不止一种，每种商品销售预算方法都与例 8-1 类似，将每种销售商品的预算加总即为总的销售预算。

2. 生产预算

生产预算用来为预算期规划产品生产数量，在编制完销售预算之后，可以根据确定的销售预算数量来编制生产预算，以满足预算期的销售以及期末存货所需。预算期不仅要考虑预计的销售量，还要考虑预算期初期末的存货量，期末存货既不能过多造成存货积压、占用资金，也不能太少，否则会影响下一期的正常销售。

一般地，预算期预计产品生产数量可以通过以下计算公式计算而得：

预计产品生产数量 = 预计销售量 + 预计期末存货量 − 预计期初存货量　　（8-3）

【例 8-2】 生产预算编制案例。

承例 8-1，假定 A 企业预算期生产预算中的各季度末存货量按照下一季度预计销售数量的 20% 确定。假定 A 企业预计的 2024 年第一季度的预计销售量为 1 200 件，预计销售单价为 20 元 / 件。

要求：编制 A 企业 2024 年度生产预算。

解：根据资料编制的 A 企业 2024 年度生产预算表如表 8-6 所示。

表 8-6 A 企业 2024 年生产预算表　　　　　　　　　　　　　　　　单位：件

	第一季度	第二季度	第三季度	第四季度	全年
预计销售量	50 000	150 000	200 000	100 000	500 000
加：预计期末存货量	30 000	40 000	20 000	20 000	20 000
产品需要数量	80 000	190 000	220 000	120 000	520 000
减：预计期初存货量	15 000	30 000	40 000	20 000	15 000
生产数量	65 000	160 000	180 000	100 000	505 000

　　　　预计期末存货量 = 下季度销售量 × 20%　　　　　　　　　　（8-4）
　　　　预计期初存货量 = 上季度预计期末存货量　　　　　　　　　　（8-5）
　　　　产品需要量 = 预计销售量 + 预计期末存货量　　　　　　　　（8-6）
　　　　生产数量 = 产品需要量 − 预计期初存货量　　　　　　　　　（8-7）

为了使得预算与企业的生产能力相互匹配，企业相关部门需要对生产预算进行审核，以确定预算与生产能力的情况是否相适应。如果现有生产能力无法完成预计的生产任务，预算管理委员会可以重新根据生产力调整销售预算或者为了保证销售量来增加生产能力；如果现有生产能力有剩余，则企业可以考虑将其用于其他方面，以创造更高的效益。

相对于销售预算来说，企业生产预算的编制比较复杂，因为它不仅要考虑产量会不会受到现有生产能力的限制，还要考虑存货数量会不会受到仓库储存能力的限制，企业只能在生产能力和仓库仓储能力允许的范围内来进行生产安排。此外，还要衡量仓储所需要的仓储成本与销售量较大时加班赶工所付的成本，进而选择成本较低的方案来制定生产预算。

3. 直接材料预算

直接材料预算是根据生产预算所确定的在预算期内预计发生的材料采购数量和材料采购金额。直接材料预算以生产预算为基础，根据生产单位产品的材料消耗定额确定预计生产活动的材料需求量，再根据期初持有的材料数量和期末拟持有的材料数量，就可以计算出预算期内需要预计采购的材料数量，进而结合采购材料单价即可得出直接材料预算。

编制直接材料预算涉及的计算公式如下：
预计材料采购量 = 预计材料耗用量 + 预计期末材料库存量 − 预计期初材料库存量　（8-8）
　　计算预算期材料采购成本的公式为：
　　　　　　　预计材料采购成本 = 该材料单价 × 预计材料采购量　　　　（8-9）

【例 8-3】 直接材料预算编制案例。

承例 8-2，A 企业生产甲产品的直接材料耗用量为 4 kg/件，材料在市场上的采购单价为 0.5 元 /kg。材料的采购款项在采购季度支付 60%，下一季度支付剩下的 40%，根据往年经验期末材料库存量按照下一季度生产耗用量的 10% 来确定。

要求：编制 A 企业 2024 年度的直接材料预算。

解：A 企业 2024 年度直接材料预算表如表 8-7 所示。

表 8-7 A 企业 2024 年度直接材料预算表

		第一季度	第二季度	第三季度	第四季度	全年
产品生产量 / 件		65 000	160 000	180 000	100 000	505 000
单位产品材料耗用量 /（kg / 件）		4	4	4	4	4
总生产耗用量 / kg		260 000	640 000	720 000	400 000	2 020 000
加：预计期末材料库存量 / kg		64 000	72 000	40 000	55 000①	55 000
直接材料需要量 / kg		324 000	712 000	760 000	455 000	2 075 000
减：预计期初材料库存量 / kg		50 000	64 000	72 000	40 000	50 000
直接材料采购量 / kg		274 000	648 000	688 000	415 000	2 025 000
直接材料单价（元 / kg）		0.5	0.5	0.5	0.5	0.5
预计材料采购成本 / 元		137 000	324 000	344 000	207 500	1 012 500
预计现金流出	上期应付采购金额 / 元	95 000				95 000
	第一季度	82 200	54 800			137 000
	第二季度		194 400	129 600		324 000
	第三季度			206 400	137 600	344 000
	第四季度				124 500	124 500
	合计	177 200	249 200	336 000	262 100	1 024 500

注①：55 000 为根据下一季度生产耗用量的 10% 确定，假设给定。

4. 直接人工预算

直接人工预算反映预算期内人工工时的消耗水平和人工成本，其编制依据为预计生产量、单位产品工时定额、单位工时工资。其中，预计生产量根据生产预算来确定数据，单位产品工时定额与企业生产产品的流程有关，要根据企业的生产经验数据分析确定，单位工时工资由企业根据一定时期内发生的直接工资总额和直接人工工时总数确定。直接人工预算编制程序如下。

（1）计算产品消耗的直接人工工时

　　某产品消耗的直接人工工时 = 单位产品工时定额 × 该产品预计产量　　（8-10）

（2）计算产品耗用的直接工资

　　某产品耗用的直接工资 = 单位工时工资 × 该产品消耗的直接人工工时　（8-11）

【例 8-4】 直接人工预算编制案例。

接例 8-3，假定 A 企业生产甲产品的单位产品定额工时为 0.8 h，单位人工成本为 5 元。

要求：根据给定的资料编制 A 企业 2024 年度直接人工预算表。

解：A 企业 2024 年度直接人工预算表如表 8-8 所示。

表 8-8　A 企业 2024 年度直接人工预算表

	第一季度	第二季度	第三季度	第四季度	全年
预计生产量 / 件	65 000	160 000	180 000	100 000	505 000
单位产品工时定额 / h	0.8	0.8	0.8	0.8	0.8
直接人工总工时 / h	52 000	128 000	144 000	80 000	404 000
单位工时工资率 /（元 / 件）	5	5	5	5	5
预计直接人工工资 / 元	260 000	640 000	720 000	400 000	2 020 000

5. 制造费用预算

制造费用预算也是根据生产预算编制的，它是一种能反映除直接人工预算和直接材料使用外的其他生产费用的预算计划。为了方便编制预算，制造费用通常按其成本性态分为变动性制造费用和固定性制造费用。固定性制造费用可在上年的基础上根据预期变动适当修正进行预计，将预计数直接作为期间内的成本直接列入利润表作为收入的一项扣除项目；变动性制造费用根据预计生产量乘以单位产品预定分配率进行预计，其中，变动性制造费用分配率的计算公式如下：

$$\text{变动性制造费用分配率} = \frac{\text{变动性制造费用预算总额}}{\text{相关分配标准预算总数}} \quad (8\text{-}12)$$

其中"相关分配标准预算总数"可以选择使用直接人工总工时数，也可以选择按预算生产量进行分配，但在企业不只生产一种产品时，通常选择使用直接人工总工时进行变动性制造费用的分配。

为了全面反映企业资金收支，在制造费用预算中，通常包括费用方面预期的现金支出。需要特别注意的是，由于固定资产折旧费是非付现项目，在计算时应予以剔除。制造费用预算分两个步骤，首先计算预计制造费用，然后再计算预计需用现金支付的制造费用，各自的计算公式为：

预计制造费用 = 预计直接人工小时 × 变动性制造费用分配率 + 固定性制造费用　(8-13)

预计需用现金支付的制造费用 = 预计制造费用 − 预计折旧　(8-14)

【例 8-5】 制造费用编制案例。

承例 8-4，假定 A 企业的变动性制造费用是按照直接人工总工时数进行规划，固定性制造费用则按照上年的实际发生数与企业上层单位制定的 5% 的成本降低率进行计算，并且假定固定性制造费用在预算年度内均匀分配。变动制造费用和固定制造费用的成本项目和金额如表 8-9 所示。

表 8-9　变动制造费用和固定制造费用的成本项目和金额

	成本项目	金额
变动制造费用	间接人工费用	208 000
	间接材料费用	300 000
	维修费	130 000

续表

	成本项目	金额
变动制造费用	水电费	170 000
	合计	808 000
固定制造费用	折旧费	250 000
	维护费	210 000
	管理费	450 000
	保险费	100 000
	合计	1 010 000

要求：根据上述资料编制 A 企业 2024 年度制造费用预算表，如表 8-10 所示。

表 8-10　A 企业 2024 年度制造费用预算表　　　　　　　　　　　　单位：元

项目	第一季度	第二季度	第三季度	第四季度	全年
变动性制造费用分配率	变动性制造费用分配率 = 预计变动制造费用 / 预计直接人工总工时数 = 808 000/404 000 = 2（元 / h）				
预计直接人工工时	52 000	128 000	144 000	80 000	404 000
变动性制造费用	104 000	256 000	288 000	160 000	808 000
固定性制造费用	252 500	252 500	252 500	252 500	1 010 000
预计制造费用	356 500	508 500	540 500	412 500	1 818 000
减：折旧费	62 500	62 500	62 500	62 500	250 000
预计现金支出的制造费用	294 000	446 000	478 000	350 000	1 568 000

6. 产品成本预算

产品成本预算是指为规划一定预算期内每种产品的单位产品成本、生产成本、销售成本等内容而编制的一种日常业务预算。产品成本预算主要依据生产预算、直接材料预算、直接人工预算、制造费用预算的汇总编制而成。产品成本预算的主要内容是产品的总成本与单位成本。其中，总成本又分为生产成本、销货成本和期末产品库存成本。

相关计算公式为：

$$\text{直接材料单位成本} = \text{材料单价} \times \text{单位产品材料耗用量} \tag{8-15}$$

$$\text{直接人工单位成本} = \text{单位工资率} \times \text{单位产品工时定额} \tag{8-16}$$

$$\text{变动制造费用单位成本} = \text{变动制造费用分配率} \times \text{单位产品工时定额} \tag{8-17}$$

$$\text{固定制造费用单位成本} = \text{固定制造费用分配率} \times \text{单位产品工时定额} \tag{8-18}$$

$$\text{预算期预计发生的产品生产成本} = \text{预算期预计直接材料成本} + \text{预算期预计直接人工成本} + \text{预算期预计变动性制造费用} \tag{8-19}$$

预算期预计产品销售成本＝预算期预计产品生产成本＋预算期产成品成本期初余额－
预算期产成品成本期末余额　　　　　　　　　　　　　　（8-20）

【例 8-6】 产品成本预算的编制案例。

沿用前面案例题资料，A 企业 2024 年度的预算生产产量为 505 000 件。要求根据相关数据资料编制 A 企业 2024 年度的产品成本预算表。

A 企业 2024 年度产品成本预算表如表 8-11 所示。

表 8-11　A 企业 2024 年度产品成本预算表　　　　　　　　　　　金额：元

成本项目	单价	单位用量	单位成本	生产成本
直接材料	0.5	4	2	1 010 000
直接人工	5	0.8	4	2 020 000
变动性制造费用	2	0.8	1.6	808 000
固定性制造费用	2.5	0.8	2	1 010 000
合计			9.6	4 848 000
预计产品生产成本				4 848 000
加：产成品期初余额 15 000 件				144 000
减：产成品期末余额 20 000 件				192 000
预计产品销售成本				4 800 000

数据来自表 8-4、表 8-6、表 8-7、表 8-8、表 8-10。

7. 期末存货预算

期末存货预算是指为规划一定预算期末的原材料、在产品和产成品预计成本水平而编制的一种日常业务预算，主要依据销售预算、直接材料预算、产品成本预算等编制。编制期末存货预算可以综合反映出预算期内生产产品的预计成本水平，同时，其数据还构成预计利润表中的销售成本和预计资产负债表中的期末材料存货和期末产成品存货的数据。

【例 8-7】 期末存货预算编制案例。

解： A 企业 2024 年度直接材料预算和产品成本预算在表 8-7 和表 8-11 中已经作出，现在要求根据所给资料编制 A 企业 2024 年度期末存货预算表，如表 8-12 所示。

表 8-12　A 企业 2024 年度期末存货预算表　　　　　　　　　　　金额：元

原材料	年初材料成本	该预算期材料采购成本	该预算期耗用材料成本	期末存货成本
	25 000	1 012 500	1 010 000	27 500
小计：	25 000	1 012 500	1 010 000	27 500

原材料	年初材料成本		该预算期材料采购成本	该预算期耗用材料成本	期末存货成本
	期初存货量	单位成本		期末存货量	期末存货成本
产成品	15 000	9.6		20 000	192 000
小计：	15 000	9.6		20 000	192 000
预计期末存货合计					219 500

表中数据来源于表 8-7、表 8-11。

8. 销售及管理费用预算

销售及管理费用预算是指为组织产品销售活动和一般行政管理活动以及有关的经营活动的费用支出而编制的一种业务预算。它与制造费用预算类似，按照成本性态可以分为变动销售与管理费用和固定销售与管理费用。变动销售与管理费用随着销售量呈正比例发生变动，企业需要根据生产经营的历史经验分析得到单位变动销售与管理费用耗用额数据；固定销售与管理费用是为了保证企业正常的经营活动的进行，它需要根据项目来预计总体水平。

为了便于编制现金预算，在编制销售及管理费用预算的同时，还要扣除非付现项目，编制出与销售及管理费用有关的现金支出计算表。

【例 8-8】 销售及管理费用预算编制案例。

解：沿用前面例题的资料，假定 A 企业预计单位变动销售与管理费用耗用额为 1.5 元，要求：编制 A 企业 2024 年度销售与管理费用预算表。

A 企业 2024 年度销售与管理费用预算表如表 8-13 所示。

表 8-13　A 企业 2024 年度销售与管理费用预算表　　　　　金额：元

项目	第一季度	第二季度	第三季度	第四季度	全年
预计销售量/件	50 000	150 000	200 000	100 000	500 000
单位变动销售与管理费用耗用额	1.5	1.5	1.5	1.5	1.5
预计变动销售与管理费用耗用额	75 000	225 000	300 000	150 000	750 000
固定销售及管理费用：广告费	250 000	250 000	450 000	250 000	1 200 000
管理人员工资	320 000	320 000	320 000	320 000	1 280 000
其他	200 000		100 000	120 000	420 000
固定销售及管理费用合计	770 000	570 000	870 000	690 000	2 900 000
预计销售及管理费用合计	845 000	795 000	1 170 000	840 000	3 650 000

假定销售及管理费用在发生时全部以现金支付。

8.5.2 财务预算的编制

财务预算是指企业在计划期内反映有关现金收支、经营成果和财务状况的预算。财务预算实际上就是对企业整体的预算，即总预算，各种业务预算和专门预算就称为分预算。财务预算主要包括现金预算表、预计利润表、预计资产负债表这三种。

1. 现金预算

现金预算是反映预算期内的现金收支情况的预算，由现金收入、现金支出、现金多余或不足、资金的筹集和运用四个部分组成。现金收入包括期初现金余额和预算期预计现金收入。现金支出包括预算的各项现金支出，如直接材料、直接人工、制造费用、销售与管理费用、所得税、购买设备、分配股利等项目所涉及的现金流出。现金多余或不足是现金收入合计与现金支出合计的差额，差额为正，说明收入大于支出，现金有剩余，可用于企业运营过程中的其他方面；差额为负，说明支出大于收入，现金不足，需要筹措资金。资金的筹集和运用是指根据现金多余或不足而进行的资金筹集或者资金运用情况。

编制现金预算的目的是充分利用企业的现金资源，合理调动现金，加强对现金的控制，在现金多余时及时作出处理，充分发挥现金管理的作用，在现金不足时，及时筹措，保证企业内现金的正常合理流转。

【例 8-9】 现金预算的编制案例。

解：沿用前面预算案例资料，假定 A 企业每季度末现金余额不少于 300 000 元。编制 A 企业 2024 年度现金预算表，如表 8-14 所示。

表 8-14　A 企业 2024 年度现金预算表　　　　　　　　　　　金额：元

项目	第一季度	第二季度	第三季度	第四季度	全年
期初现金余额	310 000	303 800	303 600	392 100	310 000
加：销售现金收入	1 100 000	2 400 000	3 700 000	2 600 000	9 800 000
可供使用现金	1 410 000	2 703 800	4 003 600	2 992 100	10 110 000
减：现金支出					
直接材料	177 200	249 200	336 000	262 100	1 024 500
直接人工	260 000	640 000	720 000	400 000	2 020 000
制造费用	294 000	446 000	478 000	350 000	1 568 000
销售及管理费用	845 000	795 000	1 170 000	840 000	3 650 000
所得税费用	170 000	170 000	170 000	170 000	680 000
购买生产设备	200 000	100 000	100 000	100 000	500 000
支付股利	100 000		100 000		200 000
现金支出合计	2 046 200	2 400 200	3 074 000	2 122 100	9 642 500
现金余额	-636 200	303 600	929 600	870 000	467 500

续表

项目	第一季度	第二季度	第三季度	第四季度	全年
短期借款	940 000				940 000
偿还本金			500 000	440 000	940 000
支付长期借款利息			37 500	44 000	81 500
期末现金余额	303 800	303 600	392 100	386 000	386 000

在根据前面各种预算编制现金预算时，要剔除其中的非付现部分，保留付现部分作为现金预算的编制数据依据。

2. 预计利润表

预计利润表是指以货币形式综合反映预算期内企业生产经营活动最终成果（包括利润总额、净利润等）计划水平的一种财务预算。编制预计利润表便于企业的管理人员根据预计利润表的净利润与目标利润进行对比分析，寻找其中的差距，作出相应的调整，这是控制企业经营活动和财务收支的主要依据。该预算需要在销售预算、产品成本预算、制造费用预算、销售及管理费用预算等日常业务预算的基础上编制。

【例 8-10】 预计利润表的编制案例。

解：沿用前面预算编制案例，编制 A 企业 2024 年度预计利润表，如表 8-15 所示。

表 8-15　A 企业 2024 年度预计利润表　　　　　　　　　　　　　金额：元

项目	金额
销售收入	10 000 000
减：变动成本	
变动生产成本	3 840 500
变动销售及管理费用	750 000
边际贡献总额	5 409 500
减：期间成本	
固定制造费用	1 010 000
固定销售及管理费用	2 900 000
利息费用	81 500
利润总额	1 418 000
所得税费用	680 000
净利润	738 000

3. 预计资产负债表

预计资产负债表是指编制的反映预算期末财务状况的一种财务预算，它是在预算期初资产负债表的基础上，结合预算期内其他各项预算项目编制而成。它可以用来帮助观察企业预算期内的财务状况，了解资金占用情况和资金的来源变化，有助于企业分析预算的可行性，研究财务对策，及时决定要调整的项目，从而保证预算期内企业的财务状况处于良好的状态。

【例 8-11】 预计资产负债表的编制案例。

解：依据前面编制的各种预算，编制 A 企业 2024 年度简化预计资产负债表，如表 8-16 所示。

表 8-16　A 企业 2024 年度简化预计资产负债表　　　　　　　　　　　金额：元

资产			负债及所有者权益		
项目	期初余额	期末余额	项目	期初余额	期末余额
库存现金	310 000	386 000	应付账款	95 000	83 000
应收账款	400 000	600 000	长期借款	1 000 000	1 000 000
原材料	25 000	27 500	负债总额	1 095 000	1 083 000
库存商品	144 000	192 000			
固定资产	2 300 000	2 749 500	普通股	1 000 000	1 000 000
累计折旧	640 000	890 000	未分配利润	444 000	982 000
固定资产净值	1 660 000	1 859 500	所有者权益总额	1 444 000	1 982 000
资产总额	2 539 000	3 065 000	权益总额	2 539 000	3 065 000

8.5.3　专项预算的编制

专项预算是指企业重大的或不经常发生、需要根据特定决策编制的预算，包括与企业投资活动或者筹资活动等相关的各种预算。

1. 资本支出预算

资本支出预算是指根据经过审批的、为购置固定资产或无形资产或者企业技术改造等长期投资项目所编制的预算，这类预算涉及长期项目资金的投放和筹措等，且大多数项目会跨越几个年度，因此，一般项目不纳入日常的业务预算中。

【例 8-12】 资本支出预算的编制案例。

解：假定 A 企业为满足生产经营的需要，计划在 2024 年年初购置一台生产设备，全部使用自有资金支付，设备价款 500 000 元，于第一季度末支付 200 000 元，剩余金额在后三个季度末等额支付。现要求编制 A 企业 2024 年度资本支出预算表，如表 8-17 所示。

表 8-17　A 企业 2024 年度资本支出预算表　　　　　　　　　　　金额：元

项目	购买成本	第一季度	第二季度	第三季度	第四季度	全年
生产设备	500 000					
现金支出		200 000	100 000	100 000	100 000	500 000

2. 筹资预算

筹资预算是指公司在预算期内需要新借入的长期借款、短期借款、经批准使用的债券以及对原有借款、债券还本付息的预算,主要是对资本筹集的方式、资本筹集总量及筹集时间作出安排。

企业所需的对外筹资额是计划投资所需额减去部分内源性资金(如其他营业性现金流入量、项目折旧或利润再投资等)后的净额,筹资预算就是为了明确项目的对外筹资额,为投资服务做好资金准备。

【例 8-13】 筹资预算的编制案例。

解:沿用前面的预算编制案例,假定 A 企业在生产经营过程中需要保持一定的资金量,根据预算期初的现有资金量和预算期内的收支详情,A 企业计划在 2024 第一季度初借款 940 000 元,借款年利率 10%,分别于第三、四季度末偿还本金并支付偿还本金部分的利息。此外,根据预算情况计划预算期预付所得税数额为 170 000 元,于每季度末等额支付。预计在第一季度末和第三季度末分别发放 100 000 元的现金股利。现要求:编制 A 企业 2024 年度筹资预算表,如表 8-18 所示。

表 8-18　A 企业 2024 年度筹资预算表　　　　　　　　　　　　金额:元

项目	年初	第一季度	第二季度	第三季度	第四季度	全年
借款金额	940 000					940 000
偿还本金				500 000	440 000	940 000
支付利息				37 500	44 000	81 500
预付所得税		170 000	170 000	170 000	170 000	680 000
预付股利		100 000		100 000		200 000

8.6　Python 在全面预算分析中的应用

近年来,伴随着市场经济的发展,我国的企业规模越来越大,其涉及的业务也越来越多,企业间的信息也越来越透明,相关数据越来越复杂。企业获取这些数据、处理这些数据时操作难度增加,从而影响了企业全面预算管理的效率和准确度。然而伴随着近年来大数据技术的飞速发展,利用大数据技术来帮助企业完成全面预算能很好地解决这个问题。在企业运用大数据进行全面预算时,大数据技术扮演的并不仅仅是一个工具的角色,它还具备了以下几个作用。

(1)降低全面预算操作难度。企业的全面预算是伴随着大量的数据计算的。如滚动预算,其运算量极大,如果企业的业务复杂,数据量庞大,那么没有大数据技术的情况下,滚动预算的计算就会变得十分困难。在这种情况下企业往往会选择固定预算,从而导致企业的全面预算无法对预算期作出准确的预测,不利于企业的长远发展。引入诸如 Python 等大数据处理工具,大大减少了全面预算的工作量和时间,减少了企业人力成本和时间成本。企业可以选择计算更为复杂但预算结果更为准确的方法。

（2）提高数据质量，增加预算准确性。全面预算管理的流程包括预算编制、预算执行、预算考评。数据是预算编制的支撑基础，编制过程中不仅仅需要历史数据，还需要各项目的预测数据。利用大数据技术对这些复杂的数据进行筛选处理，将非结构化的信息加入到数据分析系统中，能保证预算编制数据的合理性、科学性和准确性。同时利用大数据的实时数据收集和更新能力，能够满足企业对预算的不定时的需求，在一轮轮的数据更新中提高预算准确率。同时利用 Python 等大数据工具处理数据，不会存在人为失误，减少人为犯错的可能。

（3）推动企业全面预算发展。自从国家出台了一系列支持政策，强调建立一体化全面预算管理系统以来，我国的预算管理进入了一个崭新的全面发展阶段。大数据的使用加强了成本预测、销售预测、财务预测的编制能力，很大程度上加强了全面预算在公司中的作用，为企业的生产、销售、投资等生产经营活动战略的制定提供的帮助也越来越大。基于这个原因，现在的企业越来越重视全面预算，刺激并推动了大数据和全面预算的结合和发展。

8.6.1 固定预算与弹性预算

【例 8–14】 某企业按照固定预算的方法编制某年度销售预算。

固定预算金额：预计销量 30 000 件，单价 1 500 元/件，单位变动成本 1 000 元/件，固定成本 2 000 000 元。在固定预算期间，实际销售量 40 000 件，单价 1 600 元/件，单位变动成本 1 200 元/件，固定成本 2 000 000 元。根据以上数据做预算和实际差异分析，如果使用公式法进行弹性预算分析，$y=2\,000\,000+1\,000x$，x 为销售量，做实际数据与弹性预算分析。

解：（1）导入模型。

```
import pandas as pd
pd.options.display.float_format='{:,.2f}'.format
# 利用之前课程创建的本量利模型
def CVP(unit_price,unit_variable_costs,volumn,fixed_costs):
    sales=unit_price*volumn # 销售额
    unit_marginal_contribution=unit_price-unit_variable_costs # 单位边际贡献
    marginal_contribution=unit_marginal_contribution*volumn # 边际贡献
    variable_costs=unit_variable_costs*volumn # 变动成本
    profit=(unit_price-unit_variable_costs)*volumn-fixed_costs
    return [unit_price,unit_variable_costs,unit_marginal_contribution,volumn,
            sales,variable_costs,marginal_contribution,fixed_costs,profit]
# 单价,单位变动成本,单位边际贡献,销售量,销售额,变动成本,边际贡献,固定成本,
营业利润
```

（2）导入固定预算数和实际数，比较差异。

```
# 固定预算数
df=pd.DataFrame(CVP(1500,1000,30000,2000000),columns=['固定预算数'],
        index=['单价','单位变动成本','单位边际贡献','销售量','销售额','变动成本',
    '边际贡献','固定成本','营业利润'])
# 实际数
```

```
df['实际数']=CVP(1600,1200,40000,2000000)
# 实际数与固定预算差异分析
df['实际与固定预算差异']=df['实际数']-df['固定预算数']
```
（3）导入弹性预算，比较差异
```
# 在弹性预算下，根据公式法，构建业务量模型，y=2 000 000+1 000x，也就是业务量变
动，其他系数不变
df['弹性预算数']=CVP(1600,1000,40000,2000000)
df['实际与弹性预算差异']=df['实际数']-df['弹性预算数']
df
```
弹性预算计算结果如表8-19所示。

表8-19 弹性预算计算结果

	固定预算数	实际数	实际预算与固定预算差异	弹性预算数	实际预算与弹性预算差异
单价	1 500	1 600	100	1 600	0
单位变动成本	1 000	1 200	200	1 000	200
单位边际贡献	500	400	−100	600	−200
销售量	30 000	40 000	10 000	40 000	0
销售额	45 000 000	64 000 000	19 000 000	64 000 000	0
变动成本	30 000 000	48 000 000	18 000 000	40 000 000	8 000 000
边际贡献	15 000 000	16 000 000	1 000 000	24 000 000	−8 000 000
固定成本	2 000 000	2 000 000	0	2 000 000	0
营业利润	13 000 000	14 000 000	1 000 000	22 000 000	−8 000 000

从结果来看，利用Python进行企业固定预算和弹性预算的操作十分方便，利用准备好的模型直接导入财务数据，再利用公式计算企业的固定预算和弹性预算。

8.6.2 滚动预算

滚动预算的优势在于：

（1）能保持预算的完整性、连续性，从动态预算中把握企业的未来；

（2）能使各级管理人员始终保持对未来一定时期的生产经营活动作周详的考虑和全盘规划；

（3）预算能随时间的推进不断加以调整和修订，能使预算与实际情况更相适应，有利于充分发挥预算的指导和控制作用；

（4）有利于管理人员对预算资料作经常性的分析研究，并根据当前的执行情况及时加以修订，保证企业的经营管理工作稳定而有秩序地进行。而其唯一的缺点在于工作量大。

利用Python进行滚动预算能很好地解决工作量大的缺点，从而使该方法在进行预算时更具优势。

【例 8-15】某企业实行滚动预算法，以 12 个月为预算编制周期，每个月滚动一次，预计之后每个月单价按上个月的 0.5% 增长；单位变动成本按每个月 0.4% 增长；销量，固定成本等于前三个月的平均值。目前是 2024 年 4 月 1 日，表 8-20 为前三个月的实际经验数据。

表 8-20　某企业 2024 年前三个月实际经营数据表

	202401	202402	202403
单价 / 元	1 100	1 200	1 300
单位变动成本 / 元	800	850	950
销量 / 件	2 000	2 100	1 900
固定成本 / 元	150 000	180 000	210 000

要求：1. 利用 Python 编制未来 12 个月的预算表。

2. 4 月实际单价为 1 350 元 / 件，单位变动成本为 970 元 / 件，销量为 2 000 件，固定成本为 200 000 元，利用 Python 进行第二轮滚动预算。

解：在利用 Python 解决这个问题时，一般遵循以下步骤来解决问题，如图 8-3 所示。

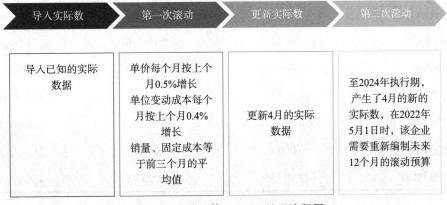

图 8-3　滚动预算 Python 处理流程图

（1）建立本量利模型。

```
import pandas as pd
pd.options.display.float_format='{:,.2f}'.format
# 利用之前课程创建的本量利模型
def CVP(unit_price,unit_variable_costs,volumn,fixed_costs):
    sales=unit_price*volumn # 销售额
    unit_marginal_contribution=unit_price-unit_variable_costs # 单位边际贡献
    marginal_contribution=unit_marginal_contribution*volumn # 边际贡献
    variable_costs=unit_variable_costs*volumn # 变动成本
    profit=(unit_price-unit_variable_costs)*volumn-fixed_costs
    return [unit_price,unit_variable_costs,unit_marginal_contribution,
```

```
                    volumn,sales,variable_costs,marginal_contribution,fixed_costs,profit]
# 单价,单位变动成本,单位边际贡献,销售量,销售额,变动成本,边际贡献,固定成本,
营业利润
```

（2）导入前三个月的实际数据。

```
# 实际数
Actual={'202401':CVP(1100,800,2000,150000.01),
        '202402':CVP(1200,850,2100,180000.02),
        '202403':CVP(1300,950,1900,210000.03)}
df=pd.DataFrame(Actual,index=['单价','单位变动成本','单位边际贡献','销售量','销售额',
'变动成本','边际贡献','固定成本','营业利润'])
df
```

导入结果如表8-21所示。

表 8-21 导入结果

	202401	202402	202403
单价	1 100.00	1 200.00	1 300.00
单位变动成本	800.00	850.00	950.00
单位边际贡献	300.00	350.00	350.00
销售量	2 000.00	2 100.00	1 900.00
销售额	2 200 000.00	2 520 000.00	2 470 000.00
变动成本	1 600 000.00	1 785 000.00	1 805 000.00
边际贡献	600 000.00	735 000.00	665 000.00
固定成本	150 000.01	180 000.02	210 000.03
营业利润	449 999.99	554 999.98	454 999.97

（3）对接下来的几个月进行预算。

```
'''
编制未来12个月的滚动预算。
滚动预算简化原则:
单价等于上个月实际数0.5%增长;
单位变动成本等于上个月实际数0.4%增长;
销量、固定成本等于前三个月平均数。
'''
def rolling(df,act_month):
    n=act_month
    for i in range(12):
        f_unit_price=df.iloc[0,n-1]*1.005 # 倒数一列取价格
```

```
        f_unit_variable=df.iloc[1,n-1]*1.004 # 倒数一列取变动成本
        f_volumn=(df.iloc[3,n-1]+df.iloc[3,n-2]+df.iloc[3,n-3])/3 # 倒数3列取平均数
        f_fixed=(df.iloc[7,n-1]+df.iloc[7,n-2]+df.iloc[7,n-3])/3 # 倒数3列取平均数
        df['forecast'+str(i+1)]=CVP(f_unit_price,f_unit_variable,f_volumn,f_fixed)
        n+=1
rolling(df,3)
df
```

（4）将4月的实际数据导入进行第二轮滚动预算。

```
# 更新实际数
df.insert(loc=3,column='201904',value=CVP(1350,970,2000,200000))
df
```

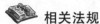 **相关法规**

2017年9月29日《管理会计应用指引第200号——预算管理》；

《管理会计应用指引第201号——滚动预算》；

2018年8月17日《管理会计应用指引第202号——零基预算》；

《管理会计应用指引第203号——弹性预算》。

复习思考题

1. 全面预算是什么？
2. 企业的全面预算是由哪些预算组成的？
3. 弹性预算与固定预算相比有哪些优点？
4. 增量预算与零基预算有哪些区别？
5. 现金预算包括哪几个部分？

练习题

一、单项选择题

1. （　　）是其他预算的起点。
   A. 生产预算　　　　B. 销售预算　　　　C. 现金预算　　　　D. 财务预算
2. 责任会计的主体是（　　）。
   A. 管理部门　　　　B. 责任中心　　　　C. 生产中心　　　　D. 销售部门
3. 下列项目中属于成本中心负责范围的内容是（　　）。
   A. 成本　　　　　　B. 收入　　　　　　C. 利润　　　　　　D. 投资效果
4. 制定内部转移价格时，最理想的价格确定方法是（　　）。
   A. 市场价格　　　　　　　　　　　　　B. 以市场为基础的协商价格
   C. 变动成本价格　　　　　　　　　　　D. 全部成本转移价格
5. 如果某利润中心的产品只能在企业内部各责任中心之间销售，且按照"内部转移价格"取得收入，则可以断定该中心是（　　）。

A. 完整利润中心　　B. 局部利润中心　　C. 自然利润中心　　D. 人为利润中心

二、多项选择题

1. 下列各项中，属于内部结算价格的作用的有（　　）。
   A. 制定销售价格的依据　　　　　　B. 调动对增加产量的积极性
   C. 分清各责任中心经济责任的重要依据　　D. 测定各责任中心资金流量的重要依据
   E. 考核各责任中心生产经营成果的重要依据

2. 在下列各项中，能够提示责任中心特点的选项有（　　）。
   A. 责权利相结合　　　　　　　　B. 责任与权利都是可控的
   C. 具有承担经济责任的条件　　　D. 能进行责任核算、业绩考核与评价
   E. 有相对独立的经营业务和财务收支活动

3. 下列各项中，属于成本中心类型的有（　　）。
   A. 产品成本中心　　　　B. 变动性成本中心　　　　C. 销售成本中心
   D. 技术性成本中心　　　E. 酌量性成本中心

4. 在下列各项指标中，属于利润中心考核范畴的有（　　）。
   A. 人为利润总额　　　　B. 利润率　　　　　　　　C. 贡献边际额
   D. 负责人可控利润总额　E. 可控利润总额

5. 对投资中心进行考核的指标包括（　　）。
   A. 收入　　　　　　　　B. 剩余收益　　　　　　　C. 投资收益率
   D. 投资回收期　　　　　E. 成本

三、计算题

1. 假定 A 企业预计 2024 年四个季度的产品销售量为 1 000 件、1 500 件、1 800 件、2 000 件。假定每季度末的产品存货量为下一季度销售量的 20%，年末产品存货量为 500 件。

   要求：编制 A 企业 2024 年度分季度生产预算表，如表 8-22 所示。

表 8-22　A 企业 2024 年度分季度生产预算表　　　　　　　　　　　　　　　　　　单位：件

项目	第一季度	第二季度	第三季度	第四季度	全年
预计销售量					
预计季末存货量					
期初存货量					
本季生产量					

2. A 企业预计 2024 年 3 月的现金收支情况如下。

（1）3 月 1 日的库存现金和银行存款期初余额为 14 000 元，企业已收到但尚未入账的支票 10 000 元。

（2）产品的销售价格为 30 元/件，2 月销售量为 500 件，3 月预计销售量为 600 件，销售款可在本月收到 60%，下月收到 38%，坏账 2%。

（3）A 企业的进货成本为 20 元/件，当月支付价款的 60%，下月支付剩下的 40%。月底存货为下月销售量的 20%，2 月底存货量为 120 件，应付账款月初为 2 600 元，3 月底预计存货量为 100 件。

（4）预计3月的费用总额为1 000元，除了折旧100元，其余需要现金支付。

（5）11月预缴所得税款为2 500元。

（6）为保持正常的运营状态，现金持有量不能低于10 000元，不足时可以以1 000的整数倍借入，到期一起还本付息。

现要求：编制A企业2024年3月的现金预算表。

第9章 存货管理

✿学习目标：
1. 了解存货决策概念，并理解存货决策需要考虑的成本因素；
2. 掌握存货批量决策模型及其扩展应用；
3. 理解存货日常管理，了解零库存管理及案例。

引例：戴尔公司零存货管理案例

戴尔公司在整个电脑生产行业中是实施零库存管理的首创者，也是实施零库存管理模式的典型成功实例。取得巨大成功的背后，依靠的是公司完备的管理信息系统、与供应商的协同合作以及强大的物流运作系统。

戴尔公司的零库存管理模式具体表现为：装配车间没有设置仓储空间，原配件由供应商直接运送至装配线，生产出的产品也直接配送给指定客户，原配件和产成品均采用零库存制。订单由客户传至戴尔公司的控制中心，控制中心负责将任务分解，并通过企业间信息网分派给第三方物流企业，通知其将一级供应商生产完工的配件送至戴尔公司；与此同时，控制中心还会迅速地将订单分配到各条生产线上。生产线上装配好的整机包装好后，被运送到特定的区域进行分区配送。从整个生产流程来看，从零部件被送进戴尔公司到产成品的运出，通常只需要4～6个小时。

零库存这一先进的管理模式具有明显的优点，显著提升了公司的盈利水平与竞争力。第一，减少仓储成本，物料在运输过程中实现存储，仓储成本得以有效降低。第二，提高产品质量，企业需要高质量的供应商作保障，要求供应商能在特定的短时间内提供高质量的物料，从而保证之后每个环节的生产都能顺利且高效地进行，客观上促进了企业对产品质量的监控和防范，提高了员工的质量意识，最终有助于产品质量的提升。第三，降低资金占用，有利于将库存所占用的资金降到最低水平，从而增加企业可支配的流动资金数额，改善企业的现金流状况。然而，零库存依靠的是整条供应链上下游的协同配合，是有一定实施条件的，同时也存在对供应商依赖较强、管理难度较大、抗风险能力较弱等缺点，企业必须结合自身条件及当地产业环境，选择适合自己的存货管理模式，不可盲目追求形式上的零库存。

戴尔公司的零库存营运模式是经历过多次库存危机慢慢摸索出来的，之所以能有今天如此之高的成就，在于找到了适合自己的独特的存货管理模式，该模式对企业经营发展的重要性以及对我国电脑行业都具有借鉴意义。

［资料来源：改编自张睿涵.零库存管理模式探究：以戴尔公司为例[J].中外企业家，2020（1）：78.］

9.1 存货基本模型及应用

9.1.1 存货的含义

存货是指企业日常生产经营过程中为生产或销售而储备的物资,包括材料、燃料、低值易耗品、在产品、半成品、产成品等。

在企业中,各种存货不仅品类繁多,而且所占用的资金数量也很大,一般可能达到企业资金总量的30%~40%。因此,企业占用材料物资上的资金,其利用效果如何,对企业的财务状况与经营成果会有很大的影响。因此,加强存货的计划与控制,在存货的功能与成本之间进行利弊权衡,运用科学的方法来确定并保持存货的最优水平,以使这部分资金得到最经济合理的使用,就成为企业经营管理必须要研究的重要问题。企业的任务就在于如何恰当地控制存货水平,在保证销售和耗用正常的情况下,尽可能节约资金、降低存货成本。

存货控制就是按照一定标准和方法,通过一定程序对企业的库存材料存货、在产品存货和产成品存货的批量及成本所进行的控制。它属于日常控制的范畴。

9.1.2 存货成本的基本概念

企业中存货成本实际上是一个总成本的概念,常常由采购成本、订货成本、储存成本和缺货成本四者所构成。

1. 采购成本

采购成本又称购置成本、进货成本。存货的采购成本包括购买价款、相关税费、运输费、装卸费、保险费以及其他可归属于存货采购成本的费用。其总额取决于采购数量和单位采购成本。由于单位采购成本一般不随采购数量的变动而变动,因此,在采购批量决策中,存货的采购成本通常属于无关成本,但当供应商为扩大销售而采用数量折扣等优惠方法时,采购成本就成为与决策相关的成本。

2. 订货成本

订货成本是指为订购货物而发生的各种成本,包括采购人员的工资、采购部门的一般性费用(如办公费、水电费、折旧费、取暖费等)和采购业务费(如差旅费、邮电费、检验费等)。订货成本可分为两个部分:为维持一定的采购能力而发生的各期金额比较稳定的成本(如折旧费、水电费、办公费等),称为固定订货成本;随订货次数的变动而成比例变动的成本(如差旅费、检验费等),称为变动订货成本。

3. 储存成本

储存成本是指为存储货物而发生的各种费用,通常包括两大类:一是付现成本,包括支付给储运公司的仓储费、按存货价值计算的保险费、报废损失、年度检查费用以及企业自设仓库发生的所有费用;二是资本成本,即由于投资于存货而不投资于其他可盈利对象所形成的机会成本。储存成本也可以分为两个部分:凡总额稳定,与储存存货数量的多少及储存时间长短无关的成本,称为固定储存成本;凡总额大小取决于存货数量的多少及储存时间长短的成本,称为变动储存成本。

订货成本、储存成本中的固定部分和变动部分,可依据历史成本资料,采用高低点法、散布图法或最小二乘法等方法进行分解。分解确定的固定订货成本和固定储存成本属于存货决策中的无关成本，可不予考虑。

4. 缺货成本

缺货成本是由于存货数量不能及时满足生产和销售的需要而给企业带来的损失。例如，因停工待料而发生的损失（如无法按期交货而支付的罚款、停工期间的固定成本等），由于商品存货不足而失去的创利额，因采取应急措施补足存货而发生的超额费用等。缺货成本大多属于机会成本，由于单位缺货成本往往大于单位储存成本，因此，尽管其计算比较困难，也应采取一定的方法估算单位缺货成本（短缺一个单位存货一次给企业带来的平均损失），以供决策之用。

在允许缺货的情况下，缺货成本是与决策相关的成本，但在不允许缺货的情况下，缺货成本是与决策无关的成本。

9.1.3 基本经济订货批量模型

企业中存货的总成本由存货的采购成本、订货成本、储存成本和缺货成本构成，存货的订货次数和每批订货的数量影响每种成本的变化。在实际应用中，我们要通过存货管理的经济订货批量模型确定订货批量。

1. 基本假设

基本的经济订货批量模型是存货管理中最简单的一个，用来辨识持有库存的年储存成本与订货成本之和最小的订货批量。在这个模型中，涉及以下几个假定：

（1）只涉及一种产品；

（2）年需求量既定；

（3）订货到达间隔时间固定不变，且全部一次到达；

（4）不考虑数量折扣；

（5）不考虑允许缺货的情况。

在这个模型中，因为不存在数量折扣，在年需求一定的情况下，年采购成本也是既定的，与订货批次的多少无关；同时不允许缺货，所以缺货成本也是决策无关成本。因此，最后进入模型的只有订货成本与储存成本。即

$$年存货相关总成本 = 年订货成本 + 年储存成本$$

2. 基本经济订货批量模型

当订货批量变化时，一种成本上升同时另一种成本下降。当订货批量比较小时，平均库存就会比较低，储存成本也相应较低。但是，小批量必然导致经常性的订货，又会迫使年订货成本上升，如图 9-1 所示。因此，基本经济订货批量模型必须在持有存货的储存成本与订货成本之间取得平衡，订货批次既不能特别少次大量又不能特别多次少量。

设 Q 代表每批订货量，H 代表单位储存成本，D 代表年需求总量，S 代表每次订货的成本。则

$$TC = 年储存成本 + 年订货成本 = \frac{Q}{2}H + \frac{D}{Q}S \qquad (9-1)$$

其中，年储存成本 $= \frac{Q}{2}$，是一个关于 Q 的线性函数，与订货批量 Q 的变化成正比，

如图 9-2（a）所示；另外，年订货成本 = $\frac{D}{Q}S$，年订货次数 D/Q 随 Q 上升而下降，则年订货成本与订货批量反向相关，如图 9-2（b）所示，则年总成本如图 9-2 中的虚线所示，最低点 A 即为最优订货批量点。

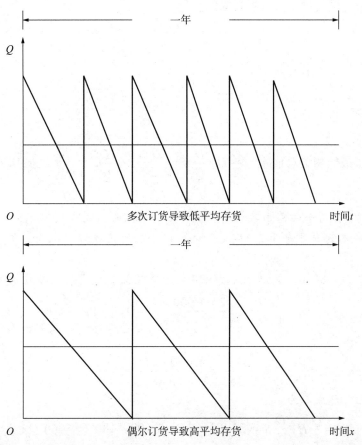

图 9-1 平均库存水平与年订货次数反向相关：一个升高则另一个降低

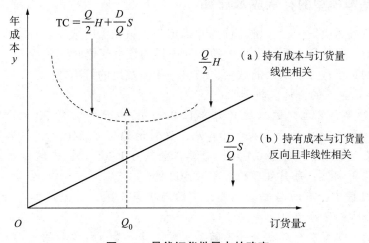

图 9-2 最优订货批量点的确定

运用微积分,将 TC=$\frac{Q}{2}H+\frac{D}{Q}S$ 对 Q 求导,并设导数为 0,则有:

$$\frac{dTC}{dQ}=\frac{H}{2}-\frac{DS}{Q^2}=0$$

即可得到最优订货批量 Q_0 的算术表达式如下:

$$Q_0=\sqrt{\frac{2DS}{H}} \quad (9\text{--}2)$$

代入式(9-1)可以得到:

$$\text{年订货批次}=\frac{D}{Q}=\frac{D}{\sqrt{\frac{2DS}{H}}}=\sqrt{\frac{DH}{2S}} \quad (9\text{--}3)$$

$$\text{年最低相关总成本}=\frac{Q}{2}H+\frac{D}{Q}S=\sqrt{\frac{2DS}{H}}\times\frac{H}{2}+\frac{DS}{\sqrt{\frac{2DS}{H}}}=\sqrt{2DSH} \quad (9\text{--}4)$$

【例 9-1】 某公司全年需用某材料 1 600 kg,单位采购成本为 30 元,每次订货成本为 48 元,年储存成本为每年每千克 60 元。试求该公司的经济订货批量,年最低相关总成本及年订货批次。

解:依题由 D=880kg,S=28 元,H=90 元,则根据公式有最优订货批量

$$Q_0=\sqrt{\frac{2DS}{H}}=\sqrt{\frac{2\times 1\,600\times 48}{6}}\approx 160\,(\text{kg}/\text{次})$$

全年订货批次为

$$\frac{D}{Q}=\sqrt{\frac{DH}{2S}}=\sqrt{\frac{1\,600\times 6}{2\times 48}}=10\,(\text{次})$$

全年最低相关总成本为

$$TC=\frac{Q}{2}H+\frac{D}{Q}S=\sqrt{2DSH}=\sqrt{2\times 1\,600\times 48\times 6}=960\,(\text{元})$$

9.1.4 基于基本模型的存货成本计算

在经济订货批量决策中,关键是选择并确定与决策相关的成本。在为存货模型编制数据时,应观察所掌握的每一项成本是否随下列项目的数量变化而变化:

(1)存货的数量;(2)购入的数量;(3)一年内发出的订单数。

【例 9-2】 某企业的会计资料如下:

购买价格每单位 8 元;运入运费每单位 0.6 元;电话订货费 20 元;装卸费每单位 (30+0.25)元;存货税单位存货每年 0.4 元;材料运输成本 240 元;接货人员的月工资 800 元;库存保险费每单位每年 0.1 元;仓库租金每月 1 200 元;平均损失每单位每年 1.2 元;资本成本每年 18%;每月处理的订单数 500 份。

解:上述数据中,有的与决策相关,有的与决策无关,首先应加以区分。在此基础上,按上述三个方面区分项目。

接货人员的月工资及仓库租金并不随购入量、储存量或订单数的变动而变动,属于固

定订货成本或固定储存成本，与决策无关，可不予考虑。

随存货数量变动的成本项目有：

存货税 0.4 元 + 库存保险费 0.1 元 + 平均损失 1.2 元，合计 1.7 元。

随购入数量变动的成本项目有：

购买价格 8 元 + 运入运费 0.6 元 + 装卸费 0.25 元，合计 0.25 元。

发出一次订单而发生的成本有：

电话订货费 20 元 + 装卸费 30 元 + 材料运输成本 240 元，合计 290 元。

每次订货成本、单位材料年储存成本计算如下：

每次订货成本 $P=20+30+240=290$（元）

单位材料年储存成本 $C=0.4+0.1+1.2+(8.85\times 18\%)=3.293$（元）

如果该材料年需求总量为 6 000 单位，则

经济批量订货 $Q^*=\sqrt{\dfrac{12\times 6\ 000\times 290}{3\ 293}}=1\ 028$（单位）

最低年成本合计 $T^*=\sqrt{2\times 6\ 000\times 290\times 3.293}=3\ 385.21$（元）

9.2 经济订货批量模型的扩展

在实际工作中，由于各种因素影响，需要对前述基本数学模型进行扩展，以确定不同状况下的经济订购批量，从而降低成本。

9.2.1 边进边出模型

在实际生产中，每次订购的货物不一定是一次全部到达，有可能分批陆续到达；同时企业内生产经营也不是等到货物全部运抵仓库后才开始耗用，而是边补充边耗用。在这种情况下，可以将一个订货周期（本次订货开始收到点到下次订货开始收到点之间的这段时间）分成两个阶段：第一阶段为库存形成期，是指从订货开始收到点到货物全部运抵仓库的这段时间，存货的进库速度通常大于出库速度（耗用速度），当货物全部运抵仓库时，有最高的库存量；而第二阶段就是货物全部运抵到下次订货开始收到点，此时，有关存货将只出不进，其经常储备不断下降，在存货经常储备下降到零时，下一批订货又将开始分批陆续到达，如此循环往复，如图 9-3 所示。在边进货、边耗用的情况下，存货的库存周期、库存期间消耗量和存货实际库存量等多种因素及其变化会影响存货经济订货批量的确定，因此管理者要综合考虑各方因素，正确制定边进库、边耗用条件下的存货决策，科学计算边进库、边耗用条件下的经济订货量。

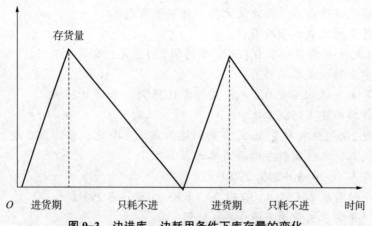

图 9-3　边进库、边耗用条件下库存量的变化

在边进货、边耗用的模型中,决策相关成本包括订货成本和储存成本。其中,储存成本又与存货的每日进库量和每日消耗量相关。

设 x 代表存货每日进库量,y 代表每日消耗量,每次订货成本为 S,单位储存成本为 H,则:

$$库存形成周期\ T=\frac{Q}{x}$$

$$入库期间总消耗量 =Ty=\frac{Q}{x}$$

$$每日增加净库存量 =x-y$$

$$最高库存量 =Q-\frac{Q}{x}y$$

$$=\frac{Q}{x}(x-y)$$

$$平均库存量 =\frac{1}{2}\left(Q-\frac{Q}{x}y\right)$$

$$=\frac{Q}{2x}(x-y)$$

$$订货成本 =\frac{D}{Q}S$$

$$储存成本 = 平均库存量 \times 单位储存成本 =\frac{Q}{2x}(x-y)\times H$$

$$存货相关总成本 =\frac{DS}{Q}+\frac{Q}{2x}(x-y)\times H$$

即

$$TC=TC_a+TC_r=\frac{DS}{Q}+\frac{Q}{2x}(x-y)\times H \tag{9-5}$$

以 Q 为自变量,对 TC 求导,并令其为零,应有

$$\frac{dTC}{dQ} = \frac{-DS}{Q^2} + \frac{x-y}{2x}H = 0$$

$$Q^2 = \frac{2DS}{H} \times \frac{x}{x-y}$$

$$Q = \sqrt{\frac{2DS}{\frac{x-y}{x} \times H}}$$

同时可以得到

$$\text{全年订货次数} = \frac{D}{Q} = \sqrt{\frac{x-y}{x} \times \frac{DH}{2S}} \tag{9-6}$$

$$\text{年最低相关总成本} = \frac{DS}{Q} + \frac{Q}{2x}(x-y) \times H = \sqrt{2\left(\frac{x-y}{x}\right)DSH} \tag{9-7}$$

【例 9-3】 假设某企业生产某产品，全年需用 A 零件 10 000 件，每次订购成本为 100 元，每个 A 零件年储存成本为 1.2 元。该零件在供应周期内每日进库量为 200 件，每日耗用量为 80 件。为使存货相关成本达最低值，该企业应如何确定 A 零件的经济订货量、全年订货次数和年最低相关总成本？

解：代入数据，则

$$Q = \sqrt{\frac{2 \times 10\,000 \times 100}{\frac{200-80}{200} \times 1.2}} \approx 1\,667 \text{ 个}$$

计算结果表明，某企业在边进库、边消耗的条件下，A 零件的经济订货量应为 1 667 个，此时该种零件的相关总成本达到最低值。

$$\text{全年订货次数} = \frac{D}{Q} = \frac{10\,000}{1\,667} = 6 \text{（次）}$$

$$\begin{aligned}
\text{年最低相关总成本} &= \frac{DS}{Q} + \frac{Q}{2x}(x-y) \times H \\
&= \frac{10\,000 \times 100}{1\,667} + \frac{1\,667}{2 \times 200} \times (200-80) \times 1.2 \\
&= 1\,200 \text{（元）}
\end{aligned}$$

9.2.2 存在数量折扣模型

所谓数量折扣，是指当企业每批（次）购买某种货物的数量达到或超过一定限度时，供应商在价格上给予的优惠。对于供应商而言，给予一定数量的折扣可以鼓励买方大量购货，从而扩大自己的销售量，增强自己在市场上的声誉和地位。对购货方而言，实行数量折扣制度，可以获取商品降价的收益，但也存在着增加储存费用、占压资金、多付利息等不利因素的影响。此时，企业管理者应该全面权衡接受数量折扣的利弊得失，为保障企业的经济利益制定正确的存货数量折扣决策。

当存在数量折扣时，货物的采购成本随折扣的增加而减少，此时的存货经济批量模型就不只包括订货成本和储存成本，还应该包括采购成本。即

TC = 采购成本 + 订货成本 + 储存成本

$$=PD+\left(\frac{D}{Q}\right)S+\left(\frac{Q}{2}\right)H$$

式中：P——折扣后的货物单价；
　　　D——年需求总量；
　　　S——每次订货的成本；
　　　H——单位储存成本；
　　　Q——每批订货量。

在数量折扣模型下，随着每次订货批量的增加，企业获得更低的价格折扣，同时也降低年总采购成本，但平均库存水平的上升会造成存货储存成本的上升。对数量折扣决策一般采用成本比较法，即对不接受数量折扣、仅按经济订货量购货的存货总成本与接受数量折扣条件下的存货总成本进行比较，从中选取成本较低者为决策行动方案的一种经济分析方法。

【例9-4】某企业全年需用A零件1 500个，每件每年储存成本0.5元，每次订货费用81.67元。供应商规定：每次订货量达到750个时，可获2%的价格优惠；不足750个时，单价为50元。请帮助该企业进行存货采购批量决策。

解：决策分三步进行。

（1）计算没有数量折扣时的经济订购批量。因为按一般原则，当有可能获取数量折扣时，最低订购量可由经济订购批量Q来决定。

$$Q_0=\sqrt{\frac{2\times1\,500\times81.67}{0.5}}\approx700（个）$$

于是，最佳订购量必然是700个或者750个，没有其他订购数量比这两个数量更经济。

（2）计算不考虑数量折扣时的年成本合计。

$$采购成本=1\,500\times50=75\,000（元）$$

$$订货成本=\frac{1\,500}{700}\times81.67\approx175（元）$$

$$储存成本=\frac{700}{2}\times0.5=175（元）$$

$$年成本合计=75\,000+175+175=75\,350（元）$$

（3）计算考虑数量折扣时的年成本合计。

$$采购成本=1\,500\times50\times(1-2\%)=73\,500（元）$$

$$订购成本=\frac{1\,500}{700}\times81.67=163.34（元）$$

$$储存成本=\frac{750}{2}\times0.5=187.5（元）$$

$$年成本合计=73\,500+163.34+187.5=73\,850.84（元）$$

比较订购700个时与750个时的年成本合计可知，接受数量折扣可使存货成本降低1 499.16元（75 350−73 850.84），因此应该选择接受数量折扣的方案。

在实际工作中，需要考虑的因素较多，这时可采用的方法也较多，应灵活加以运用。

9.2.3 存在缺货条件的模型

建立基本模型的前提之一是不允许出现缺货现象。但在实际生活中,经常会因为供货方或运输部门的问题导致所采购的材料无法及时到达企业,发生缺货损失的现象。在这种情况下就需要将缺货成本作为控制的相关成本之一来考虑。

所谓缺货成本是指因材料供应发生短缺,无法及时满足生产经营的正常需要而造成的损失。它包括停工待料损失、因对客户延期交货而支付的违约罚金、因采取临时性补救措施而发生的额外采购支出,以及企业因失去及时供货信用而损失的商誉(如失去未来客户、减少销售机会)等内容。

在允许缺货条件下,企业对经济批量的确定,除了要考虑订货成本与储存成本,还需对可能发生的缺货成本加以考虑,即能使三项成本总和最低的批量是经济订货批量。

设 U 代表缺货量,Q 代表最优订货批量,S 代表每次订货的订货成本,H 代表单位年储存成本,K_U 代表单位缺货年缺货成本,d 代表存货日消耗量,T_1 为不缺货的天数,T_2 为缺货的天数,则一个购货周期 $T=T_1+T_2$,如图 9-4 所示。

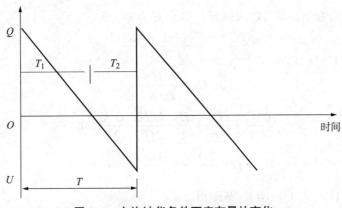

图 9-4　允许缺货条件下库存量的变化

由图可知:T 时间段内最高库存量为 $(Q-U)$;T_1 时间内平均库存为 $\dfrac{Q-U}{2}$;T_2 时间内平均库存为 $\dfrac{U}{2}$,则

$$T_1=\frac{Q-U}{d}$$

$$T_2=\frac{U}{d}$$

$$T=T_1+T_2=\frac{Q-U}{d}+\frac{U}{d}=\frac{Q}{d}$$

由此得到

$$\text{平均库存量}=\frac{T_1\dfrac{Q-U}{2}}{T}=\frac{\dfrac{Q-U}{d}\times\dfrac{Q-U}{2}}{\dfrac{Q}{d}}=\frac{(Q-U)^2}{2Q}$$

$$\text{平均缺货量} = \frac{T_2 \frac{U}{2}}{T} = \frac{\frac{U}{d} \times \frac{U}{2}}{\frac{Q}{d}} = \frac{U^2}{2Q}$$

则

$$\text{订货成本} = \frac{D}{Q}S$$

$$\text{储存成本} = \frac{(Q-U)^2}{2Q}H$$

$$\text{缺货成本} = \frac{U^2}{2Q}K_U$$

此时，有

$$\text{存货总成本} = \text{订货成本} + \text{储存成本} + \text{缺货成本}$$

即

$$TC = TC_a + TC_c + TC_s = \frac{DS}{Q} + \frac{QH}{2} - UH + \frac{U^2 H + U^2 K_U}{2Q} \tag{9-8}$$

以 U 和 Q 为自变量，对 TC 求偏导，并令其为零，即

$$\frac{dTC}{dU} = \frac{-H(Q-U)}{Q} + \frac{K_U U}{Q} = 0$$

$$U = Q \frac{H}{H+K_U} \tag{9-9}$$

$$\frac{dTC}{dQ} = \frac{-DS}{Q^2} + \frac{H}{2} - \frac{U^2 H}{2Q^2} - \frac{U^2 K_U}{2Q^2} = 0$$

$$Q^2 = \frac{2DS + (H+K_U)U^2}{H} \tag{9-10}$$

将式（9-9）代入式（9-10），整理得

$$Q^2 = \frac{2DS}{H} \times \frac{H+K_U}{K_U}$$

$$Q = \sqrt{\frac{2DS}{H} \times \frac{H+K_U}{K_U}} \tag{9-11}$$

【**例9-5**】 某制造公司全年需用某种材料 40 000 kg，按经验数据每次订货的变动性订货成本为 25 元，单位材料年平均变动性储存成本为 8 元。企业允许缺货，因采取补救措施而发生的单位缺货年均成本的经验数据为 24.8 元。要求：计算不存在商业折扣，每批订货均能一次到货，但允许出现缺货现象情况下的经济采购批量以及允许最大缺货量。

解：代入上述数据，则允许缺货条件下的经济订货批量为

$$Q = \sqrt{\frac{2 \times 25 \times 40\,000}{8} \times \frac{8+24.8}{24.8}} \approx 575 \text{（千克）}$$

允许缺货量为

$$U = \sqrt{\frac{2 \times 25 \times 40\,000}{24.8} \times \frac{8}{8+24.8}} \approx 140 \text{（千克）}$$

9.2.4 一般再订货点模型

经济订货批量模型解决了每次订购多少货的问题，但还没有回答何时订货，以及在何时必须清货的问题。在存货管理和控制过程中，通常会遇到发出订单与接收到货物不在一个时点的情况，一般是发出订单若干天后，才会陆续到货。因此必须对再订货点进行确认。

在存货管理和控制过程中，通常会遇到发出订单与接收到货物不在一个时点的情况。

从发出订单到接收到货物这段时间称为提前期。再订货点（ROP）则是发出新订单的时点，通常是根据提前期倒退算出来的。

再订货点模型是根据库存数量和提前期来确定再订货点（ROP）的一个函数模型：一旦库存数量降至某一事先确定的数量，就会发生再订货。再订货的库存数量取决于以下4个因素：

（1）平均日耗用量（通常是基于预测的需求率）；
（2）生产提前期；
（3）需求范围与生产提前期的变化量；
（4）管理者可以接受的缺货风险程度。

1. 需求确定下的再订货点

如果需求与生产提前期都是常数，再订货点为

$$ROP = d \times LT$$

式中：d——平均日耗用量（通常是基于预测的需求率）；

LT——生产提前期天数或周数。

例如，某车间C存货平均日耗用量为50件，每次订货4天后才收到货物。此时C存货的再订货点为：

$$ROP = 50 \times 4 = 200（件）$$

因此，当C存货还有200件时开始再订货，如图9-5所示。

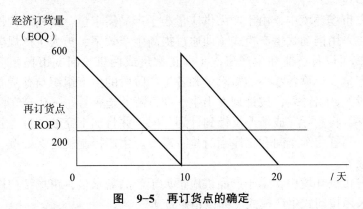

图 9-5 再订货点的确定

2. 需求不确定下的再订货点

一旦需求或生产提前期发生变化，实际需求就有可能超过期望需求。因此，为减少生产提前期内用光库存的风险，企业一般会建立保险储备。保险储备的实施是在企业存货管理中增加一个安全库存量。此时，再订货点就为：

$$ROP = 生产提前期内的期望需求 + 安全库存量$$
$$=（平均日耗用量 \times 提前期）+ 安全库存量$$

例如，如果生产提前期内期望需求为200单位，拟定的安全库存量为60单位，再订货点就是260单位。

【例9-6】 某种商品的安全库存量为200件，采购间隔期为12天。年度耗用总量为12 000件，假设每年有300个工作日，则

$$该商品的再订货点 = \left(\frac{12\ 000}{300} \times 12\right) + 200 = 680（件）$$

如果该商品的年储存成本为1.5元，每次订货成本为240元，其最佳订货量为1 960件。

当存货降至680件时，即应按最佳订货量（1 960件）发出订单。在发出订单和收到订货的12天内，耗用速度是每天40件（12 000/300）。如果能够按计划进行，12天后，当新采购的货物到达企业时，存货大约还有200件。

9.3 存货日常管理

9.3.1 存货周转期控制

存货周转期是指存货周转一次所需要的时间，具体是指从购买存货、支付货款开始到把存货卖出、形成应收账款为止的整个期间。从流动资产周转角度看，生产周期由存货周转期和应收账款周转期构成；从资金周转角度看，从货币开始到货币结束，资金完成一次周转。生产周期和流动资金周转期（由应付账款周转期和现金周转期构成）是一致的。

从存货周转过程看，存货周转期一般包括采购周期、生产周期、销售周期三个阶段，缩短存货周转期的任务主要由采购部门、生产部门和销售部门负责。

1. 根据市场供求状况，采用拉动式生产或推动式生产

企业面临的市场环境有两种：卖方市场和买方市场。在不同的市场环境下，企业应采用不同的生产模式。

（1）在卖方市场环境中，由于产品供应量小于产品需求量，市场结构性矛盾是生产不出来，企业应该采用推动式生产模式（即通过提高生产效率、扩大生产规模来满足需求）。企业计划部门按照设备产能和生产班次（即正常班或两班轮岗或市场环境、生产三班轮岗）确定产品产量，计算各零件的需求量和各生产阶段的生产组织与存货管理提前期，确定每种零件的投入产出计划，按计划发出生产和订货的指令。每一生产车间和每道工序都按计划制造零件，将实际完成情况反馈到计划部门，并将加工完的零件送到后续生产车间和后一道工序，不管后续车间和工序当时是否需要。生产控制就是保证按生产作业计划的要求按时完成任务。

（2）在买方市场环境中，由于产品供应量大于产品需求量，市场结构性矛盾是卖不出去，企业应该采用拉动式生产模式（即以销定产）。

生产首先从产品装配出发，每道工序和每个车间按照当时的需求向前一道工序和车间提出要求，发出工作指令，前面的工序和车间完全按这些指令进行生产。每一道工序的员工致力于补充后续工序的员工耗用掉的存货，绝对禁止生产超量的存货。当存货量达到确定的上限时，该工序要停止工作，直到后续工序从在产品库中取走在产品为止。因此，后

续工序从在产品库中取走在产品这一行为决定了该工序将继续生产。

管理者必须接受这样的观念：宁可让员工闲着，也不要让他们生产出超出限额的存货。在生产间隙，工人可以对机器设备进行保养，防止在生产过程中出现由于机器故障而停产的现象。

拉动式生产模式可以进一步扩展到销售和订货领域。企业首先根据订单确定最后一道工序需要生产的数量，其次根据最后一道工序的生产数量倒推前一道工序需要加工的数量，一直倒推至第一道工序需要加工的在产品数量，根据生产的进度和原材料需求量，最后确定发送给供货商的订单。

如果每道工序都按其后一道工序的要求，在适当的时间、按需要的产品和数量生产，就可以实现真正的按需生产。

2. 改变材料采购策略

在适时制生产模式下，既要求企业持有尽可能低水平的存货，只在需要的时间购进需要的材料，又不允许企业因原材料供应中断影响生产正常进行。这就给企业的采购部门提出了很高的要求：一是材料供应的及时性；二是采购的原材料在质量上必须有保证。为解决这一问题，企业和供货商之间应建立一种全新的利益伙伴关系。建立这种关系的原则如下。

（1）在原材料采购上，只与有限数量、比较了解的供货商发展长期合作关系。当企业提出原材料需求时，采购部门可以直接与长期合作的供货商联系，缩短原材料订货时间的同时节约订货成本。由于经过选择和长期合作，企业对供货商的信誉、材料质量及后续服务等都很了解，原材料质量有保证，可以适当减少对购进材料的检验，甚至取消检验，以降低检验成本。由于企业与供货商之间长期合作，因此供货商多批次、小批量供应材料可以进一步降低材料存货水平。

（2）在选择供货商时既要考虑其供货的价格，也要考虑其服务的质量（即供货商能否在企业临时提出需求时快速交货）和材料质量。

（3）在有可能的情况下，建立生产组织直接向经批准的供货商订购生产所需原材料的流程。对某些企业而言，各个生产组织并不是集中配置，而是分散在不同的地区。如果由企业集中采购或销售，信息传递流程及物流过程可能会延长存货周转期。由于材料的供货商已经指定而且数量较少，企业可以与供货商签订长期合作协议，供货商可以根据生产组织的订单组织多批次、小批量的供货，定期结算货款。

（4）供货商将货物直接送至生产场所。传统上企业订购的材料在检验之后必须入材料库存放，从而增加储存成本和管理成本。在适时制生产模式下，只有在生产需要时才订购材料，原材料到位后可以直接投入生产，因此供货商可以直接将材料运抵生产车间。这样做既缩短了从订货到投入生产的时间，保证了供货的及时性；又缩短了搬运距离，节约了人工搬运成本。

（5）为达到减少材料存货的效果，企业和供货商都需要付出努力。制造企业在选择供货商时应慎重并全盘考虑，主要侧重供货的价格、质量和及时性。确定供货商后，应和供货商签订长期合同。供货商必须明确一点：供货商与制造企业的经济利益是密切相关的，紧密的长期合作关系对双方都是有利的。美国施乐公司实行适时制生产模式取得了显著成效。该公司从5 000家供货商中挑选出260家，经过几年的测试于1985年取消了3A级指定供货商所提供材料的检验，这些免检的材料涉及公司90%的产品。同年，该公司选择了25家质量合格且距公司不远的供货商进行适时制采购试验。公司每天用卡车从这25家供货商运来一天所需的原材料，取消检验环节，直接把原材料运至生产场所，消除了收货、入库等环节，减少了仓库占用。公司以盛装材料的塑料容器代替看板，容器送达供货商起到了订单的作用，简化了订货程序。该公司实行上述措施后，原材料库存大幅下降，进货价格下降了40%～50%。

3. 减少不增加价值的活动，缩短生产周期

企业的生产活动可分为两种：一是使物料实体发生改变（如制造加工和包装），增加产品价值的生产活动；二是不改变物料的实体，只是使物料的地理位置等发生改变（如检验和仓储），不增加产品价值的生产活动。从材料投入生产至产成品完工所需的全部时间称为生产周期，由生产准备时间、加工时间、搬运时间、等候时间和检验时间构成。生产准备时间是为生产特定产品准备机器设备所需的时间，加工时间是生产产品所耗费的时间，搬运时间是在生产场所之间或检验场所之间搬运产品所耗费的时间，等候时间是产品等待加工、搬运或检验，暂时储存所耗费的时间，检验时间是产品接受检验所耗费的时间。在这五个时间中，只有加工时间内的活动才增加产品价值，其他时间内的活动都不增加产品价值，理论上应该压缩到最低水平。缩减生产准备时间的关键在于提高生产系统的柔性，有两个基本途径：一是改变劳动工具，购置更智能化、使用有柔性的加工设备体系，如数控机床、柔性制造单元等；二是改变劳动对象，运用成组技术进行加工。通过采用适时制生产模式，哈雷—戴维森公司在试验的机器上缩减了75%以上的生产准备时间，从几个小时降至不到一个小时。其他许多公司也达到类似的效果，一般来讲，生产准备时间可以缩减75%。实际案例如下。

缩短生产周期还可以从企业与供应商的关系入手，把企业的生产过程与供应商的生产过程联系起来。

迈克尔·波特在《竞争优势》一书中讲了个故事：一个糖果厂生产低附加值的传统糖果，利润率低。有人建议，能不能在某些糖果外面包裹一层巧克力，这样不就可以提高附加值了吗？这一建议被采纳后，糖果厂就从巧克力供应商购买巧克力。由于购买的是包装好的10磅一块的固态巧克力，因此糖果厂增加了两道工序：拆包、溶解。以拆包工序为例，如何才能降低成本？

传统上采取的第一个措施就是：变有用为有用。具体讲，糖果厂将原来闲置的工人集中到拆包工序，这时闲置资源开始创造价值。但后来糖果厂发现，工人的劳动效率是不一样的。例如，男性工人的效率不如女性工人的效率高，因为女性的耐性好；年轻人的效率比年龄大的效率高，因为年轻人的身体协调性好。于是，传统上采取的第二个措施就是：变低效率为高效率。具体来讲，糖果厂将老、弱、病、残工人解聘，雇用了20岁左右的女性工人，从而提高了效率。当管理层把视野局限在企业内部时，降低成本的潜力被挖掘殆尽。

如果把视野放到企业与企业的关系上，又将如何呢？糖果厂老总在与巧克力供应商见面时问道：你的巧克力为什么是10磅一块而不是20磅一块，言外之意，如果能20磅一块就可以减少拆包的次数，进而降低成本。供应商回答：10磅一块有两个好处，一是，包装纸可以充分利用，二是搬运的效率最高。这时，显然不能要求供应商把10磅一块改为20磅一块，这样做的结果是损人利己，最终不是双赢而是损人不利己。糖果厂老总接着又问：你的巧克力是怎么生产出来的，供应商回答：购买原料（可可豆）后，经过清理、

干燥、烘烤、研磨、浆料、成形、包装等工序卖给客户。这时，糖果厂老总抓住了一个重要的契机：既然供应商生产出巧克力浆料，我们为什么不能直接采购巧克力浆料呢，这个想法一提出，就得到供应商的积极响应。因为供应商可以减少成形、包装两道工序，而糖果厂可以减少拆包、溶解两道工序。从每个企业角度看的必要工序，放到价值链中则成为不必要工序，（不增值活动），应予以消除。双赢的结果是：如果维持原来糖的价格，成本降低额转变为利润增加额；如果维持原来的利润额，成本降低就会导致价格下降，从而对竞争者产生压力。

4. 快速满足客户需求

ABC分类管理法的具体操作通常分为以下步骤：首先按一定的标准将企业的存货分类。分类的标准主要是金额标准（主要是年平均耗用总额）和数量标准。其中金额标准是最基本的，品种数量标准仅作为参考。例如，首先，将企业各种存货按其单位为成本、数量、年平均耗用总额排序（其中，年平均耗用总额 = 全年平均耗用量 × 单位成本），其次，按照一定金额标准把它们分成A，B，C三类。其中，A类存货单位价值大、数量少，这类存货一般只占用年耗用总数量的10%，但其价值占年耗用金额的70%；B类存货金额一般，品种数量相对较多；C类存货品种数量繁多，但是价值金额很小，金额比重只占年耗用金额的10%，但占年耗用总数量的70%。如一个拥有上万种商品的百货公司，精品服饰、皮具、高档金饰、手表、家用电器等商品的数量并不很多，价值却相当大。大众化的服装、鞋帽、文具用品等商品数量较多，但价值相对A类商品要小得多。对于各种日用百货等小百货品种数量非常多，但所占的金额很小。

在适时制生产模式下客户订单是整个企业开始生产的最原始动力和指令。收到了客户订单，就要按照交货的时间开始最后一道工序生产的规划，并使生产向前一道工序展开直至原材料和零部件的采购环节。为了尽可能地减少存货，企业收到客户订单时的产成品存货往往是非常有限的，在合同规定的时间内交付客户订购的高质量产品的方法就是提高生产效率。当企业在材料采购、产品生产中采用一系列措施：缩短订购时间、等候时间、检验时间、搬运时间等进而缩短生产周期，即缩短接到订单到交货的时间，企业就可以在接到订单之后很短的时间内生产出客户所需要的产品。

5. 避免停工

要在存货水平很低的情况下，保证企业生产经营连续、有序进行，就要避免停工。大多数停工是以下原因造成的：机器故障、材料次品和材料未运达。以往，企业是通过建立存货（甚至是安全库存）来避免停工的，但却没有真正解决上述问题。适时制生产理论认为：保证设备的可靠性是十分重要，必须确保设备处于可用状态并在运行中不发生故障。因此，可以通过全面预防性维护和全面质量控制，以及与供货商建立良好的关系、培训员工成为多面手、实行看板制等措施解决上述问题。

9.3.2 ABC存货管理

对某些大中型企业而言，如果其存货品种繁多，数量、价格上差别较大，其存货可以考虑实施ABC分类管理法进行管理。ABC管理法认为，企业中的某些存货尽管品种不多，数量也很少，但每件存货的金额相当大，管理稍有不善，会给企业造成极大的损失。相反，有的存货虽然品种繁多，数量大，但其总金额在存货总占用资金量中的比重较小，对于这类存货即使管理当中出现一些问题，也不至于对企业产生较大的影响。因此，从经济角度和人力财力物力的有限性角度看，企业应该对不同的存货给予不同程度的关注。ABC分类管理的目的即在于使企业分清主次，突出重点，以提高存货资金的管理效果。

ABC 分类管理法的具体操作通常分为以下步骤：首先按一定的标准将企业的存货分类。分类的标准主要是金额标准（主要是年平均耗用总额）和数量标准。其中金额标准是最基本的，品种数量标准仅作为参考。例如，先将企业各种存货按其单位为成本、数量、年平均耗用总额排序（其中，年平均耗用总额＝全年平均耗用量 × 单位成本），然后按照一定金额标准把它们分成 A，B，C 三类。其中，A 类存货单位价值大、数量少，这类存货一般只占用年耗用总数量的 10%，但其价值占年耗用金额的 70%；B 类存货金额一般，品种数量相对较多；C 类存货品种数量繁多，但是价值金额很小，金额比重只占年耗用金额的 10%，但占年耗用总数量的 70%。如一个拥有上万种商品的百货公司，精品服饰、皮具、高档金饰、手表、家用电器等商品的数量并不很多，价值却相当大。大众化的服装、鞋帽、文具用品等商品数量较多，但价值相对 A 类商品要小得多。各种日用百货等小百货品种数量非常多，但所占的金额很小。

ABC 各类存货的分类划定以后，就可以针对不同存货实行分品种重点管理、分类别一般控制和按总额灵活掌握的存货管理方法。由于 A 类存货占用企业存货绝大多数的资金，只要能控制好 A 类存货，基本上不会出现较大的问题，因此必须对 A 类存货实行分品种重点管理，即对每种存货都列出详细的数量、单价情况，严格按照事先计算确定的数量和时间进行订货，使日常存量达到最优水平，同时对每件存货的订购、收入、发出、结余情况都详细登记。由于 B 类存货的品种数量远远多于 A 类存货，企业通常没有能力对每个具体品种进行控制，因此可以通过划分类别的方式管理，即将 B 类存货中相似的存货归类，以这些类别来控制存货收发的数量和金额。尽管 C 类存货品种数量繁多，但其所占金额很小，对此，企业只要把握一个总金额即可。

9.3.3 零存货管理

1. 零存货管理概述

存货管理是指为了保证企业生产经营的正常运行、降低存货成本、增加获利能力、对存货进行决策、规划、控制等工作的总称。企业持有存货的原因，一方面是为了保证生产或销售的经营需要，另一方面是出自价格的考虑，零购物资的价格往往较高，而整批购买物资在价格上有优惠。但是，过多的存货会占用较多资金，并且会增加包括仓储费、保险费、维护费、管理人员工资在内的各项开支，因此，存货管理的目标，就是在保证生产或销售经营需要的前提下，最大限度地降低存货成本。具体包括以下几个方面。

（1）保证生产正常进行。生产过程中需要的原材料和在产品，是生产的物质保证，为保障生产的正常进行，必须储备一定量的原材料；否则可能会造成生产中断、停工待料的情况发生。尽管当前部分企业的存货管理已经实现计算机自动化管理，但要实现存货为零的目标依然不易。

（2）有利于市场销售。一定数量的存货储备能够增加企业在生产和销售方面的机动性和适应市场变化的能力。当企业市场需求量增加时，若产品储备不足就有可能失去销售良机，所以保持一定量的存货是有利于市场销售的。

（3）便于维持均衡生产，降低产品成本。有些企业产品属于季节性产品或者需求波动较大的产品，此时若根据需求状况组织生产，则可能有时生产能力得不到充分利用，有时又超负荷生产，这会造成产品成本的上升。为了降低生产成本，实现均衡生产，就要储备一定的产成品存货，并应相应地保持一定的原材料存货。

（4）降低存货取得成本。一般情况下，当企业进行采购时，进货总成本与采购物资的单价和采购次数有密切关系。而许多供应商为鼓励客户多购买其产品，往往在客户采购量达到一定数量时，给予价格折扣，所以企业通过大批量集中进货，既可以享受价格折扣，降低购置成本，也能减少订货次数，降低了订货成本，使总的进货成本降低。

（5）防止意外事件的发生。企业在采购、运输、生产和销售过程中，都可能发生意料之外的事故，保持必要的存货保险储备，可以避免或减少意外事件的损失。

2. 零存货管理可能存在的问题

零存货管理的思想来自适时制的要求，适时制与传统存货管理产生差异。传统存货管理承认存货存在的合理性，要求按照各种模型制定的计划引入存货，提倡持有一定的存货，以达到相关成本最低；而零存货管理的思想则要求企业按需要引入存货，并努力减少存货、降低存货成本，最终目的是消灭存货，以达到总成本最低。但零存货管理也有很大的局限性。

（1）一旦供应链被破坏，或企业不能在很短的时间内根据客户需求调整生产，企业生产经营的稳定性将会受到影响，经营风险加大。

（2）为了保证能够按照合同约定频繁小量配送，供应商可能要求额外加价，企业因此丧失了从其他供应商那里获得更低价格的机会收益（也就是折扣）。

零存货是一种特殊的库存概念，其对工业企业和商业企业来讲是个重要分类概念。零库存的含义是以仓库储存形式的某种或某些种物品的储存数量很低的一个概念，甚至可以为"零"，即不保持库存。

应该注意的是，零存货在本质上可以说是一种思想，而非数学模型。我们应该学习的是适时制下努力降低存货、提高质量、不断改进的精髓，将这种先进的管理思想与企业的实际情况结合起来，达到提高经济效益的目的。不顾企业管理水平和企业外部环境，盲目地生搬硬套零存货管理方式是很危险的。在实践中究竟应将企业的存货保持在多少为最优，需要视企业外部经营环境和内部管理水平而定。

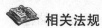 **相关法规**

《管理会计应用指引第 400 号——营运管理》。

复习思考题

1. 存货决策中需要考虑的相关成本有哪些？
2. 存货的作用有哪些？
3. 请列举经济订货批量的基本假设。
4. 经济订货批量模型有哪些扩展？
5. 什么是 ABC 存货管理？
6. 零存货管理的思想是什么？我们应把零存货作为管理方法还是作为管理理念？

练习题

一、单项选择题

1. 下列各项中，不属于订货成本的是（　　）。
   A. 采购部门的折旧费　　　　　　B. 检验费
   C. 按存货价值计算的保险费　　　D. 差旅费

2. 下列各项中不属于储存成本的是（　　）。
   A. 企业自设仓库的水电费、空调费　　B. 按存货价值计算的保险费
   C. 陈旧报废损失　　　　　　　　　　D. 采购人员的检验费

3. 由于存货数量不能及时满足生产和销售的需要而给企业带来的损失，称为（　　）。
   A. 储存成本　　B. 缺货成本　　C. 采购成本　　D. 订货成本

4. 在存货决策中，（　　）可以不考虑。
   A. 订货成本　　B. 固定订货成本　　C. 变动订货成本　　D. 变动储存成本

5. 下列各项中，与经济订货量无关的是（　　）。
   A. 每日消耗量　　B. 每日供应量　　C. 储存变动成本　　D. 订货提前期

6. 某公司使用材料 A，一次订购成本为 2 000 元，每单位成本为 50 元，经济订购批量为 2 000 个，单位资本成本率为 10%，全年用量 8 000 个单位。该材料单位储存成本中的付现成本是（　　）元。（提示：储存成本通常包括两大类：一是付现成本，二是资本成本。）
   A. 8　　B. 3　　C. 4　　D. 5

7. 数量折扣视为机会成本时是指放弃可获得的最大订购量折扣而形成的机会成本，等于（　　）。
   A. 最大订购量折扣
   B. 该公司拟选订购政策的折扣
   C. 最大订购量折扣与该公司拟选订购政策的折扣之间的差额
   D. 最大订购量折扣与该公司拟选订购政策的折扣之和

8. 下列各项中，与再订货点无关的是（　　）。
   A. 经济订货量　　B. 日耗用量　　C. 交货日期　　D. 保险储备量

9. 某种商品的再订购点为 680 件，安全库存量为 200 件，采购间隔日数为 12 天，假设每年有 300 个工作日，则年度耗用量是（　　）件。
   A. 11 000　　B. 10 000　　C. 12 000　　D. 13 000

二、计算题

1. F 制造公司全年需用某种材料 40 000 kg，按经验数据每次订货的变动性订货成本为 25 元，单位材料年平均变动性储存成本为 8 元。就下列各不相关的条件分别计算经济采购批量，并计算出各种情况下最低相关总成本。

   （1）不存在商业折扣，不允许出现缺货现象，每批订货均能一次到货。

   （2）供货方规定，当一次采购量小于或等于 640 kg 时，单价为 11 元；采购批量不低于 640 kg 时，单价为 10 元；采购批量不低于 10 000 kg 时，单价为 9.5 元。其他条件同（1）。

2. 某企业全年需要材料 24 000 kg，规定不允许缺货，每千克材料一个月所需的储存

费为 0.1 元，每采购一批材料所需的采购费用为 350 元，一年工作日为 300 天。要求：

（1）计算每批采购多少材料最为经济；

（2）该材料正常订货提前期为 5 天，若不考虑安全储备，则其订货点为多少？

（3）根据过去经验，如运输过程中出现意外情况，交货期最长将延到 8 天；在订货期间，每天正常耗用量为 80 kg，最高每天耗用量为 100 kg，最低每天耗用量为 60 kg，计算其安全库存量及再订货点。

第10章 责任会计与内部转移价格

☆学习目标：
1. 了解责任会计的起源、发展和概念；
2. 掌握责任会计的内容和基本原则；
3. 掌握成本中心、利润中心和投资中心的概念和内容；
4. 了解内部转移价格的概念和制定原则，理解内部转移价格的类型和作用；
5. 理解并掌握责任中心的业绩评价与考核，并应用于实践。

引例：责任会计在海尔集团的应用

海尔集团是中国最具有价值的品牌之一。海尔作为中国领先的家电制造企业，致力于推动可持续发展并践行企业社会责任。他们将可持续性视为企业发展的核心价值，通过经济、环境和社会三个方面的协同发展来实现可持续性目标。海尔通过创新和合作共赢的实践方法，不断推动技术创新和业务模式创新，建立合作伙伴关系，共同推动可持续发展。目前海尔已经在世界各地拥有29个制造基地，8个综合研发中心，19家海外贸易公司，员工遍布世界各地，业务遍布全球。当前世界显著呈现一体化趋势，为了让海尔品牌继续处于领先地位，2006年，海尔集团在实施三大战略阶段之后，进入了一个全新的全球化品牌战略阶段。

在众多的企业管理体系中，责任成本会计将更多的注意力放在了企业成本上面，比如说成本控制或是成本管理。随着企业将人本主义管理思想融入企业的一线管理中，企业管理者越来越关注程序效率与员工需求之间的矛盾。在这方面，海尔集团的 SBU 模式是责任成本会计应用到企业之中的典型案例。2001年，海尔集团提出了 SBU 系统这个新理念，同时还在 SBU 系统中提出了 SBU 损益表理念。SBU 会使每一个责任单位都拥有一张财务报表。这意味着员工都可以自己成为自己的经营者。当每个人都成为自己的老板时，员工就会有了工作动力。这样的损益表制度激发了员工对于工作的积极性，不仅可以更好地满足客户的要求，也能在一定程度上完成员工自我状态的升华。在实施 SBU 系统之后，海尔将企业内部原本属于各个事业部的各项业务全部分离，通过海尔集团宏观调配，提高企业工作的效率。海尔集团经过近些年的发展和积累，已经从一个面临破产和倒闭的小厂，一跃进入世界五百强，成为国际白色家电生产的领军企业。

2023年，海尔在全球范围内的一年营业额达到了3 718亿元，相比上一年的营业额增长了6%；全球利润总额267亿元，增长6%；15年蝉联全球大型家电品牌零售量第一；连续5年以全球唯一物联网生态品牌入选"BrandZ 最具价值全球品牌100强"，排名持续提升；连续7年入选谷歌和凯度 BrandZ 中国全球化品牌50强，位列行业第一。海尔不仅仅在激烈的市场竞争之中占有一席之地，在提高员工的责任成本意识，明确部门责任，部门之间的协调性及评估模式层面也有了很大水平的提升,具体表现在员工成本责任意识增强、责任成本会计部门权责明确和企业部门间协调性提高等方面。

责任成本会计可以借助数字化的信息技术来进行提升和完善。互联网时代,一个非常突出的优势就是财务办公的网络化与自动化。在互联网信息技术不断发展的时代背景中,责任成本会计可以经由这一办公设备与系统来反映瞬息变化市场发展的水平。在互联网的支持下,传统纸质数据信息的采集及整理工作可以大大地缩减工作时间。由此可见,SUB模式的推行对于改观海尔集团旧有的责任成本管理模式和效果发挥了重要的促进作用。

[资料来源:改编自吕治国.责任成本会计在企业中的应用问题及发展研究:以海尔集团SUB为例[J].企业技术开发,2016,35(3):30-32.]

10.1 责任会计概述

10.1.1 责任会计的概念、起源及发展

责任会计是指以明确、分解经济责任为目标,以价值管理为形式,将企业整体目标分解为各个责任中心,并对其负责的经济业务进行计划与控制,从而形成一个以权、责、利相统一、业绩考核与评价相结合的会计控制制度。责任会计的核心在于利用会计信息对各分权单位的业绩进行计量、控制与考核,确保企业目标的顺利实施。

20世纪初,西方资本主义不断发展,由于生产集中,资本主义市场被大企业挤占,竞争激烈,为了在市场中获得一席之地,资本家们不得不千方百计寻找加强企业内部经济管理以及对市场情况进行科学预测的方法。在这种资本主义迅猛发展的势头下,美国企业家泰勒提出并制定了科学的管理理论和方法即"泰勒制",以控制生产成本并提高工人的生产积极性。在泰勒制的推广应用过程中,美国的会计学者又提出了"供管理上用的会计"这一新的概念与之相适应,两者结合发展,产生了责任会计。

随着资本主义的广泛发展,20世纪30年代初,发生了世界性的经济危机,引发了第二次世界大战,资本主义的生存和发展处于困境。为了在困境中脱身,企业一方面加强自身的经济管理,努力扩大自身规模,提高生产力,降低成本,以获得更大的竞争优势,另一方面努力寻求预测市场的科学方法以便作出正确的决策。此时,仅仅运用泰勒制控制成本来解决问题是远远不够的,于是企业开始出现向分权管理和控制目标利润方向发展的迹象。第二次世界大战以后,国际经济迅速发展,市场竞争日益激烈,企业的规模越来越大,其经营越来越多样,组织结构越发复杂,管理的层次更加繁多,分支机构广泛分布,传统的集中管理模式无法满足企业发展壮大的需要,分权管理越来越被现代的企业所接受。

所谓分权管理,即为把企业的生产经营决策权根据相应的经济责任划分给企业不同层次的管理人员,使他们能够对自己职权范围内的经营管理活动作出及时有效的决策。这种管理模式可以在极大限度上激发各个层次管理人员的积极性和主动性,减少了决策时的不必要程序,大大提高了管理人员工作的质量和效率,加大了企业迅速作出应急决策的可能性。但是,分权管理在增加企业内部各分权单位之间相互依存性的同时,也使得各个分权单位之间呈现出很大的独立性,这就对企业协调各分权单位之间的关系提出了极大的要求,即需要避免出现各分权单位片面追求自身利益而不顾企业整体利益的局面。

要想充分利用分权管理带来的好处，尽量避免其带来的弊端，企业要追求整体价值的最大化，就要从整体发展战略出发来协调和控制各分权单位的行为，以行为科学理论为指导，强化企业内部管理，即运用现代责任会计，对企业内部各责任中心的经济业务进行规划与控制。

10.1.2 责任会计的基本原则

责任会计是用于加强企业内部管理的控制会计制度，企业要根据自身特点建立适合于企业的责任会计制度，但无论企业采用的责任会计具体形式是怎样的，都要遵循以下几条责任会计的基本原则。

1. 权、责、利相结合原则

权、责、利相结合原则是企业实行责任会计制度的一项极其重要的原则，它要求实行责任会计既要授予各个责任中心负责人一定范围的职权，又要让他们承担起相应的责任，还要将他们的经济利益和工作业绩相联系。权、责、利三者大小要相匹配，这样才公平公正，有利于充分调动各责任中心的工作积极性，强化分权管理带来的优势。

2. 目标一致性原则

责任中心是企业根据一定的原则和标准进行层层划分后的组成部分，因此责任中心的目标要和企业的整体目标相一致，才能有效保证企业总目标的实现。在制定责任目标、编制责任预算、制定责任业绩考核指标和评价标准时，要始终保持和企业总体目标的一致性，避免出现为了局部利益而损害企业整体利益的行为。

3. 可控性原则

可控性原则是指各责任中心只对其权责范围内的、可以进行控制的经济活动负责，而不需对那些权责范围之外的、不可控的因素负责。在对各责任中心进行考核评价时，应尽可能排除不可控因素，以求取得责任分明、奖罚合理的结果。这样也便于企业管理者对各责任中心的实际业绩和工作成果进行正确的把控和考评。

4. 反馈性原则

企业和各责任中心要想控制好各自生产经营活动，各责任中心负责人要想及时了解掌握各中心的责任执行情况，以便对责任执行进行控制和对产生的执行差异作出及时、恰当的调整，保证最终责任目标的实现，建立信息反馈机制是非常有必要的。这种反馈除了要向各责任中心反馈目标执行的准确信息，还要向更高层级的责任中心作出反馈，以便在更高层次上对责任目标进行有效的宏观控制或者调整，这也是企业总体目标可以实现的一种保障。

5. 例外管理原则

例外管理原则要求各责任中心重点关注生产经营过程中出现的重大差异，抓住生产经营过程中出现的主要矛盾和突出问题进行分析和控制，将有限的时间和精力用来解决关键性的问题，以达到事半功倍的管理效果。

10.1.3 责任会计的基本内容

责任会计是为了适应现代企业管理的需要而产生的一种现代管理会计制度，它通过会计信息来对企业内部各责任中心的业绩成果进行记录、控制和考核。不同企业对责任会计的具体运用可能不同，但其主要内容都表现为以下几个方面。

1. 划分责任中心，明确权责范围

企业要实行责任会计，首先要根据企业的组织结构特点，按照企业内部管理的需要以及一定的划分标准和原则，把企业划分为若干个责任中心，然后根据各责任中心的特征，为各个责任中心负责人划定权责的范围，并为他们制定量化的业绩指标，将企业经营活动的管理权和决策权划分并下放至每个负责人，使他们在授予的权限内，在管理和决策上具有独立自主性，这样也便于考核和评价各负责人的业绩指标完成情况。

2. 编制责任预算，确定考核标准

责任中心的责任预算类似于企业的全面预算。企业的全面预算是指企业制定的在未来一定时期内按照生产经营过程要落实的总体目标和任务，责任预算则是将全面预算所确定的企业生产经营总目标，按责任中心进行层层分解、落实，并为各个责任中心编制具体的责任预算，作为今后控制该中心经济活动的根据，同时也是评价这个中心业绩的标准。

3. 建立跟踪系统，进行反馈控制

在把预算落实的过程中，每个责任中心都要建立一个跟踪预算执行情况的系统，对各个责任中心的业务活动进行跟踪反馈，定期编制责任报告，以便将实际数和预算数进行比较，找出差异，进行差异分析，然后调整对经营活动作出的安排，保证责任中心业绩目标的实现，保证企业总体目标的实现，同时为业绩考核后的奖惩提供依据。

4. 进行业绩评价，建立奖罚制度

定期编制责任中心的业绩报告，对责任中心的工作业绩进行全面的考核和评价，根据实际工作业绩，找出存在的问题，分析原因，提出改进措施，总结经验教训，提高工作水平。另外，把工作的业绩成果和利益相联系，并按照实际工作成果的好坏进行奖惩，做到功过分清、奖惩有据，充分调动各个责任中心工作人员的积极性、主动性和创造性，促使各负责人相互协调、共同努力。

10.2 责任中心概念与设置

10.2.1 责任中心的概念

责任中心是企业根据权限和责任的不同，划分的内部责任单位的统称，它被赋予一定的经济责任，并相应地享有一定的权力。责任中心是实施责任会计的起点和基础，通过明确的责任划分和绩效考核，帮助企业实现其经营目标。划分责任中心时，企业要根据各自的具体情况，按照权责范围、业务特征及管理的需要来划分。

10.2.2 责任中心的设置

根据企业内部责任单位职责范围以及业务活动特点的不同，可以将企业划分为成本中心、利润中心和投资中心这三种类型的责任中心。

1. 成本中心

（1）成本中心概述。成本中心是企业内部只对成本和费用负责的责任中心，是企业中的基础责任层次。成本中心往往不产生收入，因此不对生产经营活动产生的收入、利润和投资情况进行考核，只考核以货币计量的成本，即责任成本，也就是以责任中心作为归集对象的成本费用。成本中心的范围最广泛，一般地，只要是企业内部有成本发生、需要对成本负责并且能实施成本控制的单位，都能成为成本中心。因此，成本中心规模有大有小，较小的成本中心可以组成较大的成本中心，较大的成本中心可以组成更大的成本中心，从而在企业内部可以形成一个逐级控制、层层负责的成本中心体系。

（2）成本中心的类型。企业内部成本或者费用产生的情况不同，对其采取的控制措施也不同，因此可以根据成本中心控制的成本费用的特点，把成本中心划分为标准成本中心（技术性成本中心）和费用中心（酌量性成本中心）。

①标准成本中心，又叫作技术性成本中心，是指那些生产的产品经确定，并且已经明确知道生产单位产品所需要的投入量的责任中心，典型代表为一般制造业的车间、班组等。它们控制的成本对象是生产产品发生的技术性成本，投入和产出在某种程度上有紧密的联系，可以通过弹性预算进行控制，比如，生产产品使用的直接材料、直接人工等，其发生率可以通过一定的方法估算出来。

②费用中心，又叫作酌量性成本中心，它控制的成本对象是为组织生产经营活动而发生的酌量性成本，产出物不能用财务指标衡量，投入量与产出量没有确切关系，比如一般行政管理部门、研究开发部门等，其发生数无法通过产品产出量进行估算，而是由管理人员的决策决定，可以通过加强对预算总额的审批和预算的严格执行来控制酌量性成本。

（3）责任成本。责任成本是将责任中心作为对象归集的、能够为责任中心所控制的成本，即可控成本。责任成本可以反映、监督责任预算的执行情况，为制定各责任中心业绩情况的评价考核标准提供重要依据。确定责任成本最重要的就是可控性，关于一项成本是否可控，需要考虑以下两点。

一是成本是否具有可控性是针对某个特定的成本中心而言的，对于整个企业来说，所有的成本都是可控的，但是只针对某个成本中心，成本就有了可控与不可控两种类型。一项成本对于一个成本中心来说是可控成本，对于另一个成本中心来说可能就是不可控成本。比如，车间生产产品耗用的外购材料，假定材料规格和质量都符合要求，所消耗的全部材料按照标准价格计算的材料成本对于生产车间来说是可控性成本，而由于所耗用的材料的实际价格和标准价格之间的差异所构成的此部分材料成本对于生产车间来说是不可控成本，但它对于材料采购部门来说就是可控成本。

二是成本是否可控并非一成不变，其在一定的条件下可以相互转化。比如，责任中心经营活动中使用的设备，如果责任中心可以自主决定具体使用哪种设备以及对该种设备如何使用，那么对于该责任中心来说，使用该设备产生的相关费用就是可控成本，如果必须由上层单位决定，那么相关费用就是上层单位的可控成本，是该责任中心的不可控成本。

一般来说，责任成本除了要具备可控性之外，还需要同时具备以下几个条件。

第一，能够预计。责任中心能够预测其发生和种类。

第二，可以进行计量。责任中心可以对其消耗进行计量。

第三，可以进行考核。责任中心可以对耗费的执行过程及其结果进行评价与考核。

2. 利润中心

（1）利润中心概述。利润中心是指既能控制成本又能控制收入，通过将成本与收入进行对比，进而可以控制利润的责任中心。在企业中，利润中心往往处于比较高的层次。作为企业中对收入和成本同时负责的、层次较高的责任中心，利润中心一般拥有生产经营活动的决策权，职权相对高于成本中心，其承担的责任也相对高于成本中心，且与成本中心一样，利润中心也强调控制和节约成本，不同的是，利润中心对成本的控制通常与对收入的控制同时进行，它强调成本的相对节约。

（2）利润中心的类型。按照收入来源性质的不同划分，利润中心分为自然利润中心和人为利润中心两种类型。自然利润中心是指企业内部直接对外销售产品或者提供劳务从而取得收入的利润中心。这种类型的利润中心具有生产经营决策权、材料采购权、价格制定权、产品销售权等权利，如企业的分公司、分厂等。自然利润中心虽然作为企业内部的责任单位，但它具有采购、生产、销售的功能，直接面向外部市场，能够独立控制成本、取得收入。

人为利润中心与自然利润中心不同，它不是企业内部责任中心对企业外部销售产品或者提供劳务的行为，它是企业内部某个责任中心按照指定的合理的内部转移价格为企业内部其他责任中心提供产品和劳务，从而取得收入并获得利润。这类利润中心的产品或者劳务主要是在企业内部转移，一般不直接与外界发生业务上的联系，比如企业的生产车间。由于成本中心也可以人为制定内部转移价格为其他责任中心提供产品和劳务，从而获得收入、产生利润，因此很多成本中心也可以转化为人为利润中心。

（3）成本核算。利润中心要对利润负责，首先就要核算清楚收入和成本。一般收入的核算比较简单明确，要想正确计算利润，关键是要正确核算成本。对于利润中心成本的核算一般有两种方式。

①只核算可控成本，不分摊共同成本。如果共同成本难以在各责任中心之间进行合理地分摊或者根本不需要在各责任中心之间进行分摊，那么此时的利润中心往往只需要核算可控成本，而不需要分摊不可控成本。但此时计算的利润并不是通常意义上我们所说的利润，而是相当于边际贡献总额，由各利润中心的边际贡献总额之和减去没有在各责任中心之间进行分摊的共同成本，经过调整，才得到了我们通常所说的实质上的利润总额。采用这种方式计算的利润中心不是通常意义上的利润中心，这种计算方式适用于人为的利润中心。

②既核算可控成本，也核算不可控成本。如果共同成本在各责任中心之间合理地分摊是容易进行的，或者根本没有需要在各责任中心之间进行分摊的共同成本，那么此时，利润中心就必须对可控成本和不可控成本均进行核算。在变动成本法下，先计算出边际利润，然后再减去固定成本，得到的才是税前利润；而在完全成本法下，各利润中心能够直接计算出来税前利润。各个利润中心的税前利润之和就是企业的利润总额。自然的利润中心适合采用这种方式。

3. 投资中心

投资中心是既要对收入、成本、费用负责，又要对投资效果负责的责任中心。投资中心一般下辖若干成本中心和利润中心，它不仅在产品的生产经营中有决策权，而且能够独立地运用所掌握的资金，有构建和处置固定资产的权利，可以自主作出扩大或者缩小生产的决定。因此，投资中心既要对成本和利润负责，又要对资金的投资效果负责，在企业内部是处于最高层次的责任中心，享有最大的权利，也承担着最大责任。投资是为了获取一定的收益，在某种程度上投资中心也可以看作利润中心，但投资中心拥有作出投资决策的权利，而利润中心只能根据决策进行具体的经营活动，这是两者之间最大的区别。

10.3 内部转移价格

内部转移价格也称内部结算价格，指企业集团内部各责任中心之间调拨产品或服务的结算价格。为提高集团整体价值，保证集团整体目标实现，集团内部成立若干责任中心，企业集团制定整体发展目标和经营战略,并将目标分解到各责任中心。因此集团内部必须建立内部转移价格体系,以合理的转移价格来划分和明确内部产品或服务买卖双方的经济利益,并通过公平合理的责任中心业绩考评手段来促使企业健康持续发展,最终实现集团整体目标。制定合理的内部转移价格是实行责任会计制度重要的一部分内容,也是利润中心可以核算收入和成本的重要基础。

10.3.1 内部转移价格的概念

《管理会计应用指引第 405 号——内部转移价格》对内部转移价格的定义为企业内部分公司、分厂、车间、分部等各责任中心之间进行相互提供产品(或服务)、资金等内部交易时所采用的计价标准,也叫作内部结算价格,又被称为调拨价格。内部转移价格的制定是为了明确各责任中心的经济责任,协调责任中心之间的利益关系,便于评价和考核各责任中心的工作业绩。使用内部转移价格进行结算并不是实质上的结算,不能给企业带来资金。

10.3.2 内部转移价格的制定原则

为了保证制定的内部转移价格可以有效地发挥其作用,应该遵循以下几个制定原则。

1. 全局性原则

在企业内部责任中心使用内部结算价格,可以有效考核各责任中心的业绩,从而保证企业总体目标的实现。因此企业在制定内部转移价格时要遵循全局性原则,确保责任中心利益与整体利益的协调统一,追求企业整体利益的最大化。

2. 公平合理原则

内部转移价格的制定对于各责任中心来说要公平合理,价格要与价值相符,避免因价格制定不合理而给某个责任中心带来额外的利益或者损失,从而影响责任中心工作的积极性。

3. 自主性原则

在责任中心利益与企业整体利益保持一致的前提下,企业要保证各责任中心具有一定的自主制定本责任中心产品或者劳务内部转移价格的权利,在企业内部模拟市场,以保证内部转移价格发挥其作用。

4. 重要性原则

有些企业需要制定内部转移价格的产品或者劳务很多,难以逐一为它们制定精细的内部转移价格,这就需要企业遵循重要性原则,为那些在内部转移频繁、转移量大的重要产品或者劳务制定精细的价格,而对不常转移或者转移量很小的产品或者劳务进行简单定价,以提高管理效率。

10.3.3 内部转移价格的类型

企业绩效管理委员会或类似机构应根据各责任中心的性质和业务特点,分别确定适当的内部转移价格形式。内部转移价格主要包括市场价格、协商价格、双重价格和成本转移价格这四种类型。

1. 市场价格

市场价格是把产品或者劳务的市价作为内部转移价格。责任中心所提供的产品(或服务)经常外销且外销比例较大的,或所提供的产品(或服务)有外部活跃市场可靠报价的,可将外销价或活跃市场报价作为内部转移价格。由于市场价格比较客观，对买卖双方都无所偏袒，因此能够促使卖方努力改善经营管理，不断降低成本。但使用市场价格作为内部转移价格的前提条件是企业处于一个完全竞争市场，各责任中心可自由决定是否购销以及购销数量。由于完全竞争市场在现实中不存在，因此要以市场价格作为内部转移价格要遵循以下几个原则。

（1）如果责任中心不能够确认与外部进行交易对责任中心来说更有利，那么各责任中心的产品或者劳务应该进行内部转移，即一个责任中心所需的产品或者劳务要优先从内部责任中心取得，一个责任中心生产的产品或者提供的劳务首先应该在责任中心之间进行销售，除非外部市场的价格更为有利。

（2）产品或者劳务在企业内部的责任中心之间转移，一般不会像往企业外部销售或者购买一样需要承担包装、广告、运输等与购销有关的费用，因此当企业的内部转移价格选用市场价格时，要对市场价格进行必要的调整，将不会发生的费用支出从中减除。

在企业内部引进市场机制，将调整的市场价格作为企业的内部转移价格，可以在企业内部创造一种竞争的氛围，促使各责任中心更加尽职尽责，加强内部经营管理，创造出更好的工作业绩。而且相较于与外部市场进行交易，内部转移可以节约因销售产生的费用，还具有可以自主控制交货时间等优点。但市场价格常常发生大幅变动，因此可能导致以市价为基础的内部转移价格难以确定。内部转移价格确定得不合理会进一步导致各责任中心经营业绩不准确。尽管市场价格有如此缺点，但以其为基础调整后确定的内部转移价格仍然较适用于完全的自然利润中心和投资中心。

2. 协商价格

协商价格也称为议价，是指企业内部供求双方以正常的市场价格为基础，定期就转移中间产品的数量、质量和价格进行协商，并确定一个双方都愿意接受的内部转移价格。这种情况主要适用于供求双方分权程度较高，且供方存在较多闲置产能的情况。协商价的取值范围通常较宽，一般不高于市场价，不低于单位变动成本。除以外销价或活跃市场报价为基础制定的内部转移价格可能随市场行情波动而变动较频繁外，其余内部转移价格应在一定期间内保持相对稳定，以保证需求方责任中心的绩效不受供给方责任中心绩效变化的影响。

使用协商价格作为企业的内部转移价格，各责任中心享有自主协商定价权，可以起到对各责任中心负责人的激励作用，同时也弥补了市场价格波动大导致的内部转移价格制定不合理的缺点。但协商价格的制定会耗费大量的人力和时间，而且有很大的主观性，协商价格制定是否合理取决于责任中心负责人投入的精力和协商的能力，他们可能会为了自己责任中心的工作业绩而不从对企业最有利的角度考虑，从而难以做到责任中心的目标与企业整体目标相一致；若是双方协商不力还要请求上层管理单位进行裁定，这样就会削弱分权管理的作用。

当产品或者劳务没有市场价格的时候，只能采取协商的方式来确定内部结算价格。这种情况下，各责任中心可进行讨价还价并模拟外部市场，确定内部交易的计价标准。

3. 双重价格

双重价格是指企业内部责任中心进行内部交易时买卖双方分别采取不同的内部转移价格。由于制定内部转移价格主要是用来完成各责任中心的结算和绩效指标的考核，所以买卖双方所采用的转移价格并不需要完全一样。因此，为了较好地满足供需双方不同的需要，促使双方在生产经营过程中充分发挥各自的主动性和积极性，可以采用双重的内部转移价格来取代单一的内部转移价格。

双重价格主要有两种形式：一种是双重市场价格，指的是当某种产品或者劳务在企业外部的市场上具有不止一种交易价格时，供应方采用最高的市场价格，购买方采用最低的市场价格；另一种是双重转移价格，指的是供应方按照市场价格或者协商价格作为内部转移计价基础，而购买方则按照供应方的单位变动成本作为计价的基础，由内部结算中心或者会计部门对供需双方计价不同而产生的差额进行相应调整。

双重转移价格的优点在于它使得企业内部各责任中心可以相对自主地选择内部转移价格，各责任中心所采用的内部转移价格不需要完全一致，可以选择对责任中心更有利的计价标准，因此可以更加公平合理地考核评价各责任中心的工作业绩，也可以激励双方在生产经营中更好地发挥其主动性和积极性，并鼓励其进行内部交易。但采用双重价格作为内部结算价格也有其固有缺陷：将双重价格作为内部结算价格，各责任中心都会选择对自身有利的内部结算价格，使得各责任中心都有较大的边际贡献，但企业整体的边际贡献却比各责任中心的边际贡献之和要小，造成各责任中心的效益虚增，从而放松对成本的控制，长此以往不利于企业的整体发展。

4. 成本转移价格

成本转移价格是指以标准成本等相对稳定的成本数据为基础，制定的内部转移价格，一般适用于内部成本中心。标准成本的制定参见《管理会计应用指引第302号——标准成本法》。成本转移价格有多种类型，其中较为常用的有以下三种。

（1）完全成本。它是以中间产品生产时发生的完全生产成本作为企业内部各责任中心的内部转移价格，这种方法可以有效利用财务信息，核算更为方便。但它的使用缺乏激励的作用，因为提供中间产品或者劳务的责任中心的业绩成果或者缺点会随之转移到接受中间产品或者劳务的责任中心，使得接受中间产品或者劳务的责任中心承担其他责任中心的绩效成果。因此，一般而言这种方式确定的内部转移价格只适用于各个成本中心之间相互转移产品或者劳务。

（2）标准成本。它是把产品或者劳务的标准成本作为企业内部各责任中心的内部转移价格。成本中心之间提供产品或者劳务适合采用标准成本作为结算价格，这样便于成本中心将日常经营管理和会计核算相结合，可以避免供应方成本的高低对购买方造成的影响，有助于明确双方责任，促使企业内部供需双方改善生产经营，降低成本，起到激励作用。

（3）变动成本。变动成本是指将产品或者劳务的变动成本作为企业内部各责任中心转移产品或者劳务的内部结算价格，适用于使用变动成本计算成本中心之间产品的转移。它揭示了成本与产量之间的关系，便于对企业内部各责任中心的业绩情况进行考核，也有利于各责任中心作出经营决策。但是产品或者劳务在内部责任中心之间的结转价格不包括固定成本，反映不出固定成本是如何受到劳动生产率影响的，这在一定程度上打击了各责任中心提高产量的积极性。

10.3.4 内部转移价格的作用

内部转移价格以划清各责任中心的经济责任，评价和考核其绩效为主要目的，进而提升员工工作热情度和积极度，而其带来的避税效应更有助于企业实现资源优化配置，整体利润最大化。

1. 合理界定责任中心的经济责任

内部转移价格是责任中心采取的一种计量手段，可以衡量转移的产品或者劳务的价值量。这些价值量一方面代表着提供产品或者劳务的责任中心经济责任的完成，另一方面也代表着接受产品或者劳务的责任中心应负经济责任的开始。没有合理的内部转移价格，就无法划分各责任中心的责任界限，从而使责任会计制度流于形式，增加管理层和重要业务人员舞弊的可能性，损害企业的整体利益。

2. 有效测定各责任中心的资金流量

各责任中心在生产过程中需要占用一定数量的资金，企业可以根据内部结算价格确定一定时期内各责任中心的资金流入量和资金流出量，并且以此为基础根据企业资金周转需求，合理制定各责任中心的资金占用量。

3. 量化工作业绩指导经营决策

提供产品或劳务的责任中心可以根据提供产品或劳务的数量及内部转移价格计算本身的"收入"，并可根据各生产耗费的数量及内部转移价格计算本身的"支出"，量化责任中心的工作业绩，可将此作为依据考核责任中心的工作业绩，也可分析比较各工作中心的工作成果，进行正确的生产经营决策。

10.4 责任中心的业绩评价与考核

企业采用分权管理，将生产经营决策的权利赋予各责任中心负责人，让他们拥有自主决定权。高级管理人员需要定期对各责任中心的工作业绩进行考核，采用财务控制的方法以监督和控制各责任中心的经营活动，保证各责任中心的目标与企业整体目标相一致。财务控制采用一些数据指标作为考核的标准，将这些标准与责任中心的实际财务数据指标相比较，找出两者之间的差异，分析差异产生的原因并据此判断是否需要采取措施加以改进，以获得更好的工作成果。

10.4.1 成本中心的业绩评价与考核

由于成本中心一般没有生产经营决策权，没有收入来源，因此只需要对可控成本负责，即对成本中心进行业绩考核时只需要考核其责任成本，将实际责任成本与预算成本进行比较，分析两者差异产生的原因，在此基础上计算相关考核指标，对责任中心的工作业绩进行评价。

成本中心的职责比较单一，因此考核指标也比较好确定，可以划分为两种，一种是绝对数指标责任成本变动额，另一种是相对数指标责任成本变动率。

责任成本变动额 = 实际责任成本 − 预算责任成本　　　　　　　　　　（10-1）

责任成本变动率 = （责任成本变动额 / 预算责任成本）× 100%　　　　（10-2）

从上面公式可以看出，当责任成本变动额为负值时，表示成本的节约，为正值时，表示成本的超支；同样地，当责任成本变动率为负值时，表示成本节约的程度，为正值时，表示成本超支的程度。

【例 10-1】 某企业成本中心生产 A 产品，计划生产 100 件，单位成本 1 000 元，实际生产 90 件，单位成本 900 元。据此评价该成本中心的工作业绩。

解：责任成本变动额 = 90 × 900 − 100 × 1 000 = −19 000（元）

责任成本变动率=[-19 000/(100×1 000)]×100%=-19%

此成本中心责任成本节约额为19 000元，责任成本节约率为19%。

从题干可以看出，影响责任成本变动额的因素主要有两个方面，一个是所生产的A产品生产数量，另一个是其单位成本，分析计算可得出：

生产数量减少的成本数为（90-100）×1 000=-10 000（元）

单位成本降低影响的成本数为（900-1 000）×90=-9 000（元）

虽然该成本中心的成本节约数为19 000元，但有10 000元的成本节约额是因为生产数量的减少，并非因对单位成本控制有效，因有效控制单位成本所节约的成本数为9 000元。虽然该成本中心没有完成生产计划，但有效控制了产品的单位成本，降低了单位产品的成本消耗。

10.4.2 利润中心的业绩评价与考核

企业对内部利润中心的考核指标主要是利润，但是仅仅依靠某一个考核指标来评价一个责任中心的业绩显然是不全面的，即使利润指标具有综合性，其计算比较规范化，但是仍然需要结合一些非财务指标，比如，市场占有率，产品质量等，才能较全面地评价利润中心的工作成果。

由于成本核算的不同，利润也表现为不同的形式，评价利润中心业绩的时候通常使用边际贡献、利润中心可控边际贡献和利润中心营业利润这三种指标。

边际贡献 = 销售收入 - 销售成本 - 变动成本　　　　　　　　　　　　（10-3）

利润中心可控边际贡献 = 边际贡献 - 可控固定成本　　　　　　　　　（10-4）

利润中心营业利润 = 利润中心可控边际贡献 - 不可控固定成本　　　（10-5）

【例10-2】甲企业内部的第一车间是一个利润中心，本期实现对内销售收入600 000元，无对外销售收入，变动成本400 000元，该中心负责人可控固定成本50 000元，不可控但应由该中心负担的固定成本是30 000元。表10-1是计算该利润中心业绩的考核指标计算表。

表10-1 甲企业利润中心业绩的考核指标计算表　　　　　　　　　　单位：元

项目	金额
销售收入	600 000
变动成本	400 000
边际贡献	200 000
可控固定成本	50 000
利润中心可控边际贡献	150 000
不可控固定成本	30 000
利润中心营业利润	120 000

当评价甲企业利润中心（第一车间）的业绩时，常常计算的考核指标有边际贡献、利润中心可控边际贡献和利润中心营业利润，分别是200 000元、150 000元和120 000元。

在评价该利润中心的工作业绩时，使用边际贡献 200 000 元作为考核依据显然不够全面。边际贡献是用毛利减去变动成本得到的，但在企业的实际运营过程中，利润中心负责人还会有一定的固定成本的控制权，若以边际贡献作为考核评价业绩的依据，责任中心负责人可能会尽力加大可控的固定成本的支出以减少变动成本的支出，从而获得较高的边际贡献。但是这样对企业来说，总成本并没有降低。因此，在对企业利润中心的工作成果进行考核评价时，通常还要考核责任中心负责人可控的固定成本。

边际贡献作为评价考核业绩的指标存在一些不足，那么将利润中心可控边际贡献作为评价考核的依据显然会更好。因为可控边际贡献是由销售收入减去变动成本，再减去负责人可控的固定成本后得到的。它可以较全面地反映责任中心负责人在其可控制的权限范围内对其所掌控的资源的使用效率，促使负责人努力通过提高经营效率、全面降低成本来获得更好的业绩成果。但是，以利润中心可控边际贡献作为评价指标时，对可控固定成本和不可控固定成本的划分是比较困难的。例如，如果利润中心负责人有权利处置某项固定资产，那么该项资产相关的折旧费、保险费以及相关税费都属于该负责人的可控成本，但若其没有处置固定资产的权力，那么上述成本就是不可控成本。同样地，如果员工和管理者的工资水平是由企业统一制定的，负责人有权力决定雇用多少员工，那么工资成本是他的可控成本；如果该负责人没有决定雇用多少员工的权力，那么工资成本就是他的不可控成本。

利润中心可控边际贡献在一定程度上可以衡量责任中心负责人的工作业绩，使其不受其他责任中心负责人工作业绩的影响。但是由于可控边际贡献没有考虑责任中心应该承担但不由该责任中心负责人控制的成本，所以不能全面反映该责任中心对整个企业作出的经济贡献。

评价甲企业利润中心（第一车间）对其整体利润的经济贡献，可能使用利润中心营业利润 120 000 元作为评价指标会更合适，但它却不适合用来评价利润中心负责人的工作成果。如果企业要决定该利润中心是否继续运营，那么该利润中心营业利润是一个很重要的参考指标。但如果要考核利润中心负责人的业绩，那使用该指标可能不适合，因为该指标也考核了利润中心负责人不可控的固定成本，这部分固定成本是由更高层的管理人员决定的，超出了利润中心负责人的权限范围。由于责任中心负责人不可控成本的分配而引起的对利润中心不利，不能让负责人承担，而且常常负责人不可控成本分配到利润中心时采用的方法是没有科学依据的，因此，考核评价负责人业绩时，不必在分析他们不可控的成本上浪费时间和精力。

10.4.3 投资中心的业绩评价与考核

投资中心是企业内部高级的责任中心，它既能控制收入和成本，也能控制资金的投资和使用；它既要对成本和利润负责，也要对资金的有效利用负责。根据投资中心在生产经营活动上具有的这一特性，对其考核评价的内容是利润和投资效果，考核指标主要为投资报酬率、剩余收益和经济增加值。

1. 投资报酬率

投资报酬率（ROI），也称投资利润率，是指投资中心获得的税前经营利润占投资额的比值，计算公式为：

$$投资报酬率 = 税前经营利润 / 投资额 \qquad (10-6)$$

式（10-6）经过变形：

$$投资报酬率 = \frac{税前经营利润}{经营收入} \times \frac{经营收入}{平均净经营资产}$$

$$= 经营利润率 \times 资产周转率 \tag{10-7}$$

【例10-3】 江南公司有甲、乙两个投资中心，其相关数据如表10-2所示。求甲、乙投资中心的投资报酬表。

表10-2 江南公司甲、乙投资中心相关数据表　　　　　　　　　　　　　　单位：元

项目	甲投资中心	乙投资中心
税前经营利润	75 000	120 000
投资额	500 000	600 000

解：甲投资中心投资报酬率 = 75 000/500 000 = 15%
乙投资中心投资报酬率 = 120 000/600 000 = 20%

使用投资报酬率作为投资中心的业绩考核指标有很多优点。

（1）投资报酬率可以综合反映投资中心的盈利能力，其公式可以分解为经营利润率和资产周转率的乘积，它的数值大小与成本、收入、投资中心经营资产规模以及周转率有关。因此，通过增加收入、节约成本、加快资金周转可以实现提高投资报酬率。

（2）投资报酬率是一个相对数指标，它是产出与投入的比值，具有横向可比性，排除了因投资额不同造成的利润差异等不可比因素的干扰，有利于企业内部各投资中心之间以及与不同行业之间进行比较。

（3）使用投资报酬率作为投资中心的业绩考核评价指标，可以正确引导投资中心负责人的经营管理行为，使其关注长远利益。该指标反映的是投资中心利用资产并使资产增值的能力，可以根据考核结果，促使投资中心有效利用和处置资产。

虽然投资利润率作为考核评价投资中心业绩的指标有很多优点，但它也存在一些缺点。

（1）在某些情况下，投资中心负责人为了保持目前投资报酬率的水平或者为了进一步提高中心的投资报酬率，会选择少进行新的投资或者不进行新的投资活动，危害企业整体利益，这时投资报酬率所反映出的不是真实的责任中心业绩水平，不利于企业的长期发展。

（2）投资报酬率是一个相对数指标，可能会使人们忽视对绝对数的关注，得到不恰当的考核评价结论。

（3）投资中心可能会因为追求较高的投资报酬率而放弃对企业有益但会降低投资中心投资报酬率的投资项目，即使投资中心会得到一个很好的业绩，也不利于企业实现整体目标和长远发展。

【例10-4】 承例10-3，假定江南公司要求的投资报酬率为10%。甲投资中心有一个投资报酬率为12%的投资机会，投资额为800 000元，每年可获得税前投资利润96 000元。从这些数据来看，这个投资机会是对企业有利的，应该进行投资。但投资该项目却使得甲投资中心的投资报酬率从15%降低到13.15%。

投资报酬率 = [（96 000+75 000）/（800 000+500 000）] × 100% = 13.15%。

因为此投资项目会使甲投资中心的投资报酬率降低，因此，即使这项投资对企业整体有利，甲投资中心也会放弃这项投资。

从投资报酬率的公式可以看出，要提高投资报酬率可以通过加大分子，或者减少分母来实现。但对于投资中心来说，减少分母比增大分子更容易，投资中心负责人更愿意放弃投资报酬率比本投资中心的投资报酬率小但有可能比企业整体要求的投资报酬率大的项目，以维持投资中心较高的投资报酬率。因此从这方面来看，投资报酬率不是一个很好的考核指标，它不利于投资中心负责人采取与企业整体利益相一致的决策，这就需要结合剩余收益指标来进行评价。

2. 剩余收益

剩余收益是指投资中心的息税前利润减去按企业规定的（或者预期的）最低收益率计算的投资收益后的余额，是投资中心的营业利润超过其预期最低收益的部分，计算公式为：

剩余收益 = 税前经营利润 − 投资额 × 要求的最低报酬率　　　　　　　　（10-8）

仅仅采用投资报酬率作为评价指标，会出现投资中心负责人放弃一些比企业整体投资报酬率高但比投资中心投资报酬率低的投资项目，损害企业的整体利益。剩余收益这一绝对数指标恰好弥补了投资报酬率的这一局限性，克服投资中心业绩评价与考核时采用投资报酬率可能导致投资中心负责人注重部门利益的问题，使投资中心的局部目标与公司整体目标保持一致。使投资中心负责人不仅要考虑责任中心单独的利益，也要考虑企业整体的利益。

【例10-5】 承例10-3或例10-4，假定甲投资中心要求的投资报酬率为10%，乙投资中心要求的投资报酬率为15%，求剩余收益。

解：甲投资中心剩余收益 = 75 000 − 500 000 × 10% = 25 000（元）

乙投资中心剩余收益 = 120 000 − 600 000 × 15% = 30 000（元）

如果甲投资中心负责人进行了例10-4中提到的投资，那么这时，

甲投资中心剩余收益 = （100 000 + 10 000）−（800 000 + 100 000）× 9%
　　　　　　　　　 = 29 000（元）

利用这次投资机会使得甲投资中心的剩余收益增加16 000（41 000 − 25 000）元，那么采用剩余收益作为投资中心的业绩考核指标时，甲投资中心负责人会进行投资，此时，投资中心的利益与企业整体的利益相一致。

从上面叙述可以看出，剩余收益作为投资中心的业绩评价考核指标具有一定的优越性：它是一个绝对值指标，能够克服投资中心为了自己的业绩成果而损害企业整体利益的问题。另外，剩余收益指标允许根据风险程度对资本成本进行适当调整。投资不同其承担的风险也各不相同，根据风险调整资本成本，这使得剩余收益这一考核指标更加灵活可靠。

但剩余收益本身也具有其自身的局限性：它是一个绝对数指标，无法在规模不相同的投资中心之间进行比较。规模大的投资中心即使其运行效率比较低，也可能会比规模较小的投资中心的剩余收益数值大，但其投资报酬率会比规模较小的投资中心高。除此之外，剩余收益的计算依赖会计数据，会计数据的质量直接决定了剩余收益指标的质量。

3. 经济增加值

经济增加值（EVA），衡量的是企业利用资本所获得的收益和所付出的资本成本之间的差额。简单来说，是经过调整的税后经营利润减去该公司现有资产经济价值的机会成本后的余额，也就是股东财富的增加值。EVA是由思腾思特（Stern Stewart）咨询公司提出

的一种新型评价方式，其计算公式为：

经济增加值＝调整后税后经营利润－经营资产×加权平均资本成本　　　（10-9）

对比式（10-8）与式（10-9）可以发现，剩余收益和经济增加值的形式类似，但两个公式也有不同之处。经济增加值使用的是调整后的税后经营利润，是对会计利润调整过后得到的数值，这是为了完整、科学地反映管理业绩。在对会计利润的调整过程中，有些调整是为了避免把经营决策和融资决策混同起来，有些调整则是为了避免存量和流量的混淆，有些调整是将按照权责发生制确认的数据调整为按照收付实现制应该确认的数额，因此，经济增加值计算公式中使用的经营资产，与剩余收益计算公式中使用的经营资产在数值上是不一致的。另外，经济增加值计算公式中的资本成本使用的是债务资本成本与权益资本成本的加权平均值，与剩余收益计算公式中使用的要求的最低报酬率不同。

经济增加值与剩余收益的相同之处是，它也是一个绝对数指标，具有和剩余收益一样的优点。不过，它同时也克服了在剩余收益中作为考核指标时的缺点。因为计算经济增加值时使用的税后净利润和经营资产都是调整过的，是针对会计信息的缺陷进行的相关调整，在一定程度上剔除了会计信息失真对指标的影响。另外，计算经济增加值使用的资本成本是权益资本和债务资本的加权平均资本成本，它将权益资本成本考虑进去，而不是单纯地依靠一个要求的最低资本报酬率，能够比较真实地反映出利润减少对企业真实经营业绩的扭曲。

虽然经济增加值具有其优越性，但也具有其自身固有的缺陷，它仍然是一个绝对数指标，不能在不同规模的部门、企业或者行业之间作出比较。经济增加值也可能使得管理人员为了获得好的业绩而损害企业的整体利益，进而影响企业整体目标的实现和长期发展。

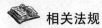 **相关法规**

《管理会计应用指引第405号——内部转移定价》。

复习思考题

1. 企业为什么要建立责任会计制度？
2. 责任会计的基本原则有哪些？
3. 如何设置企业的责任中心？
4. 什么叫作内部转移价格？企业为什么以及如何制定内部转移价格？
5. 投资中心业绩评价的指标有哪些？分别具有什么优点与缺点？

练习题

一、单项选择题

1. 下列各项中，属于建立责任会计目标的是（　　）。
   A. 实现责权利的协调统一　　　　　B. 划分责任中心
   C. 编制责任预算　　　　　　　　　D. 提交责任报告
2. 责任会计的主体是（　　）。
   A. 管理部门　　　B. 责任中心　　　C. 生产中心　　　D. 销售部门

3. 下列项目中不属于利润中心负责范围的内容是（　　）。
　　A. 成本　　　　　B. 收入　　　　　C. 利润　　　　　D. 投资效果
4. 制定内部转移价格时，最理想的价格确定方法是（　　）。
　　A. 市场价格　　　　　　　　　　　B. 以市场为基础的协商价格
　　C. 变动成本价格　　　　　　　　　D. 全部成本转移价格
5. 如果某利润中心的产品只能在企业内部各责任中心之间销售，且按照"内部转移价格"取得收入，则可以断定该中心是（　　）。
　　A. 完整利润中心　　B. 局部利润中心　　C. 自然利润中心　　D. 人为利润中心

二、多项选择题

1. 下列各项中，属于内部结算价格的作用的有（　　）。
　　A. 制定销售价格的依据
　　B. 调动对增加产量的积极性
　　C. 分清各责任中心经济责任的重要依据
　　D. 测定各责任中心资金流量的重要依据
　　E. 考核各责任中心生产经营成果的重要依据
2. 在下列各项中，能够提示责任中心特点的选项有（　　）。
　　A. 责权利相结合　　　　　　　　　B. 责任与权力都是可控的
　　C. 具有承担经济责任的条件　　　　D. 能进行责任核算、业绩考核与评价
　　E. 有相对独立的经营业务和财务收支活动
3. 下列各项中，属于成本中心类型的有（　　）。
　　A. 产品成本中心　　　　B. 变动性成本中心　　　　C. 销售成本中心
　　D. 技术性成本中心　　　E. 酌量性成本中心
4. 在下列各项指标中，属于利润中心考核范畴的有（　　）。
　　A. 人为利润总额　　　　B. 利润率　　　　　　　　C. 贡献边际额
　　D. 负责人可控利润总额　E. 可控利润总额

三、计算题

甲公司为某企业集团的一个投资中心，X 是甲公司下设的一个利润中心，相关资料如下。

资料一：2023 年 X 利润中心的营业收入为 120 万元，变动成本为 72 万元，该利润中心负责人可控固定成本为 10 万元，不可控但应由该利润中心负担的固定成本为 8 万元。

资料二：甲公司 2024 年初已投资 700 万元，预计可实现利润 98 万元，现有一个投资额为 300 万元的投资机会，预计可获利润 36 万元，该企业集团要求的最低投资报酬率为 10%。

要求：
（1）根据资料一，计算 X 利润中心 2023 年度的部门边际贡献。
（2）根据资料二，计算甲公司接受新投资机会前的投资报酬率和剩余收益。
（3）根据资料二，计算甲公司接受新投资机会后的投资报酬率和剩余收益。
（4）根据（2）、（3）的计算结果从企业集团整体利益的角度，分析甲公司是否应接受新投资机会，并说明理由。

第 11 章　作业成本管理

❀学习目标：
1. 了解作业成本法的产生和现实意义、资源消耗会计的概念；
2. 掌握作业成本法的基本概念和原理以及应用程序；
3. 掌握作业成本与作业成本管理的概念、作业成本的价值链分析方法；
4. 理解资源消耗会计的基本特征；
5. 熟悉 Python 在作业成本管理中的应用。

引例：作业成本法在 H 物流公司中的应用案例

　　H 公司前身为 1992 创办于天津的 H 航空代理公司，经历了几十年的发展，已经从一家小货代企业成长为资产达 5.54 亿元的大集团。目前 H 集团已完成了全国 70 多个分公司的设立，在全国 191 个城市建立了站点。在国际上 H 集团也与 100 多个城市和地区的代理商建立了伙伴关系，服务范围遍及全球。

　　从外部环境看，随着我国逐步开放物流市场，物流企业与国际物流公司的竞争更加激烈。相关部门不断提出要降低物流成本的要求，这充分表明对物流成本控制问题的解决迫在眉睫。由于物流市场的利润随销售量的变动幅度较小，通过对物流成本的合理控制，压缩物流成本增加利润是物流企业增强市场竞争优势的关键因素。

　　从内部环境看，H 公司尽管初步建立了自身成本核算系统，形成了比较健全的成本管理组织。随着经营规模和业务量的不断扩大，收入也随之不断增长，但是与此同时成本的增长速度却更快，这导致了公司利润不升反降。同时，由于现行成本核算方式存在以产量作为唯一成本动因的局限，而许多产品的成本与产量并没有显著的关联性，显然传统成本核算方法亟待改进。再者，物流行业产品多、客户多，间接计入费用高等特征，使 H 公司当前的成本核算方法无法体现不同部门与产品成本费用的配比情况，这极大地影响了成本分析的深入程度，成本分析结果不能精确定位重大的成本差异，成本控制的效果只能是"事倍功半"。因此，H 公司急需引入作业成本法来优化传统成本核算方法。

　　首先，根据查询的公司资料整理出 H 公司的资源情况和组织构成。其次，由于不同客户所需要的配送方案不同，可将产品划分为各种成本核算对象。再次，根据 H 快递业务的作业路线，将 H 公司的业务分解为九大类：取件、分类、包装、运输、仓储、派件、客服、销售、管理，并根据相应的具体作业内容进一步划分。从次，依据资源与作业活动的对应关系，把资源划分成九大类：岗位、建筑物、仓库、作业设备、运输设备、办公设备、电脑设备、电气设备、通信设备。最后，按照会计核算系统对资源的精确性分类，将不同资源对应的会计科目分配到各类资源库中。在运用传统管理工具的同时，根据企业内部管理需求，改革创新，积极应用如作业成本管理等管理会计工具，更精确地控制成本，较大程度提高了产品利润。

　　[资料来源：改编自徐文超，李登明. H 物流公司作业成本法应用案例分析 [J]. 物流工程与管理，2019，41（9）：52-54.]

11.1 作业成本法

11.1.1 作业成本法的产生

1. 作业成本法的缘起

20 世纪 40 年代,基于作业的研究在美国兴起。1941 年,埃里克·科勒(Cohler E.)首次提出了作业概念和作业账户,并在 1952 年编著的《会计师词典》中系统阐述了作业会计的观点。科勒通过研究水力发电生产过程发现,直接成本占比较低,而间接成本占比较高,这与传统的按工时比例分配间接费用的会计成本核算方法相悖。其原因是,传统的成本计算方法中预先设定了一个前提,即:直接成本在总成本中所占的比重很高。工业革命以来,机器生产中大量的劳动力投入和原料消耗一直是成本的主体。在会计史上,科勒的作业会计思想第一次把作业的观念引入会计和管理中,被认为是作业成本法的萌芽。1971 年,乔治斯托布斯提出作业成本法的概念,并进一步研究了作业成本理论,在《作业成本计算和投入产出会计》一书中对"作业""作业会计""作业投入产出系统"等概念作了全面系统的讨论。20 世纪末,随着以计算机为主导的生产自动化、智能化程度日益提高,直接人工费用普遍减少,而间接成本相对增加,这明显突破了传统成本计算方法中"直接成本比例较大"的假定,导致了作业成本法研究的全面兴起,代表者是美国芝加哥大学的罗宾·库珀教授和哈佛大学的罗伯特·卡普兰教授,他们发展了斯托布斯的思想,并构建了作业成本法的完整体系。自此,作业成本法在理论上趋于成熟。

2. 作业成本法的产生背景

(1)作业成本法产生的理论依据。

作业成本法依据产品的制造流程和其他特点或专有属性,采用多元化的作业动因对制造费用进行分摊,依据产品成本结构将制造费用的分摊对象进行了细化,增强了成本的归属性,不仅从客观上降低了成本在产品间的转移,也将人为导致的产品成本分配不科学的概率降到最低。因此,与传统的产品成本计算方法相比,作业成本法使产品成本的计算更加合理和科学。

作业成本法的理论依据是产品消耗作业,作业消耗资源,资源产生成本。作业的作用是定义资源耗费的属性,再通过作业动因将其分配到相应的产品上。这种以作业为基础来归集对应的成本,再以产品消耗的相应作业来计算产品成本,通过自下而上的计算方法和系统设计突破了传统的会计理念。

(2)作业成本法产生的实践依据。

劳动密集型或机械密集型的连续加工生产作业中,企业大部分的生产成本都是直接成本,间接成本包括工厂管理等都与人工或工时有着密切的联系。在这种情况下,企业通常会按照人工工时或机器工时来分配间接成本,这也是传统的产品成本计算方法。

随着企业生产过程的日益自动化,生产制造正在从连续的大批量生产转向小规模、客户化的生产方式,这导致直接成本占产品成本的比重逐步降低,传统的成本理论已经无法满足当前的需要,因此作业成本法应运而生。作业成本法抛弃了传统会计学中将成本按习性简单地划分为变动成本和固定成本,并建立 $Y=a+bX$ 的模式,通过深入分析成本的组成结构和各部分的成本自然属性,作业成本法建立了成本作业模型,并最大限度地排除人为因素干扰，使计算的结果接近产品的真实成本。

另外，一些先进的生产方法和管理思想的应用也为作业成本法的实施提供了支持，如精益生产（lean）、全面质量管理（TQM）、及时生产（JIT）等。这些良好的成本统计和计算系统促使企业在生产、采购和设备管理等各个环节建立完善的制度，从而形成严格且科学的控制和管理体系，使采购、仓储、生产、销售、库存之间紧密衔接，不仅缩短了产品的生产周期，还提升了产品质量，降低了库存水平，进而提高了生产效率，使作业成本法的信息收集、数据处理与分类工作成为可能。

11.1.2 作业成本法的基本概念

作业成本法（activity-based costing，ABC）是以作业消耗资源和产品消耗作业为前提，以作业为核算对象，依据资源动因将资源成本分配到作业中心，计算出作业成本，然后再将作业成本按作业动因分配给成本对象的一种成本计算方法。

作业成本法涉及的基本概念主要有：资源、资源动因、作业、作业中心、作业链、价值链、成本对象及成本动因等。作业成本计算法概念图如图11-1所示。

图 11-1 作业成本计算法概念图

1. 资源和资源动因

资源是指产品生产或提供服务过程中所引起的各类成本和费用的总称，包括人力、物力、财力和信息资源等，通常可用价值来衡量。资源是产生成本的根源，是作业耗用的基础。现在每个企业耗用的资源基本上都可通过信息平台系统进行查询，每个部门所耗用的资源可在部门预算或系统中查找；同样每个工序流程，每台设备所耗用的资源也可在信息系统或相关文件中查找。在作业成本法的应用中，通常依据作业的定义范围和联系将相应的资源计入相对应的作业。对于公共资源，则依据资源动因以不同的比例计入到相应的作业中去。

资源动因是引起资源耗用的成本动因，它反映了资源耗用与作业量之间的因果关系，它反映作业中心对资源的消耗情况，是资源成本分配到作业中心的标准。

2. 作业、作业中心和作业链

作业是指企业生产经营过程中为了特定目的而消耗资源的各项独立并相互联系的活动。作业是连接资源和最终产品的桥梁，是企业内部工作的基本单元，也是一个典型作业成本法模型中的最小归集单元。作业或作业中心类型的选取依据不同的行业和不同的企业会有所不同，这是由企业的经营模式和内在属性所决定的。

在作业成本核算中，企业可按照受益对象、层次和重要性，将作业分为以下五类，如表 11-1 所示，并分别设计相应的作业中心。

表 11-1 作业的分类

作业类别	作业中心例子	常见成本动因
产量级作业	与机器有关的作业	机器工时
批别级作业	采购订单，生产订单	处理的订单数
品种级作业	质量检验，产品设计	检验次数，设计次数
客户级作业	咨询活动	服务时间
设施级作业	广告活动	广告时长

（1）产量级作业，是指明确地为个别产品（或服务）实施的、使单个产品（或服务）受益的作业，类似于传统会计中的直接生产成本，例如原材料成本和直接人工成本等。产量级作业的数量与产品（或服务）的数量呈正比例变动，当产量增加时，产量级作业成本会同比例增加。

（2）批别级作业，是指为一组（或一批）产品（或服务）实施的、使该组（或批）产品（或服务）受益的作业。这类作业的发生是由生产的批量数而不是单个产品（或服务）引起的，其数量与产品（或服务）的批量数呈正比变动。例如依批次的产品检验成本就是以检验次数为成本动因计算其分配率再分摊到相应的产品成本上。通常在制造业，批别作业包括批次产品的检验成本、材料的处理成本、材料的运输成本、设备换线的调整成本等，这类作业成本往往与产品的产出量无关，而只与生产的批次相关，是该批次产品的共同成本，与产品批次成正相关。

（3）品种级作业，是指为生产和销售某种产品（或服务）实施的、使该种产品（或服务）的每个单位都受益的作业。这类作业用于产品（或服务）的生产或销售，但独立于实际产量或批量，其数量与品种的多少呈正比例变动。包括新产品设计、现有产品质量与功能改进、生产流程监控、工艺变换需要的流程设计、产品广告等。

（4）客户级作业，是指为服务特定客户所实施的作业。这类作业保证企业将产品（或服务）销售给个别客户，但作业本身与产品（或服务）数量独立。包括向个别客户提供的技术支持活动、咨询活动、独特包装活动等。

（5）设施级作业，是指为提供生产产品（或服务）的基本能力而实施的作业。该类作业是开展业务的基本条件，其使所有产品（或服务）都受益，但与产量或销量无关。包括管理作业、针对企业整体的广告活动等。设施级作业与产品的项目无关，是公司全部生产产品的共同成本。

作业中心是一系列相互联系，能够实现某种特定功能的作业的集合。把相关的一系列作业消耗的资源费用归集到作业中心，就构成该作业中心的作业成本库，作业成本库是作业中心的货币表现形式。

现代企业实际上就是一个为了满足顾客需求而要建立的一系列前后有序的作业集合体，这个有序的集合体，称为作业链。不同行业、不同产品的作业链是不同的。通过对作业链的分析、改进和不断优化，可以达到降低产品成本，获取竞争优势的目的。

3. 价值链

价值链是分析企业竞争优势的根本，它与服务和顾客需求的作业链密切相关。按照作业会计的原理，产品消耗作业，作业消耗资源，作业的转移同时伴随着价值的转移，最终产品是全部作业的集合，同时也表现为全部作业的价值集合。因此可以说，作业链的形成过程也是价值链的形成过程。为了改进作业必须分析企业的价值链。

作业管理的关键是价值链分析，目标是发现并消除对企业价值链无所贡献的作业，例如可以根据（精益生产）JIT来安排生产和采购计划，以消除存货积压，提高其他部门的工作成效，如改善顾客服务质量，提高反馈速度等，这为作业成本管理明确了方向。

4. 成本对象、成本动因

成本对象是作业成本分配的终点和归属。常见的成本对象有产品、服务、顾客等。把成本准确地分配到各个成本对象，是进行成本管理和控制的基础。

成本动因是决定成本发生和最终资源消耗的根本原因，是分配成本的基础，同时也是成本与成本对象间因果关系的因素。通过改善成本动因，可以改善成本分摊方式，提高成本计算的准确性，因而找到成本动因就等同于找到了资源耗费的根本原因，有利于消除浪费，改进作业。

传统的成本分配过程通过应用成本分配基础，如人工工时和机器工时等，将所有间接成本项目与成本对象联系起来，二者之间没有任何的内在因果关系，只是人为采取的一种简单、粗糙的分配方法。在过去，由于技术条件落后，设备智能化程度较低，生产不发达，主要以劳动密集型企业为主，市场不完善，商品的生产和销售都相对区域化，产品的成本主要由材料成本和人力成本构成，其他间接成本都很小，在这种情况下这种分配方法有其合理性，不会扭曲产品的生产成本。但现在企业的经营环境发生了巨大改变，设备智能化程度的提高导致设备的折旧费用增加，同时也减少了人力成本需求。产品流通的全球化，使得产品的销售费用、运输费用等大幅升高。原材料采购的全球化也使得采购成本上升。此外，产权保护费用、各种咨询费用、知识技能引进费用、培训费用也大幅增加。这些变化导致产品的制造成本大部分归入了制造费用范畴，而不是产品的直接制造成本。在这种情况下再用传统的成本分配基础来分配这些间接制造费用显然是不合理的。因此，需要将过去的财务数量的分配基础扩展为按不同成本项目产生的多元动因来对成本进行分配，从而可以更为准确地计算产品成本。

11.1.3 作业成本法的基本原理

作业成本法的基本指导思想就是：作业消耗资源，产品消耗作业。因而作业成本法将着眼点和重点放在对作业的核算上，其计算模式可以简化为"总资源成本—作业中心—最终产品"，这相对于传统成本法发生了根本性的变革。传统成本法将作业这一关键环节给掩盖了，直接把资源分配到产品上形成产品成本。作业成本法将成本计算的重点放在作业上，作业是资源和产品之间的桥梁。作业成本法和传统成本法对于产品直接费用（直接材料、直接人工）的处理并无差异，作业成本法的先进性体现在间接费用的分配过程中，其分配标准不再局限于单一的工时或机时分配标准，而是依据作业成本动因，采用多样化分配。间接费用（制造费用）的分配过程可以分为两个阶段：第一阶段把有关生产或服务的制造费用按照资源动因归集到作业中心，形成作业成本；第二阶段通过作业动因将作业成本库中的成本分配到产品或服务中去。作业成本法的管理流程如图11-2所示。

与传统成本计算方法相比，作业成本法对于直接费用的处理是与其完全相同的，但对间接成本按照成本动因进行了两次分配——先按资源动因分配到作业、再按作业动因分配到产品，这使得计算成本结果更加准确，从而所得出的产品成本信息更为客观、真实。

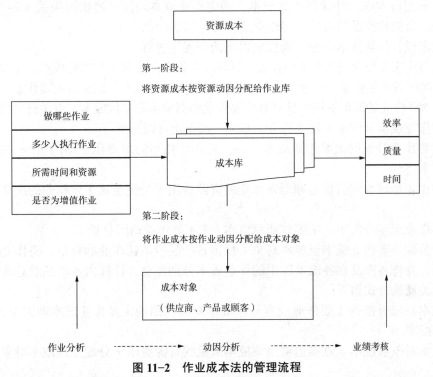

图 11-2 作业成本法的管理流程

11.1.4 作业成本法的应用程序

1. 作业成本法的核算程序

运用作业成本法在分配产品成本时，以作业为成本核算对象，根据资源成本动因，将资源的成本分配到作业，再根据作业成本动因将作业成本库的成本分配到作业产出品，根据作业链的顺序计算出最终产品成本。也就是说，作业成本法首先计算单个作业的成本，然后根据生产每一件产品或者服务所需的作业组合将成本分配到产品或服务等成本对象上。

成本核算具体程序如下：

（1）资源识别及确认与计量资源费用。识别出由企业拥有或控制的所有资源，合理选择会计政策，确认和计量全部资源费用，编制资源费用清单，为资源费用的追溯或分配奠定基础。资源费用清单一般应分部门列示当期发生的所有资源费用，其内容要素一般包括发生部门、费用性质、所属类别、受益对象等。

资源识别及资源费用的确认与计量应由企业的财务部门负责，在基础设施管理、人力资源管理、研究与开发、采购、生产、技术、营销、服务、信息等部门的配合下完成。

（2）建立作业中心和作业成本库。通过从材料采购到产成品验收入库全过程分析所发生的各项作业，根据作业的分类区分主要作业和次要作业，判断增值作业和非增值作业，在保证产品质量的前提下，减少或消除非增值作业，确认产品生产的各项必需作业并加以改善，随后将具有相同作业动因的作业确认为一个作业中心或成本库。

（3）计算各项作业成本。确定资源动因，遵循因果关系和受益原则，根据每项作业对企业资源的消耗，按作业项目归集费用，将归集起来的可追溯成本分配到各作业中心，计算各个作业中心的资源耗用量,确定各项作业成本。

(4)分配成本库,并计算产品成本。确定作业成本动因,遵循因果关系和受益原则,根据各产品所消耗作业的数量,将作业成本分配给各产品。

一般来说,作业成本分配一般按照以下两个程序进行:

(1)分配次要作业成本至主要作业,计算主要作业的总成本和单位成本。企业应按照各主要作业耗用每次要作业的作业动因量,将次要作业的总成本分配至各主要作业,并结合直接追溯至次要作业的资源费用,计算各主要作业的总成本和单位成本。有关计算公式如下:

次要作业成本分配率=次要作业总成本/该作业动因总量

某主要作业分配的次要作业成本=该主要作业耗用的次要作业动因量×该次要作业成本分配率

主要作业总成本=直接追溯至该作业的资源费用+分配至该主要作业的次要作业成本之和

主要作业成本分配率=主要作业总成本/该主要作业动因总量

(2)分配主要作业成本至成本对象。根据各产品所消耗作业的数量,将作业成本分配给各产品,并将各产品在各成本库中的作业成本分别汇总,计算出各产品的总成本和单位成本。有关计算公式如下:

某成本对象分配的主要作业成本=该成本对象耗用的主要作业成本动因量×主要作业成本分配率

某成本对象总成本=直接追溯至该成本对象的资源费用+分配至该成本对象的主要作业成本

某成本对象单位成本=该成本对象总成本/该成本对象的产出量

需要注意的是,如果不存在次要作业,则无须将次要作业成本分配到主要作业,仅仅将主要作业按照作业成本动因分配至成本对象即可。作业成本核算的基本程序示意图如图11-3所示。

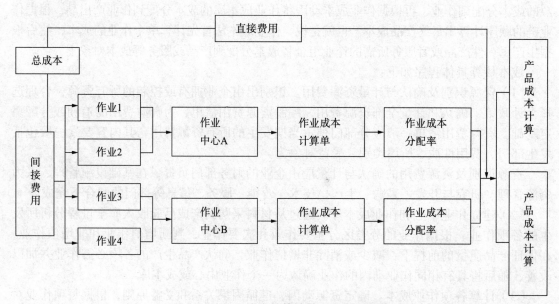

图11-3 作业成本核算的基本程序示意图

2. 作业成本法计算实例

【例 11-1】 某企业生产 A、B 两种产品，有关年产销量、批次、成本、工时等资料如表 11-2 所示。

表 11-2　产销量、批次、成本、工时等资料

项目	A 产品	B 产品
产销量 / 件	10 000	2 000
生产订单 / 次	195	80
材料订单 / 次	140	60
生产协调 / 次	50	50
质量检验 / 次	150	50
设备维修 / 工时	200	100
机器调整准备 / 次	300	200
直接材料成本 / 元	200 000	40 000
直接人工成本 / 元	120 000	20 000
机器制造工时 / 工时	50 000	10 000

该企业当年制造费用项目与金额如表 11-3 所示。

表 11-3　企业当年制造费用项目与金额　　　　　　　　　　　单位：元

项目	金额
生产订单成本	110 000
材料订单成本	50 000
生产协调成本	54 000
质量检验成本	90 000
设备维修成本	60 000
机器调整准备成本	100 000
合计	464 000

解：(1) 按照传统成本计算法，制造费用可按照机器工时进行分配，制造费用分配率为：

$$制造费用分配率 = \frac{464\,000}{50\,000+10\,000} = 7.73（元 / 工时）$$

A 产品应分摊的制造费用 = 50 000 × 7.73 = 386 500（元）

B 产品应分摊的制造费用 = 10 000 × 7.73 = 77 300（元）

在传统成本法下，A 产品和 B 产品的单位成本分别为：

$$A\text{产品单位成本} = \frac{200\,000+120\,000+386\,500}{10\,000} = 70.65（元）$$

$$B\text{产品单位成本} = \frac{40\,000+20\,000+77\,300}{2\,000} = 68.65（元）$$

（2）按照作业成本法进行计算。通过作业分析，该企业依据各项作业的成本动因性质设立了生产订单、材料订单、生产协调、质量检验、设备维修、机器调整准备这六个作业成本库，并按照各类制造费用的分配标准计算得出的各项制造费用项目的分配率与分配金额见表11-4。

表11-4　各项制造费用项目的分配率与分配金额　　　　　　　　　单位：元

作业成本库	作业动因分配率	A产品分配		B产品分配		分配的作业成本合计
		作业量	作业成本	作业量	作业成本	
生产订单	400	195	78 000	80	32 000	110 000
材料订单	250	140	35 000	60	15 000	50 000
生产协调	540	50	27 000	50	27 000	54 000
质量检验	450	150	67 500	50	22 500	90 000
设备维修	200	200	40 000	100	20 000	60 000
机器调整准备	200	300	60 000	200	40 000	100 000
合计	—	—	307 500	—	156 500	464 000
单位产品分摊的制造费用	—	—	30.75	—	78.25	—

其中，计算出生产订单、材料订单、生产协调、质量检验、设备维修、机器调整准备的分配率分别为：

$$\text{生产订单分配率} = \frac{110\,000}{195+80} = 400（元/次）$$

$$\text{材料订单分配率} = \frac{50\,000}{140+60} = 250（元/次）$$

$$\text{生产协调分配率} = \frac{54\,000}{50+50} = 540（元/次）$$

$$\text{质量检验分配率} = \frac{90\,000}{150+50} = 450（元/次）$$

$$\text{设备维修分配率} = \frac{60\,000}{200+100} = 200（元/工时）$$

$$\text{机器调整准备分配率} = \frac{100\,000}{300+200} = 200（元/次）$$

因而，作业成本法下A产品应分配的各类制造费用项目金额为：

$$生产订单 = 400 \times 195 = 78\ 000（元）$$
$$材料订单 = 250 \times 60 = 15\ 000（元）$$
$$生产协调 = 540 \times 50 = 27\ 000（元）$$
$$质量检验 = 450 \times 50 = 22\ 500（元）$$
$$设备维修 = 200 \times 100 = 20\ 000（元）$$
$$机器调整准备 = 200 \times 300 = 60\ 000（元）$$
$$A\ 产品应分配的制造费用 = 78\ 000 + 35\ 000 + 27\ 000 + 67\ 500 + 40\ 000 + 60\ 000$$
$$= 307\ 500（元）$$
$$A\ 单位产品应分配的单位制造费用 = 307\ 500/10\ 000 = 30.75（元/件）$$

因而，作业成本法下 B 产品应分配的各类制造费用项目金额为：
$$生产订单 = 400 \times 80 = 32\ 000（元）$$
$$材料订单 = 250 \times 140 = 35\ 000（元）$$
$$生产协调 = 540 \times 50 = 27\ 000（元）$$
$$质量检验 = 450 \times 150 = 67\ 500（元）$$
$$设备维修 = 200 \times 200 = 40\ 000（元）$$
$$机器调整准备 = 200 \times 200 = 40\ 000（元）$$
$$B\ 产品应分配的制造费用 = 32\ 000 + 15\ 000 + 27\ 000 + 22\ 500 + 20\ 000 + 40\ 000$$
$$= 156\ 500（元）$$
$$B\ 单位产品应分配的单位制造费用 = 156\ 500/2\ 000 = 78.25（元/件）$$

在作业成本法下，A 产品和 B 产品的单位成本分别为：

$$A\ 产品单位成本 = \frac{200\ 000 + 120\ 000 + 307\ 500}{10\ 000} = 62.75（元）$$

$$B\ 产品单位成本 = \frac{40\ 000 + 20\ 000 + 156\ 500}{2\ 000} = 108.25（元）$$

由上述计算可以看出，在作业成本法下的 A 产品单位成本由传统成本计算的 70.65 元下降为 62.75 元；B 产品单位成本由传统成本计算的 68.65 元提高到 108.25 元。

产生差异的原因主要是传统成本计算对制造费用只采用单一的分配标准，而忽视了不同作业之间的成本动因不同。显然，按作业成本计算比按传统成本计算更为准确和科学。

11.1.5 作业成本法与传统成本法的比较

1. 作业成本法与传统成本法的联系

（1）作业成本法与传统成本法在直接费用的分配上是相同的。它们都是根据收益性原则对发生的直接费用予以确认，比如直接材料可以直接计入有关产品的成本。

（2）作业成本法是责任成本与传统成本计算法的结合。责任成本法是一种相对静止的成本计算法，而传统成本法是一种动态的计算方法。作业成本法是将按照企业内部各单位界定成本、费用的责任成本和按照生产工艺过程来界定费用的传统成本法结合起来的一种成本计算方法。作业成本法结合了两者的优点，动静结合，使其计算过程与工艺过程和生产组织形式紧密结合，是一种动态的、计算企业内部各单位责任成本的方法。

（3）作业成本法与传统成本计算法的最终目的都是计算最终产品成本。作业成本法是将间接成本和辅助费用各种不同的成本动因分配到作业、生产过程、产品、服务及顾客中的一种成本计算方法，由于分配因素是根据产品生产的各个环节来确定的，所以这种分配方法更加精确。传统成本计算方法是将不同质量的制造费用以部门为基础进行归集，采用单一分配率进行分配和再分配，计算出产品的最终成本。尽管这两种方法在分配间接费用时有本质的区别，但是在最终目的上都是计算产品的最终成本。

2. 作业成本法与传统成本法的区别

作业成本法与传统成本法的区别主要体现为以下几个方面。

（1）产生的背景不同。传统成本计算方法源于 20 世纪初期，并在 20 世纪中后期发展成熟。它适应了当时机器大工业时代的生产方式，提倡规模经济、大批量生产和流水作业。传统成本计算方法在当时的生产条件和管理水平下，能够为管理当局提供相对准确的信息。但是随着经济的发展，人们可支配的收入不断增加，消费能力极大增强，使得人们的消费行为发生了巨大变化，追求多样化、个性化和精神需求成为发展趋势，而社会生产的发展使得企业能够提供多样化的产品，从大规模生产转为小规模、多样化生产。同时信息革命和产业自动化改变了企业的制造环境，使得企业能为消费者提供多样化和个性化的产品。但是，传统成本方法产生于过去大规模生产时代，所提供的成本信息无法满足企业管理层对成本信息的需求，这促使了作业成本法的产生与发展。

（2）间接费用的分配方式不同。传统成本法在间接费用的分配上通常采用较为单一的标准，例如机器工时、生产工时等，这种分配方法未能充分考虑不同产品和技术因素对费用产生的差异，因此无法正确反映各产品在生产过程中的实际成本。而作业成本法的间接费用基于多元化的因素，在分配企业的间接费用时考虑了费用和成本的来源，相比于传统成本计算法，作业成本法计算提供的成本信息更加客观、真实、准确。

（3）成本计算程序不同。传统成本法将间接费用以直接人工成本或机器工时等标准直接分配到各部门或者车间，与传统成本法不同，作业成本法将整个企业统一分配制造费用改为由若干个"成本库"分别进行分配，增加制造费用分配标准，按照引起制造费用发生的各种成本动因进行分配，从而避免了产品或劳务成本的扭曲。

（4）成本计算对象不同。传统成本法的成本计算对象是企业最终产出的各种产品，而作业成本法的成本计算对象不仅包括产品成本，还涵盖了产品产生的原因及其形成的全过程，与传统成本计算方法相比，作业成本法的成本计算对象具有多层次性，涉及资源、作业以及最终产品等多个方面。因此，作业成本法提供的成本信息更加详细、丰富。

由于作业成本法与传统成本法具有以上不同之处，两者之间在计算程序、计算对象、核算范围等内容上也存在区别，详见表 11-5。

表 11-5 作业成本法与传统成本法的区别

项目	作业成本法	传统成本法
成本计算程序	制造费用－作业成本库确定成本动因－产品成本	制造费用－生产部门确定分配率－产品
成本计算对象	以作业为中心	以产品为中心

续表

项目	作业成本法	传统成本法
成本核算范围	三个维度：产品成本、作业成本和作业动因	一个维度：产品成本
费用分配标准	成本动因	工时、机器工时
费用分配基础	部件数量、测试时间	直接人工或直接材料成本
成本计算重点	成本发生的因果关系	就成本而论成本
所包含的期间	一个会计期间	几个会计期间
信息的准确性	准确性较高	误差较大

3. 作业成本法的优缺点

（1）作业成本法的优点。

①实施作业成本法能够提供更为详细和准确的成本信息。相比之下，传统成本法仅以单一标准为基础分配间接费用，而作业成本法的分配基础是资源动因和作业动因，因此分配结果更为准确，得到的产品成本信息能更好地反映其实际成本。作业成本法对作业的分析涉及企业生产和管理的各个方面，有助于管理层更深入地了解企业的运作流程和产品的生产过程，从而更好地进行企业管理。

②实施作业成本法有利于提高企业竞争力。作业成本法核算产品成本的过程不仅涉及产品的生产过程，还考虑了产品生产前的开发与设计过程。这种全盘的考虑使企业更能够适应现代激烈的市场竞争，促使企业更加注重先进技术的应用，充分利用企业的资源不断地改进产品设计，完善企业的价值链，从而提高企业在市场上的竞争能力。

③实施作业成本法有助于企业绩效考核。作业成本法下将焦点集中于作业的发生，对作业的分析和确定有利于确定企业各层面的责任中心，将责任明确到各个部门或责任人员，有助于企业对成本的管理和控制。同时在对作业的分析过程中能够区分企业增值作业和非增值作业、高效率作业和低效率作业，便于评价个人或作业中心的责任和履行情况，便于企业绩效的考核。

（2）作业成本法的缺点。值得注意的是，作业成本法并不适用于所有企业，实施时需要考虑企业的技术条件和成本结构。具体而言，作业成本法更适用于产品多样化、生产批量小以及人工费用高、制造费用较高的制造企业，对于直接人工成本占比较大的商品流通业、餐饮卫生业以及休闲娱乐业，作业成本法的适用性较差。此外，作业成本法还存在一些其他不足之处，主要体现在以下几个方面：首先，对于生产经营活动复杂多样的企业，各项活动相互联系、相互依存，可能导致作业界限和责任划分并不清晰分明，从而在作业的区分上存在困难；其次，成本动因及其计量方法的选择等往往具有较大的主观性，这为管理者操纵成本提供了可能，也降低了公司间报告结果的可比性；最后，作业成本法的实施过程较为复杂，核算工作相当烦琐，因而开发和维护费用较高。

11.2 作业成本管理

11.2.1 作业管理与作业成本管理的含义

作业管理是将企业视为一系列由顾客需求驱动的作业组合而成的作业集合体,在管理中努力提高顾客价值的作业效率,同时消除或遏制不增加顾客价值的作业,以实现企业生产经营的持续改善。作业管理的基本管理思想是以顾客链为导向,以作业链价值链为中心,对企业的作业流程进行根本性、彻底性的改造,强调协调企业内外部顾客的关系,从企业整体出发,协调各部门各环节的关系,要求企业物资供应、生产和销售等环节的各项作业形成连续的、同步的作业流程,消除作业链中一切不能增加价值的作业,使企业处于持续改进状态,促进企业整体价值链的优化,增强企业竞争优势。因此,作业管理不仅仅是一项管理工作,更是不断改进和完善企业作业链价值链的过程。

作业成本管理在于运用其以"作业"为核心的管理思想,把管理重心深入到作业层次。通过应用作业成本计算提供的信息,从成本的角度,合理安排产出或劳务的销售组合,寻求能够改变作业和生产流程,改善和提高生产率的机会。作业成本管理的作用在于通过作业分析,更好地理解生产过程,使采取的管理措施能够更有效地控制成本,管理者能够识别并消除不增值作业,且改进增值的作业,不断对其进行重新评估以确保其确实增值,持续优化作业链和价值链,最终增加顾客价值和企业价值。作业成本管理思想如图 11-4 所示。

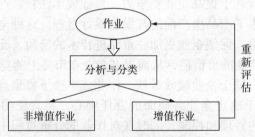

图 11-4 作业成本管理思想

作业成本管理一般包括确认和作业分析、作业链价值链分析和成本动因分析、业绩评价以及报告不增值作业成本四个步骤。作业分析又包括辨别不必要或不增值的作业,对重点增值作业进行分析,将作业与先进水平比较,分析作业之间的联系。

11.2.2 作业成本的价值链分析

1. 基于价值链分析的作业成本管理范围

(1) 内部价值链与作业成本管理的互动性。第 13 章将会讲到价值链分析作为战略管理会计的基本战略分析工具之一,可以通过提高企业各项价值作业活动的效率并加强各项活动之间的联系,在实现管理会计职能的同时帮助企业实现价值增值,符合当代战略管理会计"价值增值"的主题,因而与战略管理会计具有很强的互动性。

内部价值链是以企业内部战略相关的流程和作业为载体形成的企业内部价值运动,它涵盖研发设计、材料采购、生产制造、产品销售和售后服务等整个产品生命周期,分为研发设计、业务流程和售后服务三个阶段。其中业务流程是内部价值链的核心环节,企业的作业活动主要集中于此。内部价值链分析主要针对这些成本进行作业分析，通过辨识各项作业活动的成本动因，剥离非增值作业，然后根据不同的成本动因选择相应的成本控制方法。通过减少或消除非增值作业，降低成本，提高企业作业效率，最终实现作业成本管理的优化。可见，内部价值链分析以作业成本管理为核心，作业成本管理过程中形成的作业链成为内部价值链分析中价值链流动的依赖路径，二者相互作用，在优化作业链的同时实现企业价值的增值，如图 11-5 所示。

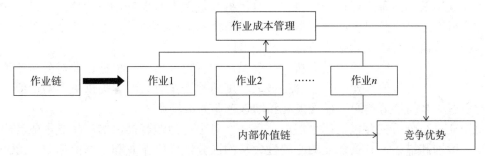

图 11-5　内部价值链与作业成本管理的互动性

（2）作业成本管理范围的延伸。传统作业成本管理将重点集中在生产成本环节，从而忽视了其他活动在成本中的地位及其影响，使得成本管理在空间范围上有较大的局限性。因此，要实现价值链的最大优化，仅仅关注企业内部的作业链是不够的，我们需要从多个角度分析作业成本的管理，考虑外部作业链的存在对成本产生的重大影响。这主要指的是企业与供应商、客户之间的作业链以及竞争对手的作业链，因此作业成本管理的范围需要分别向其上游、下游及横向拓展。

上游是指对供应商成本展开分析，在产品、工艺设计或零部件阶段可以与供应商展开战略合作，例如实行后向一体化战略，充分考虑在此阶段的成本问题，将企业的成本管理活动提前推进。下游是指加强与客户的联系，将客户视为企业的合作伙伴，通过建立长期合作关系，例如实行前向一体化战略，有效控制与客户间的相关成本，将作业成本管理活动向下游延伸。横向需要充分认识到各个作业之间并不是孤立的，而是环环相扣的集合体，各环节之间在成本、质量、效率等方面都存在相互制衡的关系。同时，还要考虑来自外部的竞争对手的压力，分析竞争对手的价值链，以弥补自身的不足，获取相对竞争优势。作业成本管理范围的延伸如图 11-6 所示。

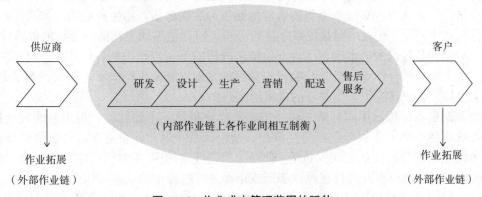

图 11-6　作业成本管理范围的延伸

2. 作业成本的价值链分析过程

（1）确定价值链分析范围。确定价值链分为三个层面。一是企业内部价值链，即以企业内部战略相关的流程和作业为载体形成的企业内部价值运动，涵盖研发设计、材料采购、生产制造、产品销售和售后服务等整个产品生命周期。这样，企业的生产经营过程由为特定顾客或市场生产产品的一系列作业组成。二是纵向价值链，即将价值链分析从企业内部前向延伸至供应商、后向延伸至顾客，使得纵向形成了一个紧密关联的链条，通过将这个相互结盟的链条进行整合，可以充分挖掘企业潜力，提升竞争优势。三是横向价值链，即分析市场上竞争对手的价值链，以识别其成本动因，分析企业与竞争对手各自的优势和劣势，从而确定各自的竞争地位和市场坐标。

（2）分析作业。实施价值链分析的关键是从顾客角度出发，根据作业对公司竞争优势的贡献大小来区分价值作业，其目的是最大限度地利用作业为顾客提供更多的价值，从而为企业创造更多的经济利润，显著提高和增强企业的市场竞争力。

对作业进行分析主要包括四个层次。第一，对企业为顾客提供的产品成本或者服务进行判断、鉴别和描述，分析作业的必要性，从而区分出增值作业和不增值作业。第二，遵从成本效益原则，仅对重点作业对象进行分析，即围绕企业核心竞争力的形成展开各项价值创造活动，从而节约作业分析成本。第三，对比本企业的作业和其他企业相关的作业，找出企业和竞争对手在各价值链环节上成本和价值的差异，比较双方的优势与劣势。第四，分析企业各个作业之间的联系，将存在联系的作业组合成有效的作业链，从而实现企业经营过程的优化。

需要注意的是，虽然每个企业都存在着技术、产品设计、制造过程、营销、顾客服务等一般过程，但不同行业其价值链的构成是不同的，每类活动的重要性也不尽相同。例如，批发商可能认为进货后勤和发货后勤最为重要，而对于一般制造业企业而言，质量和服务则更为关键。因此，为了实现企业价值链内部优化和整体优化的目标，必须从企业实际出发，分析企业特定的价值链构成及相应的竞争力，通过深入的分析和比较，真正达到提高企业价值的目的。

（3）确定产品或劳务总成本的构成。价值链分析的下一步是追溯或分配成本，以评估各价值的生产过程。尽管企业还保存有内部报表和成本会计信息，但这种信息通常无法满足作业成本及价值链分析的要求，因此企业需要将数据重新分类，或者利用成本研究来分配成本和评估各个过程。

为了估算出每个价值生产作业的完全成本，通常涉及作业生产能力或实际生产能力的完全利用。企业管理者和设备销售商通常能够较为准确地估算出生产能力。如果生产能力估算存在显著差异，企业应对最终成本进行分析，以评估不同生产能力分析的敏感性。

（4）识别各过程的成本动因。企业价值链分析的下一步是识别各价值生产过程的成本动因。企业应当结合作业分析，控制成本动因的发生以降低生产成本。同时，为了确定相关成本优势，企业还应了解竞争者的成本因素。

（5）识别各过程的中间环节。单一的价值作业虽然是不连续的，但也并非完全独立。同一条价值链中的大多数作业都相互依赖、紧密联系。因此，企业在进行价值链分析时，需要考虑互相依赖的作业之间的价值链联系，因为它们很可能对总成本产生影响。例如，一个价值链过程的成本改进程序可以降低或增加另外过程中的成本或收入。

（6）鉴定获得相关成本优势的机遇。在价值链分析法中，企业不再简单地全面削减成本,而是在高价值生产过程中,降低成本,提高效率,即消除不增值作业,不断优化增值作业流程。例如,某公司可能会降低各过程的投入费用,如工资、采购以及自制还是外购的选择,降低过程投入费用通常意味着降低工资、将生产转移到劳动力成本较便宜的国家,供应商在与企业协商长期合作时,可能愿意降低价格,企业可以利用买卖伙伴关系,在成本、质量、时间、交货以及技术方面取得优势。一些过程的优化可以提供比其他过程更多的机会,因此为了最大限度地降低成本,公司应该优化其价值创造过程。

11.2.3 降低作业成本的主要方法

1. 作业消除

作业消除就是消除不增值的作业。首先确定不增值的作业,进而采取有效措施予以消除。例如将原材料从集中保管的仓库搬运到生产部门,将某部门生产的零部件搬运到下一个生产部门都属于不增值作业。如果条件许可,可以将原材料供应商的交货方式改为直接送达原材料使用部门,将功能性的工厂布局转变为单元制造式布局,这样就可以缩短运输距离,削减甚至消除不增值作业。

2. 作业选择

作业选择就是尽可能列举各项可行的作业并从中选择最佳的作业。不同的策略通常会产生不同的作业,例如不同的产品销售策略会产生不同的销售作业,而作业引发成本,因此不同的产品销售策略会引发不同的作业及成本。在其他条件不变的情况下,选择作业成本最低的销售策略可以降低成本。

3. 作业减低

作业减低就是改善必要作业的效率或者改善在短期内无法消除的不增值作业,例如减少整备次数可以改善整备作业及其成本。

4. 作业分享

作业分享就是利用规模经济效应提高必要作业的效率,即增加成本动因的数量但不增加作业成本,这样可以降低单位作业成本及分摊于产品的成本。例如新产品在设计时如果考虑到充分利用其他现有产品已使用的零件,就可以免除新产品零件的设计作业,从而降低新产品的生产成本。

11.2.4 作业成本管理的现实意义

作业成本管理(ABCM)是以作业为成本管理的起点与核心,在大数据环境下实施ABCM,相较传统的以商品或劳务为中心的成本管理是一次深层次的变革和质的飞跃,对企业适应客观环境、优化作业链–价值链,提升竞争力具有重要意义。

1. 适应大数据等新技术环境的客观要求

随着大数据、物联网、云计算和人工智能等新技术的快速发展和广泛应用,市场需求的多样化、个性化,现代企业商品生产过程的自动化、信息化以及制造系统的复杂化是当前不可逆转的大趋势。在多变的环境下,若继续采用在商品成本中所占比重越来越小的直接人工去分配所占比重越来越大的制造费用,必将导致商品成本信息的严重失真,产品定价有偏,进而误导企业的战略决策。

2. 加强成本控制

作业成本法引入了成本动因的概念,使得企业能够从量的角度,通过分析资源动因和作业动因，实现成本降低和成本控制，以达到预算成本的目标。对于作业成本差异，可以通过比较实际成本和预算成本，区分增值作业和不增值作业，取消不增值作业，改善增值作业，从而实现成本降低的质的进步。

3. 提高市场竞争力

基于价值链分析的作业成本管理，将企业视为一个创造价值的整体，在考虑企业生产制造过程中成本发生的同时，注重商品设计、研究开发和质量成本管理，以不断优化企业内部商品价值链流程。此外，作业成本管理关注外部作业链的存在对成本产生的重大影响，站在战略的高度认识企业内部作业链向后延伸的必要性，以及它对于优化价值链的重要作用，这对提升市场竞争力尤为重要。

11.3 资源消耗会计

11.3.1 资源消耗会计概述

以资源为导向，从资源及资源消耗的视角考察作业成本（ABC），不仅有助于弥补传统 ABC 的不足，还能将战略控制系统有效延伸至企业的经营活动之中，这种将 ABC 与德国的弹性边际成本法（GPK）有机融合而形成的成本会计创新方法称为资源消耗会计（resource consumption accounting, RCA）。该方法自 2002 年于美国首次提出，作为一种创新的成本会计方法备受推崇。RCA 不仅在内部完善了作业成本法，还从外部资源利用的角度提升了成本管理的战略性系统。

1. 资源消耗会计产生的背景

（1）作业成本法的局限性。如前文所述，作业成本法在一定程度上解决了成本扭曲问题，并能够更准确地将间接成本和辅助费用分配到产品和服务中。自 20 世纪 70 年代兴起到 20 世纪 90 年代末，作业成本法一度升温，备受英美等国家的推崇。但随着作业成本法的研究与实务应用，它并没有在多数企业中得到顺利推行，并且在西方企业中的应用范围和效果也并不尽理想，根据 2003 年的研究调查报告显示，仍有 80% 的美国公司使用传统成本法。由此可见，推行多年的作业成本法在一定程度上存在着发展的局限性。

（2）弹性边际成本的发展。弹性边际成本起源于二十世纪四五十年代的德国。德国汽车工程师弗劳特首次提出了成本会计中的"弹性边际成本法"，即 GPK。随后，德国会计学者和一些咨询公司的研究和推广使得弹性边际成本法在德国迅速发展起来，并在其他一些德语国家也得到广泛应用。另外，由于德国最大的 ERP 供应商 SAP 公司把 GPK 法嵌入 SAP 的控制模块中使得几千家德语国家的大中小企业采用 GPK。弹性边际成本法自第二次世界大战推出至今，已在德国许多公司中持续实施了 60 年之久，众多企业的实践证明其使用效果良好，并取得了明显的成本控制效果。

2. 资源消耗会计的基本概念

（1）资源。在 RCA 下，资源是一个广义的概念，资源消耗指的是部门之间的成本或价值的转移，例如用货币购入的劳动力、库存材料，固定资产按期摊入的折旧，企业的维修车间发生的一切料工费。由此可见，RCA 根据因果关系以资源为焦点进行成本的归属，即依据资源向成本对象分配成本，它与 ABC 有明显的不同。ABC 主要解决间接费用的分配问题，RCA 则是用 ABC 的方法，把德国 GPK 的优点结合进来，解决资源消耗问题，即价值从一个部门转移到另一个部门,故称资源消耗会计。

(2)资源结集点。它类似于管理会计中成本中心的一个单位,这个单位所发生的全部成本在此结集,结集后的产出数量称为资源产出量。

(3)初级成本结集点。初级成本结集点是指直接从事生产产品或提供可销售劳务的单位,相当于传统成本会计中的基本生产。初级成本结集还包括直接为可销售的产品或劳务提供服务的部门;为基本生产单位或为其他二级成本结集点服务的单位,称为二级成本结集点,相当于传统成本会计中的辅助生产。

(4)直接成本。直接成本是指本单位直接发生的成本,如材料费、工资福利费、折旧费等。与直接成本相对的是转入成本,是消耗了二级成本结集点产出资源而发生的成本。

(5)初级费用。初级费用反映一项成本费用固有的成本性质,与成本费用要素相似,与总账科目相同。与此相对应的是二级费用要素,反映由于资源的消耗而改变了的性质。如工资、福利、折旧、维修等都是总账科目,属于初级费用要素。但人力资源部门或供电部门消耗了这些初级费用要素,其产出称为二级费用要素。

11.3.2 资源消耗会计的基本特征

1. 各资源结集点具有相互关联性

在运用 RCA 的过程中,首先是应用基于量化的产出消耗、因果关系的关联性,将成本对象所消耗的资源成本归入资源结集点,然后根据成本动因进行分配。资源结集点是由相关的资源要素组成的,每个资源结集点只有一个成本动因。要将资源结集点中的资源进行合理的分配,就需要清楚地认识被消耗资源的功能及其伴随着作业产生的资源间的相互关系。

2. 对所有资源结集点的产能进行量化处理

RCA 在各资源结集点采用了可量化的手段,从而使消耗的资源被量化,明确了资源消耗与成本分配的因果关系,实现了评价手段的定量化。

3. 识别 E/I 产能并明确责任归属

资源在任何一个特定时点的状态都可以划分为以下三种类型:一是生产性资源,即制造适销对路的产品或提供服务的资源;二是非生产性资源,即使用中的资源,但未能制造产品或提供服务;三是闲置资源,即潜在可使用的资源,但处于未使用的状态。因此,对资源的利用即产能,也就相应分为生产产能和 E/I 产能。对 E/I 产能的控制与管理是确保资源有效利用的手段。RCA 能够识别 E/I 产能,并将 E/I 产能的成本归属到对该资源有影响的责任人员或者相关层面上去,而不是将它分配到产品中去,因此增强了管理者对产能信息的可视化,有助于资源管理。

4. 从资源供应和消耗的视角认识成本习性

在 RCA 下从最基层的成本核算单位把成本划分为固定成本和变动成本。RCA 从资源供应和资源消耗两个不同的视角观察成本习性。从资源供应的层面观察,得到固有的成本习性,随产出正比例变动的资源成本为变动成本,否则为固定成本。从资源消耗的层面观察,原有的变动成本需要识别出用固定的形式消耗的可能性,并且按要求进行相应的处理。

5. 依据计量标准进行成本核算

资源消耗关系是成本核算的前提,只有清晰地反映资源消耗关系,才能准确地计算受益对象的成本。RCA 将确定资源的消耗关系与核算成本的价值关系明确地区分开来，即产出的量化计量过程与货币计算过程相分离。这一分离充分体现了资源消耗与成本核算之间的关系：资源消耗是成本核算的前提，成本核算是资源消耗的货币表现。

6. "拉动式"的成本计算方式

RCA 运用量化指标建立因果关系。在 RCA 下，首先需要确定各基本生产部门对辅助生产部门提供服务的需求量。辅助生产部门按照基本生产部门计划的需求量确定向基本生产部门分摊的变动成本单价和固定成本总额，将消耗的资源成本"拉动式"计入成本对象。综合使用财务信息和非财务信息有助于企业加强成本管理，从而实现资源的有效利用。

表 11-6 通过 RCA 与传统成本法计算不同点的比较，进一步明确了 RCA 的特征。

表 11-6 资源消耗会计与传统成本会计的比较

资源消耗会计	传统成本会计
将 E/I 产能的成本归属到对该资源有影响的责任人员或者层面上去。但是不将它分配到产品中去	不能识别 E/I 产能，因此无法与确切的人或者层面挂钩，并且经常持续性地为其分配产品
对于成本比率采用理论上的衡量尺度，增强了管理者对 E/I 产能信息的可视化，进而有助于产能的分析	对于成本比率，使用综合预算上的衡量尺度，并且无法揭示有关 E/I 产能方面的会计信息，对产能的分析不清晰
为了提供有关内部成本决策信息的支持系统，采用基于交易成本的折旧法	依据分部报告系统使用规定的折旧法（时常难以反映经济活动的现实性需求）
在非金额方面，应用基于量化的产出消费、因果关系的关联性，将成本对象所消耗的资源成本归入"结集点"	对于生产的完工产品以及发生的所有成本，因相对分散而且面广，采用投入资源的耗费面向成本对象进行"推"的分配方式
在该资源层面识别原有的固定或变动成本（比例）的选择，并加以分配。它需要正确、明晰地阐述成本的性质	在该产品层面，成本需要识别/分配原来是固定或比例的情况，并加以选择。而对于真正的成本消耗模式不清晰
原有比例的成本需要识别出用固定的形式开展消耗的可能性，并且按要求的形态相应地进行处理	在该资源层面，不能全面提供有关成本消耗的模式
实质上所有的层面，即从资源层面到组织层面追踪成本信息，将综合化的信息提供给决策者	在部门或者产品层面将成本信息综合化。几乎不可能或者说完全不能在更低层面上追踪成本或者传递信息
为了与计划数量或者标准数量相比，"财务与非财务信息相结合"有助于负责业务活动的经营者进行成本管理	非财务信息常常缺乏，或者利用不够。之所以如此，是因为成本无法追踪资源消耗的数量，而是基于按比率加以分配的缘故

11.4 Python 在作业成本法中的应用

将作业成本法的成本核算步骤通过 Python 模型实现后，核算部分只需要统计各项成本总和，并将其输入至 Python 模型后，各明细计算结果可以自动导出。所以 Python 作为数据开发工具，将其与作业成本法相结合可以帮助大型企业快速准确地计算分析出产品成本，特别是对于业务复杂、产品众多、生产部门数量较多的制造业企业来说，将Python引入作业成本法的使用中，可以进一步提高企业经营效率。

【例11–2】 案例企业当前生产A、B两种产品，其中A产品总产量为20 000，B为4 000；直接人工工时，A为100 000，B为16 000；直接人工费用A为600 000，B为80 000；直接材料A为400 000，B为80 000。另有制造费用，A为800 000，B为128 000。（金额单位：元，工时单位：小时，产量单位：件）

解：在传统成本法下，直接根据直接人工工时对制造费用合计进行分配。

项目	A产品	B产品
产量	20 000	4 000
直接人工工时	100 000	16 000
直接人工	600 000	80 000
直接材料	400 000	80 000
制造费用	800 000	128 000
制造费用合计	928 000	
单位成本	180	144

计算步骤：
（1）A产品制造费用=A产品直接人工工时/人工工时×制造费用合计
B产品制造费用=B产品直接人工工时/人工工时×制造费用合计
（2）A产品总成本=A产品直接人工+A产品直接材料+A产品制造费用
B产品总成本=B产品直接人工+B产品直接材料+B产品制造费用
（3）单位成本=产品总成本/产品产量

运用Python在作业成本法下，对成本进行重新分配：

作业	总成本	成本动因	作业量—A产品	作业量—B产品
机器准备	200 000	准备次数	1 200	800
质量检测	180 000	检验次数	900	300
设备维修	120 000	维修工时	600	300
材料订单	220 000	订单数量	390	160
生产订单	100 000	订单数量	560	120
生产协调	108 000	协调次数	240	240

第一步：将各类制造费用、成本动因以及各类产品作业量等基本数据录入。

```
In[1]:import pandas as pd
data=[[' 机器准备 ',200000,' 准备次数 ',1200,800],
[' 质量检测 ',180000,' 检验次数 ',900,300],
```

```
[' 设备维修 ',120000,' 维修工时 ',600, 300],
[' 材料订单 ',220000,' 订单份数 ',390,160],
[' 生产订单 ',100000,' 订单份数 ',560,120],
[' 生产协调 ',108000,' 协调次数 ',240,2400]]
df = pd.DataFrame(data, columns=[' 作业 ',' 总成本 ',' 成本动因 ',' 作业量 /A 产品 ',' 作业量 /B 产品 '])
df
```

第二步：依据产品作业总量计算每项制造费用的分配率，即总成本 / 总作业量之和 = 分配率。

In[2]:
```
df[' 分配率 ']=df[' 总成本 ']/(df[' 作业量 /A 产品 ']+df[' 作业量 /B 产品 '])
df
```

第三步：分配率 × 各类产品作业量 = 产品成本各项制造费用。

In[3]:
```
df['A 成本 ']=df[' 分配率 ']*df[' 作业量 /A 产品 ']
df['B 成本 ']=df[' 分配率 ']*df[' 作业量 /B 产品 ']
df
```

作业	总成本	成本动因	作业量 /A 产品	作业量 /B 产品	分配率	A 成本	B 成本
0	200 000	准备次数	1 200	800	100.00	120 000.00	80 000.00
1	180 000	检验次数	900	300	150.00	135 000.00	45 000.00
2	120 000	维修工时	600	300	133.33	80 000.00	40 000.00
3	220 000	订单份数	390	160	400.00	156 000.00	64 000.00
4	100 000	订单份数	560	120	147.06	82 352.94	17 647.06
5	108 000	协调次数	240	240	225.00	54 000.00	54 000.00

第四步：将各项制造费用加总得出各类产品制造费用的合计数，制造费用合计数 + 直接材料 + 直接人工成本 = 总生产成本；总生产成本 / 产品量 = 单位成本。

In[4]:
```
(df['A 成本 '].sum()+600000+400000)/20000,(df['B 成本 '].sum()+80000+80000)/4000
```
Out[4]:
(81.37, 115.16)

结论：

在传统成本法下，90>72，故 A 产品单位成本 >B 产品单位成本。

在作业成本法下，81<115，故 A 产品单位产品 <B 单位产品成本。

 相关法规

2017 年 10 月 19 日《管理会计应用指引第 304 号——作业成本法》。

复习思考题

1. 试述作业成本核算的基本原理和核算程序。
2. 简述作业成本法和传统成本法的区别。
3. 简述作业成本管理的实施步骤以及成本管理的意义。
4. 简述资源消耗会计的基本特征。

练习题

一、单项选择题

1. 作业耗费一定的（　　）。
   A. 成本　　　　　B. 时间　　　　　C. 费用　　　　　D. 资源
2. 企业管理深入作业层次以后，企业成为满足顾客需要而设计的一系列作业的集合体，从而形成了一个由此及彼、由内向外的（　　）。
   A. 采购链　　　　B. 产品链　　　　C. 供应链　　　　D. 作业链
3. （　　）是负责完成某一项特定产品制造功能的一系列作业的集合。
   A. 作业中心　　　B. 制造中心　　　C. 企业　　　　　D. 车间
4. 作业成本法是把企业消耗的资源按（　　）分配到作业以及把作业收集的作业成本按（　　）分配到成本对象的核算方法。
   A. 资源动因、作业动因　　　　　　B. 资源动因、成本动因
   C. 成本动因、作业动因　　　　　　D. 作业动因、资源动因
5. 某产品设备维修成本为 3 000 元，甲产品和乙产品的设备维修时间分别为 20 h 和 10 h，其作业成本分配率为（　　）。
   A. 150　　　　　B. 300　　　　　C. 100　　　　　D. 250
6. 如果制造费用在产品成本中占较大比重，比较适宜采用的成本计算法是（　　）。
   A. 作业成本计算法　　　　　　　　B. 变动成本计算法
   C. 责任成本计算法　　　　　　　　D. 完全成本计算法

二、多项选择题

1. 下列各项关于作业成本法的表述中，正确的有（　　）。
   A. 它是一种财务预算的方法　　　　B. 它以作业为基础计算成本
   C. 它是一种成本控制的方法　　　　D. 它是一种准确无误的成本计算方法
2. 作业成本法的成本计算对象包括（　　）几个层次。
   A. 资源　　　　　B. 作业　　　　　C. 作业中心
   D. 批次　　　　　E. 制造中心

三、计算题

某企业生产甲、乙、丙三种产品，发生的直接材料分别为 1 000 000 元、3 600 000 元、160 000 元；直接人工分别为 1 160 000 元、3 200 000 元、320 000 元。制造费用总额为 7 316 000 元，其中，装配费用 3 818 000 元、物料处理费用 1 128 000 元、启动准备 6 000 元、质量控制 842 000 元、产品包装 507 200 元、车间管理 1 014 800 元；甲、乙、丙三种产品的生产加工工时分别为 60 000 机器工时、160 000 机器工时、16 000 机器工时；甲、乙、丙三种产品产量分别为 20 000 件、40 000 件、8 000 件。假定该企业没有期初、期

末在产品。

作业成本法应用如下:

(1) 划分作业中心。企业通过对作业的归并,一共划分为 6 个作业中心:装配、物料处理、启动准备、质量控制、产品包装、车间管理。

(2) 确定作业成本分配方式。装配、物料处理、启动准备、质量控制、产品包装、车间管理六个作业中心分别以机器小时(小时)、材料移动(次)、准备次数(次)、检验小时(小时)、包装次数(次)、直接人工(小时)为作业动因计算。

动因分析情况表如表 11-7 所示。

表 11-7 动因分析情况表

制造费用	成本动因	作业量			
		甲产品	乙产品	丙产品	合计
装配	机器小时 / h	40 000	86 000	40 000	166 000
物料处理	材料移动 / 次	1 400	6 000	12 600	20 000
起动准备	准备次数 / 次	2 000	8 000	20 000	30 000
质量控制	检验小时 / h	8 000	16 000	16 000	40 000
产品包装	包装次数 / 次	896	6 096	13 296	20 288
车间管理	直接人工 / h	60 000	160 000	16 000	236 000

要求:为了对公司的产品进行准确的定价,请分别采用完全成本法和作业成本法计算产品的单位成本,并对结果进行评价。

四、实验操作题

瀚海公司当前生产甲、乙两种产品,其中甲产品总产量为 20 000,B 为 4 000;直接人工工时,甲为 4 000,乙为 1 000;直接人工费用甲为 60 000,乙为 8 000;直接材料甲为 250 000,乙为 50 000。另有制造费用,甲为 100 000,乙为 16 000。(金额单位:元,工时单位:h,产量单位:件)

制造费用明细表如表 11-8 所示。

表 11-8 制造费用明细表

作业	总成本	成本动因	作业量—甲产品	作业量—乙产品
机器准备	30 000	准备次数	900	600
质量检测	25 000	检验次数	150	50
设备维修	21 000	维修工时	400	200
材料订单	40 000	订单数量	39	17

问题:设计 Python 程序计算作业成本法下,甲、乙两产品的单位成本(精确到小数点后两位)。

第12章 绩效评价分析

学习目标：
1. 了解业绩评价的定义、掌握业绩评价的构成要素和业绩评价指标；
2. 掌握基于财务指标的业绩评价方法和基于综合指标的业绩评价方法；
3. 熟悉Python在绩效评价中的应用。

引例：K公司绩效评价体系运用的实例

　　K公司目前的主营业务为车辆技术研发、整车生产、车辆销售、发动机研发、车辆零部件生产等，坚持以"五大发展理念"和"三大变革"为指引，以领先发展为目标，推进"T138战略"，以市场为导向，以客户为中心，以创新为驱动，以产品、服务为主线，强化体系竞争优势，为客户提供可信赖的产品和服务。在企业经济效益稳步提升的过程中，K公司为实现可持续发展战略目标，引入了平衡计分卡机制，构建了员工绩效考评制度体系。从以下四个维度出发，分析平衡计分卡的实用性。

　　在财务维度，K公司在2019年基于平衡计分卡制定了25%的资金流量提升目标。在目标完成度的计分评价方面，主要以资金周转率、资金流动率、融资资金获取能力为参考指标。K公司作为一家传统企业，要想实现可持续发展，应当在积极开展外部投资活动的基础上建立健全企业发展战略。

　　在客户维度，客户满意度能够直接反映企业服务水平和产品质量，将产品外观设计水平、客户投诉率、产品设计科学性作为评价客户满意度的评价指标，有助于掌握客户对企业产品和服务的满意度。通过应用平衡计分卡，发现企业的客户满意度水平较往年提高16%。

　　在内部流程维度，K公司可将平衡计分卡用于企业内部流程创新能力的评价，并通过市场占有率、市场细分能力、市场份额反映企业内部流程创新的合理性以及科学性。

　　在学习成长维度，企业运营绩效取决于员工业务能力的强弱。K公司在建立员工治理机制和员工招聘机制的过程中，应首先设置员工工作绩效评价指标体系，并通过创新与优化考评方式，将核心工作岗位的员工流失率控制在10%以下。

　　平衡计分卡是企业绩效管理体系中的高效评价机制，通过科学选取配套指标，能够准确反映企业在日常生产和运营中存在的问题。汽车制造企业应主动扩大平衡计分卡的应用范围，加大质量管理力度，重视平衡计分卡的实践效用，及时优化配套指标选取机制和评价机制，保障平衡计分卡能发挥其作用。目前，我国整车制造企业在平衡计分卡的实践应用中普遍存在诸多问题，企业管理层应高度重视该方面问题。通过对相关因素的分析和研究，不断优化平衡计分卡实践效用，增强企业绩效管理能力，为企业可持续发展奠定基础。

　　［资料来源：改编自汪莹.平衡计分卡在K公司的应用效果评价[J].山西农经，2020（10）：98-99.］

12.1 业绩评价概述

12.1.1 业绩评价的定义

企业业绩评价，又称为企业绩效评估，在实际工作中也称为企业业绩考核或企业业绩考评。具体来说，业绩评价是指运用数理统计和运筹学的方法，通过建立综合评价指标体系，对照相应的评价标准，对企业内部各个单位、经营者、员工在一定经营期间内的生产经营状况、财务运营效益、经营者的业绩等进行定量与定性的考核、分析，评定其优劣、评估其绩效的一项工作。

业绩评价是企业在一定会计时期内管理者对生产经营活动以及所取得成果的综合分析评价，是企业进行自我控制、实现目标管理的一种内部管理机制，是企业管理制度的创新。

12.1.2 业绩评价的构成要素

企业业绩评价是企业整个管理控制系统中的一个子系统，由业绩评价主体、业绩评价目标、业绩评价对象、业绩评价指标、业绩评价标准、业绩评价方法和业绩评价报告七个基本要素构成。

1. 业绩评价主体

业绩评价主体是指实施评判活动的利益相关者，也是评价行为的实施者。企业经营业绩评价的第一步是确定评价主体与评价目标。在现代企业制度下，公司治理结构中的企业业绩评价主体可能包括以下几个方面：股东与股东大会，董事与董事会，监事与监事会，经理层。

2. 业绩评价目标

业绩评价目标是业绩评价系统运行的指南和目的所在，作为企业战略管理的一部分。业绩评价的目标就是为企业管理者当局制订最优战略及其实施战略提供有用的信息。应当注意的是，业绩评价目标根据评价主体的需求不同而定，同时也会随着时间和社会环境的变化而变化。

3. 业绩评价对象

业绩评价对象是指企业业绩评价活动实施的对象。评价对象的选择根据评价主体来确定，不同的评价主体选择的评价对象不同，评价目标、评价指标和标准、评价内容也有差异，对评价对象的影响也不尽相同。

业绩评价对象主要有两类：一是团体单位，如企业或者企业的分支机构、职能部门；二是个人，如经营者、高级管理人员和普通员工。

4. 业绩评价指标

业绩评价指标是对评价客体的某些方面进行评价，是评价客体的载体和外在表现形式。评价指标根据特定的评价目标组合在一起，用于反映客体各个方面的表现，从而构成指标体系。业绩评价指标分为财务评价指标和非财务评价指标。在评价过程中，各项具体指标能够反映影响企业经营状况的因素。因此，合理设计和正确选择业绩评价指标是业绩评价系统设计中最为重要的问题。在大数据技术的加持下，业绩评价指标的选择越发具有置信度。

5. 业绩评价标准

业绩评价标准是构建企业业绩评价系统的基础，是作出业绩评价判断的参考依据。制定完业绩评价指标后的工作就是为每项指标制定评价标准，业绩评价标准是指判断评价对象业绩优劣的基准。在选择业绩评价标准时，需要从企业整体利益出发，力求有充分的科学的依据。

企业业绩评价常用的标准有以下几种。

（1）公司的战略目标与预算标准。该标准也被称为计划（目标）标准，是指本企业根据自身经营条件或经营状况制定的预算标准，这些标准主要来自本企业的年度业务计划、预算以及定期（月度、季度）的滚动经营预测。预算标准在业绩评价中得到广泛应用，比如标准成本法。预算标准具有较强的主观性和人为因素，但是如果预算是基于对未来的合理预期建立的，将会产生强大的激励效果。

（2）历史标准。历史标准是指以企业的前一年度或前几个年度的平均值或最佳值作为当前年度的评价标准，以确定当前年度的业绩。虽然以历史为标准具有数据可靠、容易取得的优点，但也存在很多缺陷，比如历史标准承认了过去年份存在的不足或偶然性，并将其不足之处作为合理成分延续到以后。同时经营期间的经营环境及内部条件可能已经发生了变化，未来的情况可能与以前年度并不可比。另外，该结果只能作为企业自我评估的依据，缺乏企业间的可比性。

（3）行业标准或竞争对手标准。行业标准又称为竞争对手标准，这是指按照行业的基本水平或竞争对手的指标水平确定的评价指标，是业绩评估中广泛采用的标准。它是以一定时期一定范围内的同类企业作为样本，采用一定的方法，对相关数据进行测算而得出的平均值，比公认标准更接近企业的实际情况。由于一个行业往往有相似的经营环境，因此具有较强的可比性。

（4）经验标准。经验标准又被称为公认标准，是依据人们长期、大量的实践经验的检验而形成的。例如，流动比率的经验值为2，速动比率的经验值为1，等等。但是公认标准只能提供一个大致的范围，并且没有考虑不同国家、不同行业之间的差异，因此，简单地作为评价标准显然不合适。

（5）公司制度和文化标准。在业绩评价中，经常使用一些非财务指标，这些指标的标准往往表现在公司的规章制度中，还有一些融合于企业文化的判断中。

6. 业绩评价方法

业绩评价方法是在业绩评价体系的基础之上对业绩进行评价的具体手段。目前，我国企业采取的业绩评价方法主要有杜邦分析法、经济附加值法以及平衡计分卡法。

7. 业绩评价报告

业绩评价报告是企业业绩评价系统的输出信息，也是业绩评价系统的结论性文件。它主要对评价主体产生影响。评价报告一般包括评价主体、评价客体、评级执行机构、数据资料来源、评价指标体系和方法、评价标准、评价责任等，还应包括企业基本情况、评价结果和结论、企业主要财务指标对比分析、影响企业经营的环境、对企业未来发展状况的预测以及企业经营中存在的问题和改进建议等内容。业绩评价报告的文字与格式应当简洁、清楚，便于理解，应抓住关键的问题与原因以提高效率。业绩评价报告的格式与内容因不同的评价对象而不同。

同时，评价报告揭示了实际与预测的差异以及差异产生的原因、责任归属和对企业产生的影响，得出了评价对象的业绩优劣的结论，并进一步有利于改进企业经营问题和激励评价对象。

12.1.3 业绩评价指标体系

1. 业绩评价指标体系设计

进行科学的业绩评价的关键是设计一套合理的业绩评价指标体系。一般来说，设计业绩评价指标体系应考虑以下因素。

（1）结合战略目标。经过改进的传统的业绩评价又叫作战略业绩评价，主要原因在于企业的业绩评价体系应当和企业的长期发展战略结合起来，通过对企业战略目标、关键成果领域的绩效特征分析，识别和提炼出最能有效驱动企业价值创造的关键绩效指标（key performance indicator，KPI），以实现企业的长远发展。

（2）指标的选择应具有代表性。企业应清晰识别价值创造模式，按照价值创造路径提炼出关键驱动因素，科学地选择和设置关键绩效指标。比如，为了全面衡量企业财务业绩，应当选择具有代表性的财务指标，一般应包括收入增长率、利润率指标、现金流和投资报酬率等。

（3）考虑非财务指标。企业的经营活动具有很多层面，因此企业的业绩评价不能只关注财务指标，还应当考虑行政、生产、销售、财务、研发、人力资源管理等层面的非财务指标，以提高绩效评估的全面性和准确性。

（4）明确管理责任。建立业绩评价体系需要明确被评价对象的管理权限和责任。在进行业绩评价时，企业只能对评价对象的可控因素进行评价，将不可控制的因素排除在外，以保证评价系统的合理性和公平性。

（5）确定合理的指标权重。指标的权重分配应以企业战略目标为导向，反映被评价对象对企业价值贡献或支持的程度，以及各指标之间的重要性水平。

2. 财务指标和非财务指标的选择

业绩评价的指标可分为财务指标和非财务指标。考虑传统的业绩评价体系（如杜邦分析法）以及新兴的业绩评价理论，常见的业绩评价指标如表12-1所示。

表12-1 业绩评价指标

指标	类别		代表指标
财务指标	盈利指标	以会计利润为基础	净收益、投资报酬率（ROI）、营业现金流量、每股收益（EPS）、税后净营业利润（NOPAT）、息税前利润（EBIT）
		以市价为基础	股票价格、市盈率、市值
		以经济利润为基础	剩余收益（RI）、经济增加值（EVA）
		以现金为基础	营运现金（OCF）、现金流量投资报酬率（CFROI）、留存现金流（RCF）、自由现金流（FCF）
	营运指标		资产周转率、存货周转率、应收账款周转率

续表

指标	类别	代表指标
财务指标	偿债指标	流动比率、速动比率、资产负债率
非财务指标	顾客角度	顾客满意度、顾客忠诚度
	内部运营	创新、质量、售后服务
	学习与成长	员工忠诚度、员工满意度、员工生产力

12.2 业绩评价方法

从国际上业绩评价的发展历史来看，业绩评价可以总结为五个阶段：第一阶段，19世纪以前，企业规模很小，主要通过观察来评价企业业绩。第二阶段，随着19世纪工业革命后企业规模的扩大，出现了一些统计性指标以更合理地评价企业业绩。第三阶段，20世纪初，企业开始出现大规模、多行业的生产，需要用综合性较强的财务指标对企业进行评价，业绩评价进入到财务性业绩评价阶段。尤其在20世纪80年代以来，经济增加值（EVA）的发展大大改进了财务业绩评价的方法。第四阶段，20世纪90年代以后，以卡普兰教授提出的平衡计分卡为标志，业绩评价进入战略评价阶段。这一阶段试图将业绩衡量与企业的战略目标紧密联系起来，引导人们关注关键性的成功因素。第五阶段，进入21世纪信息时代后，信息网络不断催生出规模膨胀的大量数据，为企业业绩评价方法带来了新机遇与新挑战。在这一阶段，融合大数据进行转型升级，构建基于大数据的企业绩效管理体系，打造更加客观化、公正化、自动化、精细化的绩效评价体系成为必然趋势。

在我国，随着经济的发展，业绩评价的方法发生了较大的变化，总的趋势是由单一的财务指标转向财务指标与非财务指标并重，由偏重短期业绩评价转向短期目标与长期战略目标并重，由偏重有形资产转向无形资产和知识资产并重，由会计收益逐渐转向经济收益。

12.2.1 基于财务指标的业绩评价

1. 杜邦分析法

杜邦分析法利用几种主要的财务比率之间的关系来综合地分析企业的财务状况，这种分析方法最早由美国杜邦公司使用，故名杜邦分析法。杜邦分析法是以公司股东财富最大化为财务管理目标，从财务角度评价公司盈利能力和股东权益回报水平的一种经典方法。其基本思想是将股东权益报酬率逐级分解为多项财务比率乘积，这样有助于深入分析比较企业经营业绩。其中，资产收益率是杜邦分析的核心指标，能够反映出企业的财务绩效；权益乘数则是通过财务杠杆对经营过程进行分析，来判断其负债的程度。杜邦分析体系构建出一张企业绩效考核的清晰思路图，让使用者能够清晰地利用这个体系和其中的指标进行财务分析，从而满足经营者、投资者、财务分析人员及其他相关人员和机构通过财务分析对企业绩效进行股东权益报酬率评价，如图12-1所示。

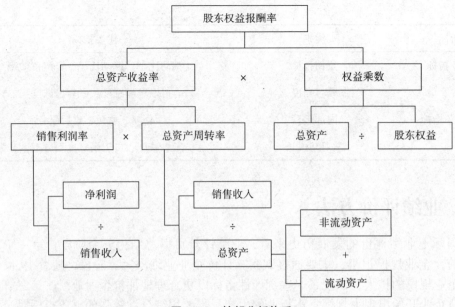

图 12-1 杜邦分析体系

从企业绩效评价的角度来看,杜邦分析法只包括财务方面的信息,不能全面反映企业的实力,有很大的局限性,在实际运用中需要加以注意,必须结合企业的其他信息加以分析。主要表现在:一是对短期财务结果过分重视,有可能助长公司管理层的短期行为,忽略企业长期的价值创造;二是财务指标反映的是企业过去的经营业绩,衡量工业时代的企业能否满足要求,但在目前的信息时代,顾客、供应商、雇员、技术创新等因素对企业经营业绩的影响越来越大,而杜邦分析法在这些方面是无能为力的;三是在目前的市场环境中,企业的无形知识资产对提高企业长期竞争力至关重要,杜邦分析法却不能解决无形资产的估值问题。

2. 经济增加值

经济增加值法,是指以经济增加值(economic value added,EVA)为核心,建立绩效指标体系,引导企业注重价值创造,并据此进行绩效管理的方法。经济增加值作为一种新型的业绩评价方法,大大发展了传统的业绩评价方法,克服了杜邦分析法存在的上述缺陷。它以企业价值最大化为目标,以价值创造为中心,把会计基础和价值基础结合起来,准确地反映了公司为股东创造的价值以及帮助经营者取得非凡的业绩。

经济增加值,是指税后净营业利润扣除全部投入资本的成本后的剩余收益。经济增加值及其改善值是全面评价经营者有效使用资本和为企业创造价值的重要指标。经济增加值为正,表明经营者在为企业创造价值;经济增加值为负,表明经营者在损害企业价值。经济增加值的计算公式为:

经济增加值 = 经过调整的税后净营业利润 − 调整后资本 × 加权平均资本成本率

即

$$EVA = NOPAT - KW(NA) \qquad (12-1)$$

式中:

KW——企业的加权平均资本成本;

NOPAT——经过调整的营业净利润;

NA——公司资产期初的经济价值。

其中：税后净营业利润衡量的是企业的经营盈利情况；平均资本占用反映的是企业持续投入的各种债务资本和股权资本；加权平均资本成本反映的是企业各种资本的平均成本率。

应当注意的是，计算经济增加值时，需要进行相应的会计项目调整，常用的调整项目有以下几个。

①研究开发费、大型广告费等一次性支出但收益期较长的费用，应予以资本化处理，不计入当期费用。

②反映付息债务成本的利息支出，不作为期间费用扣除，计算税后净营业利润时扣除所得税影响后予以加回。

③营业外收入、营业外支出具有偶发性，将当期发生的营业外收支从税后净营业利润中扣除。

④将当期减值损失扣除所得税影响后予以加回，并在计算资本占用时相应调整资产减值准备发生额。

⑤递延税金不反映实际支付的税款情况，将受递延所得税资产及递延所得税负债变动影响的企业所得税从税后净营业利润中扣除，相应地调整资本占用。

⑥其他非经常性损益调整项目，如股权转让收益等。

经济增加值的适用对象为成长期以后阶段的企业，而初创期企业、波动性较大企业、周期性企业等需要慎重选择。同时仅对企业当期或未来1～3年价值创造情况进行衡量和预判，无法衡量企业长远发展战略的价值创造情况。

12.2.2 基于综合指标的业绩评价——平衡计分卡

1. 平衡计分卡的产生与发展

平衡计分卡（balanced score card，BSC）是20世纪90年代初由哈佛商学院的罗伯特·卡普兰（Robert Kaplan）和诺朗诺顿研究所所长（Nolan Norton Institute）、美国复兴全球战略集团创始人兼总裁戴维·诺顿（David Noto）所从事的"未来组织绩效衡量方法"提出的一种绩效评价体系。当时该计划的目的在于找出超越传统以财务量度为主的绩效评价模式，以使组织的"策略"能够转变为"行动"而发展出来的一种全新的组织绩效管理方法。平衡计分卡自创立以来，在国际上，特别是在美国和欧洲，很快引起了理论界和客户界的浓厚兴趣与反响。

平衡计分卡主要经历了两个发展阶段，第一阶段，作为一套全新的绩效管理体系，注重绩效指标的完善和平衡。1992年，卡普兰与诺顿在对当时绩效测评方面处于领先地位的12家公司进行的项目研究的基础上，在《哈佛商业评论》发表了第一篇关于平衡计分卡的文章，创造性地提出平衡计分卡的概念。1993年、1996年他们相继在《哈佛商学院评论》上发表论文《平衡计分卡的实际应用》《把平衡计分卡作为战略管理体系的基础》，构成了著名的平衡计分卡，从而成为企业绩效研究评价新的里程碑。

第二阶段，平衡计分卡逐渐演变为一种战略管理工具，战略的制定、沟通、执行和调整功能均能借助这个有效的工具完成。2000年，卡普兰和诺顿提出了"战略地图"的新观点：高层管理者在实施企业战略时，需要一个能够沟通战略和实施过程的系统来帮助他们实施战略；之后《战略中心型组织》书籍的出版，平衡计分卡已从最初的业绩衡量体系转变为用于战略执行的新绩效管理体系,平衡计分卡的应用和研究取得了重大的突破。

平衡计分卡被《哈佛商业评论》评为75年来最具影响力的管理工具之一,它打破了传统的单纯使用财务指标衡量业绩的方法。而是在财务指标的基础上加入了未来驱动因素,即客户因素、内部经营管理过程和员工的学习成长,在集团战略规划与执行管理方面发挥非常重要的作用。根据解释,平衡计分卡主要是通过图、卡、表来实现战略的规划。

2. 平衡计分卡的概念及特点

平衡计分卡是一种绩效管理的工具。它将企业战略目标逐层分解转化为各种具体的相互平衡的绩效考核指标体系,并对这些指标的实现状况进行不同时段的考核,从而为企业战略目标的完成建立起可靠的执行基础。

平衡计分卡的特点体现在平衡计分卡将企业的愿景、使命和发展战略与企业的绩效评价系统联系起来,实现战略和绩效的有机结合,同时也是一个有效的战略管理系统。

3. 平衡计分卡的维度

平衡计分卡由四个维度构成,包括财务维度、客户维度、内部业务流程维度以及学习与成长维度。这几个维度分别代表企业三个主要的利益相关者:股东、顾客、员工,每个角度的重要性取决于角度的本身和指标的选择是否与公司战略相一致。

(1)四个维度的具体内容。

①财务维度。财务维度是平衡计分卡所有其他维度的目标与指标的核心,其目标是解决"股东如何看待我们"这一类问题,反映我们的努力是否对企业的经济收益产生了积极的作用。因此,财务方面是其他三个方面的出发点和归宿。平衡计分卡财务维度的指标及细化指标如表12-2所示。

表12-2 平衡计分卡财务维度的指标及细化指标

第一层指标	第二层指标	第三层指标
财务指标	盈利指标	净资产收益率
		总资产报酬率
		资本保值增值率
		销售利润率
		成本费用利润率
	资产营运	总资产周转率
		流动资产周转率
		应收账款周转率
		不良资产比率
	偿债能力	资产负债率
		流动比率
		速动比率
		现金流动负债比率

续表

第一层指标	第二层指标	第三层指标
财务指标	增长能力	销售增长率
		资本积累率
		总资产增长率
		三年利润平均增长率
		三年资本平均增长率
		固定资产更新率

②客户维度。这一维度回答的是"客户如何看待我们"的问题。客户是企业之本，是现代企业的利润来源，客户理应成为企业的关注焦点。客户方面体现了公司与外界、部门与其他单位的变化，它是 BSC 的平衡点。平衡计分卡客户维度的指标及细化指标如表 12-3 所示。

表 12-3 平衡计分卡客户维度的指标及细化指标

第一层指标	第二层指标	第三层指标
顾客指标	成本	顾客购买成本
		顾客销售成本
		顾客安装成本
		顾客售后服务成本
	质量	质量控制体系
		废品率
		退货率
	及时性	准时交货率
		产品生命周期
	顾客忠诚度	顾客回头率
		流失顾客人数
		挽留顾客成本
	吸引新顾客能力	新顾客人数
		新顾客比率
		吸引顾客成本
	市场份额	占销售总额的百分比
		占该类总产品百分比

③内部业务流程维度。内部业务流程维度着眼于企业的核心竞争力，回答的是"我们的优势是什么"的问题。因此，企业应当甄选出那些对客户满意度有最大影响的业务程序，包括影响时间、质量、服务和生产率的各种因素，明确自身的核心竞争能力，并把它们转化成具体的测评指标。内部过程是公司改善经营业绩的重点。平衡计分卡内部业务流程维度的指标及细化指标如表12-4所示。

表12-4 平衡计分卡内部业务流程维度的指标及细化指标

第一层指标	第二层指标	第三层指标
内部运作流程指标	创新过程	R&D占总销售额的比例
		R&D投入回收率
		新产品销售收入百分比
		研发设计周期
	运作过程	单位成本水平
		管理组织成本水平
		生产线成本
		顾客服务差错率
		业务流程顺畅
	售后服务过程	服务成本/次
		技术更新成本
		顾客投诉响应时间
		订单交货时间
		上门服务速度

④学习与成长维度。其目标是解决"我们是否能持续为客户提高价值并创造价值"这一类问题。只有持续提高员工的技术素质和管理素质，才能不断地开发新产品，为客户创造更多价值并提高经营效率，从而企业才能打入新市场，增加红利和股东价值。平衡计分卡学习与成长维度的指标及细化指标如表12-5所示。

平衡计分卡中的每一项指标都是一系列因果关系中的一环，既是结果又是驱动因素，通过它们把相关部门的目标同组织战略联系在一起。员工的技术素质和管理素质决定产品质量和销售业绩等；产品/服务质量决定顾客满意度和忠诚度；顾客满意度和忠诚度及产品/服务质量等决定财务状况和市场份额。为提高经营成果，必须使产品或服务赢得顾客的信赖；要使顾客信赖，必须提供顾客满意的产品，为此改进内部生产过程；改进内部生产过程，必须对职工进行培训，开发新的信息系统。

表 12-5 学习与成长维度的指标及细化指标

第一层指标	第二层指标	第三层指标
学习创新与成长指标	员工素质	人均脱产培训费用
		年培训时数
		员工平均年龄
		员工的知识结构
		人均在岗培训费用
	员工生产力	员工被顾客认知度
		人均产出
	员工忠诚度	员工流动率
		高级管理、技术人才流失率
	员工满意度	员工满意度
		员工获提升比率
		管理者的内部提升比率
	组织结构能力	评价和建立沟通机制费用
		团队工作有效性评估
		协调各部门行动目标费用
		传达信息或接受反馈的平均时间
	信息系统	软硬件系统的投入成本
		拥有个人计算机的员工比例
		软硬件系统更新周期

（2）平衡计分卡的平衡性。全面正确地理解平衡计分卡的"平衡"性是企业实施平衡计分卡成功的保证。平衡计分卡的四个维度从结构形式到包含内容都存在"平衡"性，具体表现为以下几点。

①财务指标和非财务指标的平衡。平衡计分卡源自解决单一财务指标的弊端，它要求从财务和非财务的角度去思考公司战略目标及考核指标。由于财务指标只是一种滞后的结果性指标，它只能反映公司过去发生的情况，不能告诉企业如何改善业绩。财务与非财务的平衡强调的是企业不仅要关注财务绩效，更要关注于对财务绩效产生直接影响的驱动因素。

②长期目标和短期目标的平衡。平衡计分卡既关注短期的经营目标和绩效指标，也要关注长期的战略目标与绩效指标。也就是说平衡计分卡既关注了企业的长期发展，也关注了近期目标的完成，使企业的战略规划和年度计划得到有效地结合，保证企业的年度计划和企业的长远发展方向保持一致。

③内部衡量与外部衡量的平衡。平衡计分卡将评价的视线范围由传统上的只注重企业内部评价，扩大到企业外部，包括股东、顾客等利益相关者。关注了公司内外的相关利益

方,能有效地实现外部(如客户和股东)与内部(如流程和员工)衡量之间的平衡。

④因果联系的平衡。平衡计分卡的各个角度之间以及在各个角度内部,都包含着一系列的因果联系。一般来说,企业要想获得财务成果,必须做到顾客满意,顾客满意了才会不断购买我们的产品和服务;要做到顾客满意,需要建立以顾客为导向的工作关系,同时必须做好内部流程管理工作,保证产品和服务的质量;只有不断学习和创新,才能始终保持企业的核心竞争力。所以,从这四个层次中,上一层是下一层的执行结果,下一层是上一层的动因。这种因果相连、循环上升的关系帮助企业管理人员正确理解和把握企业经营管理过程中具体的因果联系,并通过对原因的监控,实现预期的经营结果。

⑤滞后指标与前瞻指标之间的平衡。平衡计分卡中强调领先与滞后的平衡主要涉及两个层面。一方面强调的是企业不仅要关注事后的结果,更要关注影响结果的因素和过程。另一方面强调的是企业既要关注那些能反映企业过去绩效的滞后性指标,也要关注能反映、预测企业未来绩效的领先指标。图 12-2 反映了平衡计分卡的基本框架。

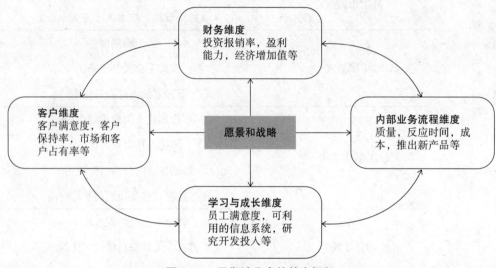

图 12-2 平衡计分卡的基本框架

4. 平衡计分卡的应用

平衡计分卡的编制要按照一定的流程规则来进行,遵循一个系统化的过程,如图 12-3 所示。

公司战略分析	建立平衡计分卡	制定战略实施方案	战略评估、反馈与修正
方向战略	绘制可视化战略地图	制定战略行动计划	战略评估与控制
经营战略	找出战略的关键成功因素(CSF)	制定预算	战略反馈
职能战略	开发四个维度的关键评测指标	制定具体行动规程	战略修正
定义建立平衡计分卡的经营单位	确定指标值(3~5年)		

图 12-3 平衡计分卡应用流程

根据流程可知，平衡计分卡是一种战略管理工具，而不是战略实施计划的监测工具。在应用平衡计分卡时，要先根据公司战略来制定平衡计分卡，再根据战略与平衡计分卡来制定战略的实施计划。具体的步骤如下。

（1）公司战略分析。

①确定企业的使命、愿景和价值观。所谓的使命就是企业区别于其他企业而存在的根本原因或目的，是解决方向的问题。使命确定了整个组织所经营的产品种类和市场的范围，是进行战略管理的基础及起点；企业愿景是对公司未来 5～10 年甚至更长时间最终发展目标的描述，用以定义企业在未来的发展方向；核心价值是企业组织最为重要的东西，它是判断企业行为和员工个体行为正确与否的根本原则。

②形成企业战略。选择正确的战略需要企业管理层对组织内部的优劣势、外部的机会和威胁进行全方位分析，做到有的放矢，提升自身的核心竞争力。企业战略目标建立的目的是将组织的愿景和使命细分为具体的业绩。各个业务单位应完成具体的分目标，以促成组织年度目标的实现，如此一来，在一定的时期内达到的结果符合企业长期发展的宗旨。

（2）公司战略可视化——绘制战略地图。企业战略确立后，需要把战略主题同平衡计分卡的四个维度联系起来，形成逻辑上具有因果关系的体系，以绘制企业战略地图，如图 12-4 所示。

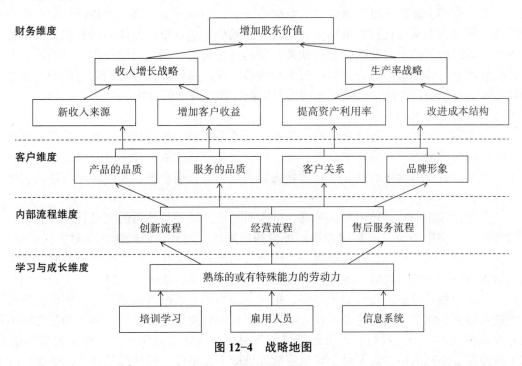

图 12-4　战略地图

战略地图是企业需要交流战略和执行战略的过程和系统。战略地图的绘制就是从战略出发找出能够到达目标的路线的过程。它不仅使企业的战略可视化，而且明晰了创造预期结果的因果关系。更重要的是，战略地图可以让员工们了解其工作和企业战略间的联系，使员工在企业目标下的协同工作成为可能。战略地图不仅清楚地描述出战略执行的过程，而且还能与平衡计分卡的衡量相结合，从而对战略目标能否达成进行监测。

（3）建立绩效指标体系。本阶段的主要任务是依据企业的战略目标，结合企业的长短期发展需要，为四类具体的维度找出其最具有意义的绩效衡量指标，并对所设计的指标要自上而下，由内到外地进行交流，征询各方面的意见，吸收各方面、各层次的建议。这种沟通与协调完成之后，使所设计的指标体系达到平衡，从而能全面反映和代表企业的战略目标。

（4）制定战略实施方案。战略管理中难度系数最高的就是战略的实行。为确保战略的实施，应当将战略目标进行细化，包括设立资源配置、策略制定、员工激发等方面的目标。实施方案包括如何把指标与数据库和信息系统相连接，如何向企业传达平衡计分卡，如何鼓励、协助分权单位开发下层的衡量指标。完成这个阶段的任务之后就可以把业务单位的上层衡量指标和下层车间的具体经营性指标连接起来，组成一个全新的执行信息系统。

（5）战略评估、反馈与修正。战略控制主要体现在战略的评估和反馈，在反馈中找出战略成功或失败的原因，不断学习和改善整个战略管理的流程。平衡计分卡管理系统很好地体现了一种战略反馈与学习的特点。

5. 平衡计分卡的评价

（1）平衡计分卡的优点。

一是综合性，平衡计分卡不仅考虑财务绩效，还包括顾客、内部业务流程和学习与成长等方面，能够全面评估组织绩效；二是战略导向，平衡计分卡将绩效指标与组织战略目标对齐，帮助组织实现长期发展目标；三是目标明晰，通过设定具体的指标和目标，使员工清楚知道组织的期望，并激励他们朝着共同的目标努力；四是激励机制，平衡计分卡可以将绩效评价与奖励机制结合，激励员工积极参与并提高绩效；五是沟通与协调，通过平衡计分卡，各个部门之间可以更好地沟通与协调，促进跨部门合作。

（2）平衡计分卡的缺点。

一是实施难度大。平衡计分卡的实施要求企业有明确的组织战略；高层管理者具备分解和沟通战略的能力和意愿；中高层管理者具有指标创新的能力和意愿。因此管理基础差的企业不可以直接引入平衡计分卡，必须先提高自己的管理水平，才能循序渐进地引进平衡计分卡。

二是指标体系的建立较困难。平衡计分卡对传统业绩评价体系的突破就在于它引进了非财务指标，克服了单一依靠财务指标评价的局限性。然而，如何建立非财务指标体系、如何确立非财务指标的标准以及如何评价非财务指标？因此在运用平衡计分卡时，要求企业的管理层根据企业的战略、运营的主要业务和外部环境加以仔细斟酌。

三是指标数量过多。指标数量过多，指标间的因果关系很难做到真实、明确。平衡计分卡涉及财务、顾客、内部业务流程、学习与成长四套业绩评价指标。如果指标之间不是呈完全正相关的关系，我们在评价最终结果的时候，应该选择哪个指标作为评价的依据；如果舍掉部分指标的话，是不是会导致业绩评价的不完整性。这些都是在应用平衡计分卡时要考虑的问题。

四是各指标权重的分配比较困难。要对企业业绩进行评价，就必然要综合考虑上述四个层面的因素，这就涉及一个权重分配问题。不但要在不同层面之间分配权重，而且要在同一层面的不同指标之间分配权重。而且平衡计分卡也没有说明针对不同的发展阶段与战略需要确定指标权重的方法，故而权重的制定并没有一个客观标准，这就不可避免地使得权重的分配有浓厚的主观色彩。

五是部分指标的量化工作难以落实。尤其是对于部分很抽象的非财务指标的量化工作非常困难，如客户指标中的客户满意程度和客户保持程度如何量化，再如员工的学习与发展指标及员工对工作的满意度如何量化等。这也使得在评价企业业绩的时候，无可避免地带有主观的因素。

六是实施成本大。平衡计分卡要求企业从财务、客户、内部流程、学习与成长四个方面考虑战略目标的实施，并为每个方面制定详细而明确的目标和指标。在对战略的深刻理解外，需要消耗大量精力和时间把它分解到部门，并找出恰当的指标。而落实到最后，指标可能会多达 15～20 个，在考核与数据收集时，也是一个不轻的负担。并且平衡计分卡的执行也是一个耗费资源的过程。一份典型的平衡计分卡需要 3—6 个月去执行，另外还需要几个月去调整结构，使其规范化。从而总的开发时间经常需要一年或更长的时间。

12.3　Python 在绩效评价中的应用

随着大数据时代的到来与信息技术的飞速发展，传统的业绩评价体系的缺陷越发明显，逐渐无法满足大数据下企业的需求，新型的绩效评价方法迫在眉睫。随着机器学习的不断深入，Python 在绩效评价中的优势逐渐凸显。

企业需要根据不同的部门、时间、关键因素等条件，设立绩效评价指标体系，将价值创造活动与企业战略目标相联系。这一过程中，需要大量的数据与计算。Python 的应用使得绩效评价变得更加便捷与高效。

12.3.1　数据获取

一方面，Python 可以使用 Pandas 自由读取网页数据，并且利用 Pandas 库中的 read_html 方法能够快速抓取静态网页中常见的表格型数据，例如获取企业的资产负债表、利润表与现金流量表等。同时，也可以利用 Selenium 对动态的网站进行数据抓取。然后通过输入筛选、设置表格数据格式、去掉空值等系列操作的 Python 代码，可以将所需要的数据转化成方便使用的表格。

另一方面，Python 可以导入文本、Excel 表格、SAS 文件等多种形式的数据。企业可以直接将数据导入其中加以利用。

12.3.2　计算指标

面对庞大的数据量，Python 不需要一一计算，只需要在获取所需数据后，输入绩效评价指标的相关计算公式和代码，就能够自动计算所需指标，并清晰地形成一张表格，方便企业进行结果对比、原因分析，最后形成业绩评价。

12.3.3　模拟案例

1. 关键绩效指标 KPI

选取一只股票 600803-新奥股份，通过财务报表计算新奥股份的盈利能力、偿债能力等一些关键指标。

第一步，利用 Pandas 取在新浪财经网站中的所有表格数据，在导入之前，需要先安装引擎 lxml。代码如下：

```
#pip install lxml
import pandas as pd
pd.options.display.float_format='{:,。2f}'.format
```

第二步，将资产负债表、利润表以及现金流量表三张主表地址导入。本案例选取 600803- 新奥股份。代码如下：

```
ur1_1='http://money.finance.sina.com.cn/corp/go.php/vFD_BalanceSheet/stockid/600803/ctrl/part/displaytype/4.phtml'
ur2_2='https://money.finance.sina.com.cn/corp/go.php/vFD_ProfitStatement/stockid/600803/ctrl/part/displaytype/4.phtml'
ur3_3='https://money.finance.sina.com.cn/corp/go.php/vFD_CashFlow/stockid/600803/ctrl/part/displaytype/4.phtml'
```

第三步，利用 read_html 快速抓取网页中的表格型数据，最终返回值为 DataFrame 组成的 list。df_1 的长度为 15，代表网页上共有 15 个表格。代码如下：

```
df_1=pd.read_html(ur1_1)
print(len(df_1))
for i in df_1:
print(i)
print( '-------------------- 间隔线 -----------------------')
```

第四步，资产负债表在倒数第二个表格，其索引号为 13，注意索引号比自然顺序小1。代码如下：

```
bal_sht=df_1[13]
bal_sht
```

第五步，去掉缺失值、将数据第一行变成列索引、将 "--" 替换成 0 以及将文本型数字转化为 float，以便后续计算。

- 去掉缺失值，代码如下：

```
bal_sht=bal_sht.dropna( ).reset_index(drop=True)
bal_sht
```

- 将数据第一行变成列索引，代码如下：

```
bal_sht.columns=bal_sht[0:1].values[0]
bal_sht.drop(0,inplace=True)
bal_sht
```

- 将 "--" 替换成 0，并将报表项作为 index，以便后续计算，代码如下：

```
df.replace(to replace,value,inplace=false)
bal_sht.replace('--',0,inplace=True)
bal_sht.set_index(" 报表日期 ", inplace=True)
bal_sht.index.name=None
bal_sht
```

- 将文本型数字转化为 float，代码如下：

```
bal_sht=bal_sht.astype(float)
bal_sht
```

通过上述操作,最终获取全新的资产负债表。重复上述操作,获得便于计算的利润表与现金流量表,如表 12-6 至表 12-8 所示。

表 12-6　资产负债表

	2022-03-31	2021-12-31	2021-09-30	2021-06-30	2021-03-31
货币资金	817 878.00	1 144 021.00	1 042 138.00	1 332 498.00	907 654.00
交易性金融资产	59 031.00	15 510.00	101 859.00	8 404.00	87 083.00
衍生金融资产	309 172.00	281 628.00	281 628.00	145 625.00	30 987.00
应收票据及应收账款	653 028.00	702 337.00	567 230.00	451 030.00	515 477.00
应收票据	25 512.00	32 535.00	37 250.00	30 841.00	27 202.00
…	…	…	…	…	…
未分配利润	929 480.00	854 115.00	804 880.00	691 596.00	598 130.00
归属于母公司股东权益合计	1 482 468.00	1.483 322.00	1 426 134.00	1 264 673.00	1 162 919.00
少数股东权益	3 250 300.00	3 133 232.00	2 965 937.00	2 870 407.00	2 830 942.00
所有者权益（或股东权益合计）	4 732 768.00	4 616 554.00	4 392 071.00	4 135 080.00	3 993 861.00
负债和所有者权益（或股东权益）总计	12 767 155.00	12 793 392.00	12 718 421.00	11 295 867.00	10 917 442.00

表 12-7　利润表

	2022-03-31	2021-12-31	2021-09-30	2021-06-30	2021-03-31
一、营业总收入	3 538 274.00	1 603 099.00	7 964 435.00	5 183 577.00	2 584 867.00
营业总收入	3 538 274.00	1 603 099.00	7 964 435.00	5 183 577.00	2 584 867.00
二、营业总成本	3 279 964.00	10 391 720.00	7 111 329.00	4 578 671.00	2 354 912.00
营业成本	3 095 291.00	9 651 302.00	6 599 695.00	4 263 960.00	2 191 434.00
营业税金及附加	16 208.00	63 484.00	41 248.00	23 526.00	10 220.00
销售费用	33 341.00	144 589.00	107 027.00	71 116.00	35 253.00
管理费用	100 958.00	376 355.00	259 400.00	174 222.00	88 352.00
财务费用	16 508.00	50 504.00	48 810.00	13 376.00	17 252.00

续表

	2022-03-31	2021-12-31	2021-09-30	2021-06-30	2021-03-31
研发费用	17 267.00	103 532.00	55 149.00	32 471.00	12 401.00
资产减值损失	0.00	0.00	0.00	0.00	0.00
公允价值变动收益	−10 716.00	45 650.00	76 877.00	24 251.00	5 409.00
投资收益	34 102.00	17 887.00	79 519.00	60 429.00	14 419.00
其中：对联营企业和合营企业的投资收益	7 334.00	53 844.00	36 958.00	27 458.00	10 681.00
汇兑收益	1.00	3.00	0.00	0.00	0.00
三、营业利润	283 568.00	1 352 959.00	1 032 456.00	703 591.00	250 809.00
加：营业外收入	2 714.00	16 457.00	6 876.00	5 311.00	2 811.00
减：营业外支出	1 000.00	22 771.00	9 330.00	5 776.00	845.00
其中：非流动资产处置损失	0.00	0.00	0.00	0.00	0.00
四、利润总额	285 282.00	1 346 645.00	1 030 002.00	703 126.00	252 775.00
减：所得税费用	91 835.00	293 600.00	228 261.00	155 236.00	69 292.00
五、净利润	193 447.00	1 053 045.00	801 741.00	547 890.00	183 483.00
归属于母公司所有者的净利润	75 364.00	410 165.00	321 060.00	207 767.00	60 251.00
少数股东损益	118 083.00	642 880.00	480 681.00	340 123.00	123 232.00
基本每股收益（元/股）	0.27	1.46	1.15	0.74	0.22
稀释每股收益（元/股）	0.26	1.46	1.15	0.75	0.22
六、其他综合收益	−72 749.00	41 385.00	47 034.00	1 138.00	−10 382.00
七、综合收益总额	120 698.00	1 094 430.00	848 775.00	549 028.00	173 101.00
归属于母公司所有者的综合收益总额	−3 486.00	410 763.00	359 453.00	201 759.00	44 133.00

表 12-8 现金流量表

	2022-03-31	2021-12-31	2021-09-30	2021-06-30	2021-03-31
销售商品、提供劳务收到的现金	4 063 159.00	13 185 034.00	9 065 515.00	5 713 739.00	2 754 667.00
收到的税费返还	3 724.00	49 351.00	9 846.00	2 116.00	46.00
收到的其他与经营活动有关的现金	31 829.00	72 700.00	45 508.00	40 240.00	20 801.00
经营活动现金流入小计	4 127 849.00	13 353 547.00	9 120 869.00	5 756 095.00	2 775 514.00
购买商品、接受劳务支付的现金	3 908 246.00	10 737 019.00	7 453 305.00	4 606 226.00	2 367 759.00
支付给职工以及为职工支付的现金	219 290.00	535 726.00	415 061.00	307 501.00	198 830.00
支付的各项税费	168 241.00	494 607.00	380 756.00	238 253.00	14 000.00
支付的其他与经营活动有关的现金	45 933.00	235 157.00	143 679.00	87 211.00	46 392.00
经营活动现金流出小计	4 453 974.00	12 002 509.00	8 392 801.00	5 239 191.00	2 726 981.00
经营活动产生的现金流量净额	−326 125.00	1 351 038.00	728 068.00	516 904.00	48 533.00

第六步，输入盈利能力的关键指标的计算公式，并利用 shift 函数获取上年数据，得出所需的指标。经过 Python 的处理之后，企业的一些关键指标就可以清晰地展示出来。

• 利用 shift 函数获取上年数据，以作平均值的计算。代码如下：

```
KPI=pd.DataFrame( )
KPI[' 资产本期 ']=bal_sht.loc[' 资产总计 ']
KPI[' 资产上期 ']=bal_sht.1oc[' 资产总计 ']. shift(-1)
KPI[' 资产平均 ']=bal_sht.loc[' 资产总计 ']+bal_sht.loc[' 资产总计 '].shift(-1))/2
KPI
```

• 计算财务 KPI，输入公式。代码如下：

```
KPI=pd.DataFrame( )
```

KPI[' 销售利润率 ']=p_l.loc[' 五、净利润 ']/p_l.loc[' 一、营业总收入 ']
KPI[' 总资产净利润率 ']=p_l.loc[' 五、净利润 ']/(bal_sht.1oc[' 资产总计 ']+bal_sht.1oc[' 资产总计 '].shift(-1))*2
KPI[' 权益资本利润率 ']=p_l.loc[' 五、净利润 ']/(bal_sht.1oc[' 所有者权益（或股东权益）合计 ']+bal_sht.1oc[' 所有者权益（或股东权益）合计 '].shift(-1))*2

盈利能力指标如表 12-9 所示。

表 12-9 盈利能力指标

	销售利润率	总资产净利润率	权益资本利润率
2022-03-31	0.05	0.02	0.04
2021-12-31	0.09	0.08	0.23
2021-09-30	0.1	0.07	0.19
2021-06-30	0.11	0.05	0.13
2021-03-31	0.07	NaN	NaN

重复上述操作，输入偿债能力、资产营运能力指标的公式代码。

2. 经济增加值 EVA

同样以新奥股份为例，使用 Python 比较两期的 EVA 值以及其变动原因。

第一步，根据 EVA 的公式，分别计算出净营业利润、资本总额与 WACC 三个指标。其中，由于权益与负债的资本成本难以获得，本书以权益净利率代表权益资本成本、利息现金流/有息负债代表债务资本成本、负债与权益的占比代表权重。代码如下：

EVA=pd.DataFrane()
EVA[' 净营业利润 ']=P_1.1oc[' 五、净利润 "]
EVA[" 股东权益 ']=bal_sht.1oc[' 所有者权益(或股东权益)合计 ']
EVA[有息负债 "]=bal_sht.loc[短期借款]+bal_sht.loc[' 长期借款 ']+bal_sht.loc[' 应付债券 ']
EVA[" 资本总额]=EVA[' 股东权益 ']+EVA[' 有息负债 ']-bal_sht.1oc[' 在建工程 ']
EVA['Ke']=KPI[' 权益资本利润率 ']
EVA['Kd']=cash_flow.loc[' 分配股利、利润或偿付利息所支付的现金 ']/(EVA[' 有息负债 ']+EVA[' 有息负债 '].shift(-1))*2
EVA['WACC']=EVA['Ke']*EVA[' 股东权益 ']/(EVA[' 股东权益 ']+EVA[' 有息负债 '])\+EVA['Kd']*(EVA[' 有息负债 '])/(EVA[' 股东权益 ']+EVA[' 有息负债 '])*(1-0.25)
EVA['EVA'] = EVA[' 净营业利润 ']-EVA[' 资本总额 ']*EVA['WACC']

EVA 结果如表 12-10 所示。

表 12-10 EVA 结果

	净营业利润	股东权益	有息负债	资本总额	Ke	Kd	WACC	EVA
2022-03-31	193 447	4 732 768	2 713 997	7 446 765	0.04	0.02	0.03	-41 193

续表

	净营业利润	股东权益	有息负债	资本总额	Ke	Kd	WACC	EVA
2021-12-31	1 053 045	4 616 554	2 351 158	6 548 164	0.23	0.19	0.2	−277 918
2021-09-30	801 741	4 392 071	2 495 023	6 887 094	0.19	0.14	0.16	−288 300
2021-06-30	547 890	4 135 080	2 738 289	6 304 119	0.13	0.04	0.09	−36 676
2021-03-31	183 483	3 993 861	2 636 796	6 630 657	NaN	NaN	NaN	NaN

第二步，比较前后两期 EVA 数据，如表 12-11 所示。代码如下：
EVA-EVA.shift(-1)

表 12-11　前后两期 EVA 结果对比

	净营业利润	股东权益	有息负债	资本总额	Ke	Kd	WACC	EVA
2022-03-31	−859 598	116 214	362 839	898 601	−0.19	−0.17	−0.17	236 725
2021-12-31	251 304	224 483	−143 865	−338 930	0.05	0.05	0.04	10 381
2021-09-30	253 851	256 991	−243 266	582 975	0.05	0.10	0.07	−251 623
2021-06-30	364 407	141 219	101 493	−326 538	NaN	NaN	NaN	NaN
2021-03-31	NaN	NaN	NaN	NaN	NaN	NaN	NaN	NaN

通过整体的对比发现，2022 年 3 月 EVA 增长主要是由于 WACC 的下降，但具体的原因从此处无法知晓，因此需要聚焦局部数据分析。

第三步，提取局部数据进行进一步分析。代码如下：
EVA_P=EVA[['税后净营业利润率','资本周转率','WACC','EVA 率']]*100
EVA_P

从表 12-12 所示的对比结果可以看出，2022 年 3 月 EVA 增长是因为资本成本的下降。

表 12-12　EVA 局部结果对比

	税后净营业利润率	资本周转率	WACC	EVA 率
2022-03-31	5.47	47.51	3.15	−0.55
2021-12-31	9.08	177.20	20.33	−4.24
2021-09-30	10.07	115.64	15.83	−4.19
2021-06-30	10.57	82.23	9.27	−0.58
2021-03-31	7.10	38.98	NaN	NaN

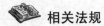 **相关法规**

2017年10月19日《管理会计应用指引第101号——战略地图》；

《管理会计应用指引第600号——绩效管理》；

《管理会计应用指引第602号——经济增加值法》；

《管理会计应用指引第603号——平衡计分卡》。

复习思考题

1. 企业业绩评价的7个构成要素。
2. 试述业绩评价中财务指标和非财务指标的关系。
3. 试比较经济增加值与杜邦分析法。
4. 试述平衡计分卡的平衡性。

练习题

一、单项选择题

1. 企业应用经济增加值法，一般以（   ）为核心。
   A. 利润最大化观念　　B. 价值管理理念　　C. 剩余收益观念　　D. 效益最大化观念
2. 薪酬激励计划按期限可分为短期薪酬激励计划和中长期薪酬激励计划。短期薪酬激励计划主要包括绩效工资、绩效奖金、（   ）等。
   A. 绩效福利　　　　B. 股票期权　　　　C. 限制性股票　　　D. 虚拟股票

二、多项选择题

1. 杜邦分析体系中所涉及的主要财务指标有（   ）。
   A. 营业现金比率　　B. 权益乘数　　　　C. 销售利润率　　　D. 总资产周转率
2. 下列关于经济增加值评价的特点的表述中，正确的有（   ）。
   A. 可以用经济增加值衡量企业长远发展战略的价值创造情况
   B. 经济增加值仅仅是一种业绩评价指标
   C. 经济增加值的吸引力主要在于它把资本预算、业绩评价和激励报酬结合起来
   D. 经济增加值不便于比较不同规模公司的业绩
3. 下列关于平衡计分卡的表述正确的有（   ）。
   A. 传统的业绩考核注重对员工执行过程的控制，平衡计分卡则强调对员工执行结果的考核
   B. 平衡计分卡把企业战略和业绩管理系统联系起来，是企业战略执行的基础架构
   C. 平衡计分卡在财务、客户、内部业务流程以及外部业务流程四个方面建立公司的战略目标
   D. 平衡计分卡能够帮助公司有效地建立跨部门团队合作，促进内部管理过程的顺利进行
4. 在使用平衡计分卡进行企业业绩评价时，需要处理几个平衡，下列各项中，正确的有（   ）。

A. 外部评价指标与内部评价指标的平衡
B. 定期指标与非定期指标
C. 财务指标与非财务指标
D. 成果评价指标与驱动因素评价指标的平衡

三、案例题

平衡计分卡经典案例分析——佩苏蒂鞋业

佩苏蒂鞋业（CalPe SA）是阿根廷的一个家族企业。其创建于1946年，多年来致力于女鞋的设计、制造与销售。在20世纪90年代初期，公司在形式上被划分为两个各自为政的分部。一个分部名叫Narrow，专事销售城市少女的鞋子。另一个名叫Solido的分部，则直接向企业客户销售安全鞋靴。

Narrow的管理层认为，要谋求发展就得采用积极进取的战略，在第一流的服装零售商店获得专用的货架空间；Narrow还决定增加花色品种，吸引少女顾客的注意。Solido的管理层注重提供男用的安全鞋靴，以此提升销量。鉴于部分企业愿意固化采购渠道，专门从一家供应商采购安全鞋靴，因此提供安全鞋靴有利于Solido吸引这些企业成为其客户。Solido还决定印制产品目录，客户没必要亲自来到公司，就能下订单，尤其是下达必须"量身定做"的订单。这种做法能够使客户节约时间，有助于维持销售额。

佩苏蒂鞋业（CalPe SA）于2000年起实施平衡计分卡制度，帮助分部经理人员管理其业务。起初，公司依靠外部的咨询人员拟定平衡计分卡制度和战略地图。考虑到两个分部的情况不同，管理当局决定采用两套不同的平衡计分卡制度，但也存在若干相同的考核指标。经过三个月，制度的初步设计完成后，平衡计分卡开始在两个分部实施，并定期修订考核指标。平衡计分卡的成功应用使得佩苏蒂鞋业的净利在三年内翻了一番。

要求：根据上述材料并查询相关资料，试述平衡计分卡是如何与佩苏蒂鞋业的战略管理结合起来的？平衡计分卡的实施对佩苏蒂鞋业带来了哪些积极影响？还存在哪些问题？以及可以采取何种改进措施？

[资料来源：改编自郁之仪.佩苏蒂鞋业平衡计分卡实施案例研究[J].中国商论，2019，(24)：230-232.]

四、实验操作题

假如你是一名对格力电器感兴趣的投资者，通过新浪财经网站找到了该公司的相关财务信息。请你利用Python完成以下操作：

（1）获取便于计算的全新资产负债表、利润表与现金流量表。
（2）计算出该公司2019—2021年反映盈利能力、偿债能力、营运能力的指标。
（3）计算出该公司2019—2021年的EVA值，并分析EVA变动原因。

第 13 章 战略管理会计

学习目标：
1. 了解战略管理会计的目标和定义；
2. 掌握战略管理会计的基本内容；
3. 理解并掌握战略管理会计的基本方法；
4. 熟练掌握战略管理会计的实践与发展。

引例：战略管理会计在中航资本中的应用

中航资本控股股份有限公司（简称中航资本）作为中国航空工业集团有限公司旗下一家金融控股类上市公司，它担负着充分利用产融结合优势、探索航空产业发展模式的重任。

中航资本在企业的内部组织架构中搭建了由战略委员会及关联性的风险管控部门、审计监督部门以及建设调查部门组成的针对性的战略管理活动管控机构。战略委员会负责对企业的未来长期发展进行全面的规划，对企业的资产状况进行调查和评估，对下属公司的资产水平及集团内部的各项资源水平有一个全面的认识。根据企业的整体规划目标及所拥有的资源水平，对库存的资产进行分类整理，并将其进行统一的合理分配和规划。制定企业操作计划，全面实施企业的整体规划。根据企业经营计划及子公司经营水平，制定子公司的未来发展方向、协助子公司制定本年度的经营计划。当前，公司在实施战略管理会计的过程中，主要采取全面预算管理、财务管理以及绩效评价体系三种方式。

思考：中航资本是通过什么方式来实现战略成功的？

[资料来源：改编自吴晓鸥.战略管理会计在企业应用的案例分析——以金融控股公司为例 [J]. 全国流通经济，2019（14）：134-135.]

13.1 战略管理会计概述

20 世纪 80 年代以来，企业之间的竞争越来越激烈，市场环境变幻莫测，企业的经营状况也越来越复杂，传统的管理体制逐渐显示出滞后的一面。企业想要维持自己的竞争优势，不仅需要提高企业内部运作效率，而且还必须时刻注意外部市场变化，这种管理理念的变化催生了战略管理的概念。战略管理要求企业通过对生产和发展作出长远性、全局性的谋划或方案，从长远发展的角度开展日常经营活动，来实现企业的全局和长远的发展。战略管理，是指对企业的全局和长期的发展方向、目标、任务和政策，以及资源配置进行决策和管理的一个过程。在企业战略管理思想的指导下，传统的管理会计也必将迎来一场革命，战略管理会计由此产生。随着大数据时代的到来，信息传输、处理和存储的精度和速度都得到大幅提升，同时也大大减少了企业信息化的成本，这为战略管理会计的发展带来了历史性的机遇。

13.1.1 企业战略与战略管理概述

1. 战略的定义

"战略"这一术语主要源于军事,是指军事家们对战争全局的规划和指挥,或者是对重大军事活动所采取的方针、政策与方法的总称。随着生产力水平的不断提高和社会实践内涵的不断丰富,"战略"一词逐渐被人们广泛地运用于军事以外的其他领域,使"战略"一词增添了更多的意义。美国学者钱德勒(Chandler A. D.)在其《战略与结构》一书中,将战略定义为"确定企业基本长期目标、选择行动途径和为实现这些目标进行资源分配"。这标志着"战略"一词被正式引入企业经营管理领域,由此形成了企业战略的概念。美国哈佛大学教授迈克尔·波特(Michael E. Porter)认为:"战略是公司为之奋斗的一些终点与公司为达到它们而寻求的途径的结合物。"美国学者汤姆森(Tomson S.)指出:"战略既是预先性的(预谋战略),又是反应性的(适应性战略)。"换言之,"战略制定的任务包括制定一个策略计划,即预谋战略,然后随着事情的进展不断对它进行调整。一个实际的战略是管理者在公司内外各种情况不断暴露的过程中不断规划和再规划的结果"。可以看出,许多学者和企业高层管理者都曾赋予战略不同的含义。

我国《管理会计应用指引第 100 号——战略管理》指出:战略,是指企业从全局考虑作出的长远性的谋划。在今天瞬息万变的环境中,企业战略就是要以积极的态度去预测未来并做出相应的行动,而不仅是被动地应对。企业想要取得并不断增强自己的优势,就必须在变化中不断及时地调整战略,从而保持一种健康的发展活力,并将这种活力转变成惯性,通过有效的策略不断地表现出来,这样,企业就能够获得并持续强化竞争优势,从而构筑企业的成功。

2. 战略管理的内涵

"战略管理"一词是由伊戈尔·安索夫(Igor Ansoff H. I.)在其 1976 年出版的《从战略计划到战略管理》一书中首先提出来的。1979 年,安索夫又出版了《战略管理论》一书。他认为,战略管理是指将企业的日常经营和长期的规划与决策进行有机结合,从而组成的一系列经营管理业务。美国学者斯坦纳(Steiner G. A.)在其出版的《企业政策与战略》一书中则认为,战略管理就是在企业的内外部条件下,制定出企业的目标,确保目标能够得到准确及正确的执行,从而最终实现企业使命的一个动态过程。同时,另外一些学者和企业家也对战略管理提出了不同的看法。一种观点认为,战略管理是指企业在处理自身和环境关系的过程中通过对目标的追求来实现其使命的管理过程。也有人认为,战略管理是一系列重大管理决策和行动,它决定了企业的长期表现,它包括实施、评价和控制。

通过以上对于战略管理内涵的各种表述和观点的了解,可以看出,战略管理是一种区别于传统职能管理的管理方式。这一管理方式的核心思想是:企业的一切活动都由企业战略指导着,企业战略的制定和实施是企业战略管理的重点,对企业的外部环境和内部条件进行分析是制定和实施企业战略的关键,并在此基础上确定企业的使命和战略目标,使它们之间形成并保持动态平衡。我国《管理会计应用指引第 100 号——战略管理》指出:战略管理,是指对企业全局的、长远的发展方向、目标、任务和政策,以及资源配置作出决策和管理的过程。

3. 企业战略的层次

企业战略通常被分为三个层次,包括选择可竞争的经营领域的总体战略、某经营领域具体竞争策略的业务单位战略(也称竞争战略)和涉及各职能部门的职能战略。图13-1概括了企业各层次的战略所涉及的管理层次。

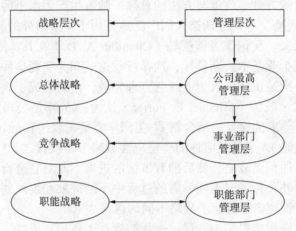

图13-1 企业战略的管理层次

(1)总体战略。总体战略又称公司层战略。在大中型企业,尤其是多元化经营的企业中,整体战略是全企业整体战略的最高层次。它要按照企业的发展目标,确定适合于企业竞争的经营领域,并且对企业运营所需的各种资源进行合理的分配,从而实现各项经营活动的相互支持和协调。

公司战略常常涉及整个企业的财务结构和组织结构方面的问题。

(2)竞争战略。竞争战略又称公司的二级战略,属于业务单元战略,它涉及各业务单位的主管以及辅助人员。这些管理者的首要工作就是把企业目标、发展方向和措施具体落实到公司战略中,从而制定出本业务单位具体的竞争与经营战略。业务单位战略要根据外部环境的不断变化,在各自的经营领域内进行有效的竞争。各经营单位要对资源的分配和使用进行有效的管控,以确保企业在竞争中的优势。

(3)职能战略。职能战略,又称职能层战略,主要涉及企业内各职能部门,如营销、财务、生产、研发(R&D)、人力资源、信息技术等,如何更好地配置企业内部资源,为各级战略服务,提高组织效率。

各个职能部门的工作重点不一样,关键变量也不尽相同,甚至在同一职能部门里,因为经营条件不同,关键变量的重要程度也会随之发生改变,因而很难总结出通用的职能战略。

在职能战略中,协同效应是一个十分重要的概念。这种协同主要表现为:一在单个职能中各种活动之间的协调性与一致性;二在各个不同职能战略和业务流程或活动之间的协调性与一致性。

三个层次的战略在企业战略管理中占有举足轻重的地位,但其侧重点和作用领域又有所不同。

13.1.2 战略管理会计的产生

1. 战略管理会计的兴起

战略管理会计的概念最早是由英国学者西蒙兹（Simmonds）在《战略管理会计》一文中提出，他认为战略管理会计"提供并分析有关企业和其竞争者的管理会计数据以发展和监督企业战略"，重点关注外部环境，并关注企业竞争对手的位置和趋势，包括成本、价格、市场份额等，从而达到战略目标。此后，该术语被沿用至今，但在该范畴内对于其概念及范围仍未达成一致意见。

布朗（Bromwich）在其发表的《管理会计的定义与范围：从管理角度的认识》一文中阐述了自己对战略管理会计的观点，推动了战略管理会计研究的发展。布朗把战略管理会计看作是管理会计的一种新的发展，其目的不仅仅在于搜集企业竞争对手的信息资料，而且也要研究企业自身相对于竞争对手的竞争优势，以及体现在客户所"需求"的、产品或劳务生命周期的价值创造过程。之后了解到，威尔逊（Wilson）等在《战略管理会计》一书中，更早就有了明确的定义："战略管理会计是明确强调战略问题和所关切重点的一种管理会计方法。它通过运用财务信息来发展卓越的战略，以取得持久的竞争优势，从而拓展了管理会计的范围。"

从学科层面上分析，战略管理会计是一个提供和分析与企业战略有关的管理会计数据的管理会计分支。战略管理会计的内容比传统的管理会计要广泛得多，它包括战略成本计算、战略成本管理、绩效评价、对企业的市场环境进行分析、对企业自身以及竞争者的成本结构进行分析、在一定期间内对企业及其竞争者在市场上的表现进行监视等内容。因此，只有当管理会计发展到战略管理会计阶段，才能为企业的战略管理提供相应的信息支持。

2. 传统管理会计的缺点

（1）观念陈旧，不能适应高新技术的挑战。随着适时生产技术（JIT）和高级制造技术（AMI）的高速发展，许多企业都在不断地进行着生产工艺的改变，从而导致在制造技术革命方面引发了许多问题。例如，在适时制生产系统下，单元式生产、零缺陷的特点，使得企业可以将所有材料消耗和人工费用分别归入直接成本，基本上制止了间接费用的产生；零库存控制了产品生产成本与期间成本的关系，使其保持一致；大量自动化设备和计算机的出现，不可避免地增加了固定制造费用，并由此改变了企业的成本性态类型，而当前的成本系统并没有很好地帮助管理人员去应对这些变化，甚至在一定程度上制约了企业的应变能力。这就要求管理会计也必须进行一场革命。

（2）缺乏重视外部环境的战略观念。外部环境是企业生存的基础条件，它给企业带来了生存与发展的机遇，也给企业的经营带来了一定的风险。因此，管理会计必须明确企业所处的相对竞争地位，也就是要密切注意竞争者的动态情况，以便适时地调整竞争战略。比如，从市场占有率的变动情况中，可以看到企业竞争状态上的相对变化，将这些有效的战略信息定期融入公司的内部管理报告中，可以帮助企业密切关注其在行业中的竞争力变化。

（3）管理会计的运用不能独立于财务会计。企业财务报告应符合会计准则的要求，这些准则要求人们采取"客观的、可验证的"程序，将成本分摊到具体产品上，而不需要准确地计量已消耗的资源。一般来说，每种产品的成本都不能精确地计算出其所需的资源，因为每种产品的成本可能是不准确的，但是为了保证报表的准确性，必须遵守财务会计准则且能被公众所接受。从这个角度来看，管理会计和财务会计就应保持相互独立，而维持这两个相互独立的系统又需要付出很高的成本，因此企业管理者往往依据与外部财务报告来源相同的信息对企业内部进行管理，导致管理会计对财务会计具有很强的依赖性。

13.1.3 战略管理会计的特点

随着企业管理进入战略管理阶段，传统管理会计的作用就受到了限制，不再满足于企业的需要，因此必须对其进行变革，向战略管理会计转变。战略管理会计相对于传统管理会计有如下特征：

1. 外向性

战略管理会计更加重视外部市场，是外向型的信息系统。相比之下，传统的管理会计只注重企业内部的计划、决策及控制活动，是一种内向型的信息系统。战略管理会计是一种"面向市场"甚至"市场驱动"的会计，它将会计研究的角度从企业内部拓展到了外部宏观环境（包括政治、经济、社会、文化、法律及技术等因素）、产业环境、竞争环境等对其影响长远的外部环境因素，尤其是可能发生重大变化的外部环境因素，以确认企业所面临的机遇和挑战；与此同时，还需要注意自身的发展历程，以及现行战略、资源、能力、核心竞争力等内部环境因素，确认企业具有的优势和劣势。通过对企业的内外部信息进行分析，企业利用战略管理会计来了解企业在市场中的竞争力状况，以此协助企业管理者制定长期的发展战略，并寻求建立企业竞争优势的方法。

2. 动态性

战略管理会计体现了动态性、应变性以及方法的灵活性。为了适应企业内外部环境的变化，需要对战略管理会计系统中的各个策略不断地进行分析、比较和选择，及时进行相应的调整。为了满足这一需求，战略管理会计采取了更加灵活的方法系统，利用先进的信息系统，提前做出决策并采取行动，从而对可能出现的风险进行预防，使企业的战略决策能够与环境协调一致。

3. 职能扩展性

战略管理会计理论的提出，促进了管理会计人员职能的扩展。战略管理会计的形成和发展，标志着管理会计师的职能一直在不断地扩展，它不仅仅是要对企业财务数据进行分析，还要向管理层提供财务信息，而且还要全面收集相关信息。在此基础上，利用多种方法对企业进行全面的分析与评价，为企业战略决策提供信息支持，从而使企业在未来的竞争中处于更有利的地位。

4. 长远性和全局性

战略管理会计既关注长期目标，也关注整体利益。战略管理会计以长远的经济利益为目标，以企业的长远发展为目标，以整体利益最大化为目标。战略管理会计是将企业的最终利益作为衡量企业战略成功与否的尺度，而不仅仅是在一定时期内获得的最大利润。它的信息分析完全基于整体利益，注重取得并维持企业的持久竞争优势。

5. 提供非财务信息

战略管理会计将为企业提供更多的与战略有关的非财务信息。在传统管理会计中，主要以提供财务信息为主，而在战略管理会计中，除了提供财务方面的信息外，还可以提供许多非财务信息，具体包括五大类信息：

（1）战略财务信息和经营绩效信息。其中战略财务信息主要是指与战略成本有关的数据、与从事战略经营业务有关的数据以及与包括人力资源在内的战略资源数量和质量有关的数据等；经营绩效信息主要是指与营业收入、市场份额、市场需求量、产品质量等经营活动有关的信息。

（2）企业管理部门对上述战略财务与经营绩效信息的评价分析。

（3）竞争对手信息。具体是指：识别企业竞争对手；判断竞争者的目标并识别竞争者采取的战略；评估竞争对手的竞争优势和劣势；判断竞争者对面临的竞争和挑战的反应模式。

（4）前瞻性信息。具体包括判断行业机会和风险；揭示管理部门的计划，包括影响成功的战略因素；比较实际经营业绩与计划经营业绩，并分析存在的差异。

（5）与企业发展相关的背景信息。一是企业的广泛目标和战略；二是企业经营业务、企业资产的范围和内容；三是产业结构对企业的影响。

13.2 战略管理会计的基本内容

战略管理会计是帮助高层领导制定竞争战略、实施战略计划，从而促进企业良性循环和持续发展，它可以站在战略的角度来分析和考虑问题，既为客户和竞争者提供具有战略相关性的外向型信息，同时也为本企业提供与战略相关的内部信息，是一个为企业战略管理服务的会计分支。为适应战略管理的需要，战略管理会计应运而生，它是战略管理与管理会计相结合的一个新生事物。本书认为，战略管理会计的基本内容至少应该包含以下几点：

13.2.1 战略分析

战略分析包括外部环境分析和内部环境分析。其中，企业内部环境分析的内容包括企业的资源条件、组织结构、价值链、企业文化以及核心能力分析等方面。在制定企业战略的时候，要将企业内部环境信息与外部环境相关信息结合起来考虑，诸如经济因素、社会因素、文化因素、人口因素、政治法律因素、竞争因素、技术因素等相关的信息。在对企业内外部环境信息进行分析的基础上，制定出更为全面、系统的企业科学竞争战略。

企业进行环境分析时，可应用态势分析法（简称 SWOT 分析）、波士顿矩阵分析和波特五力分析等工具，对企业的发展机会、竞争力、各业务流程在价值创造中的优势和劣势进行分析，并根据优劣势强弱对各业务流程进行等级划分，从而为制定战略目标打下坚实的基础。

13.2.2 战略目标制定

战略管理会计的首要任务是帮助高层管理者制定本企业的战略目标。战略制定，是指企业根据既定的愿景、使命和环境，对其形势进行分析，从而选择并制定战略目标的过程。按照战略层次的划分，企业的战略目标可以分为三个层次，即公司战略目标、经营战略目标、职能战略目标。公司战略又叫企业总体战略，是企业总体的、最高层次的战略，由企业最高管理层指导和控制。经营战略又被称为竞争战略或者事业部战略，它是在企业总体战略的指导下，为实现企业总体目标服务的。这种战略所涉及的决策问题是在选定的业务范围内或在选定的市场内，事业部门应该在什么样的基础上进行竞争，从而获得比竞争对手更大的竞争优势。职能战略是指生产、研究与开发、市场营销、财务、人事等部门制定的战略，由职能管理人员制定的短期目标和规划，为实现公司和事业部门的战略计划服务的。

在企业制定战略目标的过程中，可根据对整体目标的保障、对员工积极性的发挥、企业内部管理风格以及企业各部门战略方案的协调等实际需要，选择自上而下、自下而上或上下结合的方法，制定战略目标。

1. 自上而下的方法

即首先由企业总部的高级管理人员制定企业的整体战略，然后由下属各部门根据自身的具体情况细化企业的整体战略，从而形成一套系统的战略方案。

2. 自下而上的方法

在制定战略时，企业最高管理层并没有给下属部门做出明确的规定，而是要求每个部门积极主动地提交战略计划。企业最高管理层根据每个部门提交的战略计划，通过协调和平衡，对每个部门的战略计划进行必要的修改，最后确定每个部门的战略计划。

3. 上下结合的方法

即企业最高管理层和下属各部门的管理人员一起参与进来，通过上下级管理人员的交流与协商，制定出合适的战略。

三种制定战略方法的主要差异在于在战略制定中对集权与分权程度的把握程度不同。企业可以从以下几个方面来考虑制定适宜的战略：对企业整体目标的保障、对中下层管理人员积极性的发挥，以及企业各部门战略方案的协调等。

13.2.3　战略经营投资决策

相对于传统管理会计所存在的短期、单一的缺点，战略管理会计可以为企业战略管理决策提供各种相关、可靠的信息。因此，在战略管理会计的经营决策方面，应摒弃单纯地把成本划分为变动成本和固定成本的做法，以及假定固定成本不变的本量利分析模式。战略管理会计应采用长期本量利分析模式，以现实的现金流量为基础，反映企业投资的实际业绩。

13.2.4　战略成本管理

战略成本管理同样也是战略管理会计研究的重点，它是一个全方位监控企业的投资立项、研究开发与设计、生产与销售等过程。战略成本管理主要从战略的角度来研究影响成本的各个环节，运用价值链分析、竞争对手分析和成本驱动分析等方法，进一步找出降低成本的途径。战略成本管理包括三方面的内容：事前的成本决策、事中的成本控制、产品的使用成本及其管理。

1. 事前的成本决策

研究发现，80%的成本是在产品的设计阶段就已经确定，因此在开发设计阶段加强成本管理，对企业的市场与发展具有十分重要的意义。目标成本法是产品开发设计阶段成本管理常用的、重要的方法，从根本上说，它是一种对企业的未来利润进行战略规划的技术。其基本思路是：首先通过调查市场和顾客，确定可以维持企业竞争地位的待开发产品的生命周期成本,然后再以此竞争价格为基础决定产品的成本,从而确保达到预期的收益,此时目标成本法的成本管理模式转变为"客户收入－目标利润贡献＝目标成本",也就是企业应该先确定客户的支付意愿,然后再来设计能够产生期望利润水平的产品和运营流程。

2. 事中的成本控制

随着生产自动化程度的不断提高,制造费用在成本中所占的比重急剧上升,直接人工成本则急剧下降,这就使得传统制造费用分配方式面临着严峻的挑战,一种新的成本核算方法——作业成本法应运而生。

3. 产品的使用成本

客户的使用成本,实质上是为实现一定量的使用价值而产生的生产成本的一种必要补充,它直接影响客户对该产品的需求。一般来说,具有高功能和高品质的产品,其使用成本就低;相反,如果产品性能差、质量差,那么其使用成本必定会高,甚至其寿命周期也会大大缩减。因此,战略管理会计应当在保证产品必要功能的前提下,使其使用成本最低。

战略成本管理与传统成本管理在成本管理的目标、对象、方法、思想观念上存在诸多不同,具体如下表所示:

表 13-1 企业战略成本管理与传统成本管理的主要区别

项目	战略成本管理	传统成本管理
目标不同	以企业战略为目标／全局性／竞争性	以降低产品成本为目标／局部性／具体性
成本范围不同	广义寿命周期成本	仅指产品成本
时间不同	长期的(产品生命周期、产品更新)	短期的(每月、季、年)
降低成本对象不同	深层次的／表现在质量、时间、服务、技术创新等方面的动因	表层的／直接成本动因
成本概念不同	多组成本概念:质量成本、责任成本、作业成本、人力资源成本等	仅指产品的短期成本
成本控制主体	全员参与、技术与经济统一	生产、技术人员
关注重点不同	重视成本过程信息／实时信息	重视成本结果信息／事后信息

13.2.5 风险管理

风险和回报是并存的,也就是说,随着风险的增加,回报也会越来越高。在市场经济中,企业所从事的一切活动都带有一定的风险。但是,一旦风险增加到某个临界点,就有可能危及到企业的生存。考虑到战略管理会计侧重于研究全局的、长期的战略性问题,因此要将风险因素纳入其中,运用各种不同的风险对策,把握每一种可能的机遇,并避开可能的风险,以便从战略的角度实现企业的盈利能力和价值创造能力最大化。

13.2.6 战略绩效评价

从战略管理的角度看，绩效评价是连接企业战略目标与日常经营活动的一座桥梁。一个良好的绩效评价体系可以具体化企业的战略目标，并有效地引导管理者的行为。战略管理会计将战略思想贯穿于企业的绩效评价之中，在对竞争对手进行分析的基础上，综合运用财务和非财务指标，利用战略性绩效评价，以维持企业的长期竞争优势。罗伯特·卡普兰提出的平衡计分卡（BSC）是目前应用最为广泛的一种战略绩效管理及评价工具，其工作原理是在四个常常冲突的衡量标准中，即从财务、客户、内部流程、学习与创新等四个重要方面衡量企业，实现企业财务绩效和非财务绩效的平衡。

13.2.7 人力资源管理

这一部分包括为提高企业和个人绩效而进行的人力资源规划、人力资源管理以及年度绩效评价。战略管理会计的核心是以人为本，运用某种方式与技巧，激发员工的积极性，实现最大限度的人力资源价值，并采取某种方法对人力资源的价值成本进行确认和计量，对人力资源进行投资分析。

13.3 战略管理会计的基本方法

战略管理会计作为传统管理会计的发展，必定会找到适合自身的方法。目前发展比较完善的战略管理会计方法主要有以下几个：PEST 宏观环境分析法、态势分析法（SWOT 分析法）、波特五力分析法、价值链分析法、波士顿矩阵分析法、产品生命周期模型、预警分析法、目标成本法、质量成本分析等。战略管理工具方法可单独应用，也可综合应用。

13.3.1 PEST 宏观环境分析法

1. PEST 分析的含义

宏观环境是对企业中长期发展具有战略性影响的环境因素。宏观外部环境因素通常是指政治（political）、经济（economic）、社会（social）和科学技术（technological）这四个因素。通过对这四个因素的分析，可以揭示出企业面临的重要发展机遇和主要生存威胁，从而为企业战略的制定奠定基础。因此，对企业外部环境的分析又称为 PEST 分析，如图 13-2 所示。

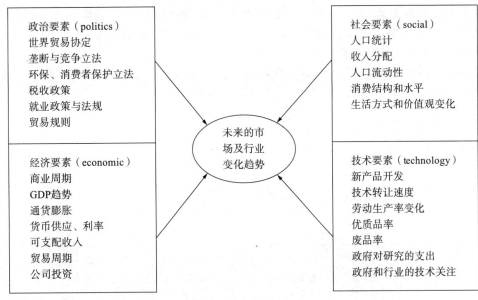

图 13-2　PEST 分析

2. PEST 分析的要素

（1）政治和法律环境要素。企业的政治和法律环境是指制约和影响企业的各种政治和法律要素及其运行所形成的环境系统，包括地区和国家的政治制度、政策方针和法律法规等。政治环境包括国际和国内的政治环境。国际的政治环境主要包括国际的政治局势、外汇管制、进口限制、国际关系等。国内的政治环境包含国家的体制与制度、国家的基本政策、政治局面的稳定与否、国家的基本政策以及国家政策的稳定性和连续性。企业的法律环境包括公司法、税法、商标法、反不正当竞争法等法律法规。企业的政治和法律环境对企业来说是不可控的，具有强制约束力，对企业的经营生产活动具有重要影响。

（2）经济环境。经济环境是指企业生存和发展所必备的社会经济状况及国家经济政策，包括社会经济结构、经济发展速度和经济运行情况、经济体制等。经济环境对企业的生产经营活动具有更广泛、更直接的影响。

（3）社会文化环境。社会文化环境是指企业所处的一定时期内，整个社会文化发展的一般状况，主要包括有关社会结构、社会风俗习惯、价值观念和生活方式等。

（4）科学技术环境。科学技术环境是指企业所处的国家和地区与经营业务相关的科学技术水平和技术发展动向等。科学技术环境对企业的生存和发展具有深远的影响。科学技术进步可以提高企业的生产效率，降低企业经营成本，并在一定程度上对行业竞争态势和格局造成影响。

13.3.2　态势分析法（SWOT 分析法）

1. 态势分析法的含义

态势分析法（strength，weakness，opportunity，threat，SWOT 分析，s 表示优势、w 表示劣势、o 表示机会、t 表示威胁），是指基于内外部竞争环境和竞争条件下的综合分析，具体包括优劣势分析，主要是着眼于企业自身的实力及其与竞争对手的比较，以及机会和威胁分析，主要将注意力放在外部环境的变化及对企业的可能影响上。通过系统分析，将各种因素相互匹配起来，即将企业"能够做的"（即企业的强项和弱项）和"可能做的"（即环境的机会和威胁）之间进行有机组合，以制定相应的发展战略及对策。

2. 态势分析法的战略组合

在进行 SWOT 模型分析时，应关注杠杆效应、抑制性、脆弱性和问题性四个基本概念，以确定有利于企业的发展战略，如图 13-3 所示。

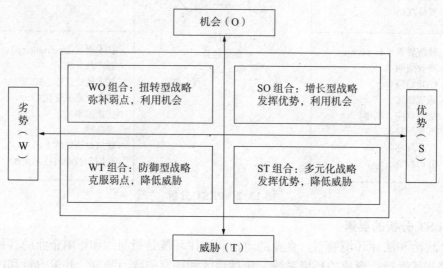

图 13-3　SWOT 分析模型图

（1）杠杆效应（SO 组合）。杠杆效应产生于内部优势与外部机会的一致和相互适应。在这种情形下，企业可以发挥自身内部优势，撬起外部机会，使机会与优势充分结合发挥出来。此时，企业应采取增长型战略，敏锐地捕捉机会，把握时机，以寻求更大的发展。

（2）抑制性（WO 组合）。当环境提供的机会与企业内部资源优势不相适合，或者不能相互重叠时，企业的优势便得不到充分的发挥。在这种情形下，企业就需要提供和追加某种资源，以促进内部资源劣势方面向优势方面转化，从而迎合或适应外部机会。此时，扭转型战略更有助于企业通过追加某种资源来利用外部机会，从而弥补自身缺点。

（3）脆弱性（ST 组合）。当环境状况对公司优势构成威胁时，优势得不到充分发挥，出现优势不优的脆弱局面。在这种情形下，企业应采取多元化战略，克服威胁，发挥优势。

（4）问题性（WT 组合）。当企业内部劣势与企业外部威胁相遇时，企业就面临着严峻挑战，如果处理不当，可能直接威胁到企业的生死存亡。企业应采取防御型战略，尽量避免企业的劣势在外部威胁下暴露出来，从而降低威胁程度。

13.3.3　波特五力分析法

1. 波特五力分析法的含义

战略管理要求企业在经营过程中必须建立可以通过顾客、产品或服务以及生产技术各个方面来表达自己的竞争优势。

美国学者迈克尔·波特提出，在竞争环境中，企业将面临五种竞争作用力，分别是同业竞争者的威胁、替代品的威胁、客户的议价能力、供应商的议价能力、现存竞争对手之间的竞争等，如图 13-4 所示。企业的竞争优势来源于企业为其客户创造的价值，即顾客为了获得一种商品或服务所愿意支付的价值。创造优越价值的途径有两个：①以比竞争者更低的价格提供相同的利益；②以提供更独特的利益来抵消较高的价格。

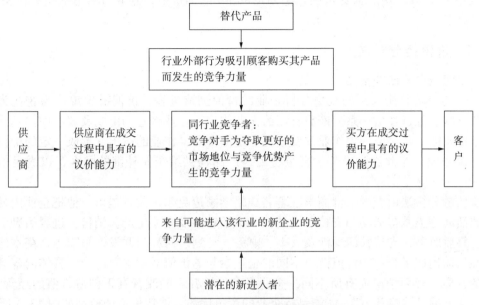

图 13-4 波特的五种力量竞争结构分析模式

20 世纪 80 年代，波特又提出三种基本竞争战略类型以创造和保持竞争优势，分别为：①成本领先战略：成本领先要求建立起高效规模的生产设施，以达到最大程度地降低成本，对成本与费用进行严格管控，从而在行业中保持成本的领先地位；②差异化战略：设计品牌形象、技术上的独特、性能特点、营销措施、顾客服务及其他方面，使其具有独特性，以区别于竞争对手。但需要注意的是，企业在制定差异化战略的活动时，通常需要付出很高的成本代价，并且这些成本并不是所有顾客都愿意或有能力承担的；③集中化战略：又称专一化战略，即将公司的业务力量集中于某一狭窄的战略服务对象，从而在业务效率和效果方面超过在较广阔范围内的竞争对手。

2. 波特五力因素分析

（1）决定进入壁垒强弱的主要因素。决定进入壁垒强弱的主要因素包括但不限于：①规模经济；②是否资本密集；③技术专长的多少；④品牌的强弱；⑤顾客转变成本；⑥成本优势的坚固程度；⑦获得分销渠道的难易；⑧现有厂家的行为特点。

（2）决定供应商力量大小的主要因素。决定供应商力量大小的主要因素包括但不限于：①是否存在替代品；②所供应货品/服务的差别程度；③供应商变更成本；④供应商的市场份额；⑤采购量对于供应商是否重要；⑥该供应货品/服务占总成本的比例；⑦该供应货品/服务对下游产品区别性的影响；⑧行业供应链上呈竖向一体化的趋势。

（3）决定买方力量大小的主要因素。决定买方力量大小的主要因素包括但不限于：①讨价还价能力；②相对市场份额；③转换成本；④数量；⑤信息；⑥竖向一体化的能力；⑦替代产品；⑧价格敏感性；⑨采购总量；⑩产品差异性。

（4）决定替代威胁性的主要因素。决定替代威胁性的主要因素包括但不限于：①替代品的价格；②转换成本；③买家对替代品的接受程度。

（5）决定行业内部竞争程度的主要因素。决定行业内部竞争程度的主要因素包括但不限于：①行业增长速度；②竞争者的背景；③产品差异程度；④品牌认知度；⑤市场份额的集中与平衡；⑥信息复杂度；⑦固定成本/附加价值；⑧能力利用率；⑨转换成本；⑩退出成本。

13.3.4 价值链分析法

1. 价值链分析法的含义

价值链分析是用联系的视角分析企业的价值创造过程，价值链思想认为企业为顾客提供产品的业务过程由一系列前后有序的作业构成，企业将它们由此及彼、由内到外连接成一条作业链。每完成一项作业都要消耗一定的资源，作业的产出又形成一定的价值转移到下一个作业，按此逐步推移，直至将最终产品提供给企业外部的顾客，以满足他们的需要。

价值链分析法由美国哈佛商学院著名战略学家迈克尔·波特提出，他把企业内外价值增加的活动分为基本活动和支持性活动，基本活动涉及企业生产、销售、进料后勤、发货后勤、售后服务，支持性活动涉及人事、财务、计划、研究与开发、采购等，基本活动和支持性活动构成了企业的价值链。不同的企业参与的价值活动中，活动的具体内容会根据企业的性质、经营情况而有所不同，企业只有保持并不断改善真正创造价值的经营活动，即价值链上的"战略环节"，才能保持企业的竞争优势。波特价值链模型如图13-5所示。

图13-5 波特价值链模型

2. 价值链分析的类型

价值链分析包括三种分析类型。

（1）行业价值链分析。分析行业价值链，一是在与上游供应商通力合作的基础上，协调、优化与上游供应商价值链的联系；二是分析供应商价值链、下游客户与本企业价值链的关系，探求通过价值链的向上、向下延伸来提高效率和降低成本的可能性。

（2）企业内部价值链分析。企业内部既有各业务单元之间的价值链，也有各业务单元内部的价值链。每个价值链既会产生价值，同时也要消耗资源。通过分析企业内部价值链各环节之间的关系，进而优化企业经营过程。

（3）竞争对手价值链分析。企业为获得成本优势，不仅要分析自身的价值链，还应分析竞争对手的价值链。通过将企业价值链和竞争对手价值链进行对比分析，可以找出企业和竞争对手在各价值链环节上成本和价值的差异，比较自己与对手各自的优势与劣势，为企业改进和创新提供战略指导。

3. 价值链分析的步骤

价值链分析的具体步骤如下。

（1）确定价值链。将企业战略上相关的一系列活动分解开来，以便更加清晰地理解各项活动的成本行为；符合下列性质的作业活动需要被单独辨认：①在营运成本中占重大比例或快速成长者；②成本习性（或成本动因）异于其他的价值活动者；③执行方法与竞争对手不同者；④可能使产品更具差异化能力者；⑤该价值作业与其他经营单位共享者。

（2）分析成本动因。企业必须了解自身在产业价值链中的相对地位，分析内部与外部作业联结关系，确认作业成本动因，才能作出正确的决策，确保企业的竞争优势。

成本动因主要有结构性成本动因和执行性成本动因两大类。①结构性成本动因。与企业组织因素有关，主要反映一个企业为满足客户需求可以采取的作业方案，属于长期决策问题。主要动因包括：企业规模、范围、经验、技术和复杂性等。②执行性成本动因。反映企业通过业务、管理决策与资源的运用，有效地达成目标，即选定满足客户需求的作业。主要动因包括员工参与程度、全面质量管理、设备利用率、工厂配置效率、产品规格设计、与供应商和客户的联结等。执行性成本动因反映出一个公司的业务和决策运用资源实现公司目标的有效程度。

（3）分析建立持续竞争优势的方式。发展出比竞争对手更佳的竞争优势。利用价值链分析，需要做到：①比竞争对手更有效地控制成本动因。每项作业活动，必须达到降低成本或者增加收益的目标。②重新设计价值链作业流程，获得持续的竞争优势。

（4）克服量化的困难。其中量化中间产品的价值、辨别关键的成本动因、确定作业之间的联系、分析竞争对手的成本结构是价值链分析法的关键。

总的来说，战略管理会计通过分析每项活动的成本动因，并将其影响加以数量化，以揭示各种成本动因的相对重要性，并同竞争对手进行同样的分析对比，然后优化价值链环节，进行有效的成本控制，降低所有价值活动的累计总成本，实现企业最佳的经济效益。

13.3.5 竞争者分析法

1. 竞争者分析法的含义

在当前的市场经济条件下，任何一家企业都面临着激烈的竞争，而企业的成功往往建立在企业比较优势的基础之上。传统的管理会计在向企业提供决策信息时，忽视了企业竞争对手的情况，不了解竞争对手的优势和劣势。在这种情况下，企业就可能过度重视短期决策，而忽视了长期战略，因而难以取得最佳业绩。因此，决策者应该了解竞争对手的有关信息，包括过去和现在的信息并预测将来的信息，同时对比分析竞争对手，以此为基础建立起企业自身的竞争战略。

2. 竞争对手分析模型

波特的《竞争战略》一书中提出了竞争对手分析模型，从竞争企业的现行战略、竞争实力、未来目标和自我假设四个方面分析竞争对手的行为和反应模式。竞争对手分析框架如图13-6所示。

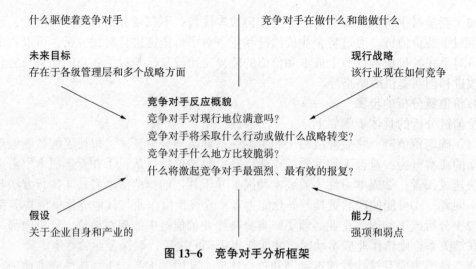

图 13-6 竞争对手分析框架

13.3.6 产品生命周期管理

1. 产品生命周期模型

产品生命周期理论认为,任何产品从最初投放市场到最终退出市场都是一个有限的生命过程,这一过程可以区分为几个明显的阶段,分别为产品投放期、成长期、成熟期和衰退期四个阶段,如图 13-7 所示。识别产品生命周期所处阶段的主要标志有:市场增长率、市场占有率情况、竞争者数量、用户购买行为、进入壁垒以及技术革新等。

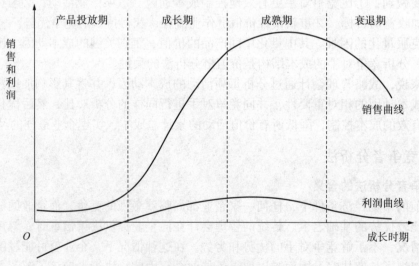

图 13-7 产品生命周期曲线

2. 产品生命周期各个阶段的特征

产品的单位利润会随着所在生命周期的不同而变化。在产品投放前期,因其尚未被人所接受,单位利润为负数;随着对产品接受程度的提高,单位利润迅速上升;而过了成长期,即到了成熟期,随着竞争的加剧,单位利润开始逐渐下降,直至退出市场。在不同的阶段,企业会面临不同的机会和挑战,因而需采取相应的战略,产品生命周期可以很好地指导企业的战略成本管理。例如，在投放期和成长期的企业目标应为提高市场占有率；在成熟期应保持企业现有的市场份额和竞争地位；在衰退期应力争短期利润和现金流入的最大化。

（1）产品投放期。新兴产业在这一时期刚刚诞生或初建不久，参与投资新兴产业的创业公司数量较少，且初创阶段的产品研究、开发费用较高，产品市场需求小，销售收入较低，因此这些创业公司可能不但没有盈利，反而普遍亏损；同时，较高的产品成本和价格与较小的市场需求还使这些创业公司面临很大的投资风险。另外，在初创阶段，企业还可能因财务困难而引发破产的危险，因此这类企业更适合投机者而非投资者。这一时期的市场增长率较高，需求增长较快，技术变动较大，产业中各行业的用户主要致力于开辟新用户、占领市场，但此时技术上有很大的不确定性，在产品、市场、服务等策略上有很大的余地，对行业特点、行业竞争情况、用户特点等方面的信息掌握不多，企业进入壁垒较低。

（2）成长期。在这一时期，拥有一定市场营销和财务力量的企业逐渐主导市场，这些企业往往是较大的企业，其资本结构比较稳定，因而它们开始定期支付股利并扩大经营。在成长阶段，新产业的产品经过广泛宣传和消费者的试用，逐渐以其自身的特点赢得了大众的欢迎或偏好，市场需求开始上升，新产业也随之繁荣起来。与市场需求变化相适应，供给方面相应地出现了一系列的变化，由于市场前景良好，投资于新产业的厂商大量增加，产品也逐步从单一、低质、高价向多样、优质和低价方向发展。

这个时期的特点是市场增长率很高，需求高速增长，技术渐趋定型，产业特点、产业竞争状况及用户特点已比较明朗，企业进入壁垒提高，产品品种及竞争者数量增多。

（3）成熟期。产业的成熟阶段是个相对较长的时期，在这时期里，在竞争中生存下来的少数大厂商垄断了整个行业的市场，每个厂商都占有一定比例的市场份额。由于彼此势均力敌，市场份额比例发生变化的程度较小。厂商与产品之间的竞争手段逐渐从价格手段转向各种非价格手段，如提高质量、改善性能和加强售后维修服务等。产业的利润由于一定程度的垄断达到了很高的水平，而风险却因市场比例比较稳定，新企业难以打入成熟期市场。

这一时期的特征表现为市场增长率不高，需求增长率不高，技术上已经成熟，行业特点、行业竞争状况及用户特点非常明朗和稳定，买方市场形成，行业盈利能力下降，新产品和产品的新用途开发更为困难，行业进入壁垒很高。

（4）衰退期。这一时期出现在较长的稳定阶段之后。由于新产品和大量替代品的出现，原产业的市场需求开始逐渐减少，产品的销售量也开始下降，某些厂商开始向其他更有利可图的产业转移。因而原产业出现了厂商数目减少、利润下降的萧条景象。至此，整个产业便进入生命周期的最后阶段。在衰退阶段里，厂商的数目逐步减少，市场逐渐萎缩，利润率停滞或不断下降。当正常利润无法维持或现有投资折旧完毕后，整个产业便逐渐解体。

总体来说，这个时期的特征表现为市场增长率下降，需求下降，产品品种及竞争者数目减少。

13.3.7 目标成本法

目标成本法，是指企业以市场为导向，以目标售价和目标利润为基础确定产品的目标成本。目标成本法往往应用在产品的研发及设计阶段，其目的是在产品生命周期的研发及设计阶段设计好产品的成本，而不是试图在制造过程降低成本。因此，目标成本法重视产品设计，以使产品以目标成本生产。在目标成本模型下，目标成本法使成本管理模式从"收入＝成本价格＋平均利润贡献"转变到"目标成本＝目标售价－目标利润"。

与目标成本相比，目标成本管理显得重要得多，因为尽管设定目标成本比较困难，但最重要的问题是如何实现所要求的目标成本。在一般的实践中是将目标成本分解到一项产品或服务的每个部分／每项功能，分解后的成本就成为不同设计组人员的目标，通过对目标成本的设定、分解、达成到再设定、再分解、再达成多重循环，不断地对产品方案进行改善。

13.4 战略管理会计的实践与发展

13.4.1 战略管理的作用和意义

现代企业所处的外部环境瞬息万变且危机四伏，以往的企业更多的是注重对内部效率的管理，往往忽视了环境因素的影响，在这种情况下，战略管理具有尤为重要的作用。

1. 定位作用

企业战略管理能使企业明确自身在行业、市场、社会中所处的位置以及与外部环境各因素的关系。企业外部环境的迅速变化为企业带来了各种机遇与挑战，战略形势研究的基础就是战略管理，在调查研究的基础上明确企业在行业、市场和社会中所处的地位及与外部环境各因素的关系，及时把握机遇，减少风险。

2. 建立战略目标

通过明确自身在行业及市场中所处的位置以及与外部环境各因素的关系，战略管理能为企业提供更为清晰的方向和目标。在对现状和预期结果进行全面分析之后，企业通过战略管理能科学地、积极主动地明确自己的宗旨和目标，并确立相应的竞争优势。

3. 促进有效决策

战略管理可以将企业决策过程与外部环境联系起来，提高各项决策工作和管理工作的效率和效果。战略管理侧重于前期决策和进攻——防御决策，从而改变或避免可能出现的问题。

13.4.2 我国发展战略管理会计的必要性

随着经济社会的发展，我国企业有必要推广应用战略管理会计，具体表现在以下两个方面。

1. 信息技术的发展

随着信息技术的发展，信息的搜集和分析显得格外重要。企业能在激烈的市场竞争中及时获取相关信息，并据此制定经营策略，从而掌控大局。战略管理会计就是及时分析企业面临的内外部环境并制定相关战略，所以，信息化的发展使得企业发展战略管理会计十分必要。

当今时代，信息呈现爆炸式的增长，根据国际数据资讯（IDC）发布的《数据时代2025》显示，2025年世界大数据量将达到163ZB，将是2016年数据量的10倍，基于企业数据中心和企业云的数据将占总数据量的 60% 左右，其中 85% 以非结构化和半结构化数据形式存在。信息作为战略管理会计支撑决策制定及战略管理的重要因素，如何降低信息成本，提高信息效率成了战略管理会计下一步发展的关键。大数据时代的降临，为企业信息困境提供一个崭新的发展契机，大数据也因此广泛应用于战略管理会计。

2. 现代企业制度的不断完善

我国现代企业制度的不断发展完善以及市场化改革的不断推进，使得市场竞争更加激烈，这个时候企业要想生存下去，就要做到"知彼知己"，从战略的角度，制定长远的发展战略并有效实施，这就是战略管理会计的思想。以往，传统管理会计只是让企业做到了"知己"，还做不到"知彼"，战略管理会计的应用解决了这一问题。

13.4.3 大数据在战略管理会计中的应用

1. 外部环境分析

在战略分析这一过程中，大数据技术在外部环境分析上得到了充分的应用，主要体现在以下两个方面。

（1）竞争环境。竞争环境的分析通常利用 SWOT 模型进行分析。在这一方面，现阶段信息的形式呈现多样化，如图片、报表、视频、自媒体消息等。分析竞争对手的情况不能只从报表这个单一渠道获取，而是需要利用大数据技术汇总各式各样的信息，从中挖掘战略管理会计角度的信息并且及时更新，以此支持决策的准确性和相关性。

（2）市场环境。战略管理会计基于整体战略，要求企业关注市场的变化，以市场为导向，并且能够根据市场需求的变动及时地调整企业的生产经营活动，管理的视角由单纯的生产过程管理和重视股东财富，扩展到与顾客需求及利益直接相关的产品管理，更加关注产品的价值和客户价值的实现。面对零散、多样的客户数据与产品数据，大数据提供了相应的数据收集与分析技术。企业首先通过对业务的理解确定收集数据的方向，然后通过大数据中数据挖掘功能进行分析和建模，对分析结果最终进行评估和部署。通过大数据将企业的市场环境进行细分，把大市场划分为各个小市场，以此有针对性地进行数据处理。

2. 战略成本管理

因为数据收集技术的局限性，传统的战略管理分析往往采取标准成本作为成本控制的基础，但这无法体现真实的成本信息，从而影响到决策的相关性。对此，大数据利用大量的信息，对单个客户、单笔业务进行成本管理。这更好地符合了战略管理以市场和客户为导向的原则，便于对企业各环节的经营情况进行系统的规划决策和成本节支，寻找价值创造空间。

在大数据的支撑下，首先，建立成本数据库，需要收集产品成本信息、采购与运输成本信息、客户基本信息、客户服务成本信息等；其次，为了适应报表的编制要求，需要依据企业对成本的战略管理划分的成本项目对成本数据库中的信息进行分类；再次，建立成本信息库，通过交叉比对建立以单客户为微单元的收入、成本以及利润信息；最后，挖掘数据库信息，分析各个客户对企业的利润贡献能力，发掘具有价值上升能力的客户、潜在客户等。

3. 战略业绩评价

战略管理会计通过利用财务和非财务指标，对业绩进行战略性评价。企业往往难以提供与收集非财务指标，从而导致评价体系存在偏差。

大数据时代的来临使得收集评价所需的非财务指标信息变得更加快捷。现阶段出现的 ERP（企业资源计划）和 CRM（客户关系管理）等，这种基于大数据的平台可以提供市场占有率和客户满意度等方面的信息；社交媒体（微博、微信等）是企业收集非财务数据的关键渠道；物联网可以传达员工满意度、工作积极性以及客户满意度等方面的信息。通过收集和分析数据，企业不但可以对本企业各部门和员工的工作绩效有一个清晰的认识，还可以对竞争对手乃至整个行业的发展绩效有一个全面的认识，并能够对各类绩效评价方法的适用性进行准确掌握，进而对企业绩效进行更加科学、合理的考核，这样有效避免了因为信息不足或者考核与奖惩不合理等原因带来的问题。

13.4.4 战略管理会计方法在我国应用中存在的问题

尽管已有部分企业采用了这种战略管理会计方法并且取得了一定的成效，但由于缺乏对战略管理会计方法的认识，以及企业内外发展环境中存在着一些影响因素，阻碍了该方法在我国的应用。战略管理会计在实施中主要存在以下问题。

1. 对战略管理工作重视程度不足

大部分企业都没有把战略管理会计当作自身的工作重点，仍然沿袭着"以财务会计为中心"的传统路线，而忽略了对管理会计的应用，对战略管理会计的研究更是无从谈起。目前，我国企业在设置会计机构时，仍将主要的人力物力资源投入到财务会计中，而将战略管理会计视作财务会计的一种辅助手段。战略管理会计由于缺少良好的企业内部环境，其应用自然受到了限制和约束。

2. 理论体系不健全，战略管理思想薄弱

由于战略管理会计在我国引入的时间较短，主要被规模大、经营意识强的企业所采用，因而战略管理会计在目标、方法等方面的内部联系尚未建立起一套完整的理论体系，这就阻碍了战略管理会计在企业中的应用。此外，大多数企业在战略思维方面还较为薄弱，更谈不上将战略管理会计知识运用到实践中。

3. 企业的内部管理模式限制

企业的内部管理形式对战略管理会计的工作内容及应用情况等方面造成了一定的影响。目前，我国大多数企业的内部管理模式还不能很好地适应这种不断变化的大环境，部分企业经营者只追求短期经济效益，完全忽视了企业的长期发展，更没有考虑应用战略管理会计。

4. 缺乏专业的战略管理会计人才

在战略管理会计的实际运用中，企业的经营者及会计人员对战略管理会计的理解不够深刻、缺少战略思维、在专业教育方面认知少、知识结构不合理，因此不能展开系统的研究。战略管理会计内容涉及较为广泛，有会计学科、管理学科、宏微观经济学、市场营销学及企业文化等，战略管理会计人员与以前的核算型会计人员相比要求更高，不仅要具有由此及彼、去粗取精的认知能力，而且还要把握经济发展变化的规律；财务人员不仅要精通管理会计与战略管理会计知识，还应具有企业管理方面的能力，这样才能在事前预计、在事中掌握。

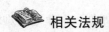 **相关法规**

《管理会计应用指引第 100 号——战略管理》。

第 13 章 战略管理会计

复习思考题

1. 企业战略的层次以及各层次对应的部门。
2. 战略管理会计的基本特点。
3. 战略管理会计包含哪些主要内容。
4. 产品生命周期法各个阶段的特征。
5. 价值链分析法的原理和步骤。

练习题

一、单项选择题

1. 战略制定的方法是（   ）。
   A. 自上而下   B. 自下而上   C. 上下结合   D. ABC 都正确
2. 下列项目中，属于价值链分析的基本活动的是（   ）。
   A. 市场销售和服务   B. 技术开发   C. 人力资源管理   D. 企业基础设施
3. 通过分析企业的内部因素可以确定（   ）。
   A. 机会与优势   B. 优势与劣势   C. 机会与威胁   D. 威胁与劣势
4. 下列工程中，属于战略管理核心问题的是（   ）。
   A. 确定企业目前的宗旨和目标   B. 分析环境
   C. 制定战略   D. 组织实施

二、多项选择题

1. 战略管理会计研究的主要问题包括（   ）。
   A. 成本计算   B. 存货控制   C. 投资决策
   D. 成本管理   E. 业绩评价
2. 企业战略一般分为三个层次，包括（   ）。
   A. 总体战略   B. 竞争战略   C. 职能战略   D. 部门战略
3. 下列各项中，属于战略管理层次的有（   ）。
   A. 公司层战略   B. 经营层战略   C. 职能层战略
   D. 资源层战略   E. 产品层战略
4. 战略管理会计对投资方案的评价除了使用传统管理会计中的定量分析模型，还应用了大量的定性分析方法，如（   ）。
   A. 业绩评价   B. 价值链分析   C. 成本动因分析
   D. 竞争优势分析   E. 成本管理

三、案例题

随着调味品行业生产技术的不断提高以及下游需求市场的不断拓展，调味品行业在国内外的发展形势都被十分看好，但与此同时国内调味品生产企业却面临着日益激烈的竞争压力。

其一，海外调味品企业纷纷通过收购国内老品牌或用其原有品牌在国内建厂这两种方法来进入中国市场；其二，生产用原辅料成本、用工成本不断上涨已成为调味品企业面临的共性问题，而由于国内生产企业众多，产品差异较小，用户有充分的选择，加上国内居民人均收入水平不高，消费者总是千方百计为获得优惠价格进行有选择性的购买，致使生产厂家受到双重挤压，利润微薄；其三，随着产品市场细分程度以及消费者对于保健需求和养生食品的增加，具有美味和天然营养的综合型调味品层出不穷，对传统的调味品形成部分替代。在激烈的竞争环境中，天地、开达、锦豪等几个老字号的调味品企业却始终保持着优势地位。天地公司注重构建企业的规模优势，目前达到了世界最大的调味品生产规模，包揽了国内调味品行业"规模最大、品类最多、技术最好"等多项第一。锦豪公司专注于国内餐饮调味品细分市场，成为餐饮市场调味品企业的领头羊，并与许多餐饮业企业建立了长期的合作关系。开达公司则以产品创新在行业中著称，其开达牌味极鲜酱油是公司的拳头产品，属国内首创，其高利润的产品线是公司竞争的主要优势。

这些老字号调味品企业凭借建立起来的竞争优势，逐步淘汰了国内调味品市场实力弱的企业，改变着市场竞争格局，也对包括外资企业在内的潜在进入者形成很强的进入壁垒。

针对案例，运用五种竞争力模型，分析国内调味品生产企业面对的竞争压力：

（1）潜在进入者的进入威胁。"海外调味品企业纷纷通过收购国内老品牌或用其原有品牌在国内建厂这两种方式进入中国市场"。

（2）替代品的替代威胁。随着产品市场细分程度以及人们对于保健需求和养生食品的增加，具有美味和天然营养的综合型调料品层出不穷，对传统的调味品形成部分替代。

（3）与供应者讨价还价。生产用原辅料成本、用工成本不断上涨已成为调味品企业面临的普遍性问题。

（4）购买者讨价还价。"用户有充分的选择，加上国内居民人均收入水平不高，消费者总是千方百计为获得优惠价格进行有选择性的购买"。

（5）产业内现有企业的竞争。"国内生产企业众多，产品差异较小"。

本案例中，天地、开达、锦豪等几个老字号的调味品企业应对五种竞争力的战略措施如下。

（1）通过利用成本优势或差异优势把公司与五种竞争力相隔离，从而能够超过它们的竞争对手。天地公司树立成本优势，"注重构建企业的规模优势，目前达到了世界最大的调味品生产规模，包揽了国内调味品行业'规模最大、品类最多、技术最好'等多项第一"；开达公司树立差异优势，"开达公司以产品创新在行业中著称，其开达牌味极鲜酱油是公司的拳头产品，属国内首创，其高利润的产品线是公司竞争的主要优势"。

（2）实施波特提出的"集中战略"。"锦豪公司则专注于国内餐饮业调味品细分市场，成为餐饮市场调味品企业的'领头羊'"。

（3）努力改变五种竞争力。公司可以通过与供应者或购买者建立长期战略联盟，以减少相互之间的讨价还价；公司还必须寻求进入阻绝战略来减少潜在进入者的威胁。"锦豪公司专注于国内餐饮业调味品细分市场，与许多餐饮业企业建立了长期的合作关系""这些老字号调味品企业凭借建立起来的竞争优势……改变着市场竞争格局，也对包括外资企业在内的潜在进入者形成很强的进入障碍"。

要求：

（1）每个产业中都存在五种基本力量，这五种基本力量是什么？

（2）什么是波特五力分析法？

（3）案例中，几家老品牌企业是如何运用波特五力分析法提升自身战略管理能力的？

第 14 章　环境管理会计

❀学习目标：
1. 了解环境管理会计的目标与定义；
2. 了解熟悉国外环境管理会计的产生与发展；
3. 掌握我国环境管理会计的产生及内容，并应用于环境管理会计实践。

引例：战略成本导向的环境会计在中国铝业中的应用

中国铝业（简称"中铝"）成立于 2001 年 2 月，是我国有色金属行业国有企业中的龙头企业，隶属于国资委领导，国资委通过中铝的母公司持有中铝 38.56% 的股份。

随着一系列的环境保护规范颁布之后，中国工业经济联合会要求国有企业率先编制并披露社会责任报告，而作为国资委下属的中铝，则是首批履行环境保护等社会责任、编制和披露企业社会责任报告的企业。中铝将其企业战略调整修改为注重环境保护的可持续发展战略之后，引入并采用了"SHE"管理体系，即由工厂安全（S）、员工健康（H）和环境管理（E）构成的、履行企业社会责任的可持续发展的管理体系，其中能有效促进节能减排就有四项：第一项，升级和改进旧设备和投资新型环保设备，为节能减排奠定了硬件基础；第二项，废弃物处理的研究与开发是企业实现可持续发展战略的长期技术保障；第三项，区分正负产出，采用最大价值形式计量法（MEFCA）进行成本核算，为企业传统的管理会计进化成为环境管理会计打下牢固的基础；第四项，在生产过程中，对负产出循环利用的关注，使企业实现了物料和能源的双重管控，从而促进企业传统的管理会计体系向环境管理会计的演变。

营利企业往往把利润放在第一位，并且不太乐意采取某种环保措施和管理体系，因为可能会带来额外成本。然而来自企业外部的压力，即我国政府对国营企业的社会责任和环保要求是企业制定可持续发展战略，并采用相配套的管理体系的主要原因。企业的可持续发展战略及其与之相适应的管理体系是保证企业从上至下实施节能、环保措施的重要手段。作为一种新型的管理会计工具——MEFCA，它有效地解决了传统管理会计中因物料和能源的损失，成本无法识别的问题，从而弥补了传统的管理会计体系的缺陷，达到了对物料和能源的双重控制，从而将传统管理会计演变为能够辅助企业进行节能减排的环境管理会计。

［资料来源：改编自许丹.论物料能源双重管控的环境管理会计及其应用[J].财会月刊，2017（19）：88-93.］

14.1　环境管理会计概述

随着现代工业社会的到来，人们无限制过度使用资源并任意排放污染物，使得生态环境日益恶化，对人类的生存与发展构成了极大的威胁，环境保护问题也因此逐渐进入人们的视野，日益受到重视，引起了广泛的关注。直到 20 世纪 80 年代到 90 年代可持续发展理论的提出，引发了人们对环境、经济与社会三者之间的辩证关系的重新思考。随着政府对环境管理的关注越来越重视，企业利益相关者环保意识越来越强，环境因素已经对企业战略和经营活动产生了重要的影响，是个重要因素，企业的经营目标也逐渐从股东价值最大化转向为企业利益相关者价值最大化，从而实现经济可持续发展。环境管理会计就是在这样的背景条件下产生的。

14.1.1 环境管理会计的定义

20世纪90年代，环境管理会计这一概念最早由美国环保协会提出。但是目前关于环境管理会计的定义，仍然存在着各种不同的观点。美国环境保护署在其报告中称环境会计可以在国民收入会计、财务会计和管理会计等不同背景下使用，但未给出明确的定义。

加拿大管理会计师协会在《管理会计指南》第40号中指出，环境管理会计是对环境成本进行辨认、计量和分配，将环境成本融入企业的经营决策中，并将有关信息传递给公司的利益相关者的过程。联合国可持续发展局在报告中赋予环境管理会计一个广泛的定义，将其定义为"为满足组织内部进行传统决策和环境决策的需要，而对实物流信息（如材料、水、能源流量等）、环境成本信息和其他货币信息进行的确认、收集、估计，从而编制内部报表，并利用其进行决策"。张银华将环境管理会计定义为：企业将与环境相关的各种因素纳入到管理决策分析中，为经营者做出正确决策提供精确信息，改善企业绩效，最终实现经济效益和环境效益的统一。国际会计师联合会在《环境管理会计指南》中对环境管理会计给出的定义是："通过构建和执行科学的、考虑环境因素的会计系统和管理系统，对组织的环境业绩和经济业绩进行同步管理。"

所以，怎样才能真正地了解环境管理会计呢？本书在第1章总论中对管理会计的定义进行了大量分析。管理会计是指在当前经济市场条件下，以加强企业内部经营管理、最大限度地发挥企业价值为最终目标的，以现代企业经营活动及其价值表现为对象的，通过对财务等信息进行深入的加工和再利用，从而实现对经济过程的预测、规划、控制、责任考核等职能的一个会计分支。环境管理会计和管理会计在内涵上有很大的相似，但最大的区别在于环境管理会计更加关注环境问题，认为企业必须根据组织经济目标的转变而做出相应的改变，并为其服务于环境管理，从而提升企业生态经济效率，实现企业的可持续发展。环境管理会计可以应用于各类企业的经营决策中，尤其适用于具有重大环境影响的经营决策中。环境管理会计是一门新兴学科，可以将其看作是管理会计与环境管理的结合。

14.1.2 环境管理会计的内容框架

如图14-1所示，环境管理会计的内容包括数据输入、环境管理会计核心部分（即数据处理）、数据输出三个部分。

企业管理系统与环境管理系统记录与反映了企业的日常经营活动，并形成财务数据与非财务数据。在有效的数据支持下，对它们进行加工、处理与改进，形成对决策有用的信息，以供企业管理者进行成本、投资、绩效、预算等与利益相关者有关的决策，最终实现可持续经营的目标。

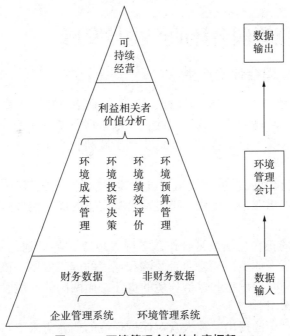

图 14-1 环境管理会计的内容框架

14.1.3 环境管理会计的作用

在人们对环保意识日益重视的情形下，可持续发展已经成为企业追求的最终目标，而现有的管理会计系统难以满足企业这一目标，而环境管理会计的出现改变了这一困境。环境管理会计进一步改进与拓展了管理会计系统，在企业的经营过程中引入环境因素，为企业提供更加经济与环保的信息，从而达到提升环境效率与经济效率的目的。

1. 对企业管理系统的作用

企业管理系统为企业经济目标服务，而环境管理会计的加入，达到了企业的生态效益、经济效益的双赢。环境管理会计为企业提供了环境信息，对企业的环境成本进行有效控制，降低了环境风险，保障了利益相关者的权益，从而提升企业形象，为企业的长期发展打下了坚实的基础。

2. 对环境管理系统的作用

一方面，会计作为企业日常经营活动的信息来源，承载了企业核心信息管理的作用。环境管理会计同样是如此，其承载了企业众多的环境信息，如环境成本、产生的环境效益等，从而保障了环境管理系统的建立与实施。

另一方面，对于企业的环境目标，环境管理会计可以进行有效的控制，如寿命周期成本计算、质量成本计算等控制方法，从而对环境管理系统的状况进行检测，对异常数据进行分析，提出改进措施，进而实现持续改进。

14.2 国外环境管理会计的产生与发展

14.2.1 国外环境管理会计的产生

随着第二次工业革命如火如荼地展开,人类为了经济的发展肆意滥用资源、排放污染,忽视了赖以生存的环境问题,为以后的生存危机埋下了巨大的隐患。经济的迅猛发展使环境不断地退化,人类生存条件进一步遭受到了威胁,为了生存,人类开始逐渐重视环保问题。

1987年世界环境和发展委员会提出"可持续发展"一词,其融合了经济问题、社会问题与生态问题,并提出在不对后代人满足其自身需求的能力构成危害的前提下满足当代人的需求与发展。

当前,美国环保局正在与墨西哥合作,实行"2012边界计划"。该计划的主要目的是在可持续发展的前提下保证美国和墨西哥经济和环境的健康发展。该计划规定两国居民可以共享自然资源,但同时要承担起保护环境的责任,而两国的环境管理会计体系无疑在其中发挥了十分重要的作用。

随着可持续发展理论的提出,在大众对保护环境的普遍需求下与各国政府的强制管制下,公司改变了自身的经营目标,由单一地追求股东价值的最大化,转变到现在的追求利益相关者的价值最大化,为众多利益相关者负责,达到实现可持续经营这一长期目标。在企业日常经营活动中,环境已经成为了不可或缺的一个因素。在这一背景下,企业必须承担起自身的环保责任,将环境因素纳入到企业的战略目标、经营决策与会计信息系统中。环境管理会计也由此产生。

自疫情以来,公众对环境问题的关注度更上一层楼,环境管理会计更加重视可持续发展,以满足利益相关者的期望。因为疫情暴露了企业在环境方面的缺点,因此环境管理会计在风险管理中变得更加重要,帮助企业识别和应对环境风险。总体而言,疫情对环境管理会计的影响是深远的,促使企业在环境管理和可持续发展方面进行反思和调整,以应对新的挑战和机遇。

14.2.2 国外环境管理会计的发展

随着环境会计的演进,环境管理会计也不断演变。在第一次环境保护革命时期,部分企业披露了自己的社会责任信息,从而引起了许多学者的深思。环境问题作为社会责任的一部分,也引发了探讨,但并没有被单独提出。乌尔曼(Ullmann)提出了第一个针对环境的模型——公司环境会计系统(CEAS)。环境会计开始走入学者们的视野。

在环境问题日益突出的今天,学者们越来越重视环境问题。从20世纪80年代以来,环境会计的研究开始出现专门化,环境会计的研究地位逐渐凸显。

格雷(Gray)的研究报告将会计与环境问题相联系,探讨了两者之间的关系,从此意味着环境会计独立于社会会计的研究。随着1992年联合国提出了可持续发展的会计模式,学者们将可持续发展的概念逐渐引入到环境会计中。1992年,英国标准协会制定了全球第一个环境管理体系标准BS7750;1993年,欧盟发布了另一套环境管理体系标准EMAS。此后许多国家陆续颁布了自己的环境管理体系标准。1996年,国家标准化组织发布了 EMS 标准。但是在环境管理系统（EMS）的发展过程中，许多学者们逐渐意识到，仅仅依靠会计人员并不能使公司真正承担环境责任，因为其最终的答案需要管理者决定，而想要解决这一环境问题，只有将环境纳入管理与决策中。至此，环境会计的研究开始转入环境管理会计。

20 世纪 90 年代后期，国外的学者们对于环境与企业的研究呈现井喷态势。1997 年，国际环境管理会计研究及咨询中心（EMARIC）成立，对环境管理会计理论进行了深入的研究与探讨。1999 年，日本环境厅展开了"环境会计系统"的研究。同年，联合国成立了"改进政府在推动环境管理会计中的作用"专家工作组，在其首次举行的会议上工作组统一了各国采用的名称，从而首次提出了环境管理会计的概念。在其后的会议上，对环境管理会计的一般原则和指南的必要性、环境管理会计与环境管理体系等进行研究。2010 年，Gibassicr 以澳大利亚多家大型企业中的管理会计师和财务总监为对象展开调查，旨在研究环境管理会计的运用是否能够促进企业创新。分析结果表明，环境管理会计在企业中的应用促进了企业的工艺创新，意味着企业可以通过环境管理会计同步提高经济效益和环境效益。Rafioni et al. 于 2014 年在传统环境管理会计工具（如生命周期评价、生命周期成本）的基础上，设计了一种创新评价方法来对企业绿色产品设计进行环境绩效评价。该方法综合了环境管理会计和生命周期评价的理念，还创新性地结合了模糊逻辑和层次分析法，该方法旨在帮助研发人员减少对生命周期评价的依赖，是一种更为系统更为全面的产品替代或改进方案的评估方法。此外，案例研究表明，该方法可以帮助企业缩短开发时间，筛选不良设计等。

14.3 我国环境管理会计的产生及内容

14.3.1 我国环境管理会计的产生

与国外相比，我国对于环境管理会计的研究起步较晚，发展缓慢，在理论与实践的研究上都不够重视，更没有建立起完整的环境管理会计体系。

20 世纪 80 年代，我国学术界对于环境管理会计开始有了模糊的认识，环境管理会计在我国开始萌芽。在我国自 1994 年提出可持续发展战略以来，环境会计渐渐进入了学者们的视野，大家逐渐开始研究。葛家澍、李若山的《九十年代西方会计理论的一个新思潮——绿色会计理论》开启了我国环境会计研究的先河。随后，陈毓圭介绍了国际上 9 份关于环境会计和报告的系统完整的国际指南《环境会计和报告的立场公告》。乔世震对欧洲的环境会计进行了介绍。

2000 年，第三次中美环境与发展讨论会的开幕，以及全国环境保护工作会议、全国环保系统纪检监察工作会议等的召开，显示了国家对于环境保护的愈发重视，对环境管理会计的研究也在不断地开展，环境管理会计研究初步形成。

2006 年以后，随着环境保护相关法律法规的完善，例如 2014 年《中华人民共和国环境保护法》的制定、2016 年管理会计基本指引的发布、2017 年管理会计应用指引等一系列有关管理会计法律法规的发布，使得环境管理会计的研究呈爆发式增长，对环境管理会计的探讨逐渐进入稳定和完善阶段。

14.3.2 大数据对我国环境管理会计的影响

随着现代信息技术的迅猛发展，全球的数据呈现出前所未有的爆炸式的增长。大数据作为云计算和物联网之后的又一次颠覆性技术改革，其产生受到了科技界、企业界、政府部门和社会公众的高度关注，也成了学术界研究的焦点。在大数据的背景下，环境管理会计必然面临一定的机遇与挑战。

1. 大数据给环境管理会计带来的机遇

（1）提供技术与环境。环境管理会计的核心内容就是对相关数据进行处理与分析，从而能够形成决策。由于现如今复杂的经营环境与众多的交易项目，需要处理的数据一般数量庞大、结构复杂，已有的数据处理方法已不能满足需求。因此，大数据给环境管理会计的实施带来了重要的技术支持与环境支持，促进了环境管理会计的变革。

一方面，大数据为环境管理会计方法的有效实施提供了重要的信息支持。如在生命周期成本法中，大数据技术可以通过对产品设计、研发、生产、销售、使用和报废的全过程中发生的所有环境成本数据进行有效的记录，解决该方法在应用中信息获取困难、成本较高、可靠性差等问题。

另一方面，大数据技术可以有效地解决环境管理会计中多种计量属性、计量环境影响的数据处理问题。在现实生活中，针对企业经营过程中所涉及的资源消耗、环境污染等相关的环境问题的计量方式一般分为两种，即货币计量方式和非货币计量方式，给企业管理层提供的信息一般均要求以货币形式计量。大数据恰好解决了环境管理会计中对货币计量和非货币计量数据进行统一记录、分析和处理的问题。

（2）增强内部主动性。环境管理会计的实施最关键的在于企业对其的重视，企业只有认识到环境管理会计的价值之所在，才会主动积极地实施环境管理会计。大数据时代来临之前，企业实施环境管理会计流于形式，由于环境绩效的量化难度较大，且环境绩效评价具有很大的滞后性和隐藏性的特征，导致企业评价自身整体绩效时重点关注易量化的、显性的财务绩效。

现如今，企业的各种活动和行为的信息可以通过全新的信息技术有效地记录下来，使得环境绩效能显性地和及时地计算出来，并体现在企业整体绩效的评价中，这必然让企业的管理层不得不考虑环境管理的问题，将会积极主动地挖掘环境管理会计潜在的价值，利用环境管理会计的工具与方法为企业寻求更多的价值，规避相应的环境风险，树立良好的声誉和社会形象，使环境管理会计在实践中真正得到实施。

（3）增强外在约束性。企业面临环境管理的压力通常来源于政府，但由于信息的不对称，外界很难了解企业的环境治理情况，导致环境管理会计在我国企业中无法有效发挥作用。

随着大数据时代的到来，我们也进入了共享经济时代，信息不对称的问题可以得到有效的解决。各种信息资源基本实现了充分的共享，企业利益相关者将通过各种网络媒体对企业环境管理的信息进行实时的交流与共享，从而企业将受到更多的来自社会公众、大众媒体等各方利益体的普遍关注，加强其开展环境管理的外部约束力，进而推动环境管理会计在实践中的不断应用与发展。

2. 大数据给环境管理会计带来的挑战

（1）重视程度不够。在我国，大数据技术运用到环境管理会计中的程度参差不齐。虽然大多数大型企业已经能运用大数据技术来促进企业的进一步发展，但是仍有小部分的大企业和大多数的中小企业还没有充分认识到大数据应用的重要性，主要原因在于企业对大数据技术运用在理解上的偏差，如有些企业认为引入大数据技术可能增加企业的成本，降低企业的经营绩效，未意识到将大数据技术运用于环境管理会计中所具有的巨大优势。

（2）技术不够先进。加强对大数据的挖掘和分析是实现环境管理会计高效运行的前提。然而，如何从来源复杂、类型各异的数据中发掘出企业所需数据信息则是非常重要的工作。目前，许多大企业采用的大数据技术还不够先进，尤其是中小企业，这在一定程度上限制了大数据在环境管理会计中的应用，从而在一定程度上制约着企业的长远发展。

（3）信息系统安全性缺乏保障。大数据从企业海量的数据库信息中挖掘环境管理会计所需要的信息时，必然涉及企业组织经营活动中的预算和成本等内部的信息、管理当局决策活动的信息、客户信息、市场信息等，这些信息很多属于商业机密，如何保证这些信息的安全性，避免因信息泄露而造成的损失，这将给企业信息管理系统的安全性带来很大的挑战。大数据时代下，随着移动互联网的飞速发展，手机、平板和各种移动通信设备的广泛使用，进一步加大了保障企业数据信息安全性的难度。

复习思考题

1. 与传统的管理会计相比，环境管理会计有哪些异同？
2. 讨论我国实行环境管理会计会对企业产生什么影响。
3. 简述环境管理会计信息披露的目标及必要性。
4. 简述企业环境责任的内涵及主要内容。

参考文献

[1] WEYGANDT J J, KIMMEL P D, KIESO D E. Managerial accounting: tools for business decision making [M]. 6th ed. Hoboken, NJ: Wiley, 2011.

[2] 阿特金森，卡普兰，玛苏姆拉. 管理会计 [M]. 刘曙光，译. 6 版. 北京：清华大学出版社，2011.

[3] 冯巧根. 成本会计创新与资源消耗会计 [J]. 会计之友，2006（12）：33-40.

[4] 冯巧根. 管理会计 [M]. 北京：中国人民大学出版社，2020.

[5] 郭晓梅. 管理会计学 [M]. 北京：中国人民大学出版社，2015.

[6] 颉茂华. 管理会计学 [M]. 南京：南京大学出版社，2011.

[7] 李天民. 管理会计学 [M]. 北京：中央广播电视大学出版社，1985.

[8] 林涛. 管理会计 [M]. 厦门：厦门大学出版社，2011.

[9] 刘俊勇. 管理会计 [M]. 大连：东北财经大学出版社，2009.

[10] 刘运国. 管理会计学 [M]. 4 版. 北京：中国人民大学出版社，2021.

[11] 刘运国，梁德荣，黄婷晖. 管理会计前沿 [M]. 北京：清华大学出版社，2003.

[12] 陆宇建. 管理会计学 [M]. 大连：东北财经大学出版社，2013.

[13] 罗胜强. 管理会计指引讲解重点、难点与案例解析 [M]. 北京：新华出版社，2018.

[14] 吕长江. 管理会计 [M]. 上海：复旦大学出版社，2006.

[15] 潘飞. 管理会计 [M]. 上海：上海财经大学出版社，2019.

[16] 孙茂竹. 管理会计学 [M]. 北京：中国人民大学出版社，2009.

[17] 孙茂竹，支晓强，戴璐. 管理会计学 [M]. 9 版. 北京：中国人民大学出版社，2020.

[18] 唐立新. 管理会计 [M]. 天津：天津大学出版社，2010.

[19] 汪家佑. 管理会计 [M]. 北京：经济科学出版社，1987.

[20] 温素彬. 管理会计：理论·模型·案例 [M]. 北京：机械工业出版社，2019.

[21] 吴大军，牛彦秀. 管理会计 [M]. 6 版. 大连：东北财经大学出版社，2021.

[22] 许萍. 管理会计 [M]. 厦门：厦门大学出版社，2010.

[23] 颜敏，秦洪珍. 管理会计学 [M]. 北京：清华大学出版社，2013.

[24] 余绪缨. 管理会计 [M]. 沈阳：辽宁人民出版社，1996.

[25] 余绪缨. 管理会计学 [M]. 北京：中国人民大学出版社，1999.

[26] 张德红. 管理会计学 [M]. 北京：经济科学出版社，2017.

[27] 张绪贵. 战略管理会计初探 [J]. 财会月刊，1997（10）：6-8.

[28] 韩向东. 智能管理会计：全面赋能业财融合的实战指南 [M]. 北京：人民邮电出版社，2021.

[29] 高樱，徐琪霞. 管理会计 [M]. 北京：清华大学出版社，2021.

[30] 吴晓霞，孙斌，蔡理强. Python 开发与财务应用 [M]. 北京：人民邮电出版社，2022.